王伟光 著

利益论

中国社会科学出版社

图书在版编目(CIP)数据

利益论/王伟光著. —北京：中国社会科学出版社，2010.6
(2019.12 重印)
ISBN 978-7-5004-8670-1

Ⅰ.①利⋯ Ⅱ.①王⋯ Ⅲ.①利益—研究 Ⅳ.①B82

中国版本图书馆 CIP 数据核字(2010)第 072371 号

出 版 人	赵剑英
责任编辑	田 文
责任校对	修广平
责任印制	王 超

出　版	中国社会科学出版社
社　址	北京鼓楼西大街甲 158 号
邮　编	100720
网　址	http://www.csspw.cn
发行部	010-84083685
门市部	010-84029450
经　销	新华书店及其他书店

印刷装订	北京君升印刷有限公司
版　次	2010 年 6 月第 1 版
印　次	2019 年 12 月第 3 次印刷

开　本	880×1230 1/32
印　张	17.25
插　页	2
字　数	382 千字
定　价	68.00 元

凡购买中国社会科学出版社图书，如有质量问题请与本社营销中心联系调换
电话:010-84083683
版权所有　侵权必究

再 版 前 言

中国社会科学出版社总编辑赵剑英同志提议把《利益论》列入向国外推介的中国学者专著，正是这一动议推动我从2008年4月10日开始对《利益论》做进一步校订。自2007年12月27日奉调到中国社会科学院工作以来，因日常事务繁忙，应急文字工作较多，故该书的校正工作一直处于停顿状态，近日由于出版社催得紧，才加快了速度，得以再版。

此次再版主要是做了文字上的必要修订，正文部分没有大改、大删或大增，只是在补遗部分新收进了三篇文章。一篇是1987年写就的论文《试论社会主义国家的社会危机问题》；一篇是2005—2007年写就的讲稿《正确处理人民内部矛盾，妥善协调各方利益关系，构建社会主义和谐社会》；一篇是2009年写就的读书笔记《运用马克思主义立场、观点和方法，科学认识美国金融危机的本质和原因》。第一篇文章是我研究社会主义社会矛盾和发展动力问题的一个成果，这是在收集分析社会主义各国社会矛盾历史与现状、探索研究社会主义社会矛盾和发展动力的基础上，对如何正确认识和处理社会主义国家人民内部矛盾的对抗、激化，以及可能引发社会危机的论述。没过多长时间便爆发的1989年我国"六四"风波和1992年苏东剧变，在某种程度上印证了我的预测和观点。第二篇是2005年2月19—25日在中共中央党校举办的省部级主要领导干部"提高构建社会主义和谐社会能力"专题研讨班上的讲稿《妥善协调各方面利益关系,正确处理人民内部矛盾》基础上,经2005—2007年间在中央党校以及全国各地、中央国家机关部委、解放军各大单位讲课录音基础上整理汇集而成的,是对进入21世纪以来我国人民内部利益关系和矛盾演变,以及如何正确处理这些关系和矛盾的认识。第三篇则是重读《资本论》和《帝国主义论》,对2007年以来由美国次贷危机所引发的全球性金融危机的分析和认识。这三篇文章,加之已收在补遗部分的两篇文章,共计五篇文章,均按成文时间顺序排列。这五篇补遗性的文章是我运用利益理论,由利益视角发端,透视远观世界与中国社会变化的具体结论,集中表达了我对近二三十年社会发展与进步的趋势和潜在问题的看法,对20世纪以来世界资本主义和社会主义发展变化的再认识。

利益和利益矛盾问题,是我从20世纪80年代以来就开始研究的重大问题,至今已经30余年过去了,实践越发说明,我对该问题所持的基本观点是符合实际的,因而能够说明实际,按照这个观点处理实际问题也是管用的。《利益论》这本书,在哲学贫困的年代,在相当多的人对理论冷淡和横欲日增的岁月里诞生,居然还能两次印刷,并此次得以再版,已充分表明了哲学真理的生命力。

王伟光

2010年2月20日

于中国社会科学院院部大楼

作者前言

一

对于利益问题，从我一离开校园真正走进社会，就开始关注它了，朦朦胧胧地感觉到利益的现实存在，意识到它在人生与社会中所起的作用和所占的分量。当时，全国正处于"文化大革命"的特殊时期，我作为一个十几岁的中学生，到黑龙江省"北大荒"参加支边劳动，活生生的现实生活使我逐步认识到：利益是同每一个人息息相关的，是每个人在生活中须臾不可离开的东西，当然对于其中更多更深的道理，我知之不多，不甚清楚。然而，"文革"的残酷现实却给予我一个强烈的刺激，使我看到了所谓"理论"与现实的巨大反差：利益本来与人民群众密不可分，而当时自称"马克思主义理论家"的"理论权威"们却对人民群众的切身利益漠不关心，在那个年代，谁言利，谁就大逆不道，谁言利，谁就要被扣上种种"政治帽子"。扭曲的现实使我疑惑，使我深思……

十一届三中全会犹如强劲的春风，一扫沉闷、阴冷、令人压抑的严冬气氛，迎来了祖国社会主义改革开放的春天。我有幸作为恢复高考的第一届大学生重新迈进校园，我带着现实的困惑，如饥似渴地吸啜着、消化着马克思主义真谛和现代化新知识的营养。从那时，我已经开始从哲学世界观的角度思索着人类社会的利益问题了。

"实践是检验真理的唯一标准"的大讨论，一下子冲开了禁锢人们思想的牢笼，以恢复实事求是思想路线为主要内容的思想解放运动就像决堤的洪水，毫不留情地冲刷着旧河道中的一切陈腐观念，中华民族正在经历着一场令人振奋、令人奋起创新的解放和改革。随之而开始的"物质利益问题"的一场争论，也在理论界率先展开了，这场讨论冲击着"四人帮"害人误国的唯心主义说教，旗帜鲜明地、正大光明地宣布：人民群众的物质利益要求是天经地义合理的。这些事变激励着我对利益问题的理论思考。

社会主义市场经济体制改革是一场伟大的变革，改变了原有的社会体制和运行机制，从而也改变了原有的利益格局，利益主体多样化、利益关系复杂化、利益矛盾突出化、利益冲突明显化、利益结构重组化的客观现象明显呈现出来。伴随着改革实践的逐步深入，以及市场经济的逐步成熟，利益问题越发凸现出来。怎样科学划分社会主义初级阶段的阶级、阶层和利益群体；怎样正确认识社会主义初级阶段市场经济条件下的利益关系及利益格局；怎样妥善处理社会主义初级阶段人民内部的利益矛盾；怎样充分发挥社会主义初级阶段的利益激励作用，最大限度地调动人民群众的积极性和创造性；怎样合理解决社会主义初级阶段的利益分配问题，最大可能地调整好人民内部的群际关系，保持社会稳定和全面发展……所有这些重大现实问题都需要从理论高度给予说明。这就要求我们一方面运用马克思主义的立场、观点、方法研究利益范畴，说明利益实质、利益分类、利益矛盾、利益作用、利益群体、利益协调等问题,丰富马克思主义利益理论;同时,运用马克思主义利益理论,在坚持马克思主义阶级分析的前提下,确定社会主义初级阶段划分利益群体的标准,提倡马克思主义的利益群体分析方法。另一方面,运用马克思主义利益理论和利益群体分析方法,深入调查研究,分析研究社会主义初级阶段利益群体存在的社会条件,分析不同利益群体所处的经济关系、社会关系;分析不同利益群体的社会地位、政治态度、思想状况、利益取向;分析不同利益群体之间的利益关系和利益矛盾,提出协调利益关系和矛盾,调动各个利益群体的积极性,保持社会稳定,构建和谐社会,推动经济发展的对策。

我研究生毕业重新走上工作岗位之后,作为一名马克思主义哲学工作者,应当责无旁贷地根据现实的需要去剖解利益之谜。这种历史的责任感一直萦绕着我,无论是从事马克思主义哲学的教学科研工作,还是从事行政管理工作,我始终没有放弃这种理论上的执著追求。1985年,同北京大学的郭宝平同志合作出版了《社会利益论》,力图从哲学角度说明利益范畴。1991年出版了个人专著《经济利益·政治秩序·社会稳定》,希冀从社会主义初级阶段的现实层面剖析社会利益问题。1994年与杨春贵老师一同出版了《谈谈新时期人民内部矛盾问题》一书,初步阐述如何正确认识和处理新时期人民内部矛盾、特别是人民内部利益矛盾。近年来,我主持了国家社会科学基金项目"社会主义初级阶段市场经济条件下的利益关系研究",发表了一系列论文。所有这些研究和探索,都是为了一个目的,即试图说明利益理论,解答社会主义初级阶段的利益问题。

尽管取得了一些探索成果,但自愧研究的深度、广度都很不够。近几年，由于担负一定的行政工作，投入研究的时间越来越少，但我仍然挤出一切可以利用的时间，在以往研究的基础上，对利益问题、对我国社会主义初级阶段的利益关系、利益群体、利益矛盾、利益协调课题等进行了自以为较为系统的思考与探究，于是产生了这本《利益论》。本书既吸收了我（们）以往较为成熟的研究成果，又修正了过去许多不甚成熟的观点和看法。尽管如此，这本书所坚持的仅仅是一家之言，还有许多未尽之言，同时随着实践的深入，更多的是不及之言。衷心欢迎热心的读者给予斧正。

二

利益问题是一个重大的现实问题，同时也是一个严肃的哲学理论问题。从历史的跨度来看，利益是社会历史变迁的内在动力，站在利益的角度可以透视整个人类社会，揭示社会历史之谜；从当今风云突变的国际形势来看，利益是左右国际局势的深层原因，从利益理论出发可以洞察世界格局变化的动向；从我国社会主义市场经济体制改革开放的实践来看，如何正确处理社会主义初级阶段的利益关系，合理地调整利益结构，是关系到中国特色社会主义现代化建设成败与否的一个重要问题。依据马克思主义的利益原则认识和处理问题，可以正确认识和处理好社会主义初级阶段市场经济条件下的利益关系和利益矛盾，保持社会持续稳定和谐发展，调动社会主义初级阶段社会各方面的积极性。利益牵动人们的每一根神经，左右人们的言行，是人们从事社会历史活动的内在动力。利益问题是一个必须要说清楚，而且可以说清楚的重大课题。从马克思主义哲学角度论述利益理论，是时代的需要、改革的需要、实践的需要。

本书站在人类社会发展的历史跨度，着眼于国内外波澜壮阔的现实生活，力图对"利益"这个广泛的哲学、社会学、政治学、经济学范畴加以深入而全面的研究，进行哲学的概括，为丰富完善马克思主义利益理论和利益分析方法论体系添砖加瓦。

本书分三部分。第一部分，历史篇。从思想史的角度，逐一分析重要哲学家、思想家、理论家、实践家对利益问题的探索，概述人类对利益问题的认识线索，着重说明马克思恩格斯是怎样从历史唯物主义角度出发，正确说明利益问题，建立马克思主义利益理论的。

第二部分，理论篇。以马克思主义的利益理论为基础，以前人对利益的研究为借鉴，全面科学地论述利益范畴。对利益的形成基础和社会本质，利益类型及其社会功能，利益主体和客体、利益个体和群体、利益关系和矛盾、利益刺激和动力、利益满足和协调、利益集团和结构、利益体制和制度以及利益规律、利益原则、利益观念和利益分析方法，进行全方位、多视角的分析说明。

第三部分，现实篇。根据马克思主义利益原则，运用利益分析方法，对我国社会主义初级阶段市场经济条件下的利益规律、利益关系、利益格局、利益矛盾、利益主体、利益群体、利益协调、利益结构进行剖析，客观地分析社会主义初级阶段的利益群体现状及群际矛盾的特点，说明人民内部利益矛盾的新情况、新问题和新特点，阐述解决社会主义初级阶段利益矛盾特别是人民内部利益矛盾的基本方法，论述正确运用利益激励作用，建立新的利益协调机制，形成稳定的利益格局的对策和措施，试图为社会主义改革开放实践提供一定的理论、政策和对策依据。

王伟光
2000年10月1日
于中共中央党校校园

目　录

历 史 篇

第一章　历史与利益 ……………………………………（3）
　一　远古神学观点中关于情欲作用的
　　　合理猜测 ………………………………………（3）
　二　德谟克利特的"需要"和中国
　　　古代思想家的"利" ……………………………（5）
　三　一切阶级斗争的背后都有利益上的冲突 ………（8）
　四　利益是唯一的推动力 ……………………………（10）
　五　人的情欲是历史发展的杠杆 ……………………（18）
　六　自私的欲望是历史发展的直接动力 ……………（20）

第二章　马克思主义和利益问题 ……………………（23）
　一　唯物史观的形成和马克思主义利益理论 ………（23）
　二　马克思、恩格斯关于利益范畴
　　　的科学论述 ……………………………………（28）
　三　马克思主义利益理论的主要观点 ………………（35）

理 论 篇

第三章 人的需要和需要范畴 …………………………（41）
    一　马克思主义的需要理论 ……………………（41）
    二　人的需要的实质及其特点 …………………（45）
    三　需要的类别和体系 …………………………（55）
    四　需要的发展机制 ……………………………（68）

第四章 社会利益与利益范畴 ……………………………（74）
    一　利益的构成要素 ……………………………（74）
    二　利益范畴的特性、社会本质和定义 ………（77）
    三　利益的类别 …………………………………（81）

第五章 利益主体与利益客体 ……………………………（98）
    一　利益主体及其构成与特点 …………………（98）
    二　利益客体及其内涵与类型 …………………（105）
    三　利益的主客体关系 …………………………（108）

第六章 利益个体和利益群体 ……………………………（110）
    一　利益个体及其特点 …………………………（110）
    二　利益群体及其特点 …………………………（112）
    三　利益集团——特殊的利益群体 ……………（117）
    四　利益群体理论及其意义 ……………………（121）
    五　经济分析、阶级分析和利益分析 …………（129）
    六　利益群体划分标准及其利益群体划分 ………（139）

目 录

第七章 利益矛盾和利益冲突 …………………… （146）
  一　利益关系 …………………………………… （146）
  二　利益差别 …………………………………… （154）
  三　利益矛盾 …………………………………… （159）
  四　利益冲突 …………………………………… （165）

第八章 利益激励和利益动力 …………………… （171）
  一　什么是历史发展的真正动力 ……………… （171）
  二　利益的激励动力表现 ……………………… （180）
  三　利益的动力结构和动力传递 ……………… （208）
  四　人类历史活动的动力 ……………………… （221）

第九章 利益制度与利益协调 …………………… （225）
  一　利益体系和利益格局 ……………………… （225）
  二　利益动荡和利益均衡 ……………………… （228）
  三　利益制度和利益体制 ……………………… （229）
  四　利益保护和利益代表 ……………………… （241）
  五　利益机制和利益协调 ……………………… （243）

第十章 利益原则和利益观念 …………………… （259）
  一　利益观点和利益原则 ……………………… （259）
  二　利益分析和利益判断标准 ………………… （265）
  三　利益观念及其主要派别 …………………… （270）
  四　牢固树立工人阶级利益观 ………………… （274）

现实篇

第十一章　社会主义初级阶段的基本经济
　　　　　关系和利益关系 ……………………（289）
　　一　社会主义初级阶段基本经济关系的
　　　　认识起点 ………………………………（289）
　　二　社会主义初级阶段社会分工和劳动的
　　　　内在分离性 ……………………………（297）
　　三　社会主义初级阶段生产资料所有制关系
　　　　的内在矛盾性 …………………………（311）
　　四　社会主义初级阶段市场经济的矛盾关系 ……（324）

第十二章　社会主义初级阶段的利益差别和
　　　　　利益矛盾 ……………………………（345）
　　一　社会主义初级阶段利益差别和利益矛盾
　　　　的基本运动规律 ………………………（346）
　　二　社会主义初级阶段社会经济生活中的
　　　　利益主体及其差别和矛盾 ……………（360）
　　三　社会主义初级阶段利益差别和利益
　　　　矛盾的协调 ……………………………（369）

第十三章　社会主义初级阶段的利益群体及其
　　　　　群际矛盾 ……………………………（373）
　　一　社会主义初级阶段利益群体及其
　　　　划分标准 ………………………………（373）

目 录

二 社会主义初级阶段存在不同利益群体
　　的具体原因 …………………………………（376）

三 社会主义初级阶段的基本利益群体构成 …（378）

四 社会主义初级阶段利益群体格局的
　　基本特征 ……………………………………（382）

五 社会主义初级阶段群际矛盾大量地表现
　　为人民内部的利益矛盾 ……………………（385）

补遗一 试论社会主义国家的社会危机问题 ………（399）

补遗二 关于新形势下人民内部矛盾问题 …………（420）

补遗三 正视差距、重视差距，选择协调均衡发展
　　　　战略，推进中西部的发展，逐步缩小地区
　　　　差距 ……………………………………………（457）

补遗四 正确处理人民内部矛盾，妥善协调各方
　　　　利益关系，构建社会主义和谐社会 …………（473）

补遗五 运用马克思主义立场、观点和方法，科学
　　　　认识美国金融危机的本质和原因 ……………（510）

历史篇

第一章 历史与利益

利益是人类社会生活中的重要社会现象,利益观念也是这一社会现象在人们头脑中的意识反映,关于利益的理论观点又是人类思想宝库中的一个重要范畴。研究利益范畴,有必要回顾人们对利益认识的思想发展的历史轨迹。

一 远古神学观点中关于情欲作用的合理猜测

"一切民族都曾以为上帝支配他们的历史。"[①] 在远古人类头脑中占统治地位的历史观点是神学观点,这种历史观点用神灵来解释一切,认为神是历史的推动者,神掌握着人类及人类社会的命运。神学历史观点的形成是由于当时的历史条件造成的。远古人类的生产力水平极端低下,理论思维能力非常贫乏,他们既受强大自然力的支配,又摆脱不了氏族血缘关系的束缚,无法理解自然和社会现象,就用一种超自然、超历史的神学观点来解释控制、支配他们命运的强大的盲目力量。荒谬之中往往包含着合理的成分,古代神学思想

---

① 拉法格:《思想起源论》,生活·读书·新知三联书店1963年版,第9页。

中也包含着正确认识的萌芽。18世纪意大利思想家维柯认为，各民族的历史全部是从神话和寓言故事开始的，而神话和寓言故事就是各民族最古老的历史。为什么神话和寓言是古代人生活的"真实可靠的历史"呢？因为在古代人眼里，"凡是对人类是必要或有用的东西本身都是些神"。[①] 神话之所以是历史，是因为他们反映着古代社会的现实内容。比如，希腊人信奉达三万之多的神灵，"都涉及最古时代身体的、精神、经济或民政的各方面生活的需要"。[②] 譬如，农神是同希腊人的农事活动联系的；时神反映人们从事农事活动对季节时辰的计算需要；酒神体现了古代人对酒的需求，等等。古代的神学观点曲折地反映了人类对实际生活需要的追求和崇拜，体现了某种需要观念。

在社会生活中，远古人最切近的感觉就是他们的情欲，他们所面临的首要问题就是谋生与传代的需求，他们最强烈的情欲需求就是食欲需求和性欲需求。远古神话的许多内容所讴歌的正是食色刺激所引起的"激情状态"，特别是性欲引起的"爱"的"激情状态"，他们把"爱"的情欲尊奉为爱神。历史上的一切民族都有从"爱"的激情出发，讴歌性爱的神话遗篇，有过生殖图腾的宗教崇拜史。"爱"成为原始神话的共同点，也是神学历史观的一个支点，爱神成为绝大多数民族共同尊奉的神。古希腊著名诗作者赫西阿德唱道：

她设计的众神之中的第一位便是"爱"。

[①] 维柯：《新科学》，人民文学出版社1986年版，第8页。
[②] 同上书，第96页。

混沌一片乃万物的始初状态，
然后是具有广阔胸怀的大地，
而爱在众神之中最为优异。

"爱"成为人类生活美好和幸福的象征，成为人类社会发展的原动力的象征，富有传奇魅力的"爱"的神话，反映了古人对社会历史之谜的一种猜想，他们不自觉地意识到情欲的作用。食色引起了情欲，激情归结到性爱，爱成为人生的动力，这是远古神学历史观点的一个合理内核。食色是人类最基本的生命需求，尊奉这种需求，可以说是古代哲学的"需求观"和"义利观"的原始雏形。

二 德谟克利特的"需要"和中国古代思想家的"利"

随着私有制的出现，人们不仅没有摆脱自然力的束缚，而且又受到异己的社会力量的奴役。苦难的劳动者无法认识终生苦役的根源，也寻觅不到超脱苦海的途径，他们只得把生活的希望寄托在神的身上。另一方面，统治阶级也需要用这种精神鸦片来麻痹人民，于是就形成了理论形态的神学历史观。

古希腊和古罗马时代的许多哲学家，把理念归结为历史变更的杠杆支点，认为和谐是世界的秩序。唯心主义哲学家柏拉图把理念归结为真实的、可靠的、第一性的东西，并鼓吹建立"和谐一致"的理想国。古罗马时代的斯多葛学派、新柏拉图主义学派认为，神是万物的本原，社会生活为天命所主宰。中国同时代的唯心主义哲学家把历史发展的动力归之于天，认为"成事在天"。孔子把天作为自然、社会乃至人生的最高主宰,认为:"巍巍乎!唯天为天",① "天何言哉?四时行焉,百物生焉"。②

但是,人要生活就离不开吃、穿、住,这是任何一个正常思维的人都无法回避的事实。面对生活经验的事实,一些勇敢的理论探索者开始悟出了社会之谜的真谛。爱神是古希腊人心目中美好生活的象征,但是美好的人生不能没有物质保证。火,这是人类生活进入文明世界的决定性的物质因素。古希腊辩证法之父赫拉克利特曾把社会的终极原因归结于火这种具体的物质因素,他说:"世界不是由神创造的,也不是由人创造的,它过去、现在和将来永远是一团永恒的活火。"他还认为,"战争是万物之父",天才地猜测到了社会冲突在人类社会发展中的历史作用。古希腊智者派的奠基人普罗塔哥拉斯提出了"人是万物尺度"的命题,比较明确地开始摆脱神学历史观。柏拉图《理想国》中的人物斯拉霍麦格,在反驳苏格拉底的"公道"论时说:"实则所谓公道者。只为政府之利益耳。然政府无无权者。公道既为政府之利益。非即强者之利益乎",③ 强者的利益即是公道,道出了利益的重要性。古代著名原子论者德谟克利特在探讨社会和国家的起源问题时,明确提出:"需要"起了决定性作用,"模仿"又使人们的需要成为现实,正是在模仿和需要的推动下,人们才组成社会。德谟克利特是人类思想史上最早明确接触到需要和利益问题的思想家。古罗马时期的著名哲学家伊壁鸠鲁反对神学目的论,驳斥了斯多葛学派顺从天命的说教,直接把

---

① 《论语·泰伯》。
② 《论语·阳货》。
③ 柏拉图:《理想国》,商务印书馆1957年版,第25页。

人生的动机归结于追求最大的幸福——快乐，从而把人的情欲需求放到了重要的位置上。

古希腊罗马时期的许多思想家开始把物质因素，人，人的需要、利益和情欲要求放到历史动力的位置，这是人类认识自己历史的伟大开端。当然，这些观点都还是素朴的猜测，缺乏科学的理论论证。

中国历史上也出现了许多类似的思想探索。春秋时期季梁说："夫民，神之主也"，① 肯定了民是神的寄托之处，强调了人的重要性。墨子提出"兼相爱、交相利"，注意行为的社会效果，把利作为社会生活的基本内容。后期墨家继承了墨子"利"的思想，特别强调实际的功利，认为"义"离不开"利"，"义，利也"，② 离开了实际的"利"也就无所谓"义"，他们以功利为衡量一切社会行为的标准。战国思想家荀况说："今人之性，饥而欲饱，寒而欲暖，劳而欲休，此人之情性也。""人之性，生而好利。"③ 他明确认为，吃饭、穿衣、休息，这是人的正当情欲要求。韩非进一步发展了荀况的思想，他认为，人人都有一种为自己打算的"自为心"，人的一切道德、感情、行为都取决于对自己有没有"利"，君臣、父子、地主与雇工之间的关系也都是为了各自的"利"，他把"利"看做人的行为的动力。

春秋战国以后，中国封建社会的许多思想家也把衣食之利放到了重要位置上。汉朝唯物主义者王充大胆抨击了孔子的唯心主义仁义观，他说："孔子之仕不为行道，徒求食也"，

---

① 《左传·桓公六年》。
② 《墨子·经上》。
③ 《荀子·性恶》。

指出孔子讲义不讲利是虚假的。他认为"仓廪实，知礼节，衣食足，知荣辱"，主张"去信存食"，①从而把人的衣食之利放在首位。北宋年间的社会改革家王安石认为，人同外物接触时，便引起情感欲望，正当的情欲发作就是善。南宋著名思想家陈亮和叶适大力主张功利主义。叶适认为，仁义道德不能脱离功利，否则不过是空话罢了。"仁人正谊不谋利，明道不计功，此话粗看极好，细看全疏阔。"②明清之际反封建礼教的斗士李贽大力宣传个人利己主义，强调物质生活的重要性。他说："穿衣吃饭即是人伦物理，除却穿衣吃饭，无伦物矣。"③把衣食之类的物质需求放在了第一位。总之，许许多多的古代中外思想家都程度不同地看到了利益的历史作用。

三　一切阶级斗争的背后都有利益上的冲突

5世纪末叶以来，西欧进入了黑暗的中世纪，宗教凌驾于一切之上，成为罪恶的封建制度的精神支柱，神学历史观也日趋完善。中世纪神学大师奥古斯丁宣布上帝是社会秩序的创造者，阿奎那则把上帝说成是世界历史的第一原因、第一推动者和最高目的。宗教信仰禁锢着一切科学认识的正常发展。

封建统治的千年黑暗王国并不意味着科学认识的中断，资产阶级文艺复兴运动在黑暗中点燃了熊熊烈火。资产阶级文艺复兴运动的思想家们的历史眼光由神转向人，颂扬人的

---

① 《论衡·问孔篇》。
② 《习学记言》卷二十三。
③ 《焚书·答邓石阳》。

力量，宣传人的欲望，反对禁欲主义。他们以人为尺度来评价历史，用人性来衡量社会，建立了资产阶级人道主义历史观。在这个大的理论前提之下，西方许多资产阶级思想家对利益的历史作用做了一些有价值的探讨。17世纪荷兰唯物论者斯宾诺莎认为，人为了保存自身而尔虞我诈，彼此处于敌对状态。他把人的自私需要看做社会冲突的原因。17世纪英国唯物论者霍布斯认为："对于每一人，其目的都是为着他自己的利益的"，①他有一名言谓之"人对人像狼一样"。他认为，处于自然状态中的人的自然本性是"自爱心"、"自利心"，人是彻头彻尾的利己的存在，结果造成人与人之间的全面战争和冲突。他们把一己的私利看做历史动乱变迁的杠杆，用人的生理需要来解释人间动乱的根源。

人类像狼一样为了私利而自相残杀，其罪恶之源何在？一些思想家明确把罪恶之源归之于私有制。法国启蒙思想家卢梭第一个试图从生产工具的进步和耕作技术的发明去寻找私有制产生的原因，他说："冶金术和农业这两种技术的发明，引起了这一巨大的变革。"②这就为我们从物质生产条件出发去深入寻找利益的形成提供了一条线索。

18世纪法国启蒙思想家霍尔巴赫在《自然的体系》一书中重新肯定了情欲的作用，他说："情欲毕竟还是真正能平衡情欲的东西；让我们不要想法消灭它们、让我们尽力去引导它们，用有益于社会的情欲去抵消那对社会有害的情欲吧。"③他认为，利益就是好处、利益驱使人去爱去恨某些东西。"不

---

① 霍布斯：《利维坦》，载《西方伦理学名著选译》上卷，商务印书馆1964年版，第667页。
② 卢梭：《论人类不平等的起源和基础》，商务印书馆1962年版，第121页。
③ 霍尔巴赫：《自然的体系》上卷，商务印书馆1964年版，第307页。

论在任何时候和任何地方,都只是我们的好处、我们的利益……驱使我们去爱或去恨某些东西。"① "人为了自身的利益必须要爱别人,因为别人是他自身的幸福所必需的……"② "爱别人……就是把自己的利益同我们同伴的利益融合在一起,以便为共同的利益而工作……美德不外就是组成社会的人们的利益。"③ 他把爱同利益联系在一起,认为利益是人爱什么恨什么的动机。

古代和中世纪哲学对利益问题并没有明确的认识,只是在文艺复兴运动中,资产阶级才把利益问题明确提出来。利益问题成为资产阶级哲学议论的中心话题,资产阶级哲学是从人本主义意义上来论述利益问题的。人本主义用人性来反对神性,直接从人的需要、对人的效用角度来说明利益问题,对人有没有用,即效用问题被看成利益的"同义语"。利益理论在法国启蒙理论和黑格尔哲学中达到了顶峰。资产阶级理论家常常把利益同需要、效用混为一谈,实际上利益与需要、效用是两码事,利益是需要、效用在一定社会关系中的表现,不能从人本主义角度,只能从社会生产关系角度才能科学地说明利益问题。

四 利益是唯一的推动力

第一个明确认识到利益的社会历史作用的是维柯。维柯对历史观的一个伟大贡献,就是从唯心主义的历史观基础出

---

① 《社会体系》,1822年巴黎版,中文版第1卷,第112页。
② 同上书,第76页。
③ 同上书,第77页。

发,认识到阶级斗争在社会发展中的重大作用,认识到这种斗争是历史发展的主要推动力。他还进一步认识到,阶级斗争之所以是历史的必然,在于这种斗争是以利益上的矛盾作为现实基础的。他认为:"贵族政体把财富都归贵族阶层内部独占,因为财富可加强贵族阶层的权力。"[1] 而宗教和法律无非是"贵族保护自己的经济私利和统治平民的武器",[2] 有了这些武器,贵族就能把平民困于横征暴敛的枷锁之中。平民为自己的利益,才与贵族进行斗争。贵族占有太多的土地,就把平民置于饥饿和屈辱的地位;平民则不懈地争取自己的财产权利。因此,一切阶级斗争的背后都有利益上的冲突。维柯举例说,罗马贵族之所以拒绝革拉古颁布的土地法,是因为他们不愿意让平民有扩大财产的权利,不肯让平民富裕起来。可见,阶级斗争和法律斗争无非是经济利益冲突的继续,因为人们最终关注的是物质财富和私人利益,只有当法律和政治问题涉及自己的私人利益时,人们才会关注它们。维柯在这里已经意识到人们的经济利益矛盾构成阶级斗争的前提基础。

18世纪初的一个著名学者伯纳德·曼德维尔提出了利己主义目的论的观点,并把受利己主义驱动而给社会带来好处这一规律,称之为"看不见的手"的规律。他说,人们追求福利、舒适、奢侈和一切生活享受的愿望,都是从自然欲望中产生出来的。他们一切为自己着想,从来不真正顾及他人的利益。人类出于利己主义动机所发生的各种所谓"不道德

---

[1] 《新科学》,人民文学出版社1986年版,第117页。
[2] Arshipipa:《维柯体系中的经济》,载 Giorgo Taghicozzo 编《维柯:过去与现在》下卷,人文出版社1981年英文版,第148页。

的行为"，实际上对整个社会或公众利益不但无害反而有益。就以人们追求奢侈生活来说，它只会给整个社会带来好处，因为奢侈的生活需求和欲望会刺激人的勤勉和劳动热情，这是"看不见的手"的规律在起作用。

真正把利益问题提到社会首要位置的是18世纪法国唯物主义者爱尔维修。他认为，利益是社会生活中唯一的、普遍起作用的因素。利益是社会生活的基础，是社会生活中唯一的、普遍起作用的社会发展动力和社会矛盾根源，一切错综复杂的社会现象都可以从利益那里得到解释。他认为，神学历史观的要害，就在于不懂得利益在人的生活中的地位和作用。

爱尔维修尝试着"以人类的物质需要来解释人类的社会的和智慧的发展"。①他把利益看做是人类最基本活动——物质生产活动的推动力。他认为，人们首要的利益就是吃饭充饥、穿衣御寒的需要，正是人们对这种利益的追求，驱使人们联合起来向自然进行斗争，以谋取生存的物质资料。人"为了穿衣……为了养活自己和家属，总之为了享受与肉体需要的满足相联系的快乐，工匠和农夫才思想、想象和劳动"。②为了避免饥饿和寻找食物，使人们创造和改革工具。他把物质利益方面的需要当做劳动的目的和内在的动力。他认为，人的全部科学、文化也是这种需要的产物，需要是推动人们活动的唯一动力。他还用人们的各种需要去解释艺术和科学的种种发明。

---

① 普列汉诺夫：《论一元论历史观之发展》，生活·读书·新知三联书店1961年版，第12页。

② 《十八世纪法国哲学》，商务印书馆1963年版，第496页。

第一章　历史与利益

　　爱尔维修强调"利益"对精神的决定作用，把利益看做决定着社会生活一切领域，包括人的思想、感情、道德、政治和文化艺术等的因素。他用人们利益的不同来解释他们在政治、思想和道德等问题上的不同意见。他认为，物质利益对人们精神生活具有决定性的意义，因为"利益支配着我们的一切判断"，①"人并不邪恶，但却是服从于自己的利益的"。② 人们永远服从自己的利益。人们的意见纷纭，在于他们的利益各异。他断言，只有这样才能理解"意见惊人地分歧的原因"，因为这些分歧是"完全系于他们的利益的差异上的"。③ 他说："利益在世界上是一个强有力的巫师，它在一切生灵的眼前改变了一切事物的形式。"④ 他认为，无论在任何时候，任何地方；无论在道德上，还是在认识问题上，都是个人利益支配着个人的判断，公共利益支配着国家的判断。普列汉诺夫评价："爱尔维修的认识高于其他法国唯物主义者，他威胁了一个在 18 世纪流行很广的观点，即认为世界为公共意见所支配。……照他看来，人们的意见是听命于人们的利益的……这个利益是独立于人的意志的。"⑤ 当然，爱尔维修最终还是相信天才的意见支配世界。

　　爱尔维修从人们的现实利益出发去寻找人类社会起源的原因。他认为，人们在向自然界的敌对力量进行斗争的实际需要过程中形成了"公共利益"，正是这种公共利益促使人们

---

①　《十八世纪法国哲学》，商务印书馆 1963 年版，第 457 页。
②　《精神论》第 1 卷，1822 年巴黎版，第 117 页。
③　《十八世纪法国哲学》，商务印书馆 1963 年版，第 458 页。
④　同上书，第 460 页。
⑤　普列汉诺夫：《唯物主义论丛》，生活·读书·新知三联书店 1961 年版，第 102—103 页。

联合起来，互相帮助，"人为了养活自己，或者为了减少自己对狮子老虎的恐惧，必须与别人联合起来"。① 他把利益分成个人利益和公共利益，认为公共利益是人类社会形成的基础。他认为，国家、法律等政治设施都是基于人们的利益而产生的，并且随着这种利益的变化而发生相应地变化。他说："为了生活，人必须种地。要使人去播种，收获必须属于耕者。为了这个目的，公民们彼此之间订立了一些协定和法律。"② 既然"法律制定了，就必须委托几个人去执行，这些人就是最初的官吏"。③ 爱尔维修还进一步用利益去解释社会不同集团、不同阶级、不同阶层的矛盾、冲突的原因。他认为，社会不同集团、不同阶层具有不同的利益，他们之间的冲突，说穿了是一个利益冲突。贫民起义、国家改革、统治者对内对外政策、对外战争，无不跟利益有关。利益是社会不同等级、不同集团矛盾斗争的基础，是历史上一切大小事件的基础。他意识到，不同的公民等级存在着利益矛盾。他把不同的等级集团称为不同的阶级。他还认为，利己主义利益（私人利益）和公共利益之间存在着斗争，这种斗争构成了人们"道德的"或"不道德的"行为的基础。

总之，爱尔维修的利益学说是他的社会历史观中最有创见的部分。他从人的肉体感受出发，引申出人的"自爱"本能，认为自爱是人们行为的一般基础，因为感情的人必然追求使自己幸福的东西，所以他又逻辑地推出这样的结论："人

---

① 普列汉诺夫：《唯物主义论丛》，生活·读书·新知三联书店1961年版，第496页。
② 同上。
③ 同上书，第471页。

类的一切活动都是建立在个人利益的基础上的。"① 所以,"利益是我们的唯一推动力"。② 他认为:"如果说自然界是服从运动的规律的,那么精神界就是不折不扣地服从利益的规律的。"③ 爱尔维修较为明确地看到了利益制约着人的社会生活这一规律性的现象。他有一句至理名言:"河水不能倒流,人不能逆着利益的浪头走。"④ 这说明他把利益规律看做是不可抗拒的客观规律。

普列汉诺夫高度评价了爱尔维修对社会之谜的大胆探索。他说:爱尔维修"做了一个极有兴味的至今尚未得到充分估价的尝试,即以人类的物质需要来解释人类的社会的和智慧的发展。这个尝试没有成功,而且由于许多原因亦不能不失败。但是这个尝试宛如一个给那些愿意继续法国唯物主义者事业的下一个世纪的思想家们的遗嘱"。⑤ 爱尔维修的"遗嘱"告诉我们什么呢?它告诉我们,利益是个人乃至阶级一切行为,包括精神行为的动因,是战争、冲突、人间纷争的根源,是社会生活的基础,必须从利益入手去寻找历史的谜底。不过,因为爱尔维修的利益说是从直观唯物论的感觉论出发,认为人的本性是"趋乐避苦"和"自爱"。他从人的抽象本性出发,从人的肉体感受性,从人的生理需要出发,来说明利益的重要性,来寻找社会发展的动力。他认为社会发展必须依靠人们生理需要的扩大,但他不理解人的需要的社

---

① 《新卡克顿百科全书》第9卷,卡克顿出版社1977年英文版,第2987页。
② 《十八世纪法国哲学》,商务印书馆1963年版,第537页。
③ 同上书,第460页。
④ 爱尔维修:《论人》,1938年俄文版,第355页。
⑤ 普列汉诺夫:《论一元论历史观之发展》,生活·读书·新知三联书店1961年版,第12页。

会性，不懂得利益的经济关系的本质，因而他的尝试最终是失败的。譬如，他认为人的需要在质上是等同的，在量上有差别，而需要量的扩大只能依赖人口的增加，人口的增殖就成为社会发展的直接原因。他从人的肉体的感受性推出人的生理需要，又从人的生理需要推出社会发展的真正原因在于人口的增殖，并由此建立其历史观。按照历史唯物主义的观点，需要首先是社会需要，而不是生理需要，社会生产方式对人的需要起着制约作用，人的物质需要是人类从事生产活动的物质原因，是人类社会生存的第一前提，但这种需要受制于人类社会的生产方式。爱尔维修的需要和利益观点在很大程度上还停留在主观意愿的范围，由于他不了解物质生产方式的制约作用，所以，他最终逃脱不了唯心史观的厄运。

爱尔维修之后，英国古典经济学家亚当·斯密从"利己心"范畴出发建立了关于分工和交换的学说，展开了自己的经济理论，从而引出了利益问题。他认为，人的本性是自私的，人在经济活动中的动机都受"利己心"的支配。从"利己心"出发，引出了分工和交换理论，从而产生了利益的差别和矛盾。他说："引出上述利益的分工……是一种人类倾向……的结果，这种倾向就是互通有无、物物交换、互相交易。"[①] 亚当·斯密的认识给人以从经济关系入手分析利益问题的启示，为后人纠正爱尔维修的缺陷提供了启迪。亚当·斯密还从"利己心"理论出发，论证了人们勤勉的动机和贪婪的情欲引导人们去实现生活必需品的生产，以提供人类繁衍的条件，说明了促使人们从事社会生产的动因。

[①] 亚当·斯密：《国民财富的性质和原因的研究》上册，商务印书馆1979年版，第14—16页。

在阐述个人利益和社会利益的关系时,亚当·斯密和同时代的西斯蒙第都力图说明个人利益和社会利益的矛盾和一致。斯密发现在交换关系中,交换者双方的个人利益同时得到满足是可能的,推而广之,个人利益和普遍利益是可以一致的。西斯蒙第认为斯密这个结论是以这样两个观点为依据的:第一,每一个人都比无知的或粗心的政府更了解自身的利益;第二,每个人的利益总和等于社会所有人的利益。西斯蒙第认为,个人利益和普遍利益的一致性又不能解释文明社会中生产和交换领域以外的一切社会现象。那么原因是什么呢?他认为,原因在于,财产的不平等分配和由此造成的缔约各方的力量的不均等造成了个人利益和普遍利益之间的矛盾。他说:每个人的利益受到社会其他成员的利益的制约时,实际上就表现为共同利益,但是当每个人为了自己的利益企图用损害他人利益的手段去达到增加自己财产的目的时,并不受到同样道德力量的抵制,这样强者有利于掠夺,而弱者则迫于退让。文明社会的分配制度正是通过强者的暴力和弱者的以退求生实现的,它总以富人的豪夺、穷人的牺牲来解决个人利益和社会普遍利益的矛盾。因此,文明社会富人的个人利益乃是一种强取的利益,个人利益常常促使他追求违反最大多数人的利益,甚至归根结底可以说是违反全人类的利益。

英国功利主义者边沁也进一步发展了爱尔维修等人的观点,建立了资产阶级功利主义的思想体系。他提倡个人利益第一,他虽然说个人利益与公共利益统一,但认为公共利益不过是个人利益的总和,真实存在的还是个人利益。"个人利益必须服从社会利益。但是……这是什么意思呢?每个人不都是像其他一切人一样,构成了社会的一部分吗?你们所人格化了的这种社会利益只是一种抽象,它不过是个人利益的总和……如果承认为了增进他人的幸福而牺牲一个人的幸福是一件好事,那么,为此而牺牲第二个人、第三个人,以至于无数人的幸福,那更是好事了……个人利益是唯一现实的利益。"① 实际上,从 18 世纪以来,资产阶级思想家们已经形成了比较系统的利益理论,该理论承认人的物质情欲的正当性,承认物质利益的历史作用,这对唯心主义历史观、神学历史观无疑是一个沉重的打击。资产阶级思想家们的利益理论强调个人的私利,美化资产阶级唯利是图的阶级本性,反映了资产阶级 18 世纪利益需求的实质。由于历史的局限和阶级的局限,资产阶级思想家们的利益理论最终仍然陷入唯心史观的泥坑。

五 人的情欲是历史发展的杠杆

19 世纪三大空想社会主义者欧文、圣西门、傅立叶,以及法国复辟时期的历史学家梯叶里、梯也尔、米涅等人在爱尔维修的基础上又前进了一大步,接近得出唯物史观关于利益动力作用的正确结论。傅立叶认为,社会发展的基础是"人的情欲"。他说,社会运动的规律是情欲引力规律,人的情欲和物质财富之间的矛盾推动社会向前发展,衡量一种社会制度的好坏,就要看它能否满足人们的情欲要求。傅立叶虽然没有明确地把"情欲"解释成历史唯物主义的物质利益概念,然而却猜测到人的需要和利益的社会历史作用。

19 世纪的空想社会主义者还试图从生产、从经济原因出

---

① 边沁:《惩罚和奖赏的理论》第 2 卷,1826 年巴黎版,第 229—230 页。

发来分析社会发展的根源,认为人类社会历史发展的基础在于私有制,私有制是万恶之源,而生产的发展是社会发展的根本原因。他们认为,人类生产活动的动机是情欲和需要。他们又从需要引出利益,认为社会利益的矛盾引起阶级斗争,阶级斗争是人类社会发展的动力。他们之所以超过爱尔维修,正在于他们在考虑人的情欲、需要、利益的形成时,试图用人们的物质生活活动的发展来加以解释,并且接触到了阶级斗争产生的真正原因和阶级斗争的伟大历史作用。恩格斯说:"以前所有的历史观,都以下述观念为基础:一切历史变动的最终原因,应当到人们变动着的思想中去寻求,并且在一切历史变动中,最重要的、决定全部历史的又是政治变动。可是,人的思想是从哪里来的,政治变动的动因是什么——关于这一点,没有人发问过。只有在法国历史编纂学家和部分英国历史编纂学家的新学派中,才产生了一种信念,认为至少从中世纪起,欧洲历史的动力是新兴资产阶级为争取社会的和政治的统治而同封建贵族所作的斗争。"[①] 他们认为,如果说群众的阶级斗争是历史发展的动力,那么是什么原因促使他们起来斗争呢?或者说斗争的目的又是什么呢?他们回答这是为了物质利益。梯叶里认为,人们的利益产生需要,需要激励人们去行动,去创造事业,创造历史。斗争的"双方面都是为了这种真正的利益而进行战争"。[②] 群众是根据自己的利益行动的,利益是动力和源泉。米涅认为,变革涉及利害关系,有利害关系就形成党派,有党派就有斗争。阶级

[①] 《马克思恩格斯选集》第3卷,人民出版社1995年版,第334页。
[②] 《普列汉诺夫哲学著作选集》第2卷,生活·读书·新知三联书店1961年版,第737页。

斗争不过是利害关系的一个方面。

利益的基础是什么？他们认为，财产关系体现利益，经济利益导致阶级斗争，阶级斗争决定国家政治制度。19世纪法国空想社会主义者以及法国复辟时期的历史学家们所说的财产关系属法权关系领域，认为这种财产关系首先要有一定的法权制度才能确定下来，财产关系背后应有更根本的东西。然而，他们最终企图借助于人的"征服欲"，即强者对弱者所具有的天生的征服欲望来解释财产关系，这样又回到抽象人性论的老问题上了。

六 自私的欲望是历史发展的直接动力

德国古典哲学的代表人物黑格尔从辩证唯心主义的角度充分论证了利益的历史作用。在黑格尔看来，自由的精神是历史的实体性动力，而人们由自私心产生的欲望和热情则是现象的动力。黑格尔说："我们对历史最初的一瞥，便使我们深信人类的行动都发生于他们的需要、他们的热情、他们的兴趣、他们的个性和才能；当然，这类的需要、热情和兴趣，便是一切行动的唯一的源泉……"[①] 黑格尔不相信那些爱心、仁义、德性和情操的空话，认为："没有情欲，世界上任何伟大的事业也不会成功。""个别兴趣和自私欲望的满足的目的"，是"一切行动最高势力的源泉"。由自私欲望产生的冲动，"比起维护秩序和自制，法律和道德的人为的、讨厌的纪律训练，对于人们有一种更直接的影响"。[②] 在黑格尔看来，

[①] 黑格尔：《历史哲学》，商务印书馆1963年版，第58—59页。
[②] 同上书，第59页。

第一章　历史与利益

个人是一种特殊的存在,他的活动力量来源于他的意志,而个人的意志是与他自己的私欲联系在一起的。利己的欲望会激发人的热情、冲动。而黑格尔认为:"……热情这个名词,意思是指从私人的利益、特殊的目的、或者简直可以说是利己的企图而产生的人类活动。"① 显然,私人利益,即私欲产生的热情是人们从事活动的直接动力。在黑格尔看来,利己主义和冲动当然是一种恶的表现,但是恶却成为历史发展的杠杆。恩格斯认为:"在黑格尔那里,恶是历史发展的动力的表现形式。……自从阶级对立产生以来,正是人的恶劣的情欲——贪欲和权势欲成了历史发展的杠杆……"② 黑格尔把自私、恶劣的欲望描述为历史发展的直接动因。自私、恶劣的欲望实际上就是私人利益。黑格尔认为,正是利益与需要促使人们去劳动,劳动是满足人类需要和维持历史发展的基础。黑格尔认为,如果说需要仅仅是个主观性环节,那么劳动及劳动工具则是更具有现实性,正是人们通过一定的工具和手段所进行的劳动是满足人类需要和维持历史发展的基础。马克思、恩格斯认为,黑格尔关于需要、私利、劳动的思想显然是接近历史唯物主义观点的。

马克思认为:"激情、热情是人强烈追求自己的对象的本质力量。"③ 黑格尔还阐述了恶欲在历史过程中的历史动力作用。恩格斯对黑格尔的这个思想加以肯定,他说:"鄙俗的贪欲是文明时代从它存在的第一日起直至今日的起推动作用的灵魂;财富……是文明时代唯一的、具有决定意义的目的。"④

---

① 黑格尔:《历史哲学》,商务印书馆1963年版,第62页。
② 《马克思恩格斯选集》第4卷,人民出版社1995年版,第237页。
③ 《马克思恩格斯全集》第42卷,人民出版社1979年版,第169页。
④ 《马克思恩格斯选集》第4卷,人民出版社1995年版,第177页。

可见，一定的物质利益所激发出来的情欲、激情、目的是历史变革不可缺少的动力，人如果失去对外界事物的兴趣和关心、追求的欲望，人便失去了更新的活力，社会便失去了前进的动力。

第二章 马克思主义和利益问题

利益问题是一个重大的现实问题,同时也是一个严肃的哲学理论问题。正是由于接触了现实生活中的物质利益问题,才推动马克思和恩格斯转向对现实经济关系的研究,创立了唯物史观。也正是从唯物史观出发,马克思和恩格斯正确地说明了利益的本质、特点及其历史作用,阐述了追求利益是人类一切社会活动的动因;利益纠纷是阶级斗争产生的物质根源;利益冲突具有推动社会发展的动力作用;利益是思想的基础,利益决定思想,决定并支配政治权力和政治活动;物质的生产关系是利益的社会基础和本质等。马克思和恩格斯科学地说明利益范畴,建立了马克思主义关于利益问题的理论。为了弄清利益范畴,有必要回顾一下马克思主义经典作家关于利益问题的理论探索,重温马克思主义利益理论。

一 唯物史观的形成和马克思主义利益理论

人们既可以从唯物史观的角度谈论利益,也可以从唯心史观的角度谈论利益。由此可见,问题不在于是否承认利益的历史作用,而在于是在什么样的前提下承认利益的历史作用。研究人类活动的物质利益动机,既要注意吸取心理学、生物学的研究成果,又不能仅仅从生物学、生理学的感觉论出发来说明激情、欲望和利益,把它们看成一个直观的、抽象的、永恒不变的纯生物学意义上的范畴。旧的直观唯物主义未能正确处理上述问题,辩证唯心主义也不能科学地回答上述问题。正确认识利益的本质及其历史作用,揭示出历史的真正动力,责无旁贷地落在了时代的巨人——马克思、恩格斯的肩上。

青年马克思最初是青年黑格尔派,基本哲学倾向是黑格尔的唯心主义。1842—1843年间,马克思大学毕业后参加了现实斗争,作为《莱茵报》编辑,接触到了现实生活中的物质利益问题。马克思在1859年写的《〈政治经济学批判〉序言》中谈到:他之所以从学法律改为研究经济问题,是为了要对"物质利益"问题发表意见。"我学的专业本来是法律……我作为《莱茵报》的编辑,第一次遇到要对所谓物质利益发表意见的难事。"① 从而对从前的哲学信仰产生了怀疑,对物质利益问题发表了不同的意见。在黑格尔哲学中,国家是绝对理念的体现,而普鲁士王国则是绝对理念的最高体现。青年马克思曾根据黑格尔的辩证法,证明普鲁士王国并非是绝对理性的完满体现,它还有待于发展和改造。然而,《莱茵报》时期的现实生活、特别是赤裸裸的物质利益问题,使马克思深刻认识到黑格尔唯心主义原则同现实存在着巨大的鸿沟和矛盾,黑格尔的方法无法解开社会历史之谜。马克思对黑格尔哲学产生了巨大的信仰危机,陷入了理论的困惑和思想的苦恼。困惑和苦恼激励马克思清算自己从前的哲学观念,探索新的理论问题。正是对物质利益的接触和探索使马克思

---

① 《马克思恩格斯选集》第2卷,人民出版社1995年版,第31页。

走上了通往唯物史观的道路,从而最终形成了历史唯物主义利益理论。

1842年4月,马克思在《莱茵报》发表的第一篇文章中,已经看到了社会等级背后隐藏着物质利益。他认为,省议会的每一个议员代表一个等级,利益在等级背后起作用。贵族、市民等级的代表捍卫的是私人利益,唯有农民代表捍卫的是农民群众的普遍利益,代表了被压迫者的利益和愿望。①

马克思在关于林木盗窃法的辩论中,进一步把对立和不同的社会集团同物质利益上的对立和不同联系起来,看到物质利益在社会生活中的作用。当时德国封建统治阶级为了维护剥削者的利益,要求把拣枯树枝定为盗窃林木的罪名。马克思坚定地站在贫苦人民一边,批判统治者的特权,要求保留人民的利益。这时,马克思越出了精神领域,探讨了物质利益问题。他看到了林木占有者的经济利益对国家和法的决定作用,以及对立法者的支配作用。他认为,整个国家和法都是保护剥削阶级私有利益的,正是贵族地主阶级的私利左右着国家和法。马克思说:"利益是有远见的。""这个世界之所以充满危险,是因为世界……是许许多多利益的天下。"②

在《莱茵报》工作后期,马克思进一步看到了不依个人意志为转移的客观关系的决定作用,并把这种客观关系同剥削阶级的利益联系起来。他说:"在研究国家生活现象时,很容易走入歧途,即忽视各种关系的客观本性,而用当事人的意志来解释一切。但是存在着这样一些关系,这些关系决定私人和个别政权代表者的行动,而且就像呼吸一样地不以他

---

① 《马克思恩格斯全集》第1卷,人民出版社1956年版,第35—96页。
② 同上书,第164—165页。

们为转移。""在初看起来似乎只有人在活动的地方",有"客观关系的作用"。① 当然,马克思还没有指明这种客观关系就是经济关系。

正是由于接触了现实生活中的物质利益关系问题,才推动马克思转向对现实经济关系的研究。后来,马克思正是通过对现实利益问题、现实经济问题的研究,才确立了生产关系的范畴,建立了历史唯物主义理论体系,从而正确地解决了利益的本质及其历史作用问题,找到了历史发展的真正动力。

同样,青年恩格斯在转向唯物主义和共产主义的过程中,也是以物质利益问题为转变契机的。1842 年 11 月,恩格斯在英国的曼彻斯特实地考察了英国的社会经济状况,发现了经济利益在社会生活中的支配作用,认识到阶级冲突的基本原因是基于物质利益。在这期间,物质利益问题成为恩格斯理论研究的一个中心问题,这种研究导致恩格斯同马克思一起发现了唯物史观,形成了马克思主义利益理论。

利益,对于每一个稍有生活经验的人来说,甚至对于稍懂人事的小孩来说,都是可以理解的东西。人生哪一件事也离不开利益这个基本事实,列宁称利益是"人民生活中最敏感的神经"。② 一般人总是把利益同吃喝穿住行、货币、商品、财产等联系起来,但却不晓得这些东西为什么表现为利益,不知道利益的形成和本质,他们虽然知道利益与每个人生命攸关,可是却不知道利益的历史作用。即使许多已经把利益放在社会生活第一位的思想家们,也仍然不能从根本上说明

---

① 《马克思恩格斯全集》第 1 卷,人民出版社 1956 年版,第 216 页。
② 《列宁全集》第 16 卷,人民出版社 1988 年版,第 136 页。

利益的产生、利益的本质、利益的结构、利益的实现机制、利益的运行规律、利益的历史作用。

马克思主义哲学产生之前,社会历史领域一直是唯心主义的世袭领地。历史唯心主义用人的思想、动机和意志,用"理念"、"绝对精神"、"抽象的人性"来解释历史发展和社会现象,其反科学性自不待言。即使一些有见地的唯物主义者提出一些有价值的思想,也只是涉及历史的一般表面现象,并且在他们正确的观点中往往掺杂有荒谬和自相矛盾的成分。恩格斯说:"旧唯物主义在历史领域内自己背叛了自己,因为它认为在历史领域中起作用的精神的动力是最终原因,而不去研究隐藏在这些动力后面的是什么,这些动力的动力是什么。"[①] 马克思总结了前人在探索人类社会奥秘的过程中所提出的天才的论点,破天荒地第一次解决了社会存在和社会意识的关系这个人类哲学历史观的基本问题,找到了认识社会的物质基础——生产关系的总和,构筑起唯物史观的理论大厦。借助于唯物史观,马克思正确地阐述了历史发展的真正动力。物质资料的生产和再生产是社会存在的基础和前提,那么人们为着什么目的去生产?生产力和生产关系、上层建筑和经济基础的矛盾运动是社会历史发展的根本规律,那么人们维护或者要求变革同生产力发展状况不适应的生产关系和上层建筑,进行社会改革乃至社会革命的动因是什么?在阶级社会里,阶级斗争是社会发展的直接动力,那么各阶级之间的对抗和联系、流血或不流血的战争原因是什么?"……旧的、还没有被排挤掉的唯心主义历史观不知道任何基于物质利益的阶级斗争,而且根本不知道任何物质利益;生产和

---

① 《马克思恩格斯选集》第4卷,人民出版社1995年版,第248页。

一切经济关系,在它那里只是被当作'文化史'的从属因素顺便提一下。"① 要正确回答上述这些问题,必须研究人类历史活动的动因——物质利益,利益是激励人们为满足自身生存和发展的需要而进行的改造客观世界的、有意识活动的客观动因,利益是马克思主义唯物史观的重要范畴。

二 马克思、恩格斯关于利益范畴的科学论述

马克思和恩格斯在许多著作中都论及物质利益问题。物质利益一词德文是 materielle interessen,相当于英文的 material interests。马克思和恩格斯多次用过利益或物质利益这个词。在马克思恩格斯阐述唯物史观的成熟著作中,如《神圣家族》、《共产党宣言》、《〈政治经济学批判〉导言》、《德意志意识形态》、《资本论》、《经济学手稿(1857—1858年)》、《剩余价值理论》、《反杜林论》、《家庭、私有制和国家的起源》等著作中,他们都从唯物主义历史观出发,科学地论述了利益范畴。

第一,在《神圣家族》中,马克思和恩格斯从对资本主义生产关系的分析出发,具体地认识了资本主义社会的利益问题,认为私人利益就是私有制社会关系的表现,从而抽象出对一般利益范畴的认识。他们指出:"正如古代国家的自然基础是奴隶制一样,现代国家的自然基础是市民社会以及市民社会中的人,即仅仅通过私人利益和无意识的自然的必要性这一纽带同别人发生关系的独立的人,即自己营业的奴隶,

---

① 《马克思恩格斯选集》第3卷,人民出版社1995年版,第365页。

自己以及别人的私欲的奴隶。"① 在这里，市民社会就是指社会的经济基础，即社会的经济关系的总和，市民社会的人就是指生活于一定经济关系中的人。马克思和恩格斯认为，资本主义国家的基础是社会的经济基础，即社会的经济关系的总和，以及生活在社会的经济关系之中的人。马克思和恩格斯进一步解释，生活于一定经济关系中的人，就是指通过私人利益和不以人的意识为转移的历史必然性规律的纽带而相互发生关系的人。这样一来，资本主义社会中私人利益关系就是社会经济关系的表现。

第二，在《经济学手稿（1857—1858年）》中，马克思透过人与人之间的关系论述了利益关系，说明一般商品交换关系中包括了利益矛盾，从经济关系出发说明了利益范畴。首先，他分析了一般商品交换关系中包括的个别利益之间、个别利益和共同利益之间的矛盾。在市场上，交换者双方都从个人利益出发，在交换中实现的是自私的利益，个别利益之间虽然有矛盾，一个人的个别利益同别人的个别利益是相对立的，但整个交换过程却表现为共同利益的实现。如，甲需要面包，乙需要衣服，甲用衣服换货币买面包，乙用面包换货币买衣服，甲乙通过交换都满足了自己的个人利益，同时他们的共同利益也实现了。马克思说："表现为全部行为的动因的共同利益，虽然被双方承认为事实，但是这种共同利益本身不是动因，它可以说只是在自身反映的特殊利益背后，在同另一个人的个别利益相对立的个别利益背后得到实现的。""共同利益恰恰只存在于双方，多方以及存在于各方的独立之中，共同利益就是自私利益的交换。一般利益就是各

---

① 《马克思恩格斯全集》第2卷，人民出版社1957年版，第145页。

种自私利益的一般性。"① 利益实质上体现的是社会经济交换关系。

第三，在《资本论》、《剩余价值理论》等著作中，马克思和恩格斯从社会生产关系出发，科学地确认了利益范畴，严格区分了利益和效用的含义。在《资本论》中，他们从商品的二重性即使用价值和交换价值的对立统一性出发，说明了利益的本质。他们认为，使用价值是指商品的有用性，即商品本身所包含的自然效用，而交换价值是指商品所包含的社会必要劳动时间，实际反映了人与人之间的生产交换关系，这种交换关系就是人与人因产品分配而发生的利益关系。效用是同使用价值联系在一起的，利益是同交换价值联系在一起的，这就把利益和效用科学地区别开来了，实际上揭示了利益的社会经济关系本质。

第四，在《资本论》、《剩余价值理论》、《经济学手稿(1857—1858年)》等著作中，马克思和恩格斯具体分析了资本主义社会的利益矛盾和利益结构，指出资本主义社会的利益矛盾集中表现为阶级矛盾，充分地认识了资本主义社会的利益关系和利益矛盾。他们分析认为，在资本主义生产、流通、分配、消费过程中，在交换行为中，交换双方的利益矛盾展开为三层利益矛盾。一是工人阶级和资产阶级的矛盾。资产阶级剥削工人阶级的剩余价值，表现为工人阶级和资产阶级的对立和斗争。二是工人阶级内部的矛盾。工人与工人因就业竞争、工资竞争而发生利益纠纷。三是资产阶级内部的矛盾。资本家之间、资本家集团之间、资本家国家之间为

---

① 《马克思恩格斯全集》第46卷上，人民出版社1979年版，第196—197页。

了获得更多的利润而展开激烈的竞争。这三层利益矛盾构成了十分复杂的利益结构,集中表现为工人阶级和资产阶级的阶级矛盾。他们认为,资产阶级夺取政权以后,必然把资产阶级的利益确立为占统治地位的国家共同利益。一旦工人阶级和资产阶级的矛盾尖锐化,甚至威胁到资本主义社会根本制度时,全体资本家就会联合起来,维护他们的共同利益。

第五,在《共产党宣言》等著作中,马克思和恩格斯指出,工人阶级没有本阶级的私利,工人阶级的阶级利益就是整个人类的共同利益,其根本利益、长远利益在于消灭资本主义社会的私有制,进而在发展生产力的基础上,消灭商品交换带来的利益矛盾,最终解放全人类,真正实现共同利益一致的共产主义社会。他们强调,共产党人既要反对只追求工人阶级的目前利益而忽视长远利益的倾向,又要反对空谈共产主义的美好理想而忽视争取工人阶级目前利益的倾向。"共产党人为工人阶级的最近的目的和利益而斗争,但是他们在当前的运动中同时代表运动的未来。"①

第六,在《资本论》、《德意志意识形态》、《反杜林论》、《家庭、私有制和国家的起源》等著作中,马克思和恩格斯运用历史唯物主义世界观和方法论,论述了个别利益和共同利益对立统一的发展过程。他们认为,在原始社会的原始公社中,一开始就存在一定的共同利益,同时也存在和共同利益相抵触的个别利益。于是,就需要建立一种机构作为共同利益的代表来保证共同利益,随着利益冲突的增多,这种机构越来越必不可少,越来越职能化、独立化,而这种机构的职位只能由个别人来担任,久而久之,这种机构就演变为对社

---

① 《马克思恩格斯选集》第1卷,人民出版社1995年版,第306页。

会实行政治统治的权力机构，社会的公仆变成主人，进而形成统治阶级，形成国家。历史上的国家形式不过是共同利益的各种发展形式。① 他们在《德意志意识形态》中认为："'共同利益'在历史上任何时候都是由作为'私人'的个人造成的。"② 个人利益在私有制条件下向共同利益转化，实际上转化成阶级利益。③ "个人利益总是违反个人的意志而发展为阶级利益，发展为共同利益，后者脱离单独的个人而获得独立性，并在独立化过程中取得普遍利益的形式，作为普遍利益又与真正的个人发生矛盾"，④ 共同利益一旦以阶级利益独立存在，"个人的行为不可避免地受到物化、异化，同时又表现为不依赖于个人的、通过交往而形成的力量，从而个人的行为转化为社会关系，转化为某些力量，决定着和管制着个人……"⑤ 阶级利益支配着个人的行为。共同利益一旦形成，它又区别于个人利益，阶级成员的共同利益与阶级成员的个人利益之间可能会发生对立，当然，这种对立是有别于阶级利益之间的对立，是可以调整的。"这种对立只是表面的，因为这种对立的一面即所谓'普遍的'一面总是不断地由另一面即私人利益的一面产生的，它决不是作为一种具有独立历史的独立力量而与私人利益相对抗，所以这种对立在实践中总是产生了消灭，消灭了又产生。"⑥ 在资本主义制度下，共同利益表现为特殊的资产阶级利益。在《家庭、私有

---

① 《马克思恩格斯全集》第3卷，人民出版社1960年版，第522—523页。
② 同上书，第275—276页。
③ 同上书，第273页。
④ 同上。
⑤ 同上。
⑥ 同上书，第276页。

制和国家的起源》等著作中,他们认为,工人阶级的根本利益在于消灭资本主义社会的私有制,在进一步发展生产力的前提下,消灭商品交换带来的个别利益和共同利益的对立,最终建立实现个别利益和共同利益一致的社会。工人阶级没有本阶级的私利,工人阶级的根本利益就是整个全体人民不分民族的共同利益,工人阶级取得政权以后,个别利益和共同利益就不具有对抗的性质了。在私有制条件下,共同利益和个别利益总是或多或少处于对立之中,只有到了共产主义社会,国家消亡之后,共同利益才与个别利益完全融合。恩格斯引用摩尔根的一段话说明了这个问题:"总有一天……社会的利益绝对地高于个人的利益,必须使这两者处于一种公正而和谐的关系之中。"①

第七,在《德意志意识形态》中,马克思和恩格斯认为,分工造成私有制,从而引起利益的分离和对立,形成国家,利益就是人与人之间相互依存的现实关系,从而说明了利益的本质和利益矛盾产生的原因。他们说:"一个民族内部的分工,首先引起工商业劳动同农业劳动的分离,从而也引起城乡的分离和城乡利益的对立。"② 他们认为,分工进一步引起个别利益和共同利益的矛盾,"随着分工的发展也产生了单个人的利益或单个家庭的利益与所有互相交往的个人的共同利益之间的矛盾"。③ "这种共同利益……首先是作为彼此有了分工的个人之间的相互依存关系存在于现实之中。"④ 利益是人们相互依存的社会关系,而人们相互依存

---

① 《马克思恩格斯选集》第4卷,人民出版社1995年版,第179页。
② 《马克思恩格斯选集》第1卷,人民出版社1995年版,第68页。
③ 同上书,第84页。
④ 同上。

的关系首先是经济关系。他们还进一步说明了国家的产生和实质,"正是由于特殊利益和共同利益之间的这种矛盾,共同利益才采取国家这种与实际的单个利益和全体利益相脱离的独立形式",①他们认为,国家产生、存在的现实基础是分工联系以及由此而产生的利益关系、阶级关系。他们认为国家不过是虚幻的共同体,实质是阶级统治的工具。"每一个力图取得统治的阶级,即使它的统治要求消灭整个旧的社会形式和一切统治,就像无产阶级那样,都必须首先夺取政权,以便把自己的利益又说成是普遍的利益,而这是它在初期不得不如此做的。"②

第八,在上述有关著作中,马克思和恩格斯在论述利益问题时,明确地指出了物质利益的决定作用,同时还把利益范畴的自然方面和社会方面区分开来,为正确认识利益提供了科学的研究方法。在《德意志意识形态》一书中写到,在古代,每一个民族都由于物质关系和物质利益……而团结在一起。他们又说:"资产阶级的这些理论思想是以物质利益和由物质生产关系所决定的意志为基础的。"③他们明确认识到物质利益对生产发展的推动作用,他们认为,在阶级社会中,"统治阶级的利益就会成为生产的推动因素"。④他们在前面的著作中还认为,利益是人的欲望和需要在人与人关系上的表现。在私有制条件下,利益变成个人自私自利的私利,要消灭的是这种私利,而不是利益本身。

---

① 《马克思恩格斯选集》第1卷,人民出版社1995年版,第68页。
② 同上书,第84—85页。
③ 《马克思恩格斯全集》第3卷,人民出版社1960年版,第213页。
④ 《马克思恩格斯选集》第4卷,人民出版社1995年版,第385页。

三 马克思主义利益理论的主要观点

为了阐明利益的实质,科学地界定利益范畴,马克思和恩格斯做过许多开拓性和奠基性的工作。马克思主义利益理论包括这样几个主要观点:(1)追求利益是人类一切社会活动的动因。马克思认为:"人们奋斗所争取的一切,都同他们的利益有关。"[1] (2)利益是思想的基础,利益决定思想,利益推动生产和生活。"'思想'一旦离开'利益',就一定会使自己出丑。"[2] 利益"成为生产的推动因素"。列宁肯定了马克思的思想,认为"利益'推动着民族的生活'"。[3] (3)利益纠纷是阶级斗争产生的物质根源。他们认为,阶级斗争是"基于物质利益的"根本冲突。[4] (4)利益冲突具有推动社会发展的动力作用。恩格斯针对英法两国封建贵族、资产阶级和无产阶级的斗争情况,指出:"这三大阶级的斗争和它们的利益冲突是现代历史的动力,至少是这两个最先进国家的现代历史的动力。"[5] (5)利益的社会本质和社会基础是生产关系。他们认为"每一既定社会的经济关系首先表现为利益",[6] 认为经济利益是生产关系的具体表现,只有从生产关系出发,才能说明利益的本质和历史作用。(6)物质利益决定政治利益。他们认为:"只要资产阶级社会的最重要的物质利益(即

---

[1] 《马克思恩格斯全集》第1卷,人民出版社1956年版,第82页。
[2] 《马克思恩格斯全集》第2卷,人民出版社1957年版,第103页。
[3] 《列宁全集》第55卷,人民出版社1990年版,第75页。
[4] 《马克思恩格斯选集》第3卷,人民出版社1995年版,第365页。
[5] 《马克思恩格斯选集》第4卷,人民出版社1995年版,第250页。
[6] 《马克思恩格斯选集》第3卷,人民出版社1995年版,第209页。

商业和工业）一和他拿破仑的政治利益发生冲突，他也同样毫不珍惜它们。"① （7）利益决定、支配政治权力、政治活动。他们认为，阶级斗争"首先是为了经济利益而进行的，政治权力不过是用来实现经济利益的手段"。② （8）分工是引起利益矛盾的原因。马克思和恩格斯在《德意志意识形态》中说："一个民族内部的分工，首先引起工商业劳动同农业劳动的分离，从而也引起城乡的分离和城乡利益的对立。"③ "随着分工的发展也产生了单个人的利益或单个家庭的利益与所有互相交往的个人的共同利益之间的矛盾。"④ （9）在阶级社会中，共同利益实际上是特殊的阶级利益。马克思说："每一个企图代替旧统治阶级的地位的新阶级，就是为了达到自己的目的而不得不把自己的利益说成是社会全体成员的共同利益。"⑤这种标榜为共同利益的利益就是资产阶级自己特殊的阶级利益。

总之，马克思主义利益理论认为，任何一个社会首先必须满足人们的物质生活需要，满足人们的物质要求，即满足人们的物质利益要求。利益是社会发展的基础、前提和动力因素。利益是历史唯物主义基本范畴。生产力是社会发展的根本动力，而需要和利益是社会生产不断向前发展的内在动因。任何社会变革归根结底都必须重新调整人们的利益关系，以促进和推动社会生产的发展，以满足人们的物质文化的利益需要。在阶级社会中利益首先是阶级利益，是以满足统治

---

① 《马克思恩格斯全集》第2卷，人民出版社1957年版，第158页。
② 《马克思恩格斯选集》第4卷，人民出版社1995年版，第250页。
③ 《马克思恩格斯选集》第1卷，人民出版社1959年版，第68页。
④ 同上书，第84页。
⑤ 《马克思恩格斯全集》第3卷，人民出版社1960年版，第54页。

阶级的利益需要为目的的。今天，社会主义制度在我国确立之后，如何认识社会主义初级阶段的利益群体、利益结构、利益激励手段和利益矛盾、利益关系，如何正确地处理初级阶段人民内部的利益矛盾和冲突，合理协调国家、集体、个人三者之间的利益关系，合理协调各方利益关系，充分调动各个利益主体的积极性，充分发挥利益的动力作用，加速社会主义改革和现代化建设，这些都是十分重要而迫切的现实理论问题。需要研究这些问题，需要进一步充实和丰富马克思主义利益理论。

理论篇

第三章 人的需要和需要范畴

需要是利益的前提和基础。研究利益必须首先研究需要，认识利益的本质必须首先认识需要的本质，确立利益范畴必须首先确立需要范畴。

一 马克思主义的需要理论

马克思主义需要理论与利益理论是一致的。认识需要有必要重温马克思主义需要理论。需要是马克思主义经典著作的重要研究对象，马克思主义的需要理论是马克思制定劳动力价值理论、剩余价值理论以及危机理论的重要基础理论。

1842年10月15日，马克思任《莱茵报》编辑期间，遇到了经济问题，并接触到需要和利益问题。马克思在《〈黑格尔法哲学批判〉导言》中谈到德国的状况时指出："在这里，实际生活缺乏精神内容，精神生活也同实践缺乏联系，市民社会任何一个阶级，如果不是它的直接地位、物质需要、自己的锁链强迫它，它一直也不会感到普遍解放的需要和自己实现普遍解放的能力。"[①] 在这里，马克思已经提出了物质需

[①] 《马克思恩格斯全集》第1卷，人民出版社1956年版，第466页。

要概念。在 1844 年 4—8 月写的《1844 年经济学哲学手稿》中，马克思比较详尽地论述了需要问题，提出了社会的需要、肉体的需要、工人的需要、文明的需要、粗陋的需要、人的需要、利己的需要、交往的需要、自然的需要等概念。如果把马克思的需要概念做大体的分类的话，可以概括为这样几大类：自然的需要（肉体的需要）和社会的需要；人的需要和动物的需要；工人粗陋的需要和富人考究的需要；劳动的需要和谋生的需要，等等。在马克思主义成熟的著作《神圣家族》中，马克思在阐述历史唯物主义的一些基本观点的同时，指出："感性的印象和自私的欲望、享乐和正确理解的个人利益，是整个道德的基础。"[①] 这就为需要理论打下了深厚的唯物主义基础。马克思在 19 世纪 50 年代写作的《政治经济学批判大纲》中进一步发展和完善了马克思主义需要理论。首先，他指出了必要需要概念，把必要需要和必要劳动联系起来；其次，阐明了社会需要概念的基本含义。他指出，在商品社会中，人们不是为了自己的直接需要而生产，而是互相为对方而生产，于是形成了"普遍的社会物质交换，全面的关系，多方面的需求以及全面的能力的体系"。[②] 再次，阐述了奢侈需要与必要需要的对立和互相转化。最后，指出了需要总量是使用价值的尺度的观点。马克思主义需要理论有三个最重要的观点：人的需要是人的本质；人的需要是社会需要，需要产生社会关系；生产决定需要，需要推动生产。

人的需要是人的本质。马克思在提到人的需要时指出：人的需要是与生俱来的人的"内在规定性"。需要是生命活动

---

① 《马克思恩格斯全集》第 2 卷，人民出版社 1957 年版，第 165—166 页。
② 《马克思恩格斯全集》第 46 卷上，人民出版社 1979 年版，第 104 页。

的表现，具有众多人的需要的人，"同时就是需要有完整的人的生命表现的人，在这样的人身上，他自己的实现表现为内在的必然性、表现为需要"。① 人之所以为人，就表现为具有人的众多需要这一"内在的必然性"。人作为有生命活动的社会存在物，只要具有生命，是活生生的人，生活在社会上，他就有需要，需要吃饭、喝水、穿衣、住房……需要维持生命运动的必需品；在解决物质生活资料的基础上，还需要识字、读书、欣赏艺术……需要维持精神活动的必需品。这就是说，需要是人的生命活动的表现，只要有生命活动的人，就有需要。需要是人的本质正是从这个意义上讲的。需要是人的本质的基本规定。

人的需要是社会需要，需要产生社会关系。马克思认为："……人的本质不是单个人所固有的抽象物，在其现实性上，它是一切社会关系的总和。"② 需要是人的本质，而人的本质又是一切社会关系的总和，所以人的需要是社会需要，需要具有社会性。需要同时又产生人的社会关系。马克思还曾明确地指出，人们的社会关系也是由人的需要产生的，是人的需要的现实产物。他说："把人和社会连接起来的唯一纽带是天然必然性，是需要和私人利益。"③ 真正的社会联系并不是由反思产生的，它是由于有了个人的需要和利己主义才出现的，也就是个人在积极实现其存在时的直接产物。但是，需要作为人的最基本的本质规定，也不是孤立的、静止的、抽象的存在，它也总是在对象中，在与对象的联系中表现为现

---

① 《马克思恩格斯全集》第42卷，人民出版社1979年版，第129页。
② 《马克思恩格斯选集》第1卷，人民出版社1995年版，第60页。
③ 同上书，第439页。

实性，来确立人的需要本身，并不断地变化发展，时时更新，日益丰富。马克思是从需要的社会性质来认识需要的。

生产决定需要，需要推动生产，从而生产与需要的运动推动社会发展。马克思阐明了需要的作用、性质和需要的发展机制。马克思、恩格斯在他们合著的《德意志意识形态》一书中对马克思主义需要理论进行了更为全面、系统的阐述。他们认为："为了生活，首先就需要吃喝住穿以及其他一些东西。因此第一个历史活动就是生产满足这些需要的资料，即生产物质生活本身。"① 这句话包括两层含义：一层是人要生活，就必须从事满足生活本身的生产活动，生产决定生活需求；二层正是人的需要推动生产，也就是说需要在某种意义上，决定了第一个历史活动是生产。生产决定需要，需要推动生产。生产与需要、需要与生产的相互作用决定人们之间的物质联系，推动人类社会进步，形成历史发展。马克思、恩格斯认为，需要和生产方式决定人们之间的物质联系，"这种联系不断采取新的形式"，从而形成历史。② 他们认为，需要是发展变化的，"并随着需要的改变而改变它的社会制度"。③ 生产决定需要，需要既是社会发展的决定性因素，同时需要又是为生产与分工所决定的。马克思、恩格斯认为，需要在社会发展中是一个决定的因素，但同时它又是一个被决定的因素，"需要又取决于分工以及由分工产生的人们所受教育的条件"。④ 他们认为，满足需要的不平等产生于占有的不平等，"人们的**头脑**和智力的差别，根本不应引起胃和肉体

---

① 《马克思恩格斯选集》第 1 卷，人民出版社 1995 年版，第 79 页。
② 《马克思恩格斯全集》第 3 卷，人民出版社 1960 年版，第 34 页。
③ 同上书，第 48—49 页。
④ 同上书，第 459 页。

需要的差别",① 在未来应以"按需分配"来代替"按劳分配"。他们还认为，自人类由于分工和私有制的出现而进入阶级社会以来，在生产力发展的低级阶段，人们的发展形式只能是"一些人靠另一些人来满足自己的需要，因而一些人（少数）得到了发展的垄断权；而另一些人（多数）经常地为满足最迫切的需要而进行斗争，因而暂时（即在新的革命的生产力产生以前）失去了任何发展的可能性"。② 由此，论述了在生产力发展的一定阶段上的需要的阶级性。

二 人的需要的实质及其特点

需要并不是人这一"社会动物"所独有的本质。在地球上，作为物质运动的生物形式，自产生以来就具有一定的需要，需要反映任何生物物种对于外部环境的物质要素、能量要素和信息要素的依赖关系，而掌握这些要素是它们得以存在和发展的必要条件。也就是说，任何生物都必须通过摄取同化、新陈代谢，与外界环境进行物质、能量、信息的交换，才能维持自身与环境的平衡，生命形式才能得以存在和延续，需要是任何生物的生命表现。生物作为需要主体能够对维持其存在和发展的要素做出独立的、有选择的反应，所谓生物维持其存在和发展的要素就是需要客体，即需要对象。需要主体与需要客体之间存在一定的矛盾，这种矛盾表现为生物需要通过积极的行动来掌握需要对象，通过满足需要来解决需要主体与需要客体的矛盾。生命与需要是同一的，没有需

---

① 《马克思恩格斯全集》第3卷，人民出版社1960年版，第637页。
② 同上书，第507页。

要,就没有生命,当然,没有生命,也就无所谓需要,这是任何生命有机体的共性。生命的外部物理环境是生命需要的客观物质基础。

但是,人作为自然界最发达的生物物种是崭新的需要体现者,他的需要发生了根本飞跃,从而与自然界一般动物的需要区分开来。

众所周知,人的需要同其他生物的需要不同。首先,动物是通过本能来满足自身需要以维持其生态平衡及生命延续的,一般来说,动物的需要永远是被动的、不自主的、下意识的。但是人的需要却是一种主动的、自觉的、有意识的需要。人是主动地改造自然,主动地向自然摄取需要。在满足需要的过程中,人具有主观能动性。其次,动物的需要虽然对外界环境能够适应,但只限于与其生命形式直接相关的范围之内,永远不会超出维持生命存在的自然生理需要的范围,它的需要对象(在没有人干预的情况下)也永远指向自然物。而人是通过生产生活资料的劳动活动来满足其需要的,尽管这种劳动在人类祖先那里是极其原始和简单的,但当他们举起第一块石头朝另一块石头砸去,以便使它更加锋利合用的时候,就冲破了动物本能活动的牢笼,使他们超越了动物的纯粹的自然生理需要,需要的对象超出了纯粹自然生物的范围,使人的需要具有了动物需要所不具有的崭新而广阔的内容和属性。最后,人的需要不仅受自然物质条件的局限和制约,而且还受社会条件的局限和制约。动物的需要来自外部自然环境,而人的需要则不仅来自外部的自然物质环境,还来自人自身的社会环境。社会条件、社会环境对人的需要具有相当的制约性和影响性。

第一,人的需要产生出真正的社会联系,人的需要具有社会性。马克思指出:"人的本质是人的真正的社会联系,所以人在积极实现自己本质的过程中创造、生产人的社会联系、社会本质,而社会本质不是一种同单个人相对立的抽象的一般的力量,而是每一个单个人的本质,是他自己的活动,他自己的生活,他自己的享受,他自己的财富。因此,上面提到的真正的社会联系……是由于有了个人的需要和利己主义才出现的……"[1] 人的需要产生社会联系,而这种真正的社会联系即是人的本质。动物的需要不可能产生出真正的社会联系。

人是通过劳动来满足自己的需要的,而进行劳动必须结成一定的社会关系,人是在一定的社会关系、主要是生产关系中从事劳动活动的,人的劳动就是社会劳动。劳动的社会性,即满足需要方式的社会性决定了人的需要的社会性。首先,人的需要是社会地生产出来的需要。动物的需要是由动物的生理结构和本能决定的。人的需要虽然以其生理需要为基础,但主要是社会地生产出来的需要。人的需要首先取决于当时的生产力水平,不同的生产力水平决定了人们必然具有不同的需要。就个人需要而言,也是由他在该社会中所处的经济、政治地位,所受的文化教育,以及社会、家庭等各种环境所决定的。人的需要是社会劳动的产物。其次,人类个体的需要必然上升为社会需要,同时也就成为社会性需要。任何个体需要都离不开社会需要,同时就是社会需要。尽管人的需要是由个体需要构成的,但个体需要必须通过社会形式来满足,必然形成社会需要。一方面,个体需要本来就具有社会性,就是社会性需要。另一方面,社会需要是个体需

---

[1] 《马克思恩格斯全集》第42卷,人民出版社1979年版,第24页。

要的有机总和,它制约着个体需要,制约着个体需要的内容及其满足程度。从历史上看,除原始社会以外,社会需要总是在社会中居于统治地位的阶级需要,这种社会需要和个体需要之间存在着矛盾,有时这种矛盾甚至是极其尖锐和根本对立的。尽管如此,社会需要依然是个体需要的必然形式和实现个体需要的必然中介。

第二,人的需要永远不会停留在一个水平上,具有无限发展性。人与动物需要的一个重要区别是,人的需要永远不会停留在一个固定的水平上。动物则不同,除非外界给予它更新的条件,否则它的需要永远表现为一个水准。人的这种需要的无限发展性是由满足需要的方式和能力——生产力的无限发展所决定的。生产力的无限发展为人的需要的无限发展创造了广阔的前景。"没有需要,就没有生产。而消费则把需要再生产出来。"[1] "已经得到满足的第一个需要本身、满足需要的活动和已经获得的为满足需要而用的工具又引起新的需要。"[2] 生产力的发展是人的需要无限发展的基础,但就人的全部需要而言,其无限发展的过程实质上就是社会实践无限发展的过程。人们通过社会实践(生产实践是基础)来满足需要。第一个需要的满足和满足这一需要的实践活动又会产生新的需要,新的需要又会促使人们去进行新的社会实践,这是一个不断反馈、永无止境的发展过程。

第三,人的需要是多方面的,具有无限丰富性。人和人的生产是多方面的,从而人的需要也是多方面的,人的需要要求人再生产整个自然界。动物的需要十分简单,动物的需

---

[1] 《马克思恩格斯选集》第2卷,人民出版社1995年版,第9页。
[2] 《马克思恩格斯选集》第1卷,人民出版社1995年版,第79页。

要使动物只生产其自身,只生产它和它的幼仔所需要的东西,动物的生产是片面的。动物只是在直接的肉体需要的支配下生产,而人不仅仅只受肉体需要的支配来进行生产,并且在不受这种支配时才进行真正的生产。动物只生产自身,而人将生产自身生存的环境。动物的产品直接同它的肉体相联系,而人则自由地对待自己的产品。由于人的需要的无限发展,必然导致人的需要日益丰富和全面,这是人的需要在历史发展过程中不断产生和沉积的结果。从物质需要来看,维持人生存的自然需要逐步摆脱其原始形式而不断得到丰富。如食物不仅仅满足充饥的需要,还有适合各种口味的需要,因而使食品的种类繁多;衣服也不仅仅是遮体御寒的需要,还必须以其款式、色彩等满足一定的审美需要,成为美的需要。随着物质需要的不断提高,人还具有日益丰富和全面的精神需要,如社会交往、感情交流、审美情趣、文化教养以及实现自我等需要。人的需要的无限丰富性是以生产和其他社会实践的全面发展为基础,同时也促进生产及其他社会实践的全面发展。正如马克思所说:"人以其需要的无限性和广泛性区别于其他一切动物。"①

第四,人的需要是一个历史过程,具有历史性。人的需要是多方面的,是无限发展、无限丰富的,同时人的需要也有一个漫长的历史发展过程。人的需要的历史发展大体可以分成四个阶段:第一个阶段是原始社会时期,在这个阶段,社会生产水平很低,需要的对象往往直接取自大自然,人的需要也是低级的、简单的、粗陋的。第二个阶段是自然经济占统治地位时期,包括奴隶社会、封建社会,在这个阶段,

---

① 《马克思恩格斯全集》第49卷,人民出版社1982年版,第130页。

社会生产有了较大的发展,人的需要也进一步丰富。但是在自然经济条件下,社会生产力还是较低下的,生产的产品也是极其有限的,人们的社会需要较为单纯、简单。第三个阶段是高度商品化的社会,在这个阶段,由于产品转化为商品以及商品生产的进一步发展,人的需要越来越多样化。人的需要范围大大扩大,不再直接取之于自然,人为的需要对象越来越多。第四个阶段是人类社会发展的产品经济阶段,在这个阶段,生产力高度发达,生产异常丰富,人的需要更为多样化、丰富化。人们的需要发展就呈现出这样一个历史的发展过程。

第五,人的需要内容是客观的,形式却是主观的,具有主体能动性。人的需要的主体能动性就在于,人的需要处于不断实践—需要—再实践—再需要的无限往复的过程中,人们不断地创造出自己新的需要,而且创造出新的满足需要的方式。人的需要具有主体能动性,就在于人的需要是通过人的主体来实现的,是同人的主体能动性分不开的,需要必须通过人的肉体感官来实现,通过人的有意识的活动来实现,人的需要实际上是一种有意识的能动的需要。比如,那些与人的肉体生存直接相关的需要如饥则食、渴则饮等需要,都要"通过头脑感觉到饥渴而开始,并且同样由于通过头脑感觉到饱足而停止"。① 动物的需要只是对它所依赖的物质、能量、信息要素做出有选择的自然生理的反应,而人的需要则是对这些依赖的要素进行主体能动的反映。人的需要正是在这种反映的基础上,进行有计划、有目的的行动来获得满足的。经过亲身实践和需要满足的体验,人们会在思想上对自

---

① 《马克思恩格斯选集》第4卷,人民出版社1995年版,第232页。

己的需要有更加深刻的反映，又会产生新的需要，即创造出新的观念上的需要对象（这种需要对象也许在现实世界中还不存在），以进一步推动人们为满足新的需要而进行实践。动物的需要至多是在自然生理机体需要的基础上，产生有方向的需要探求，而在人的需要中则产生了认识世界的需要和对世界进行实践改造的需要。人的需要包括对工具的需要，而动物则没有这种对工具的需要。为了征服自然界，人不能只靠自己的躯干，人在生产实践中不断创造出工具，用以延长自己的肢体。富兰克林把人说成是"制造工具的动物"。① 因此，人的需要更有积极主动的性质，动物的需要只有消极被动的性质，人的需要具有动物的需要所不能比拟的主体能动性。

第六，人的需要的谋取、满足过程就是人的实践过程，具有实践性。首先满足人的生活需要的生产劳动过程就是人的实践过程。人对需要的谋取过程、分配过程、消费过程也都是人的实践过程。所以人的需要过程就是人的实践过程，人的需要具有实践性。马克思说，人的劳动是人的第一需要，也是在物质生产实践的意义上说的。

以上是人的需要与动物的需要的一些主要区别。到底什么是人的需要？人的需要的实质是什么？有一种看法把需要看做是人的一种心理状态，是人的一种匮乏感，即"人感到缺乏点什么"；还有一种看法则把需要定义为"人们对外界对象的依赖关系"。前者重在强调需要的主观性，后者着重强调需要的客观性。其实，人的需要是从一般动物的需要发展而来的，与动物的需要既有联系，又有着质的区别。

---

① 《马克思恩格斯全集》第 23 卷，人民出版社 1972 年版，第 204 页。

第一，人的需要是以人直接依赖的物质生活条件和精神生活条件为客观基础的。

人作为有生命的物质实体，必定和一般动物一样，依赖外部环境的物质、能量、信息的要素，只有同外界进行物质、能量、信息的交换，人才能存在和发展。但是，人作为自然界高度发达的生物——社会动物，对客观外界的依赖关系比一般动物要复杂得多。人不仅直接依赖外部自然的诸多要素，还必须依赖各种人化自然即社会物质生活条件；不仅依赖社会物质生活条件，还必须依赖社会精神生活条件。人对外部环境的依赖具有更广泛的内容和更复杂的关系，这些是动物所不具备的，从而使人对客观外界的依赖与动物对客观外界的依赖区分开来，人所依赖的外界的客观环境及人与客观外界的物质依赖关系，是人的需要比动物的需要更为复杂、丰富的客观基础。

第二，人的需要是对物质生活条件和精神生活条件的依赖及其关系的有意识的、能动的反映。

人的需要具有能动的反映，这是人的需要与动物的需要的根本区别之一。动物只是对那些与其生命存续的至关重要的条件做出反应，这一反应的基础是其生物的自然本能。所以，作为同一种类的动物，其需要是同一的。正如马克思所说，"一窝蜜蜂实质上只是一只蜜蜂，它们都生产同一种东西"。[①] 这是因为它们的需要是同样的。而人的需要则是对物质、精神生活条件的能动反映，是以人脑的意识活动为指向的，因而使人的需要带有个体性、主体性。客观外界是复杂多样的，人的个体自然差异也是复杂多样的，同时不同的人

[①] 《马克思恩格斯全集》第46卷上，人民出版社1979年版，第195页。

对客观外界的依赖的反映程度也是不同的。因此，由于环境和主观因素的作用影响，在周围环境大致相同的情况下，人的需要内容和层次是千差万别的。人的需要不会像动物那样，同一种类的动物，需要都是同一的，不同的人有着不同的需要。也正是由于人的需要在主观形式上，表现为是对客观外界依赖关系的反映，所以人才有那些虚幻的需要，如宗教信仰的需要，神奇幻想的需要等。这些需要有的是因为人对客观外界的依赖关系做了颠倒歪曲的反映，有的则是在反映客观外界时插上了幻想的翅膀，这更是动物的需要反应所不能比拟的。

人的需要是需要主体对需要对象的能动的明确指向，这是任何人的需要的基本特征。"饥饿是自然的需要；因而为了使自己得到满足、得到温饱，他需要在他之外的自然界、在他之外的对象。"[①] 人的最基本的生理需要是这样。精神需要也是如此。为了满足人的精神需要，就需要能使其满足的精神需要对象（如电视、录音机等媒体，还有文学、艺术、影视作品等）。人的需要都是明确地指向物质的、精神的需要对象，这是以人对物质、精神等生活条件的能动的反映为基础的，这说明人的需要具有一定的主观形式。需要是需要主体与他所依赖的需要对象之间的一种关系，是需要主体对这些需要对象感到匮乏，因而需要它们，这表明需要主体与需要客体的主观和客观的矛盾关系。要解决这一矛盾，就必须使需要主体积极地活动，掌握其需要对象，从而使人的需要得到满足。

第三，人的需要在内容上是物质的、现实的、客观的，

[①] 《马克思恩格斯全集》第42卷，人民出版社1979年版，第168页。

在形式上却又是主观的。

人的需要是以社会物质生活条件和精神生活条件为客观基础的,人所依赖的需要对象都是实实在在的物质生活环境、物质生活资料以及所派生的精神生活资料,比如食物、住房、交通工具、电视、电话,等等,所以人的需要的实际内容都是物质的、现实的、客观的。然而,人的需要又是积极的、能动的、有意识的需要,是以对需要对象的主观指向为表现的,所以,人的需要在形式上又表现为意向、情欲等心理上、思想上的主观性的东西。

关于需要范畴,可以从生理学、生物学等各个学科角度来下定义,但我们这里是从历史观的角度来研究需要范畴。从哲学历史观角度来分析,人的需要实质上是人的生命活动的表现。但人的需要又同动物的需要不同,人的需要是社会需要,是积极的、能动的社会需要。人是社会需要的主体,人所依赖的生存、发展的物质和精神生活条件则是社会需要的对象。人的需要反映了对其赖以生存的社会物质生活条件,包括精神生活条件,诸如自然地理环境、衣、食、住、行等物质生活资料及其派生的精神生活资料的一种直接依赖关系。人的需要在内容上是物质的、现实的、客观的,在形式上却表现为一种心理活动、情欲要求、主观意愿。因此,人的需要是人所具有的一种有意识的、有目的的、能动的对需求对象的反映、指向、谋取、吸收和满足,是人的生命活动的表现,表现为人对外部需要对象的一种直接依赖关系。

人对客观外部需要对象的依赖,表现为人对自然环境、社会环境,对物质生活资料和生产资料,对精神生活资料的一种依赖关系。当然人对他人,对社会群体的依存关系,也是一种需要,如感情需要、婚姻需要、同居需要、情欲需要、结社需要等。人对客观外界需要对象的依赖,也同样表现为个体对社会群体的依赖关系。由此看来,需要并不是一种主观的产物,不是一种任意的想象,而是客观外界同人的主体世界发生的一种必然联系,是人对客观外界的一种必然的、客观的依赖。

有人认为,承认人的需要这种形式上的主观性,会滑到历史唯心主义的泥潭中去。实际上,这种认识是不对的,承认人的需要的形式上的主观性,并不等于说需要是一种主观的产物,更不是说需要是人的任意想象和随心所欲。需要作为人对物质生活条件和精神生活条件的直接依赖,它的内容必定是物质的、现实的、客观的。不同的社会历史条件决定着、制约着人们的不同需要。当然如果只承认人的需要的客观基础,看不到它的主观性,就不能说明人的需要与动物的需要的根本区别,就不能说明人的需要的特点,这样就会走到机械唯物主义的老路上。

三 需要的类别和体系

马克思主义创始人没有系统论述过需要的类别和体系问题,但他们在讨论经济学、哲学、科学社会主义等问题时,经常涉及需要的类别和体系问题。马克思在《政治经济学批判大纲》中也曾提出要讨论"需要体系"。① 根据马克思的有关论述,大致可以把人的需要概括为三大类基本需要:(1)最低限度的自然生理需要或生存需要。这类需要主要是指对维持最低生命需要的衣、食、住、行等生活必需资料的需要,

---

① 《马克思恩格斯全集》第46卷下,人民出版社1980年版,第20页。

这是维持人作为生命物质实体得以生存的直接需要。但是，这类需要作为人的需要并不是僵死的、纯自然的、固定不变的，它也是"随着一定的文化水平而发生变化的自然需要"。①(2) 高层次的满足人的社会生活的社会需要。马克思论及高层次的满足人的社会生活的社会需要有几种含义：第一，指"社会地生产出来的需要"。这种社会需要是与自然需要相对而言的，它是在社会生产和交换中产生出来的需要，这类需要不再以直接维持肉体的存续为目的，而是以满足社会群体的社会生存为目的。第二，是指共产主义社会人的需要。这是从人类社会整体利益引申出来的需要，是社会按照比例进行生产而使人得到满足的需要，这是真正的高层次的人的社会需要。(3) 满足人的精神要求的精神需要。它包括的内容相当广泛，如人的受教育的需要、社会交往的需要以及思想感情交流的需要，等等。此外，马克思还根据需要的历史发展过程提出了许多具体的需要类别，如必要需要和奢侈需要、对货币的需要和人的发展需要，以及劳动从谋生的手段变为人的第一需要，等等。

  国内外许多心理学家和行为科学家都比较系统地研究了人的需要，其中最有代表性的应属美国著名心理学家亚伯拉罕·马斯洛的层次需要理论。马斯洛把人的需要分为七个层次：(1) 生理需要。这是最基本、最强烈的需要，如对食物、饮料、住所、性交、睡眠和氧气的需要，这是对生存的需求。(2) 安全需要。要求生活有保障而无危险，如对生活秩序与稳定的需要。(3) 归属需要。与他人亲近，建立友情，相互依赖，"在自己的团体里求得一席之地"，有所依归。在这里，

---

① 《马克思恩格斯全集》第47卷，人民出版社1979年版，第52页。

马斯洛把爱与性区分开来,他认为,性可以作为纯生理的需要去研究,至于爱,他赞成卡尔·罗杰斯的定义:"爱是深深的理解和接受。"(4)尊重需要。马斯洛认为人们对尊重的需要可分为两类——自尊和来自他人的尊重。自尊包括对获得信心、能力、本领、成就、独立和自由的愿望。来自他人的尊重则包括威望、承认、接受、关心、地位、名誉和赏识。(5)认知需要。即对认识和理解的欲望,或者按照通俗的说法就是好奇心。马斯洛认为:"应该假设人有一种对理解、组织、分析事物、使事物系统化的欲望,一种寻找诸事物之间的关系和意义的欲望,一种建立价值体系的欲望。"①(6)审美需要。即人们对美的需要,如对对称、秩序、和谐等的需要。马斯洛发现,从最严格的生物学意义上说,人需要美正如人的饮食需要钙一样,美有助于人变得更健康。(7)自我实现的需要。这是人的成长、发展、利用潜力的需要。马斯洛把这种需要描述成为"一种想要变得越来越像人的本来样子、实现人的全部潜力的欲望"。②这样,马斯洛就为我们建造了一个需要的金字塔。马斯洛指出,当低级需要得到满足以后,"其他(高一级的)需要就立刻出现了,而且主宰生物体的是它们,而不是生理上的饥饿。而当这些需要也得到了满足,新的(更高一级的)需要就又会出现。以此类推,我们所说的人类基本需要组织在一个有相对优势关系的等级体系中就是这个意思"。③马斯洛还提醒人们不要过于拘泥地理解诸需要的顺序,不能以为只有人们对食物的欲望得到满足,

---

① 转引自弗兰克·戈布尔《第三思潮:马斯洛心理学》,上海译文出版社1987年版,第46—47页。

② 同上书,第45页。

③ 同上书,第41—42页。

才会出现对安全的需要；或者只有充分满足了对安全的需要后，才会滋生出对爱的需要。

马斯洛的层次需要理论在一定程度上概括了人的需要种类，看到了人的需要由低级到高级的发展规律，着重研究了需要与个人行为之间的密切关系，这对我们了解人的需要具有一定的启发意义。但是马斯洛主要是从个人行为发生学的角度来了解、研究人的需要，把需要仅仅理解为一种心理现象，旨在充分发挥人的潜能（他认为这些潜能是每个人都固有的），忽视了对于人的需要与社会的关系以及需要的社会基础、物质基础的研究，也就是说，他并没有把需要作为一个广泛的社会历史范畴来加以研究。因此，我们有必要应用马克思主义基本理论，把需要作为一种社会历史的范畴来加以科学的分类和研究。

人的需要是丰富多彩、多种多样的，随着社会文明的发展，人的需要的层次、种类会越来越多，越来越复杂，各种多样的需要互相联系，构成一个庞大的需要体系。对人的需要可以根据各种标准进行分类，在这里，我们是把人的需要作为一个广泛的社会历史范畴来进行分类的。

1. 自然需要（直接需要）和社会需要

自然需要主要是指衣、食、住、行的需要，即人的自然生理需要。在马克思的著作中，有时也把这一需要作为直接需要。社会需要是与人的直接的自然生理需要相对应的需要，它有三层含义：第一，人具有社会性，人的自然生理需要也带有社会性，人的需要本身就是一种社会需要。随着人类社会的进化，人的自然生理需要也越来越具有更多的社会性。在原始社会，在人从野蛮社会向文明社会过渡的过程中，人的纯粹的自然生理需要的成分逐渐减少，就拿饮食来说，纯粹的吃喝渐渐带有饮食文化的色彩,越来越具有社会性,正是从这个意义上说,社会需要是"随着一定的文化水平而发生变化的自然需要"。① 第二,人的需要不仅仅是个人的个别的需要,它是一种社会化的人的需要。人是作为社会的人而存在的,单个的人、个别的人、孤立的脱离人群的人是不存在的。在这个意义上说,个别的人的需要同时就是社会的人的需要。第三,社会需要是"社会地生产出来的需要",即在自然提供的满足人的生理需要的物质基础上,经过社会生产而产生出的需要。比如,在自然水的基础上,人们通过社会生产生产出自来水等各种饮料,人对这种社会生产出来的水的需求,则是一种社会需要。社会需要就是人对社会生产出来的需求对象的需要。人是社会动物,人的需要不像动物那样仅仅满足于物质交换的自然过程。特别是人类社会进入商品生产阶段后,人也不仅仅满足于自然消费而生产,而要进行社会性的商品生产和商品交换,以满足自己多方面的需要,人的需要更具有广泛的社会性。随着社会生产和生活的发展,人的需要也在不断地变化,许多新的需要不断出现,人的需要既是社会过程,也是历史过程,正是人的社会过程和历史过程使人的纯自然生理需要越来越具有广泛的社会性,而转化成为社会需要。

2. 个别、特殊需要和一般、普遍需要

从需要的主体来划分,可以分成个别、特殊需要和一般、普遍需要。个别、特殊需要包括个体需要,同时也包括相对社会整体需要的群体需要两大类。而群体需要相对个体需要来说,又是一般、普遍需要。人是需要的体现者,是需要的

---

① 《马克思恩格斯全集》第47卷,人民出版社1979年版,第52页。

主体。人既以个体的形式存在,又必须与他人结合形成不同的群体,以群体的形式存在。同时每个人、每个群体又是整个社会的一分子、一部分,从而构成整个人类社会。这样,以需要主体的集合程度为标准来划分,就可以区分为个体需要、群体需要和社会整体需要。

单独的个人构成群体,从而进一步构成人类整体,无数个体、群体需要汇合成社会整体需要。需要必然具有个体的形式,不能因个体需要的社会性而否认个体需要的个别性、个体性。因为人的需要总是由个体需要构成的。人的需要的满足和发展要通过个体的形式表现出来,所以在任何情况下都不能否认个体需要。个体需要是群体需要、社会整体需要的基础,没有个体需要就不会有群体需要和社会整体需要,不包含个体需要的群体需要和社会整体需要,是毫无意义的抽象概念,没有个体需要的满足,就不会有人类社会的存在和发展。

群体是以某种纽带联结起来的、以某种共同利益为基础的个体的集合体。无论是原始的人类祖先,还是高度发达的现代人,绝对孤立地进行生产和生活的个人是不存在的,他们必然以这样或那样的形式结合起来从事生产和生活,人以群聚,群体是人类社会组织形式。由于构成群体的亲和力不同,就会形成各种各样的需要群体和形形色色的群体需要。如以共同的社会经济地位结合而成的需要群体——阶级和阶层,就会产生阶级需要和阶层需要;以血缘为亲和力组成的需要群体——氏族、部落、宗族、家庭等,都会形成各自的家族血缘的群体需要;以共同职业为纽带结合起来的需要群体,就会产生职业群体的需要;以经济单元结合成的群体即各种企业或经济实体,也会有该经济群体的需要。总之,还会有成千上万、不胜枚举的正式和非正式的群体及群体需要。比如,还可以根据需要主体的不同需要划分出若干种类的群体,以研究他们的群体需要。按性别特征就可划分出男子或女子以及各自的需要,按年龄还可划分出婴幼儿、儿童、少年、青年、成年、老年等不同群体和他们的不同需要,根据地域划分的国家是更大、更具有综合性的需要群体。国家需要在人类社会中是有着极其重要地位的人的社会群体需要。

社会整体需要是人类整体作为需要主体而具有的需要,相对个别、特殊的需要来说,社会整体需要是一般、普遍的需要,一般、普遍需要就是共同需要。无论是个体还是群体,作为人类的一员或一部分,必定具有共同的需要。如,生理需要和安全需要就是每一需要主体都具有的需要。从当今人类社会来看,接受文化教育也正在成为人类所有成员的共同需要。人类社会发展的整体化趋势,决定了人类具有社会整体需要。现代科学的进步和技术发展、经济发展,加速了人类社会发展的整体化,不断地增添社会需要的内容;到了马克思所讲的自由人联合体形成,即共产主义社会形成时,虽然共产主义整体社会还会有各种需要的差别,但人类社会的需要将成为最高的需要,社会整体需要与个别需要将不再处于矛盾和对立状态。

个别需要和社会整体需要之间存在着个别与一般、特殊与普遍的关系。个体需要相对于群体需要和社会整体需要而言是个别或特殊需要,群体需要和社会整体需要则是一般、普遍的需要。群体需要和社会整体需要,前者是个别、特殊的需要,后者则是一般、普遍的需要。在群体需要中,小群体的需要相对于它所从属的大群体的需要是个别、特殊的需要,后者则是一般、普遍的需要。大群体之上还会有更大的群体，也还会有这种个别和一般、特殊和普遍的关系。个别、特殊的需要是一般、普遍的需要的基础，它们的有机总和构成一般、普遍的需要；一般、普遍的需要反映、包含着个别、特殊的需要，这些需要的满足必然是满足个别、特殊需要的前提。因此，一般、普遍的需要又高于个别、特殊的需要，制约着个别、特殊的需要。正确理解这些需要的辩证关系，是我们正确处理个人、集体、国家和社会整体需要的认识基础。

3. 物质需要和精神需要

无论是个体需要还是群体和整个社会整体需要，从满足这些需要的客体以及需要客体的功用来分析，这些需要基本上还可分为两大类：物质需要和精神需要。

物质需要是以物的使用价值来满足的人的需要。这里所说的物，不仅指解决人们衣、食、住、行的各种物品，也包括大自然赋予我们以维持生命的物质，如空气、阳光等。物质需要是人们对物质生活条件直接依赖关系的反映，是作为生物有机体的肉体存在物的人不可或缺的需要。随着人类的进步与发展，有些物质需要不是单纯地直接以各种物的使用价值，而是通过各种劳务形式的使用价值来使人的需求得到满足，如医疗以及各种满足人的物质需要的劳务。这种劳务之所以能够满足人的物质需要，实质还在于人作为特殊的物质实体具有使用价值，这些劳务活动实际上是一种特殊形式的消费品。马克思所说的维持人的肉体的存在的自然需要和马斯洛所说的生理需要都属于物质需要。在现代社会，人类的物质需要越来越多地通过人化的自然物来得到满足，而不简单地局限于对纯自然物的需要。

精神需要是人对通过物质所派生出来的精神的直接依赖

而产生的需要,是通过人与物、人与人之间的联系以及人的各种活动而形成的情感、友谊或某种心理状态来满足的需要。马斯洛所说的高层次的需要——爱和归属的需要、尊重的需要、认识需要、审美需要、自我实现的需要,等等,都属于精神需要。具有精神需要是人的需要与动物的需要的重要区别。

物质需要和精神需要是相互影响、相互促进的。首先,物质需要是精神需要的基础,只有在基本的物质需要得到一定程度的满足之后,才会产生一定的精神需要。物质需要的满足和发展又会促使新的精神需要的产生。精神需要虽然有自己的相对独立性,但从总体上说是受物质需要制约的。其次,精神需要的满足和发展也刺激物质需要的发展。如精神需要中的认知需要,就为进一步有效地改造环境、创造新的物质使用价值提供了科学、智力的条件,使人们产生新的物质需要。另外,物质需要和精神需要往往是相互结合、相互渗透的。如建造房屋及高楼大厦,主要是满足住的需要,而随着社会的发展,人们不仅要求它们防风挡雨、温暖舒适,还要求美观大方,体现出各种风格,以至它发展成为一门建筑艺术,体现人们的审美需要。可以说,审美需要渗透在物质需要的各个领域。人们的精神需要也往往以物质需要的满足为手段,如人们欣赏歌舞音乐,陶冶情操是精神需要,这就产生了对歌舞剧院、彩电、录音机等的物质需求。

4. 经济需要和非经济需要

人的个体需要、群体需要与社会整体需要,人的物质需要和精神需要,都直接或间接地与社会经济活动相联系,从而产生经济需要和非经济需要。经济需要是对经济活动或其结果,即物质使用价值的需要,在市场经济活动中,则是对商品价值（交换价值和使用价值）的需要，这是一种与社会生产过程、社会经济活动过程直接联系的需要，是以经济形式表现出来的需要。物质需要与经济需要这两个范畴既有联系又有区别，大多数物质需要必然表现为经济需要，因为人的物质需要的对象绝大部分是通过人的经济活动创造出来，并通过一定的经济关系进入消费领域。但也有些物质需要的对象不与社会生产过程相联系，而是自然界赐予人类的、具有使用价值的自然物，如空气、天然水、阳光等，对这些自然物的需要则不属于经济需要的范围。当然，这样的物质需要也能转化为经济需要，如现代人一般是饮用经过加工的天然水，这样，饮水这种物质需要就转化为经济需要。普列汉诺夫说："什么是实际的需要呢？在我们的哲学家看来，首先就是生理的需要。但是人们为了满足生理的需要，必须生产某些物品，而这种生产的进步，又使另一些需要发生，这些需要和原有的那些需要同样地实际，小过它们的性质不再是生理的了；它们是经济的，因为这些需要是生产发展所引起的后果，是人们在生产进步中必须进入的相互关系所引起的后果。"[①] 经济需要是物质需要的社会经济形式。经济需要同物质需要和精神需要是有交叉的，经济需要可以包括物质需要，但也包括精神需要。比如，人们对阳光、空气和天然水等大自然"恩赐"给人的物质需要，在许多情况下是与不同社会经济过程相联系的，也不经过任何社会关系的过滤的，经济需要就不包括这种物质需要。但医用氧、自来水等又是经济需要包括的物质需要，也可以说是有物质性的经济需要。

---

① 普列汉诺夫：《唯物主义史论丛》，载《普列汉诺夫哲学著作选集》第2卷，生活·读书·新知三联书店1961年版，第129—130页。

有物质性的经济需要，也有精神性的经济需要，比如人对市场文化的需求就是满足人们精神需要的精神性的经济需要。

非经济需要则是那些不直接与社会生产、社会经济活动相联系的需要，其需要对象不是经济活动及其经济活动的成果。一般来说，许多精神需要属于非经济需要，政治需要、军事需要则是一种特殊的非经济需要。非经济需要在存在商品经济的社会中很容易转化为经济需要，如艺术家创作艺术品、作家写作时，不是在追求精神享受或给人以精神享受，而是急于或主要目的在于把艺术品和作品当作商品出手，换取货币，这时，非经济需要就转化为经济需要。同时，在商品经济社会中，非经济需要总是间接地与经济活动、经济关系发生联系。经济需要及其满足是非经济需要的基础。它为人们从事非经济活动创造物质前提和提供自由时间。非经济需要以及非经济活动也会有其相对独立性，同时对经济需要和经济活动会发生反作用。这就要求社会在制定发展规划时，不仅要考虑人们的经济需要，也要考虑人们的非经济需要，使经济的发展与人的需要一致起来，这样才有利于人类的进步。

5. 生产需要和生活需要

人类社会活动可以分为生产和生活两大类，即人类的社会生产活动或社会生活活动。社会生产活动包括人的生产和人的生存资料的生产。为了维持社会生产和再生产，人的社会生产活动不仅要生产出生活资料，还必须生产出生产资料。社会生活活动是运用并消费社会生活资料的活动。按照马克思的说法，人类社会生产包括两种生产：一是生产生产资料和生活资料的生产（即物质生产）；二是生产人口的生产（即人的生产），这里涉及的生产是指第一类生产。生产需要则是指在人类第一类生产活动过程中所产生的需要,是人类社会生产和再生产正常进行的需要。生活需要主要是指人类社会生活过程中所产生的需要。它包括物质生活需要和精神生活需要,政治生活需要;一部分经济生活需要;个体生活需要,群体生活需要,以及整个社会的生活需要;人的自然生理生活需要,以及更广泛意义上的社会生活需要,等等。生产需要是生活需要的前提和基础,没有生产需要,就没有生活需要。反过来讲,生活需要是生产需要的目的,生活需要作为消费需要,可以刺激生产,拉动生产,从而刺激生产需要,拉动生产需要。生产需要与经济需要是一致的,但也有一定的区别,生产需要不一定都是经济需要,经济需要也不一定都是生产需要。一般来说,凡是进入交换领域的生产需要,都要转化为经济需要,因为绝大多数生产需要都同社会经济关系,如交换关系、分配关系相联系。生产需要、生活需要同物质需要、精神需要既相包含,又有区别。应该说,生产需要、生活需要既有物质需要,也有精神需要。

6. 现实需要和理想需要

现实需要是社会生产力及人们生活的自然、人文环境所能够提供的,使人的需要得到满足的物质需要和精神需要。理想需要则是人们所刻意追求的,但现有的社会生产力以及人们所生活的自然、人文环境又无法保证提供的,以使人的需求得到满足的物质需要和精神需要。现实需要和理想需要是根据社会所拥有的满足人们需要的状况来划分的。一定社会、一定历史时期的人们的一切社会需要,是否有可能得到满足,归根结底取决于人们所赖以生存的物质生活条件及其精神生活条件,而这一切,最终又取决于社会生产力实际达到的水平。在一般情况下,人们的社会需要往往超过生产的实际水平。这样一来，人的需要实际上可以分成两部分，一部分是可以得到满足的"现实需要"；另一部分则是暂时得不到满足的"理想需要"。现实需要和理想需要是根据社会所拥有的满足人们需要的实际能力来划分的，这种区分同物质需要和精神需要、经济需要和非经济需要、个别需要和社会需要既有区别，又有一定的交叉与重复。比如，现实需要既包括物质需要，又包括精神需要；既包括经济需要，又包括非经济需要；既包括个别（个人或群体）需要，又包括社会（整体）需要。现实需要和理想需要是一对矛盾，人们的需要往往要超出现实的可能，追求理想的需要。把理想需要变成现实需要是社会发展的需要，是人类发展的需要。

7. 必要需要和奢侈需要

必要需要是维持人的生命活动和社会活动的最低限度的需要，维持人类生产和生活活动的必需品是必要需要的主要物质需要对象。必要需要是历史地变化的，在不同的历史条件下，在不同的国家和地区，维持人的生命活动和必要社会活动的最低限度的需要是不同的、变化的。原始社会同现代文明社会相比，人们的必要需要是不同的。在中国和美国，人的必要需要也是不同的。奢侈需要是相对于必要需要而言的，是超过必要需要的需要，是可有可无的需要。奢侈需要是相对的，在不同的历史条件下，在不同的国家和地区，奢侈需要也是不同的、变化的。比如，小汽车在有的国家是必要需要，在有的国家则是奢侈需要。必要需要和奢侈需要是可以相互转化的，比如奢侈需要会随着生产的发展向必要需要转化。由于生产的发展，必然会有一些奢侈消费品成为必要消费品，有些奢侈品生产部门发展成必要品生产部门。从历史的角度看，这种转化的过程标志着社会的进步。

按照不同的标准,根据不同的角度还可以划分出许多种类的需要,这些不同种类的需要,通过一种内在联系,即通过人与自然、人与社会、人与人之间的广泛关系,连接成一个庞大的需要体系。

四 需要的发展机制

人的需要是一个不断变化发展、无限丰富的历史过程,也是一个不断从低层次需要向高层次需要发展的过程,这个过程同时就是需要发展的机制过程。

第一,人的需求动机是需要发展的内在动因。人是历史活动的主体,人们的一切活动都要经过人的意识,也就是说,人的活动必须采取思想动机的形式。思想动机是一种生理的、心理的现象,凡是人的物质欲求行动反映在人们头脑中并促成人的活动,引导人的活动去满足人的某种需要的念头、想法、意向,就叫做思想动机,它是推动人们进行活动的内在动力,是激励人去行动以达到一定的目的的内在原因,即行为的欲求动因。恩格斯说:"就个别人说,他的行动的一切动力,都一定要通过他的头脑,一定要转变为他的愿望的动机,才能使他行动起来。"① 在思想动机中,需求动机是人们活动的基本动因。马克思说:"生产的观念上的内在动机……作为内心的图象、作为需要、作为动力和目的",② 是生产的前提。人的衣、食、住、行是人的最基本的生活要求,它是直接推动人们行动起来进行生产和其他社会实践的第一位的动机和念头。人

---

① 《马克思恩格斯全集》第 21 卷,人民出版社 1965 年版,第 345 页。
② 《马克思恩格斯选集》第 2 卷,人民出版社 1995 年版,第 9 页。

的衣、食、住、行等基本的需求情欲是由人们的基本生活需要所触发的。人的生活消费需要形成了思想形式的动机，引起了人们的生产活动。人的需求动机是需要发展的内在动因。

第二，人赖以生存的物质条件是人的需要的前提和基础。

人们生存所赖以存在的物质生存条件，包括自然环境、人化自然环境，人的劳动所能提供的物质生活条件、自然环境所提供的自然物质条件等，以及物质生存条件派生的精神生活条件，是人类需要的实际客观内容，构成人的需要的前提和基础。没有这些条件的保障，根本谈不上人的需要，当然也就更谈不上人的需要的满足。

第三，人的实践活动，首先是生产实践活动，是满足人的社会需要的源泉。

人的需求是人行为活动的动机，同时，人的需要又必须通过人的活动——劳动、生产、社会实践来创造、争得实际的内容。随着人类社会的进步与生产力的发展，纯粹依赖天然物来满足人的需求的状况逐渐改变，越来越依赖人化的物质条件以及精神条件来满足人的需要。人的实践活动构成了人的需要产生的源泉，在一定意义上讲，没有人的实践，也就没有人的需要。人的需要通过社会实践来满足，并且又会引起新的需要，激发旨在满足需要的新的实践活动。当人们的社会实践不断满足人们需要的同时，又会刺激新的需要产生，从而激发旨在满足人们需要的新的实践。

第四，生产力、生产方式是需要发展的动力。

人的实践创造人的需要，必须通过一定的社会形式，采取一定的方式，从而形成一定的能力，这就是生产方式和生产力，它们构成了人类需要满足的动力，构成人类满足需要的方式和能力。生产方式决定了人的需要的内容和水平。不同的历史时期,人们的需要是不同的,造成这一差别的根本原因正是不同的生产方式。丰富的、高层次的需要只有在先进的生产方式的条件下才能产生。古代帝王尽管穷奢极欲,却无法想象现代人的需要,而限制他们的想象力的,限制他们的需要消费水平的就是当时的生产方式和实践水平。只有生产力的实际能力满足了人的需要,需要才能发展。需要是人行为活动的动机,但需要不能脱离满足需要的活动自行发展。只有当人们的社会生产力的状况有能力满足人们的需要,才能使人的各种需要得到满足。人的需要的满足程度则是由生产力和生产方式以及实践水平决定的。需要作为人对物质生活条件和精神生活条件依赖关系的反映,就有可能产生一些虚幻的根本不能满足的需要,如制造永动机就是人们的这样一种需要,当人们进行一段实践之后,并不能使这一需要得到满足,它也就不能再成为人们活动的动机了。即使是真实的需要,如果人们的生产力实际能力不能使之得到满足,需要的发展也同样会失去动力。如我国"文化大革命"时期,在生产关系上盲目追求"一大二公",不适应我国生产力发展状况,政治上"以阶级斗争为纲",政治运动一个接着一个,生产力受到破坏,全国人民正常的物质需要和精神需要都不能得到满足。十一届三中全会以来,把工作重心转移到经济建设上来,实行改革开放,发展社会主义市场经济,生产力得到充分发展,人们的物质需要和精神需要才得到相应的满足,物质需要和精神需要的水平才有很大提高,内容也在不断丰富,需要的层次也越来越高。所以,满足需要的能力和方式——生产力和生产方式是人的需要发展的动力。

第五,直接需要派生出间接需要,使需要不断丰富和发展。

直接需要派生出大量的间接需要，这是人的需要不断丰富和发展的原因之一。直接需要与间接需要是相对而言的一对概念。直接需要是在需要主体与需要对象的矛盾中直接产生的需要，为满足直接需要而产生的需要则是间接需要。由于需要主体所处的社会经济、政治地位的不同、生活环境的不同，对一个需要主体来说为直接需要，对另一个需要主体则可能是间接需要。同一需要主体的直接需要也不是一成不变的。随着需要主体自身状况的变化和直接需要的满足等，直接需要也会随之改变。所以同一需要主体在一定时期的直接需要，在另一时期则不再是直接需要或根本不再有这种需要。人的直接需要之所以派生出大量的间接需要，是由于人的需要大多不能由自然界提供的物来直接满足。自然界永远不会满足人，人也永远不会满足于自然界。比如，在生产力水平较为低下的情况下，人们的直接需要大都是求得饮食温饱等生理需要或自然需要，但要满足这一需要，不得不进行生产劳动，于是，产生出劳动的需要，只有劳动这一间接需要得到满足之后，才能满足生理的直接需要。在资本主义社会，工人阶级为争取工作的权利而斗争，正是因为认识到只有满足有工作这一需要之后，才能满足其他的需要。要进行生产，又必须与社会其他成员发生联系，这时社会的交往和交换又会成为一种需要。在市场经济社会中，人们的直接需要大多要通过货币这个一般等价物才能得到满足，因此，对货币的需要则成为一般的、普遍的间接需要。为了得到货币又会产生许多间接的需要。由于从直接需要能够而且必然产生出间接需要，再产生出第二、第三、第四等更多的间接需要，从而使人的需要趋于无限丰富和无限发展。

第六，奢侈需要向必要需要的转化，使人的需要层次不断提高。

人的需要内容日益丰富，需要层次也不断提高。必要需要与奢侈需要也是一对相对的概念。必要需要是在一定的社会条件下，维持人作为肉体存在物和社会存在物的必不可少的需要。必要需要以外的需要则为奢侈需要。在不同的历史时期，人们的必要需要的内容和层次是不同的。在原始社会，人们的必要需要主要表现为自然需要，即维持生命存续的生理需要，这时还未出现必要需要与奢侈需要的分化，它们是直接同一的。人们只要能够饱餐一顿兽肉，有较温暖的巢穴，保持健康的身体，就已感到是最大的享受了。进入私有制社会，出现了贫富差别，必要需要与奢侈需要才发生分化，并处于对立的状态之中。社会经济、政治地位低下的被统治阶级，只能具有维持其生命存续以便能给统治阶级创造财富的最低的生活需要；那些经济、政治地位较高的统治阶级和社会上层才具有奢侈需要并使其得到满足。尽管如此，奢侈需要向必要需要的转化仍在进行，并呈现出转化进程不断加快的趋势。最易观察到这一转化的明显事实就是奢侈品向必需品的转化。中国封建社会的农民，他们的理想——最高需要不过是"三十亩地一头牛，老婆孩子热炕头"。当今社会主义中国的农民，特别是十一届三中全会以来，在一部分先富起来的农民中需要水平和层次发生了巨大变化，各种家用电器、高档衣料、时髦家具等高档消费品已不再被看做是什么奢侈品，而被视之为生活的必需品。在一些发达的资本主义国家，过去被认为是奢侈品的东西，如高级家用电器、汽车等高级消费品，也已转化为生活必需品。精神需要也是如此。接受文化教育，在封建社会是一种奢侈需要，只有社会上层才得以享受，广大劳动人民连做梦也不敢想。参与社会政治、国家大事，更被看做是"食肉者谋之"的事情。在当今，接受文化教育已成为人们的普遍需要；广大人民的参政意识也大为提高，日益成为人们生活的必不可少的组成部分。如果仔细审视一下人们需要的各个领域，就会发现奢侈需要不断向必要需要转化的趋势。正是由于这种转化使人的需要日益丰富，需要层次不断提高。随着科学技术的进步、生产力水平的提高和社会制度的变化，奢侈需要向必要需要的转化还会不断进行，并呈现出加速转化的趋势。当人类社会消灭了私有制、不存在阶级差别、生产力高度发达之后，奢侈需要与必要需要的对立终将消失，人们将在"自由王国"里按比例进行生产来满足人的需要，促进需要的丰富和发展。那时，需要的差别还会存在，但奢侈需要和必要需要将会在更高的基础上统一起来。

第四章　社会利益与利益范畴

在研究人的需要和需要范畴的基础上，可以进一步研究社会利益和利益范畴，探求社会利益的本质、特点及其分类。确立利益范畴是研究社会现实利益问题的理论前提。

一　利益的构成要素

在给利益范畴下定义前，应该先对利益范畴的构成要素做一基本分析。利益范畴的构成要素有以下五个方面：

第一，需要是形成利益的自然基础。一定的需要形成一定的利益，需要是利益的基础，特别是物质的自然生理需要是形成利益、首先是物质利益的自然基础。什么叫需要呢？马克思、恩格斯指出："为了生活，首先就需要吃喝住穿以及其他一些东西。因此第一个历史活动就是生产满足这些需要的资料，即生产物质生活本身。"[①] 人的需要体现了人对物质生活条件和精神生活条件的客观依赖关系，表现为人对物质需要对象、精神需要对象的自觉指向和情欲追求，它反映了作为需要主体的人对作为需要客体的社会生活条件的感性欲

[①] 《马克思恩格斯选集》第1卷，人民出版社1995年版，第79页。

求。需要的内容是客观的,需要的形式是主观的。人的需要是人们进行历史活动的内在动因,是社会生产发展的基始推动力。正是从上述意义上说,人的需要构成了利益的自然基础。

第二,社会关系是构成利益的社会基础。人的社会属性不仅使人的需要具有社会性,也使利益的形成必然与一定的社会关系相联系。社会关系作为利益的社会基础有三层含义:其一,只有在一定的社会关系中,人们才有可能进行社会实践活动,首先是生产实践活动,以解决需要主体和需要对象之间的矛盾;其二,一定的经济利益是一定经济关系的体现,并为一定的经济关系所支配;其三,人与人之间的社会关系制约着利益主体之间的关系。需要主体与需要客体之间的矛盾,一方面固然是人与自然的关系造成的,另一方面也是最主要的方面,是人与人的关系造成的。人不是以孤立的个体形式存在,而是以群体形式的存在为其根本特征的。正是由于人与人之间的矛盾关系,才使需要主体与需要客体之间的矛盾成为现实的社会矛盾。正是由于处于不同的社会关系之中的需要主体之间的社会差别,决定了需要主体会因需要对象而产生一种分配关系、分配差别、分配矛盾,从而产生一种利益关系上的矛盾。现实社会中的诸多需要主体都需要一定的需要对象使自身得到满足,这就会造成需要对象的匮乏,形成需要主体和需要客体之间的矛盾关系,形成人与人之间的利益矛盾关系。社会关系作为利益的社会基础的这三层含义表明,只有在一定的社会关系的基础上,才能真正形成社会的利益关系。

第三,社会实践是形成利益的客观基础。要解决需要主体和需要对象之间的矛盾,就必须拥有足够的现实的需要对象。只有通过社会实践活动，人们才能寻求到需要对象，才能创造出需要对象。同时也只有通过一定的社会关系（社会关系即实践的），才能对这些需要对象进行分配，使它们进入社会消费领域，满足人们的利益需要。社会实践是形成利益的客观手段和基础。

第四，人的需要对象是利益形成的实际内容。何谓利益？利益必须给人以某种方式、某种程度的满足，也就是说，利益的实现必须以需求对象的存在为前提，离开了任何实际的需求对象，哪怕是精神的需求对象，也就无所谓利益了。实际存在的需求对象，即需求客体，既有物质性的东西，如物质产品，也有精神性的东西，如精神产品。人的需求对象既有人的社会实践活动所产生的劳动成果，如人造产品，也有自然界的物质，如空气、阳光。无论其来源如何，这些需要客体都构成了利益的实际内容，首先是利益的物质内容。

第五，人的欲求是利益形成的主观因素。利益尽管有其自然基础、社会基础、客观基础、实际内容，但利益也反映了人对需求的一种主观追求，这种追求表现为在欲求基础上形成的利益兴趣、利益认识，所以人的感性和理性上的对利益的认识是利益形成的主观因素。

以上是构成利益范畴的五个基本要素。但是，构成利益范畴的要素并不等于利益，要形成利益，上面五种要素还必须有机地结合起来，而能够把这五种要素统一起来的正是构成利益的社会基础——社会关系。因为社会关系不仅是创造现实需要对象的必不可少的条件，它还是把需要主体和需要客体联系起来的中介。社会关系在构成利益的五个要素中具有承上启下，使其互相结合起来的重要作用。

二　利益范畴的特性、社会本质和定义

从利益构成的五个要素来看，利益具有以下特点：

（1）利益在内容上是客观的，具有客观特性。利益在形式上虽然体现了人的主观要求，但利益的内容却是客观实际的，首先是物质的、实物的。利益的实际内容、产生的手段、基础首先就是物质的、客观的。比如，人谋求食物的生产过程就是一种物质的生产过程。利益首先是社会的物质生产，从而是物质生产方式的产物。利益本身所体现出来的人与人之间的关系，首先也是一种物质的、经济的关系，其次才是思想的、政治的、伦理的关系。正是从这个意义上来说，利益具有客观性，应该把这个客观性首先理解为实物性和物质性。利益的客观性说明了利益的产生、存在、作用、规律，是不以人的意志为转移的。利益主体要求的一切利益都是客观的，而不是抽象的、空洞的。譬如，利益主体所追求的保证人的生命存在和延续的生活必需品是物质的、客观的；所追求的荣誉、地位、名利、权力等，是以物质存在为基础的，都是客观的。利益是以客观对象为内容、为前提、为基础的，是客观的、具体的，为主体所感觉到的。

（2）利益在形式上是主观的，具有主观特性。利益反映了人在主观上对需求对象的一种追求、兴趣和认识，同时利益的实现过程也不可以离开人的主观努力，任何利益只有通过人的主体活动才能实现。利益体现出某种主体性、主观性。利益的主体性主要体现为人对利益的主观需要，这种需求表现为人对利益的生理要求、情欲要求、思想认识、主动追求；体现为人对利益的主动谋取、竞取、争夺，表现为人对利益

的生产、获取、竞争；体现为人对利益进行有目的的分配活动，有意识的消费活动。利益的主体性还反映为利益的主体对利益客体的感觉有一定的主观差异性，即同样的利益客体，不同的主体感受是不一样的。

（3）利益是社会关系的体现，具有社会特性。利益首先是物质经济利益，其本身就是一种经济关系，离开了社会关系，也就无所谓利益了。利益的形成需要一定的社会关系，利益的分配也需要一定的社会关系。所以利益的一个重要特性就是利益的社会特性。人的需要有两重性：一重性是人的自然生理需要，譬如呼吸空气、饮水、吃饭，即饮食男女，这种需要是人的自然生理需要。除了人之外，动物也具有这种自然生理需要。人的需要的另一重性则是人的社会需要，应该说人的需要同动物的需要的重要差别就是人的需要具有社会性。实际上，随着人类社会的进化和发展，人的自然生理需要越来越脱离动物式的自然生理需要，人的需要的纯粹的自然生理成分越来越少。譬如饮水，人们越来越少地从自然界直接吸收水分，而人们的饮食水一般已经成为社会化的产品了，如自来水、各种饮料，等等。即使男女之间的性关系，已由原始社会的直接生理性关系逐渐生成为复杂的社会婚姻关系，其中渗透着复杂的社会经济因素、文化因素、历史因素，等等。应当说，人的需要就是人的社会需要。但是人的需要毕竟还保留着需要的自然生理性。但是利益就不同了，利益一开始就是社会经济关系的体现，人们之间的利益关系就是一定生产力基础上的社会产品的分配关系，政治权力的分配关系。在这个意义上来说，利益具有社会特性。

（4）利益的内容是客观的，利益的形式是主观的，利益具有二重特性。利益的内容、形成、实现，既有主观因素，具有主观形式，又有客观性，受客观因素的制约。利益是主观和客观两种因素的辩证统一体，具有二重性。当然必须把利益的客观性、实物性、物质性、社会性摆在第一位，它是实质性的，而其主体性、主观性是第二位的，是形式上的。

除以上的几个特点以外，利益还具有向量性、差别性等特点。所谓向量性是指根据人的需要，利益有一定的方向性和数量性。譬如，利益的得与失就是一个利益方向问题，利益的多与少就是一个数量问题。所谓差别性，就是指不同的利益主体和客体具有一定的差别。利益主体，无论是利益个体还是利益群体，都是有一定的差别性。利益客体也有差别，物质利益与精神利益就不同，经济利益与政治利益也不同。

需要与利益既一致又有区别。需要本身不是利益，不能把需要和利益混为一谈。需要是人的生命活动的表现，是人作为需要主体对需求对象的需求和满足，反映了人作为需求主体对需求对象，即人维持生命的物质生活条件和精神生活条件的直接依赖关系。而利益则是在需要基础上形成的，是人对需要的兴趣、认识、追求、分配和满足，反映了人与人之间对需求对象的分配关系、社会关系。需要和利益的差别主要表现为两个方面，其中最重要的区别是利益具有社会关系的本质。第一个方面，需要反映人对客观需求对象的直接欲求，利益则体现了人对客观需求对象的更高层次的从理性上的关心、兴趣和认识。第二个方面，需要反映的是人对客观需求对象的直接依赖关系，而利益则反映的是人与人之间的社会关系即人与人之间对需求对象的一种分配关系。利益是必然经过社会关系，首先是经济关系的过滤才能体现出来的需要。需要仅反映了人与客观需求对象的关系，而利益则反映出人与人之间的因对需求对象的依赖而产生的相互关系。

需要转化成利益,必须要经过社会关系,首先是经济关系的作用。在任何一个具体的社会形态中,人的需要在一定的社会关系中就表现为利益。利益是需要在经济关系上的表现,离开现实的社会经济关系,就不可能理解利益。譬如,人们对食品的追求,构成了人的最基本的物质要求,然而,人们要获得这种物质需要的满足,必须首先占有生产资料,然后经过一定的社会分配方式才能获得。于是,人对物质生产条件的需要、对物的直接需求关系,就表现为人与人之间的一种利益关系。可见,人对物的直接需求关系,经过经济关系的中介,就表现为人与人之间因需要而发生的利益关系。一定的社会经济关系是利益的社会本质。

对利益的定义,大体有四种观点:第一种观点把利益定义为纯主观的东西,认为利益不过是人的主观情欲要求。第二种观点把利益看成主观与客观相统一的东西,认为利益的内容是客观的,表现形式是主观的。第三种观点把利益看成从内容到形式都是纯客观的东西,认为利益就是实物的东西、物质的东西、客观的东西。第四种观点把利益看成是一种关系,是物质关系、经济关系、社会关系的体现,认为利益就是社会关系,首先是物质经济关系。笔者认为,利益是需要主体以一定的社会关系为中介,以社会实践为手段,以社会实践成果为基本内容,以主观欲求为形式,以自然生理需要为前提,使需要主体与需要客体之间的矛盾得到克服,使需要主体之间对需要客体获得某种程度的分配,从而使需要主体得到满足。换句话说,利益是对客观需求对象的更高的理性上的意向、追求和认识,是需要在经济关系上的体现,它反映了人与人之间对需求对象的一种经济分配关系。利益在本质上是一种社会关系。从本质上来说,利益是关系范畴。

总之，从利益的构成要素中反映出这样一个重要问题，利益必须以一定的社会关系，首先是经济关系为中介才能形成。利益虽然是需要主体和需要客体之间矛盾的解决，是对需要对象的一种分配，但其实质却是一定社会关系的体现和反映，成为人与人之间的一种利害关系。所谓利益，就是一定的客观需要对象在满足主体需要时，在需要主体之间进行分配时所形成的一定性质的社会关系的形式。

三　利益的类别

研究利益，除了要搞清楚它的定义以外，还必须搞清楚利益的类别。利益是一个十分庞大与异常复杂的体系，是由不同性质、不同特点、不同功能、不同类别的利益有机地集合而成的。要搞清楚利益的类别，就必须把握一个科学的分类法，以便全面地把握利益体系的内部构成。深刻理解利益体系及其各个利益类别的主要特点，对利益进行分类，首先必须掌握客观的分类原则。可以按照不同的分类标准对利益加以分类。譬如，按照利益一般和利益个别的关系来划分，可以划分出个别利益、特殊利益、共同利益、一般利益（普遍利益）；按照利益的实现范围来划分，可以划分出局部利益、整体利益（全局利益）；按照利益的主体差别来划分，可以划分出个人利益、群体（集体、集团）利益、社会整体利益，在这个基础上，还可以划分出家庭利益、企业利益、单位利益、地区利益、阶层利益、阶级利益、民族利益、国家利益，等等，甚至还可以划分出某个具体主体的利益，如农民阶级利益、工人阶级利益，等等；按照利益实现的时间来划分，可以划分出长远利益、眼前利益；按照利益实现的重要程度来划分，可以划分出根本利益、暂时利益；按照利益实现与否来划分，可划分出将来利益、既得利益；按照利益的客观内容来划分，可以划分出物质利益和精神利益、经济利益和政治利益，等等；按照利益是否实现来划分，可以划分出现实利益和理想利益。

1. 个别利益、特殊利益和一般利益、共同利益

每一个单独个人的利益，相对于其所在群体的利益乃至社会整体的利益来说，每一个单独群体的利益，相对于比它大一个层次的群体的利益乃至社会整体的利益来说，都是个别利益。个别利益就是某种特殊利益。而特殊利益又是相对一般、共同利益而言的。应该说，个人利益相对群体利益来说是个别利益、特殊利益，群体利益是共同利益；小群体利益相对大群体利益，如集体利益相对国家利益来说，就是个别利益、特殊利益，大群体利益是共同利益。同时，每一个利益主体又必然具有个别、特殊利益和共同利益双重性格，个别、特殊利益和共同利益形成复杂的、对立统一的利益网络，最终把整个人类社会联系起来，使其成为一个完整的社会整体利益，形成整个人类社会的共同利益。群体利益相对于整个人类社会的利益，又是特殊利益。一般、共同利益寓于个别、特殊利益之中。同时，每一种一般共同利益又必然包含着个别、特殊利益，如整个人类社会的利益，不仅以个人利益和群体利益为基础，而且包含着这些特殊利益。

一般、共同利益以个别、特殊利益为基础，但它并不是个别、特殊利益的机械相加，而是在个别、特殊利益的基础上形成的新的更高层次的利益。一般、共同利益是由个别、特殊利益中最一般、最本质的部分形成的，由此，一般、共

同利益不可能体现或包含全部的个别、特殊利益，而体现个别、特殊利益中最迫切需要实现，并且只有在共同利益实现的前提下才能实现的那部分利益。法国资产阶级大革命时期的第三等级，尽管其内部由于各阶级的个别、特殊利益存在着尖锐的矛盾，但推翻封建专制制度则是它们的一般、共同利益，只有在一般、共同利益实现的前提下，才能实现各自的个别、特殊利益。正是这种一般、共同利益使第三等级团结起来，完成了法国资产阶级革命。类似的历史事实屡见不鲜，在中国革命时期，共产党与国民党两度合作，也是中华民族的一般、共同利益所使然。

2. 个人利益、群体利益和社会整体利益

一谈到利益，总是意味着那是隶属于一定主体的利益，因为利益的分类首先是按照主体差别来进行的分类。不同类别的主体很多，主体的分类主要根据主体特征的差别，如主体的集合特征、群体特征、民族特征、阶级特征、生理特征、职业特征、地域特征、文化特征，等等。从利益主体的集合特征来划分，可以划分为个人利益、群体利益和社会整体利益，这是利益主体的基本类别。所谓个人利益，就是个人所追求的需要目标、对象，构成了个人行为的主要动机，反映了个人与个人之间的利益关系。在个人利益、群体利益和社会整体利益中，个人利益是其他利益的基础。"'共同利益'在历史上任何时候都是由作为'私人'的个人造成的。"[1] 个人利益上升为共同利益的共同基础是人类的社会性。一些资产阶级学者只看到个人利益是构成个人行为的主要动机，同时看到个人利益总是相互冲突的，由此认为人都是自私的，

---

[1] 《马克思恩格斯全集》第 3 卷，人民出版社 1960 年版，第 275—276 页。

人和人之间的关系是狼。但他们没有看到，就在人的自私自利的背后，存在着共同利益，并且制约着个人利益。马克思在《资本论》中分析商品交换时，就指出了这种个人利益和共同利益的统一。在商品市场上，交换者双方都从个人需要出发，以实现个人利益为目的。甲用自己的产品换成货币，再到乙处，用货币买回自己需要的物品，使个人利益得到实现；而乙通过这样的交换，也可以用货币去购买自己所需要的物品，实现其个人利益。这整个交换行为的内容就是甲乙双方的共同利益，只是因为它存在于"自身反映的特殊利益背后"，①使人不易觉察。马克思认为，个人利益是把市民社会联系起来的主要因素。因此，在个人利益的基础上必然形成共同利益。

共同利益有两种形式：一种是社会整体利益，一种是群体利益。社会整体的利益是整个人类社会作为利益主体的利益。社会整体利益有两种情况：一是单个人、单个群体的共同利益之所在；一是在人类社会形成一个有机的、完整的利益主体时实现的利益。随着科学技术的进步和文明程度的提高，人们逐步对整个人类社会的共同利益有更加清醒的认识。整个人类社会的共同利益也是一个逐渐形成和发展的过程。现代社会科学家和自然科学家所关心的许多问题，如能源问题、人口问题、生态问题、环境问题、污染问题，等等，都是涉及整个人类社会的共同利益问题，尽管这些问题的解决还为时过早。但人们已经认识到，要从整个人类社会的共同利益出发来解决这些问题。

人们可以组成各种形式的群体，每一个特定的群体都

---

① 《马克思恩格斯全集》第46卷上，人民出版社1979年版，第196页。

有其相对的共同的利益。比如妇女利益、家庭利益、企业利益,等等。当然,群体利益是非常复杂多样的。集体利益是特殊的群体利益。所谓集体利益,不是指一般的个人集合体的利益,而一般是指劳动者的集合体的利益,即那些由某种经济关系为纽带,参与社会经济过程,独立进行经济核算的劳动者的集体,它是社会生产的基本单位,是国民经济的细胞。在社会主义国家,集体利益是构成国家利益和影响个人利益的重要因素。社会主义劳动者集体是把社会中的个体集合起来的最重要的劳动组合形式,作为社会生产的基本单位,社会的简单再生产和扩大再生产在这里实现,它是社会积累的来源,由此上升形成国家利益。另一方面,社会个体在这个集合体里取得自己的劳动报酬和其他收入,使个人利益得以实现。因此,集体利益又是连接国家利益和个人利益的中介和纽带。集体利益的多与少、大与小,集体利益处理得好与坏,直接关系到国家利益和个人利益。

3. 阶级利益、民族利益和国家利益

在群体利益中,有几种群体利益是极为重要的,它们在社会历史发展过程中的某一阶段的社会生活中曾占有举足轻重的地位。

第一,阶级利益。列宁给阶级下了一个完整的定义:"所谓阶级,就是这样一些集团,这些集团在历史上一定的社会生产体系中所处的地位不同,同生产资料的关系(这种关系大部分是在法律上明文规定了的)不同,在社会劳动组织中所起的作用不同,因而取得归自己支配的那份社会财富的方式和多寡也不同。所谓阶级,就是这样一些集团,由于它们在一定社会经济结构中所处的地位不同,其中一个集团能够占有另一个集团的劳动。"① 阶级利益就是这些社会集团的共同利益，它是以经济上处于不同地位的个人利益为基础的，体现了阶级内部不同个人、群体、阶层的共同利益的本质。同时它又高于个别利益，制约着阶级内部各成员的个别利益和个别行为。自从人类社会出现私有制，进入阶级社会以来，阶级利益就成为一种对社会发展起极其重要作用的利益。在阶级社会中，必然存在两大主要的根本对立的阶级利益。从总体上看，这两大对立的利益就是统治阶级和被统治阶级、剥削阶级和被剥削阶级的利益。这两大对立的阶级利益，在不同的社会形态中具有不同的内容，相互对立的形式也不同。这两大对立的阶级利益决定着各社会形态中大多数人的行为，也是社会发生经济、政治冲突的根源。两大经济利益的对立、矛盾及其解决，推动着阶级社会向前发展。

第二，民族利益。民族是人们在长期发展的历史中形成的具有共同语言、共同地域、共同经济生活和政治生活，以及具有共同心理的稳定的社会共同体。在这样的社会共同体中，形成民族的共同利益。民族利益的内容是非常广泛的，其中维持民族生存和发展的民族经济利益是最基本的共同利益。民族利益使各民族中的成员保持着某些共同的文化特点和民族情感。同一民族具有共同的民族利益，这并不排除阶级利益及同一民族中不同阶级利益的对立和差别。在阶级社会中，民族利益说到底也是阶级利益，至少受阶级利益的影响、制约。民族利益也是一种特殊利益，与阶级利益有一定的差别。尤其是当某一民族受到外来民族的侵略时，有可能使各对立阶级暂时放弃各阶级的特殊利益而一致对外。在多

---

① 《列宁选集》第4卷，人民出版社1995年版，第11页。

民族的国家,民族利益可以划分为各民族共同的民族利益和某个具体民族的民族利益,譬如,中华民族共同的民族利益和各个民族的民族利益。

第三,国家利益。国家以地域划分其居民,并设有公共权力、常任官吏以及各种暴力机构。自从国家产生以来,国家的公共权力和暴力机构始终掌握在该社会形态的统治阶级手中。"国家是维护一个阶级对另一个阶级的统治的机器。"① 国家的这一阶级实质决定了国家利益的实质。因此,国家利益并不是满足全体居民需要的利益,而是该国家中居于统治地位的阶级利益,是一种阶级利益的特殊形式。在多民族的国家中,共同的民族利益和国家利益是一致的,而各个具体民族的民族利益相对于国家利益而言,又是一种特殊利益。

国家有调整社会居民之间的关系,维护一定的社会秩序,从事公共事务的职能。它要保卫本国的利益,主要是保卫本国利益不受外来的侵犯。因此,国家作为一定的地域居民的集合体,存在着某些共同利益。当面对外国的侵略,国家利益受到严重威胁时,国内各民族的利益和阶级利益的对立会降到次要地位,抵抗外来侵略,保卫本国领土的利益则上升到主要地位,各民族和各阶级会暂时放弃其利益差别而一致对外。但是,即使在这种情况下,我们也不能忘记国家利益的实质。在各阶级、各民族为国家利益而战之时,它们之间的利益矛盾和对立并没有消失,仅仅是降到次要地位。此时,只有保卫了国家利益,它们各自的利益才能得到保障。实质上,国家利益那部分满足国内居民共同需要的利益的实现,

---

① 《列宁选集》第4卷,人民出版社1995年版,第31页。

也是统治阶级实现其利益的保障。没有这部分利益的实现，统治阶级就不能进行正常的统治，就谈不上实现统治阶级的利益了。所以，不管剥削阶级给他们的利益戴上什么桂冠，都不能掩盖其实质。正如马克思、恩格斯指出的那样："每一个企图代替旧统治阶级的地位的新阶级，就是为了达到自己的目的而不得不把自己的利益说成是社会全体成员的共同利益，抽象地讲，就是赋予自己的思想以普遍性的形式，把它们描绘成唯一合理的、有普遍意义的思想。进行革命的阶级，仅就它对抗另一个阶级这一点来说，从一开始就不是作为一个阶级，而是作为全社会的代表出现的；它俨然以社会全体群众的姿态反对唯一的统治阶级。它之所以能这样做，是因为它的利益在开始时的确同其余一切非统治阶级的共同利益还多少有一些联系，在当时存在的那些关系的压力下还来不及发展为特殊阶级的特殊利益。"[①] 而当这个新阶级成为社会的统治阶级，国家利益或社会利益就必须发展为特殊阶级——统治阶级的特殊利益了。

4. 物质利益和精神利益

物质利益体现了利益主体之间的物质分配关系，是以物质需求对象为实际内容的利益类别。物质需要是人的最基本的需要，只有这些需要得到基本的满足，人才能生存和发展，物质需要的满足是人类其他一切历史活动的基础。物质利益体现了利益主体对物质需要的一种经济分配、物质享有关系。人们进行劳动和生产，直接为了获得物质利益；进行阶级斗争、社会革命，最终也是为了实现物质利益。精神利益是以精神需求对象为实际内容的利益类别。随着人类文明的发展，

[①] 《马克思恩格斯全集》第3卷，人民出版社1960年版，第54页。

人们对精神利益的追求将会越来越迫切，实际需求也越来越高。

物质利益是精神利益的基础和保障。尽管在某一时期或某些人看来，精神利益的实现重于物质利益，但物质利益始终是精神利益的基础。

在中国思想史上，尽管有一些人看到"利"是人们生存和发展的必要条件，但不懂得物质利益和精神利益的区分，因此，他们的功利观不可避免地具有狭隘性。如，墨子虽然肯定物质利益的地位，但由于他不了解精神利益在人们生活中的重要作用，却把音乐看做无利的浪费，主张废除音乐，这就不免失之偏颇。伟大的历史学家司马迁认为，人们追求"利"是正当的，正是由于人们对"利"的追求，才促使社会向前发展。他还认为，谋取个人利益是人的"天性"，是任何人都不能遏止的，但是，他也仍然把"利"局限于使人民安居乐业的物质利益，忽视了精神利益。在西方，文艺复兴运动以后，资产阶级肯定了人的欲望的合理性，但他们也没有认识到，人不仅有物质利益，还有精神利益。所以，那些资产阶级的庸人则把物质利益和精神利益对立起来，攻击所谓唯物主义就是对穷奢极欲的物质利益的追求。恩格斯对这样的庸人进行了辛辣的讽刺："庸人把唯物主义理解为贪吃、酗酒、娱目、肉欲、虚荣、爱财、吝啬、贪婪、牟利、投机，简言之，即他本人暗中迷恋着的一切龌龊行为；而把唯心主义理解为对美德、普遍的人类爱的信仰，总之，对'美好世界'的信仰，——他在别人面前夸耀这个'美好世界'，但是他自己至多只是在这样的时候才相信这个'美好世界'，这时，他由于自己习以为常的'唯物主义的'放纵而必然感到懊丧或遭到破产，并因此唱出了他心爱的歌：人是什么？一半是野兽，一半是天使。"①

实际上，任何人不仅有物质需要，而且还有精神需要，这就是说，人不仅有物质利益，也有精神利益。物质利益和精神利益的具体内容归根结底是由生产力的水平所决定的。随着信息技术的高度发展，不仅人们物质利益的内容和水平发生了重大变化，对精神利益的要求也更高、更迫切。在这些要求中，有些是因当代资本主义社会的弊病所造成的，如资本主义生产的高度自动化和资本主义那种渗透一切的货币关系，使人与人之间的美好感情都浸到冰水之中，人们的孤独感越来越强烈。因此，人们迫切要求某种心理补偿，于是扩大社会交往，以便交流思想和感情。另外，有些精神利益的要求则是现代社会发展所必然产生的。如高度发达的现代化生产，对人们的知识水平和技术水平提出了更高的要求，因而学习科学、掌握技术、接受训练和教育的精神利益也更加突出。终身教育在发达资本主义社会的逐步普及，正是为了实现这一精神利益。随着物质利益的丰富和水平的提高，人们对文化成果的享受提出了更高要求。有的未来学家认为，人类将来主要从事的五大类工作中，有两类工作是为了实现人类的精神利益：一类是创造性劳动，如科学和艺术；另一类是为闲暇时间安排的丰富多彩的社会活动，如组织旅游、各种体育锻炼以及各种文化娱乐活动。

因此，物质利益和精神利益是人们必需的两大类利益。那种把物质利益和精神利益截然对立，并把人们对物质利益的追求视为洪水猛兽，认为它是天下大乱之根源的偏见是极其荒谬的。

---

① 《马克思恩格斯选集》第4卷，人民出版社1995年版，第232—233页。

5. 经济利益和政治利益

物质利益和精神利益必须在一定的社会关系中，通过各种经济的和非经济的活动才能得以实现。因此，在现实社会生活中，物质利益和精神利益又往往表现为经济利益和非经济利益，如政治利益。

人们要获得物质利益，就必须在一定的经济关系中，参与社会经济活动，创造出物的使用价值，并通过一定的经济关系使物的使用价值进入分配、流通、交换和消费领域，创造出物的价值，这就产生了经济需要，从而形成经济利益。所谓经济利益是对经济关系、经济活动及其成果——产品的占有、享有和消费，或者是对一定收入（最普遍的形式是工资，还有利润、利息等）的需要的满足，反映了社会利益的一种社会经济关系的形式。经济利益又可以区分为许多不同的种类，如消费利益、货币利益、收入利益等。物质利益、精神利益和经济利益、政治利益既有区别，又有重合。大多数物质利益都采用了社会经济关系的形式，因而它同经济利益是重合的。但也有很大部分的物质利益不一定就是经济利益。一部分精神利益也可能同时就是经济利益。在社会物质消费品还没有达到极大丰富时，物质消费始终是大多数人的经济利益。在处于商品经济阶段的人类社会中，一般等价物只能是货币，因而货币利益又是最普遍的经济利益的形式。货币利益不仅可以实现人们的物质利益，同时也是实现精神利益的重要媒介。有些经济利益的实现，不仅可以满足人们的物质需要，而且也可以使人们的精神得到享受，实现人们的精神利益。如对经济活动本身的兴趣、在事业上获得成功等，往往使人们在精神上得到巨大享受，是自我实现等高层次的精神需要在某一领域的满足。又如对某种经济关系的需要，这种需要的满足只能间接地使人们的物质利益得到保障，但还不是物质利益本身。

与经济利益相对的是非经济利益，大多数精神利益是非经济利益。也有一部分物质利益是非经济利益。非经济利益是通过非经济活动使人们的非经济需要得到满足的利益。

在非经济利益中最重要的是政治利益。在一定的经济关系下进行正常的经济活动，以实现人们的经济利益，就必须有一定的政治上层建筑作保障，就必须进行一系列的政治活动，这就产生了政治需要。人们的政治需要通过一定的政治活动，经过一定的政治关系的过滤最终得到满足，这就是政治利益，政治利益体现了一定的政治关系。当然政治利益归根结底是由经济利益决定的。在存在阶级的社会中，政治的主要内容是一些大的集团通过国家政权以及各种权力手段，来达到一定的政治目的，从而达到一定的经济目的，实现一定利益（主要是物质、经济利益）。政治利益是经济利益的集中表现。当然，政治利益中也可以分为许多不同种类，如政党利益、权利利益、革命利益等。不仅不同的阶级具有不同的政治利益，在同一阶级内部也会有不同的政治利益。

在经济利益与政治利益的相互关系中，经济利益是基础。首先，经济利益是产生政治利益的根源。正是经济利益决定了某些集团要求维护或改变一定的社会关系、社会结构，维持或改变一定的权力，从而形成政治利益，导致各种不同的政治活动决定了不同的政治思想和意识形态。其次，政治利益以经济利益为转移。当不同的人或集团的经济利益发生变化以后，其政治利益也必然发生相应的转变。经济关系的变化会导致所追求的政治利益的改变。政治利益的转变，不仅有质的变化，而且还有量的变化。质的转变是由根本对立的经济利益矛盾的解决所造成的；量的变化则表现为政权在同一阶级内部不同阶层或集团之间的易手。再次，追求政治利益的最终目的是为了实现经济利益。"土地占有制和资产阶级之间的斗争，正如资产阶级和无产阶级之间的斗争一样，首先是为了经济利益而进行的，政治权力不过是用来实现经济利益的手段。"① 经济利益是政治利益的根源和最终归宿。

但是，政治利益一经产生，相对于经济利益而言，又具有相对独立性。这主要表现在以下几个方面：

第一，政治利益与经济利益存在一定的脱节现象。从总体上和最终趋势而言，政治利益与经济利益是一致的。但是，由于对政治利益和经济利益的认识和追求，受到主客观条件的限制，因此，在一定时期内，就可能出现政治利益和经济利益的脱节现象，即人们可能追求着实际上与自己的经济利益不相符的政治利益，并把这种政治利益作为自己行为的目标。造成这种情况主要有三个原因：一是因为人们还没有认识到自身所追求的经济利益，他们所追求的只是某些政治组织所宣传的政治目标，而根本没有理解这些政治目的所包含的经济目的、经济利益。二是因为人们虽然在自觉地追求某种经济利益，但却没有认识到某个政党或政治领导人等宣扬的政治纲领、政治目的并不能或不能充分地使自己的经济利益得到实现。三是在某些先进的个人以及他们所组成的政治集团那里，他们为了实现大多数人的经济利益，实现大多数人的长远利益，可以放弃自己的、个人的经济利益，在这些人那里，政治利益和个人的经济利益也是脱节的。因此，人们的政治活动和政治阵线有时并不能精确地反映现存的社会

---

① 《马克思恩格斯选集》第4卷，人民出版社1995年版，第250页。

经济利益。

  第二，政治利益对经济利益具有一定的反作用。政治是经济的集中反映。政治作为实现经济利益的手段和工具，是为经济服务的，它为经济利益的实现提供重要的保障。政治利益对经济利益的反作用表现在两个方面：一方面，政治利益的实现是实现经济利益的前提。为了获得一定的经济利益，必须先实现一定的政治利益，这里最重要的就是夺取和巩固国家政权。只有政治利益实现以后，才能使某些经济利益的实现成为可能。另一方面，政治利益可以巩固既得的经济利益。既得利益获得者既可以通过各种政治活动如政治斗争、政治宣传等，巩固其既得利益，也可以通过政治欺骗掩盖其经济利益，把他人的视线从变革经济关系和现存制度方面引开，维护其既得利益。

  第三，各种具体的政治利益之间可以相互加强或削弱。虽然各种政治利益都是以经济利益为基础的，但各种政治利益之间可以由于某种政治利益的增强或削弱，导致其他政治利益的增加或削弱。如国家政权的强大和巩固与否，就可以进一步加强国家政权掌握者的其他各种政治利益。

  正因为政治利益对经济利益的得失有着非常重要的作用，所以政治利益在那些谋取本阶级经济利益的政党、政治家眼里，有着至高无上的地位和作用。对国家权力的追求是追求政治利益的最高表现。这些也是任何在经济上占统治地位的阶级都不遗余力地巩固自己的政治地位的真正原因。

  6. 长远利益和近期利益；整体利益和局部利益；将来利益和既得利益；根本利益和暂时利益；现实利益和理想利益

  根据利益的范围程度，可以分为上述几种利益。

  长远利益是长远的，对将来人的某种需要的存在和发展起作用的利益,是久远以后可以实现的利益。近期利益是人们短期需要的利益,是近期可以实现的利益,又称眼前利益。长远利益与近期利益是相对而言的,是可以转化的。譬如,有些长远利益相对于更久远的利益来说,就是近期利益。而有些近期利益相对于更近期的利益来说又是长远利益。

在长远利益和近期利益的关系中,近期利益是基础,没有近期利益,人们目前的需要不能得到满足,不能保障人们的生存,也就谈不上与未来发展有关的长远利益。但长远利益比近期利益更根本、更重要。只顾近期利益,不顾长远利益,就中断了发展之路,近期利益也只能是杯水车薪,从而会根本丧失近期利益。一般说来,近期利益是激励群众行动的主要动因。群众总是根据目前的需要来确定自己所追求的利益目标。由于长远利益常常在一般群众的视野之外,在一些群众那里会发生长远利益和近期利益脱节的现象,使长远利益和近期利益发生矛盾,使得一些人只顾近期利益而危害人们生存和发展的长远利益,使人们的行为活动陷入盲目性。因此,利用各种形式打开人们的眼界,使人们认识到长远利益的重要性,使人们的行为不仅以近期利益为目的,而且与长远利益一致起来,甚至为了长远利益暂时放弃部分近期利益,这是提高人们行为活动自觉性的重要环节。当然,在追求长远利益之时,时刻不能忘记人们的近期利益,并尽可能使人们的近期利益得到满足,否则,对长远利益的追求就会失去动力而流于空想。毛泽东同志在我国农业合作化运动中就曾指出:"如果我们没有新东西给农民,不能帮助农民提高生产力,增加收入,共同富裕起来,那些穷的就不相信我们,他们会觉得跟共产党走没有意思,分了土地还是穷,他们为什么要跟你走呀?"这就指出了近期利益的重要性。

整体利益是指某一个共同体的共同利益,又称全局利益,如国家整体利益、民族整体利益、阶级整体利益、阶层整体利益、企业整体利益、政党整体利益、群体整体利益,等等。局部利益是指整体利益中的某一个部分的利益。整体利益是由局部利益构成的,但局部利益的简单相加并不等于整体利益。整体利益指导、制约、影响局部利益。实现局部利益又是实现整体利益的前提。局部利益要服从整体利益,而实现整体利益又必须考虑到局部利益。有时为了实现、保全整体利益,可以暂时放弃、牺牲一部分局部利益。

将来利益是长远的、根本的、为之而努力争取的利益。既得利益是暂时的、短期的、眼前的、已经得到的、但将来有可能会丧失的、放弃的利益。将来利益指导既得利益。不能囿于既得利益而放弃长远的、根本的利益,放弃斗争、放弃奋斗,甚至为了保住既得利益,而逆历史潮流,做损害长远、根本利益的事情。

根本利益是长远的、整体的、将来的,反映大多数人要求的利益。而暂时利益则是浅层次的、近期的、个别的,甚至只反映了少数人要求的或是不合理要求的利益。根本利益指导、制约、支配暂时利益,暂时利益服从、让位于根本利益。

在一般情况下,人们的利益可以分为两个部分:一部分是当时生产力水平或主客观条件所能提供的利益,可以视之为现实利益。另一部分是当时的生产力水平或主客观条件所不能提供的,但经过相当时间的发展可以得到满足的利益,可以视之为理想利益。现实利益,是该社会已经具备的生产力状况或主客观条件所提供给人们的,以供人们满足物质文化需要的、现成就有的利益。一定社会、一定历史时期的一切利益是不是现实的，从根本上来说，取决于该社会所能提供给社会的利益是否会使人们的物质文化需要得到满足，最终又取决于当时社会已达到的生产力水平。理想利益实际上就是人们奋斗所追求的、将来要实现的利益目标。在一定程度上，它具有长远利益、将来利益的特点。

第五章 利益主体与利益客体

利益作为一个关系范畴，是一个两位一体的统一体，既包含有利益主体，又包含有利益客体，是这二者的辩证统一。本章主要阐述利益主体及其特点，利益客体及其特点，以及利益主客体的关系。

一 利益主体及其构成与特点

利益主体是从需要主体转化来的。所谓利益主体就是在一定社会关系下从事生产活动或其他社会活动，以便直接或间接地追求自身社会需要满足的人（个体或群体），即利益的追求者、承担者、生产者、实现者、消费者和归属者。不同形式、不同内容、不同性质的利益关系和利益矛盾，自然要通过利益主体来传递。利益关系、利益矛盾就是利益主体之间的关系和矛盾。利益主体是社会利益运动的自觉的、能动的、主观的要素。利益主体大体上可以分为利益个体和利益群体这两大部类。利益个体是作为单个人存在的利益主体，利益群体是结合起来、组织起来的利益个体的集合体。

1. 利益主体的特点

利益主体具有以下六个主要特点：

(1) 自然性。利益主体作为人，并不是游离于自然界之外的超自然物，它既是自然的产物，又是自然界中特殊的一部分。利益主体作为人，它是物质世界长期发展的产物，利益主体的肉体是由复杂的物质元素构成的物质实体，利益主体的能动性是物质反应性长期发展的结果。利益主体追求利益的情欲、兴趣等生理、心理、思想活动和社会实践活动都有其自然物质基础。自然属性是利益主体的第一天然属性，利益主体的一切特性都是以自然物质作为载体、前提、条件、内容和基础的。

(2) 实践性。实践是利益主体的根本特性。人之所以成为利益主体，就在于人不是消极地、被动地单靠自然提供的条件和材料来谋求利益，以满足自身的需要，以维持自身生命的延续和发展，而是通过自身的社会实践活动，能动地改造外部自然的、社会的环境，从而获取物质利益，以满足自身生存和发展的需要。人作为利益主体，在改造外部世界以满足自身需要的过程中又不断地完善和改造自身。也就是说，利益主体不仅是利益的追求者、消费者，而且更重要的是利益的生产者、创造者。人们在通过生产实践解决自身的最基本的物质利益需要的过程中，在通过政治实践、文化实践解决政治利益、精神利益的需要过程中，不断地完善自身。实践是人作为利益主体活动的基本形式，是利益主体谋取利益活动的最重要、最集中的表现。利益主体的实践性，一方面表现为人的利益需要靠社会实践来创造；另一方面表现为人的利益追求、谋取、消费的过程就是实践的过程。

(3) 社会性。人是社会存在物，是一切社会关系的总和。利益主体就是人，因此，利益主体同样也是社会主体，也是社会存在物，也是一切社会关系的总和。实际上，利益本身就是社会关系的体现,利益主体自然而然地也就应具有社会性。离开了社会性就无所谓利益主体。在阶级社会中,利益主体的社会性具有一定的阶级性,利益主体是具有阶级性的。

(4) 意识性。人是有意识的,利益主体也是有意识的。利益主体的意识是以情感、情欲、意志、目的、思想、主观需求、兴趣等形式表现出来,表现为对利益的主观需求、主观情欲、主观目的、主观兴趣和主观认识。当然,利益主体的主观表现是以客观存在的需要对象为目的、为实际内容的。利益主体在追求利益、谋取利益、消费利益的活动中表现出一定的反映性、指向性、目的性和兴趣性,这就是利益主体的意识性。

(5) 主动性。因为人是有意识、有目的、实践的人,所以利益主体在思想和行动上表现出一定的主动特性,即主观能动性。所谓主动性,就是指利益主体不是被动地、消极地、无所作为地去适应环境,求得需要,以维持和延续生命,而是主动地去追求、去谋取、去创造、去消费利益,以满足自身的需要。动物的需求与人的需求不同,动物的需要纯粹是自然的、生理的、被动的,而人的需要是有意识的、主动的、富有创造性的。利益主体在追求、谋取利益的活动中,表现出一种自主性、自由性、积极性、选择性和创造性,也就是说,表现出对利益追求的一种主体能动性。

(6) 集合性。利益主体的社会性决定利益主体具有一定的集合性。集合性就是指利益主体为了获取利益的需要,往往是以群体的方式、组织起来的形式来进行利益的谋求,表现为利益主体具有一定的集合性、群体性。任何单个的利益主体都不可能单独地完成利益的追求、谋取和分配,他们对利益的谋取虽然表现为个体的动机和行为,具有一定的个体性，然而，就全过程来说，任何利益的追求、谋取都是单个人所不能完成的，因而都是群体的，是处于一定社会关系之中的，并且只有经过一定的社会关系才能完成。

2. 利益主体的分类

利益主体可以分为个人、家庭、集体、集团、国家和社会六个层次。这六个层次又可以划分为利益个体和利益群体两大类。利益个人是利益个体，家庭、集体、集团、国家和社会都是利益群体。

个人是利益主体的最基本的元素。在私有制条件下，个人是私人利益的主体，私人利益之间存在着对立阶级的对抗性的矛盾关系。在社会主义制度下，个人是个人利益的主体，尽管基本消除了个人利益之间对立阶级的对抗性矛盾产生的基础，但是个人利益之间仍然存在着利益矛盾和利益冲突。

家庭是比"个人"高一层次的利益主体。在自然经济社会中，家庭是最基本的经济单位，也是最基本的利益群体，家庭的利益关系是自然经济社会最基本的利益关系。在自然经济社会中，家庭不仅是一个消费单位，同时也是一个从事生产和其他经营的单位，家庭是经济利益、消费利益的主体，家庭利益直接影响家庭成员的个人利益。在市场经济社会中，家庭的经济作用削弱了，但家庭仍旧是重要的社会利益主体。此外，在社会生活中，家庭还具有独特的社会生活需要方面所引起的利益关系，例如，由婚姻、遗产所引起的利益关系。

集体是指具有一定的共同利益的个人的集合体。它既是集体内部成员个人利益的利益代表，又是集体共同利益的利益主体。在市场经济社会中，企业是市场经济社会中具有相对独立地位的经济实体，它是最有意义的利益集体，它具有比个人利益和家庭利益更高一个层次的利益需求。市场经济中企业之间存在着利益竞争关系。集体利益是联结个人利益和国家利益的中间纽带，是个人和国家利益关系的中介。

集团是比集体更高一个层次，又比国家低一个层次的利益群体，它具有很集中的集团利益，很强的组织性。如原始社会的部落、部落联盟，阶级社会的阶级、阶层、政治利益集团，以及经济生活中的企业集团，等等。集团是更集中、更强烈、更富有组织性和凝聚力的利益群体和利益集体。

国家是社会共同利益的代表和主体。在私有制社会中，国家基本上代表了统治阶级的阶级利益。社会主义国家是整个社会公民共同利益的代表者。国家利益既代表了个人利益和集体利益，同时由于它不仅代表了某个具体个人、集体的局部利益，而且还代表了全体社会成员的整体利益，不仅代表个人和集体的近期利益，而且还代表了个人和集体的长远利益，所以国家利益同个人利益、集体利益之间还存在一定的矛盾。国家是社会统治阶级共同利益的代表，当然国家利益并不完全等同于全社会的共同利益。

所谓社会整体，就是指整个人类整体，它是人类社会共同利益的主体承担者。就整个人类社会来说，尽管不同的利益个人、不同的利益群体都有各自的特殊利益，从大的方面讲，民族有民族的特殊利益，国家有国家的特殊利益，从小的方面讲，每个人都有每个人的利益。但是每个人、每个群体作为人类社会的成员，是有共同利益的，譬如，防治疾病，则是关系到全人类健康的共同利益问题。社会整体利益是最高层次的利益，社会整体是全人类共同利益的代表和主体。个人利益、家庭利益、集体利益、国家利益的共同利益部分都有机地结合在全社会的共同利益里面。全人类共同利益往往又是通过一些真正具有代表性的国际组织的要求而反映出来的，如全球的环境保护问题，它关系到全人类生存和发展的问题，这种利益要求是通过国际环保组织的共同纲领而体现出来的。

3. 利益主体关系

一定的利益主体处于一定的社会关系之中，对于处于一定社会关系中的利益主体，尤其是利益群体之间的关系与矛盾问题，我们可以从纵向和横向两个作用方向上来分析。利益是一个多层次、多领域、多功能、多类型的社会系统，各类社会利益主体不仅发生纵向联系，而且还发生横向联系。这些利益主体互相作用、互相影响、互相制约，形成一个纵横交错的立体网络式的利益主体关系体系。个人、群体和社会整体构成利益主体的纵向关系。个人之间、群体之间则构成利益主体的横向关系。

第一，利益主体的纵向关系。

个人、群体、社会整体构成了利益主体的纵向关系。个人是个人利益的主体，有多少个人就有多少个人利益。群体是集合体共同利益的主体，家庭、企业、单位、地区、集团、阶层、阶级、民族、国家，都是一定的利益共同体。家庭不仅是一个消费单位，而且也是一个从事生产和其他经营活动的单位，家庭是经济利益和消费利益的主体，家庭利益直接影响家庭成员的个人利益。此外，在社会生活中，家庭还具有独特的社会生活方面引起的利益关系。例如，由婚姻、遗产引起的利益矛盾。在市场经济中，企业利益是联结个人利益和国家利益之间的纽带，是个人和国家利益的中介。不同的社会集团、不同的阶层、阶级、民族，也都有自己共同的利益。如知识分子阶层的共同利益、农民阶级的共同利益、工人阶级的共同利益，等等。在社会经济生活中，社会经济单位是具有相对独立地位的经济实体，它是社会经济生活的基本细胞，是最有意义的经济利益群体，它具有比个人利益和家庭利益更高一个层次的特点。国家利益是一个极为特殊的群体利益，它是最高层次的群体利益，在阶级社会，它首先是该国家统治阶级利益的集中体现，其次它才体现了本地域范围内各个利益群体一定的共同利益。个人、集体、国家三者之间构成了非常重要的社会利益主体关系。从社会的纵向利益关系来看，社会的个人、群体、社会整体这三个利益主体之间，构成了对立统一的社会利益关系。

第二，利益主体的横向关系。

个人之间、群体（国家、民族、阶级、阶层、地区、企业、部门、单位、家庭）之间，由于种种社会历史原因，都存在着一定的社会差别，首先是经济差别，也就必然存在横向的利益主体关系。譬如，在阶级社会中，剥削阶级和被剥削阶级之间存在着根本对立的阶级利益矛盾。在社会主义国家，不同工作岗位、不同职业（如干部、普通工人、农民、军人、教师、文艺工作者、体育工作者、医生、护士、服务人员、商店营业员，等等）的社会成员之间，都因收入、经济地位、经济待遇、社会认同等方面的差别，而存在一定的经济利益差别和关系。在社会主义国家内部，各民族、各阶级、各阶层、各群体之间，甚至各地区、各单位之间都会因经济发展条件等方面的差别，而产生一定的利益差别和关系。即使在劳动人民内部，如工人阶级、农民阶级和知识分子阶层之间，各个企业、不同的社会分工部门和单位之间，也会因经济条件和经济环境的不同、经济受益的不同，以及其他一些方面的不同而存在一定的经济利益差别和经济利益关系。

二 利益客体及其内涵与类型

我们在前面已经分析了利益主体,下面我们继续分析利益客体,以及利益主客体关系。

1. 利益客体

从最一般的哲学意义上来说,主体是从事社会认识和社会实践的人,客体则是指人的社会认识和社会实践活动的对象,即主体所指向、所实践的对象世界。简言之,主体是人,客体是主体认识和实践的对象。当然,认为只要是人就是主体,外部自然界就是客体,这是不全面的。严格讲,只有具体从事一定社会实践及其相应的认识活动的人才是主体,也就是说,有认识对象和实践对象的人才是主体。主体应当是社会的人、实践的人、历史的人、有思维活动的人,即有认识和实践对象的人。相应的,利益主体就是进行利益追求、利益满足的人,利益客体就是利益主体追求和满足的对象。严格地讲,利益是一个关系范畴,而不是实体范畴。哲学意义上的关系,首先是物质的、经济的关系,利益关系首先也是物质的、经济利益的关系。利益关系包括三层含义:一是利益主客体关系,即利益主体与利益客体之间的对象关系;二是利益主体关系,即利益主体之间的利益分配关系,实际上是不同利益主体之间的社会关系;三是利益客体关系,即利益客体之间,如物质利益与精神利益、经济利益与政治利益等等的关系。

从利益主客体关系范畴来说,利益主体是指利益的追求者、承担者、需要者、创造者,利益主体就是指有利益需要的人,作为利益主体可以是个体,也可以是群体。利益客体就是利益主体认识、追求、需要、创造的对象,即利益主体指向的对象。利益客体是利益主体追求并实现满足的客观对象。

2. 利益客体的含义

利益客体的内涵是:

(1) 利益客体必须首先是利益主体所指向的、所需要的、所欲求的、所追求的、所消费的客观对象。利益客体是相对利益主体而言的,离开了利益主体,也就无所谓利益客体。利益本身就体现着主客体关系,譬如,就一个企业来说,企业就是利益主体,而企业利益是利益客体,是企业群体所追求的利益对象。企业利益实际体现的是企业的利润,企业的产品是企业利益的实际内容,企业利益本身就是企业主体所追求的对象。没有离开利益主体而单独存在的利益客体。利益客体是相对利益主体而存在的对象。也没有离开利益客体而单独存在的利益主体。利益主体是相对利益客体而言的,利益主体与利益客体之间互相依存、互为前提条件。没有利益客体也就没有利益主体,没有利益主体也就没有利益客体,这种对应关系反映了利益主客体之间的对象化关系。在这种对象化关系中,利益主体是主动的认识者、追求者或实践者,利益客体是利益主体的认识对象、追求对象和实践对象。

(2) 利益客体具有客观的、宽泛的内容和范围。它既包括物质的利益客体,如企业的生产利益,又包括精神的利益客体,如人所需要的文化利益;既包括经过人改造过的人化自然的利益客体,又包括没有经过人改造过的纯自然的利益客体;它还包括政治性的利益客体,如政治利益,经济性的利益客体,如经济利益,等等。

(3)利益客体既有物质的、实体的承担物,同时又有非物质性的,但同时是具体的、客观的内容。如,人们追求的食物,是人们所追求的物质利益,它有实实在在的物质内容。同时,一些非物质的或精神性的利益,也是有具体的客观内容的,如政治利益,它虽然没有直接的可以马上感觉到的物质内容,但它又却有具体客观的内容,不是空洞的、抽象的。

3. 利益客体的类型

利益客体具有物质性、具体性、客观性、对象性、关系性等特点。利益客体具有这样一些基本类型。(1)物质型的利益客体,以纯自然的,如空气、土地、矿产等作为实际内容的物质利益;以人化自然的,如粮食、住房、衣服等物质作为实际内容的物质利益;(2)经济型的利益客体,以经济为实际内容的经济利益,如企业追求的利润;(3)精神型的利益客体,以人的心理需求对象、情感需求对象、文化需求对象为实际内容,如音乐、歌曲,等等;(4)政治型的利益客体,以权力、政权等为追求对象的政治利益;(5)广泛社会型的利益客体,以社会活动、社会交往,如各种联谊活动、交际活动、亲族活动、宗族活动等为实际内容的社会利益,如家族利益、团体利益,等等;(6)群体型、集团型的利益客体,如阶级利益、国家利益,等等;(7)综合型、关系型的利益客体,没有专门的具体内容,但又反映了一定的关系,同时具有相当广泛内容的利益客体,如长远利益、局部利益,等等。利益客体往往又以对应关系而出现,如物质利益与精神利益;经济利益与政治利益;个体利益与群体利益;长远利益与眼前利益;整体利益与局部利益;私人利益与集体利益;个人利益与国家利益、阶级利益,等等。

三 利益的主客体关系

利益的主体与客体本身就是一对关系范畴。所谓关系范畴就是指利益主体与利益客体之间互相依存，互为存在前提。没有利益客体的存在，没有利益客体对主体的满足，便无所谓利益主体。当然，没有利益主体也就无所谓利益客体。利益的主客体关系就是利益主体同利益客体之间的对象性关系。利益主体必须以利益客体为对象，利益客体作为利益主体的对象而存在。

所谓利益主客体对象性的关系就是：利益主体在一定的客观条件下去认识、创造、改造、追求、利用、占有、满足、消费利益客体，利益主体认识、追求、改（创）造、利用、占有、满足、消费利益客体的社会活动过程，又是不断地吸收、同化利益客体的过程，是利益客体满足利益主体的过程。这种对象性的关系呈多层结构关系：一层是欲求与被欲求的关系；二层是需要与被需要的关系；三层是满足与被满足关系；四层是利用与被利用关系；五层是认识与被认识关系；六层是改造、再造、创造与被改造、被再造、被创造关系。首先是利益主体对利益客体具有直接的物质欲求，这种欲求是以利益主体对利益客体的需要、满足、利用为前提的，在需要、满足、利用的基础上，利益主体对利益客体会形成利益兴趣和利益认识。这种利益兴趣和认识反过来会推动利益主体对利益客体的再欲求、再需要、再满足、再利用、再创造。

利益主体与利益客体的关系，一般来说，利益主体是主动的，利益客体是被动的，但利益客体反过来也会对利益主体产生推动作用，利益客体是利益主体存在的基础、条件和目的。

利益主体与利益客体具有物质性和精神性的双层关系。物质性的需要、满足、利用、再造关系是基础、前提和条件，在这个关系基础上形成精神性的关系。精神性的利益主客体关系就是指利益主体对精神性对象的追求、满足关系，譬如，听音乐，就反映了利益主体对音乐这个利益客体的满足关系。利益客体在满足主体物质与精神生活需要的过程中，必然引起利益主体对利益客体的价值评价，即相对于利益主体来说，利益客体能够在多大程度上满足利益主体需要，即利益客体对利益主体有多大的用处。二是利益主体的自我价值评价，即利益主体在自身的需要满足过程中，利益主体在多大程度上体验到自我存在的意义，即利益主体的自我价值能不能得到实现。

第六章 利益个体和利益群体

利益主体基本上分为利益个体和利益群体两大部类。这里分别研究一下利益个体及其特点、利益群体及其特点。

一 利益个体及其特点

利益个体是指作为单独个人存在的利益主体。是以一个个现实的个人为利益追求者、承担者和消费者的。利益个体除了具有利益主体所具有的自然性、实践性、社会性、意识性、主体性和集合性以外，还具有单独性、个别性、具体性、差异性、依赖性等特点。

（1）单独性。利益个体是以个人单独存在为形式的利益主体。利益个体首先具有单独性。单独性也可以称之为个体性，即利益主体是以一个个活生生的个人的形式而单独地存在的。利益主体可以继续划分下去，但利益个体却不能再分割下去了，是最小的利益主体单位。

（2）个别性。既然利益个体是以单独个人的形式存在的，那么利益个体就具有个别性。个别性即利益个体所具有的深刻反映本身独立特点的特性，也就是一利益个体与另一利益个体的本质差别。因为利益个体是单独存在的，所以利益个体表现出千差万别的特性来。有多少利益个人,也就有多少利益个体。千差万别的利益个人决定了千差万别的利益个体的个别性。利益个体的个别性决定了利益个体的特殊的利益需要、利益追求、利益兴趣和利益价值。即使在原始社会中的同一部落、同一血族,不同的个人其利益要求也是有差别的。利益个别性即利益特殊性。

(3) 具体性。利益个体的个别性、特殊性亦决定了利益个体的具体性。凡是个别的、特殊的,都是具体的。因为利益个体都是现实存在的、活生生的、千差万别的个人,因此,利益个体又是具体的,有着实实在在的利益要求的个人,有着具体的、有实际内容的利益要求。

(4) 差异性。利益个体的个别性、特殊性、具体性决定了利益个体之间存在着一定的差别。也就是说,它们之间存在着不同的利益需要、利益追求。即使同样的利益要求,在具体的利益满足上,各个利益个体也是不一致的。利益个体的差异性,包括质的差异和量的差异两种情况。质的差异是指利益个体之间根本利益的不一致和对立。比如,奴隶主和奴隶之间的利益差别是根本对立的、不可调和的,这是利益质的差别。利益量的差异是指利益个体之间在根本利益一致基础上的利益需求上的差别。比如,在社会主义国家,人民内部在分配上所体现出来的收入差别就是利益量的差别。既要看到利益个体在利益需求上的一致性,又要看到它们之间的差别性,同时还要分清质的差别和量的差别这两种情况。

(5) 依赖性。人具有社会性,每个人都离不开社会。单独的人对他人、对社会具有社会依赖性。利益个体也是如此,任何利益个体都离不开对其他利益个体的依赖,离不开对利益群体的依赖。任何一个劳动者离开他人的劳动,离开社会的劳动,便得不到利益上的满足。当然,这种依赖性还表现为利益个体对需要对象的依赖,如人对衣、食、住、行等物质条件的利益依赖,这种依赖性是不言自明的。

二 利益群体及其特点

个人必须通过一定的社会联系才能实现自己的利益,利益个体基于一定利益的结合形成共同利益的集合体——利益群体。利益群体具有追求和维持本利益共同体成员利益的强大力量,在利益冲突和利益角逐中,它具有比个人更为强大的竞争力和追逐力。个人往往是以参与利益群体的方式来参加利益竞争的,也往往是通过利益群体来实现个人利益的。一般意义上的群体通常是社会学上常用的群体概念,是指一般意义上的群体,而不是特指利益群体。社会学一般把有严密组织、相对稳定的人群称之为集团,把组织松散,变动性、流动性较大的人群称之为群体。社会学意义上的群体类别很多:从群体组织的程度,可以区分为非正式群体和正式群体,组织化程度比较高的可以称为正式群体,如社团和社会组织。在一定场合下偶然形成的、时间短暂的、组织化程度不高、松散性的可以称之为非正式群体,如钓鱼协会、气功协会、等等;根据群体的规模、状况、范围,又可以分为高级群体、中级群体、次级群体和初级群体。高级群体是全国性的、甚至国际性、国际地域性的组织。如联合国、欧洲共同体以及全国性的社团组织。中级群体是地域性的组织,如中国某省的青年联合会、工会、妇联等。次级群体一般指跨地区、跨行业的群体组织,如工厂、企业等。初级群体一般指人们相互熟悉的小范围的、社区性的小群体,如某个地区的专业协会等；根据群体形成的直接原因，又可以分为血缘群体、族缘群体、地缘群体、趣缘群体、志缘群体，如部落、家族、美术家协会、集邮协会等；根据群体的社会功能，可以分为生产性群体、服务性群体、精神性群体、政治性群体，等等；根据群体的社会性质，可以分为阶级、阶层、政党、政治集团、社会团体，等等。

这里所讨论的利益群体与社会学所讲的群体既是一致的，同时也有一定区别。社会学所讲的群体比这里讲的利益群体涵盖面更大、更宽，也就是说，社会学上的群体涵盖了这里所讨论的利益群体。实际上，任何群体都有相对共同的利益基础，而利益群体的利益纽带要联结得更紧更牢，对它定义上的限制要更为严格。首先，利益群体必须要基于某种共同的利益；其次，利益群体内部成员的联系要相对稳定；再次，利益群体的组织性要比较强。因此，所谓利益群体，就是指以一定社会关系为基础的，具有大体相同的利益要求，持相对共同的利益态度而结合在一起的个人的利益集合体。不同的利益群体具有不同的甚至相互矛盾、对立的利益要求。

利益群体具有以下特点。

（1）宽泛性。利益群体是比阶级宽泛得多的概念。利益群体是人们在某种共同利益基础上建立起来的社会利益的共同体。利益共同体是很宽泛的，可以说，凡是具有一定共同利益基础上的社会共同体都是利益群体。它有别于阶级和阶层概念，以共同利益为基础和标志的利益群体，可以有阶级性，也可以没有阶级性，该群体中的个人对共同利益有较大认同性和等同性。从广泛的意义上讲，凡是基于某种共同利益的个人的集合体都是利益群体。譬如，大到国家、民族、阶级、阶层，小到政党、团体、结社、帮会等都可以称为利益群体。从狭义上讲，利益群体主要指以相对稳定的共同利益为基础的利益集团。譬如，阶级社会中的阶级、政党，等等。阶级、阶层以下还可以继续划分为利益群体，从更狭窄的意见上来讲，在阶级社会中，利益群体则是指阶级、阶层所包含的，但是小于阶级、阶层并从属于阶级、阶层的社会群体，或是游离于阶级、阶层，但又与阶级、阶层有联系，同时小于阶级、阶层的群体。

（2）历史性。利益群体是一个历史的范畴。在不同的历史条件下，利益群体有着不同的历史内容。人类社会最初的利益群体，是基于一定的血缘关系和共同活动的地域而结成的原始人的共同体，如氏族、部落、部落联盟，等等。随着社会分工、私有制的发展，社会划分为阶级，阶级又划分为不同的阶层，阶级、阶层是阶级社会中最稳定的利益群体。阶层下面划分为一些小的利益群体。在社会主义国家、剥削阶级作为阶级已经不存在了，利益群体的形式和实际内容也会发生相应的变化。

（3）交叉性。利益群体具有交叉、重叠、相容的特点。所谓交叉性，即指社会成员在利益群体中具有双重或多重的地位和身份，利益群体之间在成员的组成上，利益的趋向上，存在着交叉、重叠、相容的特点。对于每一个社会利益群体来说，其中的每个成员都具有某种特定的共同利益；从每个个体来说，一个人同时可以成为若干个不同利益群体的社会成员或参与者，具有不同的社会角色。利益群体的这种交叉性反映了社会各种利益群体融合、接近的趋势。譬如，各阶级之间、各阶层之间、各个利益群体之间通过横向的社会联系，形成一些基于某种共同利益要求的相对稳定的大的利益群体，如家庭、民族、各种经济实体（如企业、财团、行会),这些利益群体与阶级、阶层及其属下的群体又是重合的。目前,我国社会中交叉性利益群体人数最多的是乡镇企业中的亦农亦工群体。此外,还存在由知识分子与企业家结合形成的企业家群体;工人、农民与知识分子结合形成的工人知识分子和农民知识分子群体;工商业、服务业劳动者和农业劳动者结合形成的亦商亦工亦农群体,等等。社会不同群体之间的利益,既不是绝对的对立,也不是绝对的一致,而是在基本一致的基础上,有时表现为一致,有时表现为差异,某些部分表现为一致,某些部分表现为差异。这些一致与差异,打破了原来社会群体之间的界限,使社会不同成员在共同利益的基础上形成新的交叉性利益群体,这种交叉性利益群体也可以称之为介于两个利益群体之间的边缘性利益群体。这种利益群体的交叉性,充分体现了利益群体结构的交容性特点。

(4) 集合性。任何利益群体都是利益个体基于一定的共同利益而集合在一起的共同体,具有一定的内在的共同利益的凝聚力,集合性是任何一个利益群体的显著的特点。

(5) 一致性。利益群体是基于某种共同利益的一致而集合在一起的利益个体的利益共同体。在这个利益共同体中,每个利益个体在利益追求、利益需求上具有利益的一致性和共同性。譬如,在同一阶级共同体中,每个阶级成员都有共同的阶级利益。在一个国家中,每个国家成员都有共同的国家利益。在一个家庭中,每一个家庭成员都有共同的家庭利益。

(6) 多样性。所谓多样性,就是指不同利益群体由于特殊利益差别而形成多种多样的群体类型。追求利益的实现,是人类活动的永恒动机。人们在追求利益的过程中,形成了各种各样的利益关系。由于每个群体所处的具体条件不同，所处的利益关系不同，有不同的利益要求，任何一个社会利益内容都是十分丰富的，利益结构也是十分复杂的，这就必然造成利益群体的多样性。如从劳动方式角度，存在着体力劳动者和脑力劳动者两种不同的利益群体；从社会分工角度，存在着工人、农民、知识分子、公务员、个体私营劳动者等不同利益群体；从人们在经济体系中的地位来看，存在劳动者与非劳动者、剥削者与被剥削者不同的利益群体；从地域、文化、语言等不同角度，又存在着许多不同的民族利益群体。这种利益群体的多样性，充分体现了社会群体结构的复杂性。

（7）多元性。在整个社会中，利益群体的多样性必然决定利益群体的组成呈多元性结构，多元性利益结构是多元性社会结构的重要内容。多元性利益结构分两个方面，一是不同的利益群体之间，即群际结构呈多元化；二是一个利益群体内部构成呈多元化。从物质、经济利益上看，可以分成多种利益群体，如工人阶级、农民阶级、知识分子，等等。从政治利益上看，可以有不同的政党集团存在。在社会生活的各个方面又可以分成许许多多的利益群体。这许许多多的利益群体互相联系、互相矛盾，构成了复杂的、多元性的社会利益群体结构。

（8）矛盾性。在同一个社会内部，各个利益群体相互联系所组成的利益群体结构存在着复杂的矛盾关系。不同的利益群体由于利益需求的不同，它们之间存在着一定的利益矛盾，甚至同一利益群体内部的成员之间也存在不同的利益差别和利益矛盾。大体利益一致的不同利益群体之间的矛盾是非对抗性的、可以协调的。在阶级社会中，利益根本对立的利益群体之间的矛盾又是对抗性的、不可协调的。

在我国社会现阶段，人民内部不同利益群体之间，既有利益的根本一致性，也有具体利益的差异性，这种差异性必然会使不同的利益群体之间产生一定的矛盾冲突。改革时期是各个利益群体之间矛盾容易激化的时期，由于群际之间利益分配关系的不平衡，必然造成经济、政治和精神上的矛盾冲突。现阶段人民内部不同利益群体之间的这种冲突性，主要是由经济利益上的矛盾导致的。经济利益矛盾是现阶段社会不同群体之间的主导性矛盾。无论是工农的矛盾，党政干部同群众之间的矛盾，私营企业主同其他社会群体的矛盾，往往都集中表现在经济利益方面。这种利益矛盾的冲突性，充分体现了现阶段社会群体结构的不稳定性。

在我国的现实社会中，由于其内部在经济上、政治上、思想上，还带有旧社会遗留下来的残余，其外部存在反社会主义势力在经济、政治、思想、文化上的影响和破坏，这不仅会使社会主义现阶段存在一定数量的敌我矛盾，而且还会使人民内部存在某些个别的对抗性矛盾。比如，在经济上就存在着私营企业主和雇工之间的剥削和被剥削的根本对立的矛盾现象。尽管这种对抗性矛盾是非本源性、非主导性的矛盾，它在整个人民内部矛盾体系中，在数量上是少数，在质量上又处于次要的支配地位，并不反映社会主义利益矛盾的本质特征。但是，如果我们处理不好，这种矛盾也会发展为对抗性的冲突。随着社会主义不断地由低级阶段向更高级阶段发展，人民内部存在的个别对抗性矛盾会越来越少。

三 利益集团——特殊的利益群体

所谓利益集团，是指具有基本相同的利益要求，持共同的利益态度而结合在一起,具有很强的组织性的利益群体。利益集团之间具有明显差别、甚至对立的利益要求,利益集团这个共同利益的集合体具有特定的社会功能。一句话,利益集团是基于某种明确的利益差别而形成的具有强烈共同利益要求的社会组织。利益集团是特殊的利益群体,它具有比一般利益群体更强的组织性和利益竞争力、凝聚力。个人是利益主体的最原始的细胞。一旦具有一定共同利益要求的个人构成相应的利益集团,利益集团也就具有了利益主体的名分。

我们所说的利益集团同西方讲的利益集团有一定区别。利益集团是西方政治学中的一个有特殊意义的概念。20世纪50年代初,美国著名政治学教授戴维·杜鲁门较早地给予利益集团以明确定义,他在《政府的进程》的著作中提到:利益集团是"在其成员所持的共同态度的基础上","对社会上其他集团提出某种要求"的集团。① 20世纪60年代,美国耶鲁大学政治学教授罗伯特·达尔在《美国的民主》一书中认为:"从最广泛的含义上说,任何一群为了争取或维护某种共同的利益或目标而一起行动的人,就是利益集团。"② 纽约市立大学布鲁克林学院教授卡罗尔·格林沃尔德在《集团权力》一书中认为:利益集团就是"一群人为了通过共同行动谋取共同利益而组成的联合体"。③ 哈佛大学教授乔治·科索拉斯在《政府和政治》一书中说的利益

---

① 戴维·杜鲁门:《政府的进程》,英文版,第33、37页。
② 罗伯特·达尔:《美国的民主》,波士顿,赫夫顿·密夫林公司1981年第4版,第235页。
③ 卡罗尔·格林沃尔德:《集团权力》,纽约,普雷格出版公司1977年版,第15页。

集团就是那些"有共同利益和共同目标的个人所组成的集团"。[①] 英国艾塞克斯大学教授格雷海姆·威尔逊认为:"一个利益集团是一个组织,它设法代表一些有着一种或几种共同利益或共同信念的个人或社团。"[②] 在现代西方社会生活中,出现了一个引人注目的社会现象:不管是立法机构制定法案或修正案,还是政府做出一项决定,提出一项声明,发表一个提案,都会不同程度地吸引众多的利益集团参与讨论,参与决策,进行激烈的院内院外的政治角逐。特别是美国,这样一些利益集团名目繁多、活动频繁,在政治舞台上引人注目,具有举足轻重的作用。一些政治家、理论家称这种现象是"利益集团政治"。据此,一些西方理论家提出了利益集团和权力理论。他们认为,每个工业社会都存在着许多或多或少相互作用的政治利益集团,而每个工业社会统治阶级内部都存在着至少两个对立的政治利益集团:一个是掌握权力的集团,它希望维持现有的权力机构,因而希望维持现状;另一个是被排斥在权力之外的集团,它力求改变现存的权力机构。西方资产阶级理论家虽然看到了利益集团的实际存在及其社会作用,但是却把利益集团产生的根本原因和关键性特征搞错了。在他们看来,利益集团最终是基于政治目的而不是经济目的而形成的,利益集团的关键性标志是政治权力地位而不是经济特征。当然,绝对不能否定利益集团的政治目的和政治权力特征。但是,必须清楚地看到利益集团产生的经济根源和根本经济特征,才能正确理解利益集

[①] 乔治·科索拉斯:《政府和政治》,德克斯伯里出版社1975年第3版,第92页。

[②] 格雷海姆·威尔逊:《美国的利益集团》,英国牛津,克拉雷恩出版社1981年版,第4页。

的本质，深刻认识利益集团的政治目的和政治特征。一定生产资料所有制形式总是体现着一定的阶级和社会集团的利益，虽然利益集团是以利益差别为基础的，但是利益集团形成的最根本的原因是生产资料占有制为主的经济关系。任何利益集团首先是经济利益集团或受经济利益集团支持的，其次才是政治利益集团，任何政治利益集团背后总是隐藏着一定的经济利益，任何政治权力集团总是受一定经济利益集团支配的，是为实现经济利益集团的经济利益而从事政治活动的。在阶级社会中，一定的经济利益集中表现为一定的政治利益，而一定的政治利益又集中表现为一定的阶级利益。所谓利益集团就是集中代表本集团成员的利益群体，具有很强的组织性、功利性，因此，利益集团有助于社会成员反映自己的利益要求。在国家生活中，利益集团积极进行经济参与和政治参与，是集团成员发表意见，参与决策，争取切身利益的社会重要组织形式。

利益集团是一个历史的范畴，在不同的历史条件下，利益集团具有不同的历史内容。人类社会最初的利益集团是原始人的群体，如氏族、部落、部落联盟，等等。随着社会分工和私有制的发展，社会划分为阶级、阶级又可分为不同的阶层、阶层内部又可分为不同的小一些的利益集团，阶级、阶层是阶级社会中最稳定的利益集团，而各阶级之间、各阶层之间、各个小的利益集团之间又通过横向的社会联系，形成一些基于某种共同利益要求的相对稳定的超利益集团，如家族、民族、各种经济实体（如企业集团、财团、集团公司等）、国家、国际联盟（如西欧共同体等）。必须充分认识到利益集团存在的客观性、多样性和复杂性。

四 利益群体理论及其意义

马克思主义利益理论是马克思主义历史唯物主义的重要组成部分。在马克思主义历史唯物主义原则指导下，运用马克思主义利益理论，对利益群体进行科学的分析，建立马克思主义的利益群体理论是非常必要的。

马克思主义阶级理论和利益群体理论是一致的，同时利益群体理论对阶级理论又是一个很好的补充。马克思主义的阶级理论运用历史唯物主义的立场、观点、方法，考察私有制社会，说明阶级的产生和灭亡，阶级划分的标准，阶级关系和阶级矛盾，阶级斗争的复杂趋势，创立了阶级、阶级斗争和无产阶级的理论，这个理论是认识阶级社会现象的指南。马克思主义利益群体理论站在历史唯物主义的基本立场上，从经济关系——利益关系入手，对社会利益群体进行科学分析，提出协调群际关系的基本原则和措施。利益群体分析当然也包括阶级社会中的阶级群体分析。从分析经济关系到分析包括阶级关系在内的利益关系来看，阶级理论和利益群体理论是一致的。在阶级社会中利益群体包含阶级群体，阶级群体也包含利益群体。从这个角度来说，阶级理论与利益群体理论也是一致的。同时利益群体理论涵盖阶级理论，又是对阶级理论的一个补充。利益群体理论与阶级理论二者一致同时又有区别。阶级理论只对阶级社会有效，对阶级群体分析有效。利益群体理论则适用于包括阶级社会在内的一切社会，迄今为止的社会只要有人存在，就有利益关系存在，就有利益群体存在，利益群体理论也就具有有效性。即使在阶级社会中，利益群体理论对分析阶级社会的社会成员来说，也起着拾遗补阙的作用。特别是对社会主义初级阶段社会这种过渡性的社会形态来说，利益群体理论更有现实针对性。

改革开放以来，伴随着我国经济结构、利益结构、社会结构的变化，利益主体多样化、利益关系复杂化、利益冲突明显化的客观现象已经展现在人们面前。从社会利益群体结构的角度来看，社会是由各种不同的社会利益群体所构成，各种社会利益群体处于相互联系、相互作用的动态过程中。在这一过程中，利益关系的调整，必然会产生各种各样的利益矛盾。从社会现实出发，运用利益群体理论分析方法来分析社会成员构成结构，这不仅在理论上可以丰富和发展马克思主义历史唯物主义理论，而且在实践上对于我们科学认识和正确处理人民内部不同利益群体之间的矛盾，建设有中国特色的社会主义，都具有重大的理论意义和现实意义。

第一，有助于在新的历史条件下坚持和发展马克思主义社会结构理论、阶级理论和阶级分析方法。

马克思主义的社会结构理论就是关于社会阶级结构的学说。马克思社会结构理论和阶级理论使用的中心范畴是阶级，同时也使用过阶层、等级、级别等概念。马克思在《共产党宣言》中写道："随着这种原始公社的解体，社会开始分裂为各个独特的、终于彼此对立的阶级。"[①] 马克思在《哲学的贫困》一书中也指出："当文明一开始的时候，生产就开始建立在级别、等级和阶级的对抗上，最后建立在积累的劳动和直接的劳动对抗上。"[②] 马克思、恩格斯以唯物史观为基础，从

[①]《马克思恩格斯选集》第1卷，人民出版社1995年版，第272页。
[②]《马克思恩格斯全集》第4卷，人民出版社1958年版，第104页。

考察社会成员的阶级差别入手，把社会成员划分为各个不同的阶级、阶层和利益群体，清晰明了地把阶级社会结构展现在人们的面前，从而第一次将社会结构的分析置于现实的基础上。马克思主义的社会结构理论和阶级理论认为：社会结构中各集团的划分标准应主要集中于各集团所处的经济关系上，为唯物地、科学地、有层次地研究社会结构提供了原则依据。

马克思和恩格斯没有经历过无产阶级革命胜利的实践，他们也不可能对未来社会主义社会的社会结构作出具体的阐述。但是他们在分析资本主义社会矛盾的基础上，在考察未来社会的形成和发展时，对有关社会主义基本矛盾的某些问题，从而对未来社会结构作出了带有根本意义的预见。如，马克思指出："在共产主义社会第一阶段中，由于生产发展的限制，在个人消费品的分配上只能采取按劳分配的原则。""每一个生产者，在作了各项扣除以后，从社会领回的，正好是他给予社会的。""权利决不能超出社会的经济结构以及由经济结构制约的社会的文化发展。"[1] 马克思还指出，只有在共产主义高级阶段上，脑力劳动和体力劳动的对立才随之消失。马克思、恩格斯的这些科学预见，也为考察我国社会主义现阶段社会结构、研究和处理社会主义初级阶段不同利益群体的矛盾提供了理论指南。

马克思主义哲学是时代精神的精华，是一个不断发展、开放的科学体系。因此，随着时代的发展，马克思主义哲学体系也必将向前发展。在当代中国，虽然剥削阶级作为一个完整的阶级已经被消灭，但阶级斗争、阶级差别仍然存在。

---

[1] 《马克思恩格斯选集》第3卷，人民出版社1995年版，第304—305页。

在这种条件下，中国社会结构已经发生了质的变化，即阶级、阶层及其存在形态和内涵发生了巨大的变化。作为社会生产关系主要内容的所有制关系的根本性变革，使得社会各阶级、阶层的成员的经济利益、政治利益发生了相应的变化。目前，在中国社会结构中，除了工人和农民两大基本阶级外，又形成了一些非阶级性的利益群体。阶级、阶层、利益群体自身发展及其相互间各种微妙的关系，形成了多样复杂的中国社会结构。当前社会阶级、阶层及其利益群体在根本利益一致的情况下，在诸多方面还存在着许多差别，这些差别常常会引发一系列的矛盾冲突。因此，既要看到在马克思主义社会结构理论和阶级理论的指导下，深入分析当今中国社会复杂社会结构的重要性和必要性，同样也应看到必须从全方位、多角度来分析新时期不同利益群体及其矛盾。在新的历史条件下，根据新时期的新情况和新特点，运用哲学、社会学、经济学等基本原理来分析社会主义初级阶段不同利益群体及其矛盾，必将会丰富和发展马克思主义关于社会结构的理论。

阶级分析方法是马克思主义社会结构理论和阶级理论的组成部分。考察我国社会主义现阶段人民内部的不同利益群体，有助于补充马克思主义的阶级分析方法。我们知道，在马克思主义理论宝库中拥有的关于阶级、社会结构的完整理论及其阶级分析方法是我们观察、分析阶级社会结构的根本方法。但是，在马克思主义理论宝库中却没有直接关于如何观察和分析社会主义社会结构的具体结论。我国社会主义制度的建立、改革开放的历史进程、科技革命的突飞猛进、市场经济的不断发展等，都迫切要求我们认真透视社会成员构成结构。面对新的情况，除在一定范围内继续沿用阶级分析方法外，还应进一步确立利益群体分析方法，作为我们从总体上透视社会主义初级阶段社会成员构成结构的重要方法。赞同利益群体分析方法并不等于否定马克思主义的阶级分析方法，也不等于用西方的阶层分析法来代替马克思主义的阶级分析方法，阶级分析方法仍然是透视我国现阶段社会成员构成结构的基本方法。利益群体分析方法是建立在历史唯物主义基础上的，它是以人们在生产关系中的地位和作用为基本标准来分析社会成员的利益取向，分析人们之间的利益关系和在社会生活中的地位、作用和态度。它在对社会成员的相互利益关系进行分析时，在对社会不同群体之间利益矛盾产生和发展进行考察时，总是首先着眼于经济。由于社会主义初级阶段人民内部各利益群体之间的关系，是根本利益一致基础上的关系，是人民内部各成员之间非对抗性的关系。因此，在一定范围内坚持阶级分析方法的基础上，运用利益群体分析方法从总体上、宏观上认识我国社会主义初级阶段的社会结构，必将有助于补充和丰富马克思主义的阶级分析方法。

第二，有助于丰富和补充毛泽东同志提出的人民内部矛盾理论。

自新中国成立后，特别是1956年社会主义改造完成之后，作为剥削阶级的地主阶级和资产阶级从整体上已被消灭，阶级和阶级斗争只在一定范围内存在，国内的主要矛盾发生了深刻的变化。1956年9月，党的第八次全国代表大会对社会主义改造基本完成以后的阶级结构和阶级矛盾，作出了正确的分析，大会指出："我们国内的主要矛盾，已经是人民对于经济文化迅速发展的需要同当前经济文化不能满足人民需要的状况之间的矛盾。党和全国人民的当前的主要任务，就是要集中力量来解决这个矛盾，把我国尽快地从落后的农业国变成先进的工业国。"① 正是在这个历史的转折时刻,毛泽东在1957年发表了《关于正确处理人民内部矛盾的问题》这篇伟大的著作,创造性地论述社会主义社会中的矛盾问题,特别是人民内部矛盾问题,从而在马克思主义发展史上第一次系统地阐述了社会主义社会矛盾问题,第一次提出了正确处理人民内部矛盾理论。毛泽东认为在社会主义制度下还有阶级敌人,但是不多了。大量的是人民内部矛盾。敌我矛盾用专政的方法解决。人民内部矛盾用民主的方法,即团结——批评——团结的方法解决。毛泽东同志提出的重要思想,经过社会主义建设和改革的实践检验,证明是正确的,仍然是我们在新时期建设社会主义的强大思想武器。但是,由于种种原因,在党的十一届三中全会以前,一方面,这些重要思想在实践上未能贯彻下去;另一方面,由于客观条件的限制和主观认识上的局限,其理论本身还存在一些不完备之处,毛泽东同志本人在社会主义建设的实践中在很大程度上逐渐背离了人民内部矛盾的正确理论。

党的十一届三中全会的召开,恢复了实事求是的马克思主义的思想路线,明确了社会主义初级阶段的主要矛盾是人民日益增长的物质文化需要同落后的社会生产之间的矛盾,阐明了阶级斗争已经不是我国社会的主要矛盾,认为正确处理人民内部的矛盾是我国现阶段社会政治生活的重要课题。目前,在社会主义改革开放的新形势下,特别是在社会主义市场经济体制的建立过程中,利益结构发生了深刻的变化,人民内部矛盾的内容和表现形式也呈现出新的特点,许多经济关系、利益关系需要调整,产生了许多新的矛盾,除了保

---

① 《中国共产党第八次全国代表大会关于政治报告的决议》。

留原有的一些阶级和利益群体以外，又形成了许多新的利益群体。具体来说，现阶段我国人民内部矛盾突出地表现为不同利益群体之间的矛盾。这种矛盾虽然广泛存在于各个领域，但主要存在于经济领域。因此，在目前社会利益关系错综复杂的情况下，认真分析人民内部不同利益群体之间的矛盾，必然会丰富和发展毛泽东同志关于正确处理人民内部矛盾的理论。

第三，考察社会主义初级阶段不同利益群体，为进一步协调各种不同利益群体之间的利益矛盾，提供了现实依据。

随着社会主义市场经济的发展，我国社会利益结构发生了深刻变动，一是利益主体多样化，这就使得原来单一化的利益主体变得多元化。二是利益分配格局多元化，利益分配方式发生了变化，不同利益群体的多种利益分配渠道已初步形成。现阶段允许多种分配方式存在，特别是可以按生产要素分配，同时在按劳分配内部也采取了多种分配形式，这就形成了多种分配方式和多种分配形式并存的多元化利益分配格局。三是利益关系复杂化。在诸种利益矛盾中，既有国家的整体利益、群体利益和个体利益之间的矛盾，也有经济利益、政治利益和物质利益之间的矛盾，又有工业劳动者、农业劳动者、知识分子、党政干部等不同群体之间的利益矛盾。因此，在利益结构发生多样化变动的新形势下，运用利益群体理论和群体分析方法分析社会成员构成结构，既可以使我们具体地、深入地研究不同利益群体的利益差别和矛盾，找到具体分析社会主义初级阶段社会成员结构的具体线索和正确处理矛盾的方法，同时也为我们进一步协调各种不同利益群体之间的矛盾提供了现实依据。

由于在社会主义初级阶段，生产力还比较落后，各个群体的利益关系难免会出现不平衡现象,而且随着我国现代化建设与改革的全面展开,虽然有些利益群体矛盾得到了缓解,但同时又出现了许多新的群际矛盾,需要进行不断的调整。例如,当前某些非生产性领域的利益所得大大超出了生产领域的利益所得等现象,极大地挫伤了广大群众的生产积极性,造成了不同群体之间的矛盾和冲突。我们如若轻视或放任不同群体之间矛盾的发展,势必会影响改革和建设的顺利进行。目前,不同利益群体在根本利益上是一致的,这就使我们有可能通过研究,把不同利益群体的利益要求有机地结合起来,采取协商和调节的方法尽可能使人民内部各社会群体的利益在局部服从整体的原则下得到公平合理的满足。具体来说,就是通过不同利益群体的分析,制定符合各利益群体发展的政策,来协调各群体之间的矛盾。可以说,现阶段加强对不同利益群体矛盾的研究,必将为我们制定正确的方针政策提供决策根据。

第四,加强对现阶段不同利益群体矛盾的研究,是维护社会稳定,推动社会主义经济社会全面发展的客观需要。

在社会主义初级阶段,虽然不同利益群体之间的矛盾是在根本利益一致基础上的矛盾。但是,由于旧的社会分工和职业分工所带来的利益差别和矛盾还存在,一定的阶级差别所带来的利益差别还存在,因此,能否保证不同群体协调发展,对社会稳定有很大的影响。如果不加强对社会不同利益群体矛盾的研究,制定相应的对策,那么就有可能加剧不同群体之间的矛盾,甚至会使某些群体发生反社会的失范越轨行为,从而影响社会的稳定和发展。历史经验证明,保持社会的稳定是一个国家发展过程中至关重要的问题。稳定是基础和前提,如果没有稳定的社会环境,发展社会主义市场经济只能是一句空话。当前，在建设社会主义市场经济过程中，由于人们思想观念的不同，由于体制转变原因、利益调整的原因，使得利益群体矛盾可能会比较突出。因此，认真分析不同利益群体之间的矛盾，正确处理好这些矛盾，这对于保持社会稳定，促进社会主义市场经济的健康发展具有重要的现实意义。特别是在市场经济条件下，有必要建立一套对社会利益群体的产生、发展、运行机制、协调体系等进行综合分析的利益群体理论体系，运用这个理论对市场经济条件下的经济关系、利益关系进行分析和协调，来指导实践。

利益群体理论是在马克思主义指导下，运用历史唯物主义原理，在坚持阶级理论与阶级分析方法的前提下，对社会利益群体进行综合分析的科学体系。要运用利益群体理论，分析研究不同利益群体存在的物质、经济、社会条件；分析不同利益群体所处的经济关系、文化关系和社会关系；分析不同利益群体的经济收入、经济利益及其获取方式和途径；分析不同利益群体的现状、结构、发展和利益指向；分析利益群体的划分标准及其利益群体的具体划分；分析研究利益群体在政治关系中的地位、作用及其政治利益、权力运用；分析利益群体在政府和社会中的地位、作用和功能；分析不同利益群体的文化表现形态、社会心理状况、群体文化素质、文化行为；分析不同利益群体的社会生活方式、生活习气，等等，以便为利益关系的协调、调动各个利益群体的积极性，保持社会稳定，推动经济发展提供政策依据和理论根据。

五 经济分析、阶级分析和利益分析

历史唯物主义是无产阶级的科学历史观，它既为我们提供了对社会一般发展规律的根本看法，成为指导人们社会实践的根本方法论，又为我们观察、分析和说明一切社会现象提供了基本的分析方法，是指导我们认识和处理繁杂的社会问题的思想武器。经济分析、阶级分析、利益分析是历史唯物主义分析社会现象的基本方法。

列宁认为："必须到生产关系中间去探求社会现象的根源，必须把这些现象归结为一定阶级的利益。"[①] 经济原因是一切社会赖以存在和发展的前提条件，经济关系是一切社会关系存在和变化的基础。在现实社会生活中，一定的经济关系必然表现为一定的利益关系，利益是一定社会经济关系的体现。在阶级社会中，经济关系集中展现为一定的阶级关系，表现为一定的阶级利益关系。认识社会现象，主要是从社会存在的经济基础出发进行分析，从经济入手进行分析，必然要分析社会的利益关系。在阶级社会中，对社会现象进行经济分析、利益分析，必然导致阶级分析的正确认识途径。经济分析、阶级分析、利益分析既相一致，又有一定区别。

1. 认识社会现象必须从经济分析入手

历史唯物主义坚持社会存在决定社会意识，必然把社会发展的终极原因理解为物质的、经济的因素，因而它是从物质的、经济的原因出发，来说明一切社会现象。历史唯心主义坚持社会意识决定社会存在，必然把社会发展的终极原因归之为某种精神的力量，因而它是从社会意识出发，来说明一切社会现象的。是从物质的、经济的因素出发，还是从精神因素出发说明社会历史问题，这是历史唯物主义和历史唯心主义在认识方法上的根本区别。

---

① 《列宁全集》第1卷，人民出版社1984年版，第464页。

根据社会历史发展的特点,要发现社会发展的一般规律,要分析复杂的社会现象,既要看到人们的思想动机在社会发展中的作用,又不能停留在人们的思想动机上,关键在于找出决定人们思想动机的物质、经济原因。

马克思为我们提供了进行经济分析的范例。在1835—1841年,马克思在政治上是坚定的革命民主主义者,但是在哲学倾向上基本上还是黑格尔唯心主义者。1842—1843年,马克思从学校走向社会以后,接触到物质利益问题,使他从对社会的哲学批判和政治批判,转向对经济学的研究,把研究重点转向当时被称做"市民社会"的物质的经济关系,集中剖析了资本主义的经济结构,批判了资本主义的政治经济学。从经济学入手对社会现象进行分析,使马克思认识到了劳动实践的社会意义,发现了物质资料的生产是社会存在和发展的基础,生产力是社会发展的最终原因。生产关系是社会生活最基本的经济关系,揭示了物质生活的生产方式制约着整个社会的经济生活、政治生活和精神生活的过程。从而科学地解决了社会存在和社会意识二者关系这个基本问题,创立了历史唯物主义。可见,经济分析是马克思创立历史唯物主义过程中所遵循的基本分析方法。

物质的、经济的因素是全部社会生活的基础,是推动社会发展的决定性力量,一切社会问题都植根于最深厚的经济事实之中,一切社会现象最终都受一定的经济原因的制约和影响,因此,认识社会问题,就必须从经济问题入手进行分析。

进行经济分析,必须首先坚持生产力标准。生产力是社会历史发展的最终的物质决定力量,人类社会发展和历史的进步,归根结底是生产力发展的结果,这是历史唯物主义的一个基本观点,也是我们认识和说明社会历史现象的一个基本出发点。列宁在阐述马克思主义唯物史观时指出:"只有把社会关系归结于生产关系,把生产关系归结于生产力的水平,才能有可靠的根据把社会形态的发展看做自然历史过程。"[①]后来,他明确提到"生产力的发展"是判断"社会进步的最高标准"。[②]毛泽东在民主革命时期指出,是否有利于生产力的发展,是检验中国一切政党的政策及其实践的作用的好坏和大小的标准。党的十三大报告明确提出了"生产力标准"这个概念,并具体指出:"是否有利于发展生产力,应当成为我们考虑一切问题的出发点和检验一切工作的根本标准。"所谓生产力标准,实际上就是要把是否有利于生产力的发展,作为衡量社会进步和一切工作的根本标准,作为认识和说明社会历史问题的根本方法。运用生产力标准来认识社会历史问题,就必须把生产力看做是衡量一个社会形态的生产关系、上层建筑及其具体体制是否适合的根本标准;把生产力作为鉴定社会的性质、衡量社会发展阶段的特征,评价社会进步的主要标准;把生产力作为评价一个政党的路线、方针、政策、措施及其工作好坏和成败的最高标准;把是否有利于生产力的发展作为判断一个人、一个阶级、一个政党的言行是非的基本标准。当然,我们在运用生产力标准分析社会问题时,必须要科学地、全面地、正确地把握生产力标准,要把坚持生产力标准同考察社会发展的整体效益和局部效益、长远效益和暂时效益,物质效益和精神效益结合起来;要把根本标准、最高标准、主要标准、基本标准同考察具体工作的

---

① 《列宁选集》第 1 卷,人民出版社 1995 年版,第 8—9 页。
② 《列宁全集》第 16 卷,人民出版社 1988 年版,第 209 页。

具体标准统一起来,不能用生产力的根本标准来代替其他一切具体标准。在实践中,不能把生产力标准当做标签到处乱贴,切忌绝对化、简单化、庸俗化地对待生产力标准问题,生产力标准只能是我们认识社会现象的总的原则、总的标准。

进行经济分析,必须坚持物质关系决定思想关系、经济关系决定非经济关系的原则,从物质的、经济的关系出发来说明思想的、政治的及其他关系。在社会生产过程中,人们不仅同自然界发生关系,而且人们之间也要发生一定的社会关系。马克思说:人们"只有以一定的方式共同活动和互相交换其活动,才能进行生产。为了进行生产,人们相互之间便发生一定的联系和关系;只有在这些社会联系和社会关系的范围内,才会有他们对自然界的影响,才会有生产"。[①] 人们在生产过程中结成的社会关系就是生产关系,生产关系就是人们的经济关系,它从本质上来说是一种物质的关系,生产关系包括生产资料所有制关系、人们在社会生产中的地位作用和相互联系、劳动产品的分配关系这三个方面,这三个方面又贯穿于人类社会生产、交换、分配和消费四个环节。在这里,所有制关系是生产关系中的主要内容,它是判断社会性质和社会进步的直接标准。在人类社会生活中,社会的生产关系,即社会的物质、经济关系是第一性的社会关系,它决定思想的、伦理的、家庭的、政治的和思想的等一切其他社会关系,它决定社会的上层建筑及其具体形式。因此,从在一定生产力基础上的一定的生产关系出发来分析社会现象,是一个重要的方法。

坚持从物质的、经济的关系出发说明社会问题,就是要

[①]《马克思恩格斯选集》第1卷,人民出版社1995年版,第344页。

把生产关系的性质和状况作为衡量上层建筑是否适合的直接标准；把生产关系的性质和状况作为判断社会形态及其发展阶段的性质和特征的直接标志；把生产关系作为分析一切社会关系发展变化规律的基点；把人们对生产资料占有的形式和多寡，把人们在生产中的地位及其作用，把人们在产品分配上的形式和多寡，作为判断一个人、一个社会集团、一个政党的阶级属性、政治态度、社会行为和思想表现的重要标准。

坚持经济分析，必须避免把经济分析看做分析社会现象的唯一方法的庸俗化倾向。思想关系对物质关系，政治关系对经济关系具有相对独立性，具有一定的反作用。社会意识对社会存在具有相对独立性，具有一定的反作用。上层建筑对经济基础具有相对独立性，具有一定的反作用。生产关系对生产力也具有一定的反作用。社会生活是极其复杂的，在社会生活中起作用的因素也是复杂多样的。从经济出发分析社会问题，并不否认其他社会因素的作用，仅仅从经济因素出发，同样无法正确说明复杂的社会历史现象。

2. 阶级分析是经济分析方法的延伸

所谓阶级分析方法，就是用马克思主义关于阶级和阶级斗争的观点分析阶级社会的社会历史现象的方法。这种方法是坚持用经济方法分析社会历史现象的必然延伸，是矛盾分析方法在社会领域中的具体运用，是无产阶级及其政党研究阶级社会现象的科学方法。

阶级的产生同生产力发展的一定阶段相联系。私有制的形成是社会分裂成为阶级的经济原因。阶级的划分必须根据人们对生产资料的占有、在生产关系中的地位和作用、获得产品的分配方式等基本经济标准来进行。阶级斗争则根源于社会经济关系的对立和冲突。坚持对社会历史现象进行经济分析，必然会得出阶级社会存在着阶级和阶级斗争，人是按一定的阶级来划分的，人的社会性集中表现为鲜明的阶级性，人的思想无不打上阶级的烙印，阶级斗争是阶级社会的基本线索和直接动力等正确结论。面对着阶级社会纷繁复杂的阶级关系，变动不居的阶级斗争现象，"马克思主义提供了一条指导性的线索，使我们能在这种看来扑朔迷离、一片混乱的状态中发现规律性。这条线索就是阶级斗争的理论"。① 阶级斗争理论，既是分析阶级社会历史现象的根本方法，也是对阶级社会进行分析的基本方法。

为了正确掌握和运用阶级分析的科学方法，必须坚持唯物论、辩证法，反对主观主义和形而上学。

第一，进行阶级分析，必须坚持客观性，力戒主观性。实事求是是进行阶级分析的基本原则。在阶级社会中，阶级现象是大量的，普遍存在的现象，但又不是唯一的囊括一切的现象；阶级关系是人与人关系中的基本关系，但并不是一切社会关系都属于阶级关系；阶级斗争是重要的社会实践，但并不是唯一的社会实践形式。也就是说，既要认识到阶级分析方法的普遍性、重要性，又不能把它绝对化。必须坚持"观察的客观性"。从实际出发，实事求是，对确实存在的阶级斗争现象，必须如实地承认它，对于严酷的阶级斗争不能视而不见；对于确属非阶级斗争的现象，又绝不能不顾事实，无限上纲，硬是要分析出阶级斗争来。

第二，进行阶级分析，必须坚持全面性，力戒片面性。社会的阶级现象是复杂多样的，阶级斗争首先表现为经济斗

---

① 《列宁选集》第2卷，人民出版社1995年版，第426页。

争，同时又表现为政治斗争、思想斗争，不仅表现在经济领域，还表现在思想领域、政治领域、文化领域等社会生活的各个方面、各个领域。因此，阶级分析方法就要求把握阶级和阶级斗争现实中的"多种多样的关系的全部总和"，① 坚持全面性的观察原则，切忌片面性。既要分析经济领域的阶级斗争事实，又不能忽视政治思想、文化等领域的阶级斗争现象；既要分析社会各集团的经济地位，同时又要观察它们的政治态度；既要分析该阶级的经济地位、政治态度和思想倾向，又要分析该阶级同其他阶级的关系，该阶级的社会环境变化，以及可能的发展趋势……总之，要全面地、辩证地、发展地把握复杂的阶级斗争事实。切忌孤立地、静止地、片面地观察阶级斗争的现象。

第三，进行阶级分析，必须坚持具体性，力戒抽象性。具体问题具体分析是马克思主义活的灵魂。阶级和阶级斗争是会因时间、地点、条件的不同，而具有不同的表现形式和表现特点。在不同的社会形态，在同一社会形态的不同的发展阶段，在同一社会形态、同一发展阶段，而又处于不同的国度，甚至在同一国度，却又在不同的地区、不同的民族，或不同的时间跨度，阶级结构、阶级阵线、阶级敌人、阶级朋友、阶级依靠对象，以及阶级斗争的表现形式和特点都是不同的。这就需要我们根据时间、地点、条件的变化，来具体把握阶级斗争的特殊规律。比如，我国正处于社会主义社会发展的初级阶段，剥削阶级作为一个阶级已经被消灭了，阶级斗争已经不是主要矛盾了，阶级斗争只是在一定范围内存在，阶级斗争的对象、范围、规模、解决办法已经同革命

---

① 《列宁选集》第2卷，人民出版社1995年版，第411页。

战争年代不同了。如果离开了具体问题具体分析这一活的灵魂，仍然用革命战争时期的眼光，来看待社会主义时期的阶级斗争问题，用革命战争时期的办法，来处理社会主义时期的阶级斗争问题，必然要犯大的错误。在今天的具体情况下，我们既不能再把阶级斗争看做主要矛盾，搞阶级斗争为纲那一套，犯"阶级斗争扩大化"的错误，又不能否认一定范围内存在的阶级斗争，忽视一定范围内存在的阶级斗争。

总之，阶级分析方法是科学严谨的方法，必须运用唯物辩证法对阶级和阶级斗争现象进行具体的、历史的、现实的、全面的分析。如果把阶级分析当做固定的思维模式到处乱套，就会背离历史唯物主义阶级分析方法的正确原则。

3. 利益分析方法有特殊的意义

列宁指出："如果你们没有指出哪些阶级的利益，哪些在当前占主导地位的利益决定着各政党的本质和这些政党的政策的本质，那么事实上你们就没有运用马克思主义……"[1]利益支配人们的社会历史活动，一定的经济关系必然体现一定的利益关系，这是一条重要的历史唯物主义原则。根据利益原则，对复杂的经济、政治、思想、文化等社会生活及其关系进行利益分析，这是洞察社会历史奥秘的重要方法。在阶级社会中，人们之间的利益关系表现为一定的阶级对立关系。

利益范畴是历史唯物主义观察社会历史的重要范畴。所谓利益分析，就是依据利益原则，揭示出人们社会活动背后的利益动因，找出利益关系所赖以表现出来的生产关系，然后从这种利益动因和利益关系出发来说明各种社会关系和社会历史现象。在历史唯物主义的方法论体系中，经济分析、

---

[1]《列宁全集》第15卷，人民出版社1988年版，第375页。

阶级分析和利益分析是一致的、相互补充的，而不是互相排斥、互相对立的。无论是经济分析、阶级分析，还是利益分析，都是建立在历史唯物主义生产力和生产关系是全部社会的前提这一基本原理的基础上的。经济分析坚持从物质的生产及其关系出发来分析社会历史现象，阶级分析方法是经济分析方法观察阶级社会的社会生活现象的进一步具体运用，利益分析方法又是经济分析方法的具体化。在阶级社会中，利益分析方法同阶级分析方法是一致的，利益分析方法是以分析阶级社会中阶级利益的矛盾和冲突为基本线索，然而，利益分析方法又具有自己特殊的意义。

首先，利益分析方法比阶级分析方法和经济分析方法更加具体化。经济分析方法着重从宏观领域来分析社会历史发展的根本原因，阶级分析方法侧重于从经济关系出发来划分阶级和分析阶级斗争的基本线索，而利益分析方法则从人与人的具体利益关系入手，来分析具体的社会历史问题。在阶级社会中，生产关系表现为一定的阶级关系，一定的阶级关系表现为一定的利益关系，利益分析则从更直接和更具体的利益关系中来剖析阶级斗争的现象。

其次，利益分析方法可以作为阶级分析方法的补充。在阶级社会中，并不是一切社会现象都是阶级斗争现象，也不是一切社会关系都是阶级关系。这样，在非阶级斗争现象领域，就可以运用利益分析的方法。在阶级社会中，阶级之间存在阶级利益的差别和方法，在同一阶级内部又存在不同的阶层和利益集团，利益分析可以在对该阶级内阶层和利益群体的划分上发挥作用。在非阶级社会里，阶级关系不存在了，阶级斗争现象不存在了，但一定的利益差别和利益矛盾仍然存在。比如，原始社会部落之间的利益矛盾。这时，利益分析方法就具有普遍性的意义了。

最后，在社会主义社会的特定发展阶段上，利益分析具有特殊的意义。在我国社会主义初级阶段社会中，剥削阶级作为一个阶级已经被消灭了，阶级斗争、对抗性的阶级矛盾，只在一定范围内存在。在阶级矛盾和阶级斗争不占主导地位的条件下，如何认识劳动人民内部的矛盾呢？在这里，利益分析方法就具有特殊的方法论意义了。

进行利益分析，关键是运用利益分析方法，科学地划分利益群体，进一步考察利益群体在利益关系中的地位和作用，分析不同的利益群体之间的矛盾，从中找出规律性的东西来。不同的利益群体具有不同的，甚至相互矛盾的利益要求。个人必须通过一定的社会联系才能实现自己的利益，利益群体具有追求和维护本共同体成员利益的强大力量。在利益冲突和利益角逐中，它具有比个人更为强大的竞争力和追逐力，个人往往是以参与利益群体的方式来参加利益竞争的，并通过利益群体来实现个人利益的。不同利益群体之间的矛盾是社会利益矛盾的主线。运用利益分析方法分析社会历史现象，就要分析利益群体的地位、作用、态度，以及他们之间的矛盾及其解决方法。运用利益分析方法考察社会历史现象，不能排斥和否定经济分析的基本方法，也不能排斥和否定阶级分析的方法，而是要善于在历史唯物主义科学历史观的指导下，把经济分析、阶级分析、利益分析有机地结合起来，有效地运用于对社会历史现象的观察、分析和说明中去。

六 利益群体划分标准及其利益群体划分

进行利益分析，科学地划分利益群体，关键问题是掌握好利益群体划分的标准。迄今为止的任何社会中都存在具有一定利益差别的不同的利益群体，那么以什么标准来划分利益群体呢？前文我们已经论述到了一定的经济关系，首先是物质的生产关系决定一定的利益关系，那么从一定的经济关系首先是物质的生产关系出发来划分利益群体，应当是一个基本的原则。

（1）从生产资料占有关系出发来划分利益群体。对于利益群体的划分，马克思主义以生产资料所有制来划分阶级的理论，仍然具有方法论的意义。人们在社会生产资料的所有关系中对生产资料占有多寡不同，地位不同，起的作用不同，决定了人们分别属于不同的经济利益群体。在阶级社会中，对生产资料占有的不同，决定了阶级社会成员分别隶属于不同的甚至对立的阶级利益群体。从所有制关系所造成的阶级差别来看，可以划分为不同的阶级、阶层以及阶级、阶层属下的小一些的利益群体。利益体系中最根本的是经济利益，从经济关系出发来划分利益群体，这是最主要的、最基本的划分办法。生产资料所有制关系是经济关系中最主要、最重要的内容，因而也是利益群体的最基本的划分标准。从所有制关系来看，在资本主义社会中有资产阶级、工人阶级。在我国半殖民地半封建社会中，资产阶级可以分为官僚资产阶级、民族资产阶级和小资产阶级。工人阶级可以分为产业工人阶级、手工业工人阶级。民族资产阶级内部还可以分为金融资本家、实业资本家、商业资本家。在我国社会主义条件下，存在着国有经济和集体经济这两种不同层次的公有制经济，这就决定了分别与两种公有制经济形式相结合的社会成员分别属于具有一定利益差异的不同的利益群体。因此，从所有制关系出发，是进行利益群体划分的大前提。

（2）从社会分配关系以及其他经济关系出发来划分利益群体。人们之间的利益差别往往突出反映在分配问题上，分配方式和形式不同，利益实现方式不同，收入不同，同样也决定不同利益群体的存在。例如，在我国社会主义初级阶段多种分配形式并存的状况下，按照按劳分配原则来实现个人劳动收入的群体，同按照其他分配方式来实现个人收入的群体就构成了不同的利益群体。即使按照同一种按劳取酬原则进行分配的利益群体，又因劳动量的不同，而导致收入量的不同，也会形成不同的利益群体。可以根据分配关系，根据直接的收入状况和贫穷差别作为划分标准来划分利益群体。不仅分配关系，而且人们在生产、交换和消费等各个经济活动过程中所发生的关系，也同样决定不同利益群体的存在。譬如在生产过程中，人们可以划分为管理者群体、工程技术人员群体、直接从事物质劳动活动的生产人员群体；在市场经济的交换过程中可以划分为商品生产者群体，商品销售者群体和商品购买者群体；在消费过程中，人们可以划分为生产消费者群体和生活消费者群体，等等。

（3）在坚持从生产关系出发来划分利益群体的前提下，也可以适当考虑到按劳动分工、职业分工的不同，根据经济和其他社会原因所造成的社会地位的差别来划分利益群体，即从更为广泛的社会关系出发来划分利益群体。按照社会分工所造成的明显社会差别来划分有：城市居民利益群体、农村居民利益群体、体力劳动者利益群体、脑力劳动者利益群体，等等。相同的或相近的职业分工，会带来大体差不多的经济利益和政治利益，从而形成共同的利益群体，如教师群体、律师群体，等等。由于分工不同，职业不同，收入不同，贫富不同，造成在社会地位上的差别，也会形成明显的群体差别，从而形成不同的利益群体，如高收入阶层、中产阶层、低收入阶层和贫困阶层。

总之，必须坚持从人们在社会经济关系中对生产资料的占有不同，起的作用不同，产品的所有不同，所处地位不同这些基本的经济关系出发，首先考虑从物质的、生产的关系出发，同时考虑到其他社会因素的影响，来作为划分利益群体的基本标准。

除了从基本经济关系出发来进行利益群体的划分和分类以外，还可以按照其他标准来划分和区别利益群体。当然，我们在本书中所讨论的主要是按照经济关系的标准来划分利益群体，是从历史观角度来划分利益群体。

根据利益群体存在的时间变动性来划分。利益群体分为超稳定的、稳定的、相对稳定的和变动的四种情况。在阶级社会中，超稳定的利益群体是由家庭、集团（如阶级、阶层、民族）、国家三个层次组成。人类社会最初的超稳定的利益集团，是基于一定的血缘关系和共同的地域而集合成的原始人的共同体，如民族、部落、部落联盟等。随着社会分工和私有制的发展，形成了阶级社会，产生了家庭、阶级和国家。家庭是社会利益群体的一个最基本的单元，也是超稳定的利益群体单元。在自然经济社会中，家庭是维持人的生产和再生产以及物质资料的生产和再生产的基本单位，是社会经济利益的基本承担者，家庭利益是社会的最基本的利益，家庭利益直接影响家庭成员的个人利益。在家庭的产生发展过程中，逐渐形成阶级，阶级又划分为不同的阶层，阶级、阶层是阶级社会中超稳定的利益群体。而在阶层下面又分为不同的利益群体，同时在各阶级之间、各阶层之间、各个利益群体之间，人们又通过横向的社会经济、政治、文化的联合而形成一定的经济、政治、文化的集合体，譬如，民族、种族、家庭、血亲；各种社会团体、政党、政治集团等；各种国际联盟，譬如，欧共体、联合国、东盟，等等；各种地区、跨地区性组织以及行政区划，譬如省、市、县、村、居民小组，等等。这些都是稳定的利益群体。而国家是基于一定地域、由一定的民族集合而形成的稳定的利益群体。相对稳定的利益群体，是相对以下利益群体而言的，也就是说，是在一定的历史条件下，一定的地域条件下，有一定的变动性但又相对稳定的利益群体。譬如，处于市场经济激烈竞争中的经济实体，如公司、工厂、企业、财团、银行等的变化就比较大。变动的、不稳定的利益群体则是基于一定的临时性的、暂时的共同利益所结成的群体，它的存在时间短，利益一旦满足后就解散，是松散式的、不稳固的，没有固定的组织和领导的，也没有相对严格的约束的，比如，某些临时性的社团组织，校友会、交谊会、同乡会等。基于共同职业利益的各类专业工会组织，基于某种共同的日常生活需要，共同的文化生活需要而组织起来的协会、俱乐部、文化艺术团体，等等。变动的、不稳定的利益群体具有临时性、权宜性、松散性、单纯性等特点。

根据利益群体的规模和人数来划分，利益群体又可以划分为特大型的、大型的、亚型的、中型的、小型的和微小型的几种情况。国家、民族都是特大型群体，阶级、阶层是大型的群体，在阶层下面的不同的利益群体又是亚型的，如教师群体，在亚型下面还有中型的，如地区性的某些群体，中型下面还有小型的，小型下面还有微小型的，如家庭，等等。

根据利益群体的地域及行政区来划分，利益群体又可以划分为不同的国际联盟、不同的国家、同一国家不同的地区、同一地区不同的行政单位几种情况,譬如,联合国、中国、美国、日本……中国下面的各省、市、自治区,省市下面的县,县下面的乡,乡下面的村,都是地区性的利益群体。

根据利益的种类,又可以划分以下几种不同的利益群体,如基于一定的物质经济利益而组成的利益群体,如企业;基于一定的政治利益而组成的政治利益集团,如政党;基于一定的文化原因而组成的文化利益群体,如文艺派别、文化团体、学术团体;基于某种特定的社会利益而组织的利益群体,如联谊会、协会;基于一定的民族、种族、姓氏、血缘关系而组成的利益群体,如民族、宗族、种族、家族等。

根据利益群体的包括范围,可以把利益群体划分为广义的、狭义的几种状况。所谓狭义的利益群体,是指在阶级、阶层划分的前提下,在共同利益一致基础上而存在一定利益差别的相对稳定的社会群体。在这里,阶级、阶层和利益群体,三者从其内涵来看,可呈大、中、小排列。在阶级社会中,阶级是社会结构中基础的、本质的、深层的划分,但阶级的划分并不能全部包容人们在社会生活中的所有差别。利益群体则不同,它是研究社会结构的一个综合性范畴,通过它可以看到人们实际的多样化的社会差别。利益群体概念更能精确地反映社会个体的实际社会地位。

而所谓的广义的利益群体,就是指以一定的社会关系为基础的具有大体相同的利益要求,对共同利益持相对一致态度而结合在一起的个人的集合体。阶级可以是一个利益群体,阶层也可以是一个利益群体,阶层下面还有小的利益群体,如工人阶级可以称为工人阶级群体,农民阶级可以称为农民阶级群体,工人阶级中的知识分子可以称为知识分子群体,在知识分子群体下面还可以分为教师群体、工程技术人员群体、文学家艺术家群体、职员群体，等等。因此，广义的利益群体具有很多类型，阶级、阶层只是利益群体的一个方面。

总之，必须坚持从人们在社会经济关系中对生产资料的占有不同，在生产过程中所起的作用不同，在分配中的收入多少不同，等等，这些基本的经济关系出发，同时考虑到其他社会因素的影响，来作为划分利益群体的标准。关于社会利益群体的基本划分标准表明，马克思主义划分阶级的理论，仍然具有方法论的意义，它同社会利益群体的基本划分标准是一致的。不同的利益群体具有不同的利益要求，不同的利益群体之间存在着一定的利益差别和利益矛盾，这是分析社会现象的一条重要认识线索。

第七章　利益矛盾和利益冲突

社会矛盾和社会冲突是人类历史最普遍的社会现象，战争是社会矛盾和社会冲突的最高形式。纵观人类历史，迄今为止的人类文明进化史实际上就是社会矛盾和社会冲突，乃至战争的发展史。横观当代的国际形势，整个世界舞台是一个充满矛盾、冲突的错综复杂的社会生活领域。当然，国内外每次矛盾冲突、每次战争都具有不同的社会条件，不同的人物，不同的形式，但最终都受一个最终动因的支配。人类社会生活中的矛盾、冲突、争斗，乃至战争的动因、根源是什么呢？这就是利益，首先是物质的、经济的利益，物质的、经济的利益是引起一切社会矛盾和冲突的根本起因和最终根源，利益矛盾和利益冲突是重要社会现象，是一切社会矛盾和冲突的基始原因。

一　利益关系

人们之间的社会关系说到底是一个利益关系问题，因为一定的社会关系又必然体现为一定的利益关系。人要生存、发展，必须要从事获取利益、满足自身生存需要的社会活动，在获取利益以满足自身需要的社会活动中，彼此之间必然发生一定的社会关系，这种社会关系归根结底是一种利益关系，利益关系实质上就是人际社会关系的体现。马克思主义告诉我们，人们要满足自身的生命需要，首先必须进行生产活动，人们的生产活动实质上就是追求利益、谋取利益的过程，人们在追求利益和创造利益的生产活动中，必然发生一定的利益关系，发生一定的经济关系，这种关系就表现为物质的、经济的利益关系。列宁认为："必须到生产关系中间去探求社会现象的根源，必须把这些现象归结为一定阶级的利益。"[①]物质的、经济的关系是人们最基本的社会关系，而生产关系又是人们最基本的物质的、经济的关系。从不同的角度划分，社会利益关系可以有物质利益关系、非物质利益和精神利益关系，经济利益关系、非经济利益和政治利益关系。个人之间、群体之间、民族之间、阶级之间、国家之间的利益关系，最重要的是物质的、经济的、生活的利益关系。也就是说，人们在生产与分配中，在物质生产和生活资料过程中所发生的利益关系是最基本的利益关系。换句话说，一定的生产关系、一定的经济关系归根结底体现为总的物质、经济的利益关系。我们这里所讲的利益关系，主要是物质的、经济的利益关系，它是在诸利益关系中居主导地位的。

认识社会关系，必须首先认识利益关系，而要搞清利益关系，就要从认识生产的、经济的关系入手。利益关系是一切社会关系产生、发展和变化的根源，一定的社会关系就是一定利益关系的体现，而一定的利益关系是由一定的生产关系、经济关系所决定的。一定的经济关系决定一定的利益关系，一定的利益关系又决定一定的社会政治、文化等更为广

[①] 《列宁全集》第1卷，人民出版社1984年版，第464页。

泛的社会关系。譬如社会主义市场经济条件下的所有制关系、分配关系等主要的生产关系决定了社会主义市场经济条件下复杂的利益关系,这些复杂的利益关系又决定了市场经济条件下复杂的各种社会人际关系。从基本生产关系出发认识利益关系,从基本利益关系出发去认识社会关系,这是认识社会现象的基本思路。

在阶级社会中,人们之间的主要利益关系是带有阶级性的。阶级性的利益关系集中表现为严重的阶级差别、阶级矛盾、阶级对抗和阶级斗争。在社会主义制度下,剥削阶级作为一个阶级被消灭了,对抗性的阶级矛盾、阶级冲突和阶级斗争在整个社会主义初级阶段的社会关系中将逐步退到次要地位上,逐步缩小其作用的范围,人们之间的利益关系主要表现为不带有阶级对抗性的利益关系,其中相当部分的利益关系是不带有阶级性的。在消灭了阶级的无阶级社会中,利益关系将不带有阶级性。

利益关系可以有利益主体关系和利益客体关系,利益个体关系和利益群体关系,利益性质关系和利益趋向关系,等等。

利益关系是一个具有多层次、主体交叉、错综复杂特征的利益网络格局。各类社会利益之间不仅发生横向联系,而且还发生纵向联系,不仅发生直线联系,而且发生反馈联系,不仅存在着差别关系,而且还存在着对立关系。各种各样的利益之间互相作用、互相影响、互相制约,形成了一个纵横交错的利益体系。

1. 利益主体关系

所谓利益主体就是在一定社会经济关系下从事生产活动或其他社会活动以便直接或间接地追求自己社会需要满足的

归属者，即利益确定的追求者和归属者。利益主体可以分为个体、群体两大范围，又可以分为个人、家庭、集体、国家、社会五大层次，两大范围内外部、每个层次内外部的各个利益主体之间既存在一定的横向利益关系，又存在一定的纵向利益关系。

个人是利益主体的最基本的元素，也是利益主体关系最基本的组成部分。在私有制条件下，个人是私人利益的主体，私人利益之间存在着对抗性的矛盾关系。在社会主义制度下，个人是个人利益的主体，尽管基本消除了个人利益之间阶级整体对抗性矛盾产生的基础，但是利益个人之间仍然存在着利益差别、利益矛盾和利益冲突关系。

家庭是比"个人"高一层次的利益主体。在封建社会中，家庭是最基本的经济单位，家庭的利益关系是自然经济社会最基本的利益关系。社会主义国家的家庭不仅是一个消费单位，而且有一部分家庭也是一个从事生产和其他经营的单位（如个体户、专业户、承包产等），因此家庭是经济利益和消费利益的主体，家庭利益直接影响家庭成员的个人利益。此外，在社会生活中，家庭还具有独特的社会生活需要方面所引起的利益关系，例如，由婚姻、遗产所引起的利益关系。家庭利益往往集中代表了家庭成员的个人利益，个人之间的利益关系往往从家庭之间的利益关系中体现出来。

集体是指具有一定共同利益的个人的集合体。它既是集体内部成员个人利益的利益代表，又是集体共同利益的利益主体。在社会主义市场经济中，企业是社会主义市场经济中具有相对独立地位的经济实体，它是最有意义的利益集体，它具有比个人利益和家庭利益更高一个层次的利益要求。社会主义市场经济中各个企业之间存在着利益竞争关系。集体利益是联结个人利益和国家利益的中间纽带，是个人和国家相互利益关系的中介。

国家是一国范围内社会共同利益的代表和主体。在私有制社会中，国家基本上代表了统治阶级的阶级利益。社会主义国家是整个国家公民共同利益的追求者、承担者、代表者。国家利益既代表了个人利益和集体利益，同时由于它不仅代表了某个具体个人、企业的局部利益，而且还代表了国家全体社会成员的整体利益，不仅代表个人和集体的近期利益，而且还代表了个人和集体的长远利益，国家利益同个人利益、集体利益之间还存在一定的矛盾。在阶级利益中，国家利益主要是代表统治阶级的利益，当然还有一定范围内的国家公民的共同利益。在社会主义社会，国家是全体人民共同利益的代表。在国际社会中，国家与国家之间存在着一定的利益关系，不同阶级属性的国家，其国家间的利益关系是带有阶级性的，当然也包含本国公民或民族的共同利益。同一阶级属性的国家，国家间的利益关系也是普遍存在的。

国家利益并不完全等于全社会的共同利益。全社会的共同利益是最高层次的利益，个人利益、家庭利益、群（集）体利益、国家利益的共同点全都有机地结合在全社会的共同利益里面。

从利益主体的五个层次出发，可以清楚地看到利益主体关系的纵剖面和横切面，个人、家庭、集体、国家之间存在横向的利益关系，同时个人、家庭、集体、国家之间存在纵向的利益关系。其中个人，集体、国家是最重要的利益关系环节。

从利益主体的个体和群体的两大范围来看，如果把个人和家庭看成利益个体，那么个人之间、家庭之间存在着横向的利益关系，利益个人和利益家庭又存在着纵向的利益关系。群体是一个很宽泛的利益主体概念。企业、集体、地区、单位、民族、阶层、阶级、国家等一切人类的利益共同体、利益集合体都可以看做利益群（集）体，不同利益群（集）体之间都会发生一定的横向的利益关系，如企业与企业之间，集体与集体之间，地区与地区之间，单位与单位之间，民族与民族之间，阶层与阶层之间，阶级与阶级之间，国家与国家之间，等等；不同层次的利益群体之间，企业与国家，群（集）体与国家，阶层、阶级与国家之间等，都会发生一定的利益纵向关系。

2. 利益集团关系

利益集团是指基于一定共同利益而联系在一起的相对稳定的、长期固定存在的、带有很强的利益凝聚力、竞争力的利益群体，如阶级、阶层、政党、企业，等等。那些临时的、松散的、短期的利益团体，如艺术协会、专业俱乐部等，不属于利益集团范围。利益集团本身也是利益主体，但是它仅仅指利益主体中具有共同集体利益的第三、四个层次——国家和集体那部分，它是由一定的个人为了共同利益而紧密地、长期地联合在一起的利益集团，它具有追求和维护集团成员利益的强大力量，在利益冲突和利益角逐中，它具有比个人更为强大的竞争力、追逐力和实现力。个人往往要通过利益集团来实现个人利益，个人也是以参与利益集团的方式来参加社会利益的冲突和竞争的。利益集团是利益冲突中的角斗士。例如，在帝国主义国家，垄断资本家的财团是个人资本家为了实现某种共同经济利益而结合起来的利益集团，在资本主义的竞争中，这种利益集团比单个的资本家个人更富于实力，更具有竞争力。社会利益集团之间的联合、冲突构成了最基本、最明晰的社会利益关系。国家、民族、阶级、阶层、小一些的利益集团和社会经济实体（企业、财团、公司等）是社会中最常见的、最稳定的利益集团。由于各个利益集团在社会活动中追求的利益目标不同，它们为了追求和实现本群体的利益目标，彼此之间发生纵横交叉的利益交换、摩擦、联接、争夺和冲突，构成了相互联系、相互制约、相互对立的关系。如阶级与阶级之间的统一和斗争，阶层与阶层之间的矛盾与联合，国家与国家之间的结盟和战争，企业与企业之间的横向联合与利润竞争，等等。利益集团关系是利益关系的集中而鲜明的体现。

3. 利益客体关系

利益本身包括三层关系，一是利益主体与利益客体之间的认识与被认识、欲求与被欲求、谋取与被谋取、满足与被满足的对象关系，即利益主体与利益客体之间的关系。二是利益分配关系，即人与人之间的社会关系，也可以说是利益主体关系。三是利益客体之间的关系。利益主体关系是利益的追求者——人之间因利益的分配而发生的人际关系，而利益客体关系是作为利益主体——人所追求、满足的客观对象之间的客观关系，而利益本身之间的关系，又成为利益客体关系。一般来说，利益客体关系有些是成对成对地出现的利益关系，如物质利益与精神利益的关系，政治利益与经济利益的关系，个人利益与集体利益（国家利益、社会利益）的关系，局部利益与全局利益的关系，个别利益和整体利益的关系，长远利益与近期利益的关系。当然还有个别利益之间的关系，如在社会主义条件下，可以从不同的角度来划分个人利益：从所有制角度可以划分为国有企业职工个人利益、集体企业职工个人利益、私人独资或中外合资企业职工个人利益、家庭承包制农民个人利益、个体劳动者个人利益；从劳动方式、职业分工角度可以分为体力劳动者个人利益、脑力劳动者个人利益、教师个人利益、职员个人利益；从就业角度可以划分为就业人员个人利益、待业人员个人利益、离退休人员的个人利益……这些个人利益之间也存在复杂的利益客体关系。也有群体利益之间的关系，如阶级利益之间、阶层利益之间、政党利益之间、企业利益之间、国家利益之间、民族利益之间、家族利益之间、家庭利益之间、地区利益之间、单位利益之间，等等。

利益客体关系与利益主体关系是一致的，利益主体关系是因对利益客体的追求、分配而引起的人际社会关系，利益主体关系是通过对利益客体的认识态度、分配形式、满足程度而产生的。一定的利益客体关系背后必然隐藏着一定的利益主体关系。认识利益客体关系必定要认识利益主体关系。

4. 利益性质关系

无论是从纵向，还是从横向；无论是从平面角度，还是从立体角度来透视利益主体、利益客体，以及利益主体所追求的利益目标和具体的利益内容，利益关系都具有三种互相对立统一的性质变化：整体性和局部性，长远性和暂时性，既得性和力争性。相对利益性质变化来说，也就产生了三组具有对立统一性质的利益关系：整体利益和局部利益关系，长远（根本）利益和近期（暂时）利益关系，既得利益和争取（理想、目标）利益关系。这三组具有辩证性质的利益关系渗透到纵向和横向利益关系中，就使整个利益关系具有了更为复杂的内在的辩证矛盾关系。譬如，任何一个利益主体都会面临长远利益和近期利益的抉择，任何一个低一层次的利益主体对于高一层次的主体来说，都存在一个如何对待和处理整体利益和局部利益的关系问题。在复杂的社会经济、政治关系中，任何一个利益主体都要面对着是满足既得利益后止步不前呢，还是为力争更高目标的理想利益而进一步奋斗的问题。一般来说，代表落后生产关系的利益集团往往满足于既得利益，同争取更高的利益目标的利益集团便会发生激烈的利益冲突。整体与局部、长远与眼前、既得与争取，这三组利益性质关系给整个纵横交叉的利益关系输入了更为复杂的辩证关系的机制。

一定的社会物质生活条件下，首先是生产关系、经济关系造成了利益关系。基于一定的利益关系，又形成了不同的利益主体和客体关系，利益主体客体及其主客体之间的辩证统一的利益关系构成了整个利益关系的主干线索。

二　利益差别

差别就是关系，没有差别就没有关系。考察利益关系，首先必然考察利益差别关系。基于一定的利益差别才形成不同的利益主体，基于一定差别的利益主体之间构成了一定的利益关系。要认识利益关系、认识利益矛盾，必须认识利益差别。

利益矛盾和冲突是基于利益差别而存在并发生变化的。具体的各个个人、各个社会集团（氏族、部落、阶层、阶级、民族、各种团体、党派、企业等等）之间所存在的利益差别，是社会利益矛盾和冲突的基础。在原始社会，每个氏族部落都有着稳定的社会组织形式、固定的生活地域、特有的生活方式、专有的生产资料和生活资料，这就形成了与其他部落相异的利益。这种相异的利益差别越是悬殊，引起利益矛盾、纠纷和冲突的可能性就越大。这种利益差异既可能造成贫穷部落掠夺富裕部落的战争，也可能造成富裕部落抢劫贫穷部落的战争。野蛮部落、落后的游牧部落民族武装掠夺先进的、富裕的农业民族几乎成为世界历史上的定例。在阶级社会中，因种种历史原因和社会经济、政治原因，个人利益、阶层利益、阶级利益、民族利益和国家利益之间都存在一定的差别，这些利益差别是阶级冲突、民族矛盾、国家矛盾等一切社会矛盾的原因。侵略成性的老牌殖民帝国为了掠夺他国人民的财富，可以发动非正义的侵略战争，掠夺黄金、贩卖奴隶、屠杀人民。自鸦片战争以来，中国就备受西方民族的掠夺和侵略，中国人民为了维护本国的民族利益，进行了百余年的可歌可泣的民族保卫斗争。剥削阶级为了攫取更多的物质财富，残酷地压迫剥削劳动人民，而劳动人民为了争得自身的利益，一而再、再而三地揭竿而起，奋起反抗。

利益差别构成了利益矛盾和冲突的基本原因，为什么会存在利益差别呢？

第一，人的自然需要和社会需要的差别是决定利益主体之间利益差别的基本因素。由于自然界物质生活条件等复杂的因素是千差万别的，所以人的自然生理需要也是千差万别的。男性同女性、老人同儿童、青年同壮年的自然需要差别就很大。更重要的是，人的千差万别的社会生活条件决定了阶级、阶层、不同利益群体需求的差别，不同民族、不同国度社会需求的差别，决定了社会个人发展的个体性、多样性，从而决定了人的社会需要是多样的、复杂的，因人而异的。自然需求和社会需求的差别是利益差别的客观基础。当然人的需求差别是受社会关系制约的，所有利益差别最终要受占有关系差别的制约。

第二，社会劳动分工是利益差别存在的根本性原因。社会劳动是满足人类利益需求的基本条件，社会劳动分工则是社会劳动发展的决定性前提。劳动分工是社会劳动的划分和独立化，正是劳动分工从根本上决定了利益差别的存在。最先出现的是原始氏族公社内部的自然分工，自然分工是根据性别和年龄的差别，在纯生理基础上产生的劳动分工。成年男子外出狩猎，妇女在家管理家务，从事种植业，儿童帮助妇女干活。自然分工决定了男女分别是自己活动领域的主人，决定了男女之间的利益差别和地位差别。随着生产力的发展，社会出现了三次大分工，畜牧业和农业的分工、农业和手工业的分工、商业同其他行业的分工。三次社会分工促进了私有制的形成，产生了对立的阶级，促使劳动由自然分工发展到旧式分工，社会总劳动分解成为互相对立、互相分离的私人劳动。旧式分工使具体的特定的劳动永远固定在特定的个人身上，使劳动带有强制性，单纯的谋利性，私有性质的劳动决定了私人利益的差别和对立。当然，随着生产的发展，公有制的完善化，旧式分工一定要为新式分工所代替。新式分工虽然消除了旧式分工给劳动带来的固定性、强迫性、私人性和单纯谋利性，然而仍然使个体劳动本身具有一定的差别，从而决定了个人利益的差别，当然这种利益差别是非对立性的差别。

第三，由旧式分工所造成的社会差别是产生利益差别的直接原因。除了由生产资料占有所决定的阶层、阶级和社会集团的差别以外，旧的分工所造成的城乡差别、脑体差别、工农差别等社会差别是利益差别存在的直接原因。在社会主义条件下，阶级对立消灭了，但是阶级差别、不同社会群体的差别依然存在，旧的三大差别还存在，因此由这些差别所决定的利益差别也还存在。工人阶级与农民阶级这二者同生产资料的结合方式、获取生活资料的方式是不同的，这就决定了工人和农民在日常生活方式、文化需要等方面有着各自不同的利益需要。城乡差别使得城市居民和农村居民在经济生活、政治生活、文化生活、福利生活等方面存在很大的差别，这些差别造成了不同的利益需求。体力劳动和脑力劳动的差别使得劳动者在劳动性质和劳动内容、文化技术水平、劳动报酬、文化修养、文化生活方面等存在一定的差别，这些差别又决定了脑体劳动者不同的利益要求。

第四，人们对生产资料，从而对生活资料占有的差别是造成利益差别的决定性因素。人们对利益的占有归根结底是受生产关系制约的，而对生产资料占有的方式、占有的多寡决定了生活资料占有的方式和多寡，从而决定了人们之间的利益差别。马克思说："同一氏族内部的财产差别把利益的一致变为氏族成员之间的对抗。"[①] 在原始社会，财产公有，在同一部落内部，人们的利益从根本上是一致的，利益差别是非对抗性的。然而私有财产的出现，财产占有上的差别，使根本利益一致变成了对抗性质的利益差别。所以，生产资料的占有决定了生活资料的占有，从而决定了人们利益占有的差别。如若说生产资料占有差别是利益差别产生的主要原因，那么可否说在生产资料公共占有的社会内，人们利益之间就不存在差别？生产资料公有制仅仅决定利益差别的非阶级对抗性，但并不能消灭利益差别。这是由于公有制不是消灭个人所有制，而是真正实现个人所有制。马克思在《资本论》中说道："资本主义生产由于自然过程的必然性，造成了对自

[①] 《马克思恩格斯选集》第4卷，人民出版社1995年版，第165页。

身的否定。这是否定的否定。这种否定不是重新建立私有制，而是在资本主义时代的成就的基础上，也就是说，在协作和对土地及靠劳动本身生产的生产资料的共同占有的基础上，重新建立个人所有制。"① 私有制是对原始共产主义社会占有制的否定，而资本主义的社会化生产又是对自身私有制的否定，而这种否定不是重建私有制，也不是恢复原始公有制，而是在新的公有制的基础上建立个人所有制。在这里，个人所有制有两层含义：一是指每个人作为联合劳动的一员对生产资料和全部生产力总和的真正占有。马克思认为，在共产主义社会，"许多生产工具应当受每一个个人支配"。② 它是"联合起来的个人对全部生产力总和的占有"。③ 在原始社会，人是受自然力支配的，人不可能真正成为生产力的主人。生产高度发达的公有制社会才使个人成为社会生产力的主人；二是个人对生活资料的占有和支配。在公有制的高级阶段，生产力高度发达，每个人都可以获得充分满足个人全面发展需要的社会生活资料。因此，公有制不是消灭个性，而是发展个性，不是取消个人需要，而是充分满足个人需要，不是否认个人利益，而是更多地承认个人利益。公有制社会的个人利益不仅从联合生产者共同占有生产资料的经济关系中产生，而且从个人消费品的分配关系中产生。在公有制高度发展的社会中尚且存在个人利益和利益差别，更何况公有制发展不完善，多种所有制并存的社会主义初级阶段。当然，在社会主义初级阶段，生产资料占有的差别是影响利益差别的

---

① 《马克思恩格斯全集》第 23 卷，人民出版社 1972 年版，第 832 页。
② 《马克思恩格斯全集》第 3 卷，人民出版社 1960 年版，第 76 页。
③ 同上书，第 77 页。

决定性因素，但不是唯一的因素。

从以上的主要原因来看，一切社会都存在着利益差别。所不同的是，在私有制社会中，生产资料占有的对立性决定了利益差别的阶级对立性质。在公有制社会中，利益差别仅仅是在根本利益一致基础上的差别。社会主义是由不完全、不完善的公有制向完全公有制过渡的社会，还存在着旧的分工带来的社会差别所决定的利益差别。还存在着不同所有制关系所决定的利益差别，还存在着按劳分配关系及其他形式的分配方式所决定的利益差别，如果处理不好，在这些利益差别基础上，还有可能出现暂时对立的利益冲突。由于利益差别的存在，使得不同的利益具有不同的社会内容，具有不同的力度和强度，具有与其他利益不同的利益实现途径。

三 利益矛盾

关系就是普遍联系，普遍联系是宇宙间万事万物所遵循的基本原则，而普遍联系中最稳定的、起基本作用的就是对立统一的辩证联系、辩证关系，即矛盾关系。在利益关系中最稳定、最主要、起基本作用的是利益矛盾关系，利益矛盾决定并影响利益关系的一切具体形式。

利益矛盾可以分为利益外部矛盾和利益内部矛盾两大类。社会生产和社会利益之间的矛盾是利益外部矛盾的主要形式。人们的利益实现及其利益满足的最根本条件就是社会生产，只有不断地生产和扩大再生产，人们才能满足自己不断增长的利益需要。反过来，人们的利益需要又是生产发展的刺激力，它刺激生产、拉动生产。社会生产与利益需求的矛盾运动构成了人类社会发展的基本线索。然而，生产总是在一定经济关系下才能进行，生产的成果总是通过一定的经济关系，透过分配交换领域，才进入消费领域以满足人们的需要。所以社会生产同社会利益之间的矛盾关系，必然反映为人与人之间的一定的利益关系，必然通过利益的内部矛盾渗透出来，利益内部矛盾就是利益本身内在的矛盾。这样，我们就必须从利益的外部矛盾关系，进入对利益内部矛盾关系的透析。

可以从三个层次上来分析利益内部矛盾。

1. 利益客体的内在矛盾

社会利益具有主体性和客体性两重性，利益一方面是人作为主体对客观生活条件的依赖和需求，它反映了人的主观方面的要求，所以具有主体性，利益主体性的承担者是作为利益主体的人；另一方面，利益本身又必须以客观的物质和精神生活条件为实际内容，所以利益又具有客体性，以客观生活条件为实际内容的利益本身就是利益客体。利益本身，即利益客体，是利益客体性的载体。从利益客体方面来看，可以划分出众多不同形式、不同内容、不同功能、不同性质的形形色色的利益，有个人利益、群（集）体利益、阶层利益、阶级利益、国家利益、社会利益、企业利益；有根本利益、长远利益、整体利益、一般利益、局部利益、近期利益、既得利益；有物质利益、精神利益、经济利益、非经济利益、生产利益、分配利益、交换利益、消费利益，等等。在这些利益属下还有繁多的利益种类。这一切不同形式、内容和性质的利益客体构成了一个复杂的社会利益体系。下面，我们分析利益客体本身和利益客体之间的带有普遍意义的矛盾。

（1）利益的利己性和利他性的内在矛盾。利益本身存在着利己与利他两种截然相反的属性。利益，就是利己之益。但是，利益本身还表明一种人际利害关系，任何一种利害关系都是双边的、双向的、互相渗透、互相补充、相辅相成的。利己就可能损他，利他就可能损己，同时利己离开了利他就构不成利己，只有利他才有可能利己，利己与利他又可能一致。在原始社会，利益的利己与利他的矛盾小得很，基本上是一致的。而在私有制社会中，利己与利他二者的矛盾外在化、激化了。利益本身存在着利己与利他二重性，这种二重性是利益关系中一切矛盾的萌芽。

（2）个别利益、局部利益同一般利益、整体利益的矛盾。利益的利己性和利他性的内在矛盾的进一步展开，构成了个别利益同一般利益、局部利益同整体利益的矛盾，利益采取了公开两极矛盾对立的形式。任何个别利益和局部利益都具有一定程度、一定范围、扩大了的利己性，而一般利益、整体利益都代表了包括一己在内的整个他人的利益，因而具有一定程度、一定范围的利他性。当然，没有个别和局部利益也就没有一般和整体利益。因而，个别利益是普遍共同利益的基础。马克思说："'共同利益'在历史上任何时候都是由作为'私人'的个人造成的。"[①] 个人利益和普遍的、共同的利益之间的对立是随着社会分工和私有制的出现而产生的。在原始社会，个人和氏族集体利益是分不开的。随着社会分工和私有制的出现，才出现了私人利益和共同利益的分离。在私有制的商品生产中，存在着由私人生产者的相互依存的共同利益同直接追求自身利益的私人利益之间的矛盾。只有通过所有私有者的相互竞争，通过危机，通过个别的、落后的、较弱的生产者的破产，社会才能获得数量多、品种多、物美价廉的商品，才能获得共同利益。同时，任何个人利益

---

① 《马克思恩格斯全集》第3卷，人民出版社1960年版，第275—276页。

都受到社会一般利益的规定和支配,如果只顾个别利益、局部利益,就会损害共同利益和整体利益。在某种条件下,这两极利益会采取外部公开对峙的形式,其结果是只能牺牲一极,或者保存个别的、局部的利益,牺牲共同的、整体的利益,或者相反。在某种条件下,如果协调得好,这两极利益会是一致的。在私有制社会中,个别利益、局部利益同共同利益、整体利益的一致和转化是在自发的矛盾运动中实现的。资产阶级的共同利益是私人生产者在市场经济的竞争中自发地形成的,资产阶级的共同利益只能作为盲目的力量,作为相互斗争的私人利益的产物而实现。无产阶级在"自在"阶段,也是自发地形成了自己的阶级共同利益的。在资本主义社会中,工人阶级是由出卖自身的劳动力的个别生产者构成的,每个人都只是追求自己的个人利益,每个人都是争取按照一种常常不利于他人的价格出卖自己的劳动力,工人之间也存在着竞争。通过长期的实践,工人才自觉地认识到自己的共同的阶级利益,产生了对阶级利益的直接关心,直至从理论上认识到共同的阶级利益。工人阶级作为一个"自为阶级",自觉地实现了个人利益同阶级共同利益的一致。

(3)根本、长远利益同既得、近期利益的矛盾。根本、长远利益同既得利益、近期利益的矛盾是利益的利己性和利他性的内在矛盾的又一种表现形式,也是利益的利己性和利他性的两极表现的外在化。如果为利己性所束缚,那么既得利益或近期利益就会成为实现根本利益和长远利益的障碍。相反,如果只鼓吹长远利益和根本利益,忽视个人利益、近期利益和既得利益,那么长远利益、根本利益也会流于空泛。

2. 利益主体之间的矛盾

利益主体是利益的承担者、追求者、实现者。不同形式、不同内容、不同功能、不同性质的利益客体之间的矛盾，必然要通过利益主体来传递，必然表现为利益主体之间的矛盾。

我们可以从纵向和横向两个方面来考察利益主体的矛盾关系。利益主体的三个层次：个人、群（集）体和国家构成了纵向的利益主体矛盾。首先，群（集）体利益、国家利益最终都是为了满足个人利益需求，群（集）体利益和国家利益反映了个人利益的共同点，个人利益需求必须依靠国家利益和群（集）体利益的实现。同时，任何个人利益又都是群（集）体利益和国家利益的有机组成部分，每个社会成员追求自身利益的社会活动，都是群（集）体和国家整体谋利活动的一部分，是群（集）体利益和社会利益实现总过程中的一个环节、一个有机组成部分。利益主体三方是辩证一致的。其次，任何个人利益同群（集）体利益、国家利益，群（集）体利益同国家利益又是矛盾的。如在经济活动中，每个劳动者至少首先是为了获得个人利益而进行生产的，劳动者从自身利己的利益出发，总是希望尽可能增加个人收入，要求尽可能多地把产品转化为生活资料、消费资料。而群（集）体和国家作为公共整体利益的代表，为了满足整体利益的需要，为了长远的根本利益，有可能限制、抑制，甚至暂时损害个人的利益要求，它有可能较多地考虑到扩大再生产，希望有一定的生产产品不是直接转化为消费资料，而是用于扩大再生产，或者转化为公共福利事业。这样一来，个人利益同群（集）体、国家利益之间就产生了矛盾。如果国家和群（集）体利益积累过多就会侵犯个人利益，造成个人利益同集体、国家利益的关系恶化，如果个人利益无限量地膨胀、扩大，也会损害群（集）体和国家的整体利益和长远利益，从而最终使个人利益遭受损失。群（集）体和国家也存在着同个人和集体、国家同一向量的矛盾。

在不同的社会条件下，利益主体之间的纵向矛盾表现不尽相同。在私有制社会里，个人、群（集）体、国家存在着根本对立的利益矛盾关系。个人利益同国家利益的矛盾表现为私人利益同阶级整体利益的矛盾，国家利益实质上是占统治地位的剥削阶级的整体利益，它同被剥削阶级的阶级利益和个人利益是根本对立的。在公有制社会中，个人、群（集）体和国家三个利益主体的矛盾直接表现出来，三者矛盾是在根本一致基础上的矛盾。

个人、群（集）体、国家之间还存在着横向的利益矛盾。个人与个人之间、群（集）体与群（集）体之间、国家和国家之间都存在着利益矛盾。在阶级社会中，利益主体之间的横向矛盾主要表现为阶级矛盾，人与人之间的利益矛盾就是一种阶级矛盾。国家与国家之间由于利益矛盾可以发展到武装冲突，直至全面的战争。社会主义国家之间由于种种历史的和现实的原因，也存在着一定的利益矛盾，如果对社会主义国家利益矛盾协调无效，也有可能会爆发流血事件。

3. 利益群（集）体之间的矛盾

任何一个人要实现自身的社会利益，必然要结成一定的群（集）体，与他人发生一定的社会联系，单枪匹马是不可能实现个人社会利益的。即使鲁滨逊实现自己的利益，也必须同"星期五"结成奴仆关系，否则是不可能的。离开群（集）体去实现个人利益，实现的仅仅是兽性的需要，即动物式的吃、喝、睡等生理需要。利益集团，即最稳定的利益群体（阶级、阶层、民族、国家、企业、财团、政党等）之间的矛盾是利益矛盾最集中的表现。前两个层次的利益矛盾必然落在利益集团之间的矛盾关系上。分析利益集团之间的矛盾是理解利益矛盾的关节点。

任何一个社会都是由不同的社会利益集团构成的。利益集团之间的矛盾运动会导致社会变革乃至社会革命。当一定的社会利益分配方式无法满足主要社会利益集团的进一步的利益要求时，当这种利益分配方式又使某些利益集团满足于既得利益，丧失社会活力，缺乏进取动力，力图保持住已有的利益分配格局时，提出新的利益要求，适合历史发展趋势的利益集团就会发动社会变革或社会革命。社会变革和社会革命意味着利益集团之间的激烈矛盾，导致利益集团之间利益分配格局的改变，导致利益集团的重新组合。社会变革或社会革命不可避免地使一部分利益集团丧失以往不合理的既得利益，而另一些利益集团将获得过去所得不到的应得利益。这样一来，不同的利益集团对变革和革命具有不同的态度、不同的反应和不同的承受力，使它们不同程度地参与社会变革和社会革命，或者反对甚至破坏社会变革和社会革命。社会变革和社会革命是利益集团之间矛盾激化的重要形式，也是利益动力作用发挥的重要形式。

四　利益冲突

一定的利益矛盾可以发展为一定的利益冲突。利益冲突是利益矛盾的激化状态，是利益矛盾的对峙、对抗的外部表现形式。

利益冲突是利益主体基于利益差别和矛盾而产生的利益纠纷和利益争夺。利益冲突表明利益主体之间这样一种动态状态，即不同的利益主体由于所追求的利益目标不同，处于自觉或不自觉的对立之中，从情绪对立发展到行为对立。利益冲突一般首先表现为两个或两个以上的利益主体对各自目标或多或少的不相容的确认;其次表现为一个利益主体的要求和行动构成对另一个利益主体的利益威胁;最后表现为一个利益主体为了保护自身的利益,抵制他方利益要求,而采取一定的敌对行为。利益冲突集中表现在经济、政治、思想三大领域内。个人之间的利益冲突受制于利益群体(集团)之间的利益冲突,个人之间的利益冲突在某种条件下会上升为利益群体(集团)之间的利益冲突。剖析利益冲突,主要是剖析利益群体(集团)在经济、政治、思想三大领域内的利益冲突。

现在的西方政治学很重视对冲突问题的研究。美国政治学家莱特(Quincy Wright)曾指出:冲突概念有时用来表示社会实体之间的动机、意识、目标、要求和不一致(inconsistency),有时用来表示解决这一些不一致的过程。可见,冲突不是一种单纯的静止状态,冲突表现为一种社会动态过程。现代西方冲突理论从内容上把冲突分为经济冲突、政治冲突、外交冲突、军事冲突、文化冲突、意识形态冲突;从范围和性质上把冲突分为局部冲突、全面冲突、内部冲突、外部冲突、次要冲突和根本冲突;从表现形式上把冲突分为语文象征性冲突、实际行动冲突、非暴力冲突、暴力冲突。战争是暴力冲突的最高形式,也是冲突的典型形式。现代西方冲突理论家认为,冲突主要有五种手段:(1)说服,即运用语文的手段说服和打动对方,使其作出本来不愿做的决定。政治战、心理战、宣传战就是这种手段的具体表现。(2)允诺,即一方对另一方许诺好处,其目的是用软办法使另一方放弃利益要求。(3)威胁,即以预示不良后果来恐吓对方,如显示武力、声明、通牒等,促使对方让步。(4)施惠,恐吓不奏效，施以恩惠，以达到收买对方的目的。（5）使用武力。他们认为，正像一般音乐可以分为低音区、中音区和高音区一样，人类冲突也可以表现为低阶、中阶、高阶。不同阶段的冲突激烈程度不同，所采取的冲突手段也不同。冲突的升级过程是相互之间互相作用的一种正反馈过程。一方的敌对行动引起另一方的反行动，作为一种正反馈信号重新输送回来，成为下一轮升级的新起点。比如，两个小孩打架，开始是因一块糖、一个玩具引起需求冲突，最初表现为互相轻蔑、对骂，再发展到以拳头相互威吓，最后扭打成一团。利益主体之间的利益冲突一开始表现为语言说服，然后是显示力量，威吓对方，最后是使用武力、暴力争夺。至于冲突产生的原因，有的西方学者认为，冲突的核心原因是"权力冲动"（powerurge），个人野心、追求个人名望和满足，或者企图从他人劳动中谋利……这些都是"权力冲动"的表现形式。

　　西方政治思想家关于冲突的形式、手段、发展阶段的研究是有合理之处的，但是他们关于冲突产生的最终原因的分析是错误的。一切社会思想的、政治的冲突和斗争都可以最终归结为物质经济利益的冲突，都可以最终从经济根源上找出终极原因。经济领域内的利益冲突是一切社会领域内利益冲突的基础。一定的经济利益冲突必然导致思想、政治利益的冲突，而思想、政治利益的冲突又反作用于经济利益的冲突。就拿阶级社会来说，阶级是由于经济原因而形成的，不同的阶级有着不同的利益要求，他们首先是为了经济利益而进行阶级斗争的。被剥削阶级同剥削阶级的斗争一开始总是起源于经济领域的斗争，如提高工资、改善劳动福利等，最后发展到争夺政治权益的斗争。一切阶级斗争实质上就是经济利益之间的冲突。代表一定社会经济发展方向的利益总是在反对一定社会集团的违背经济发展要求的利益中实现的。一般来说,社会经济矛盾总是通过对立的利益群体(集团)的经济利益冲突而表现出来的。反映生产力发展要求的利益群体(集团)的利益更符合社会发展趋势,而反映落后生产关系要求的利益群体(集团)的利益违背历史发展趋势,前者的利益是在反对后者利益的冲突过程中实现的。

利益冲突有两种基本形式:一是对抗性的,一是非对抗性的。对抗性利益冲突是由于冲突双方的根本利益的不相容和对立所造成的;非对抗性冲突是在根本利益一致的前提下,或者由于实现条件和实现时间的制约,各个利益主体的利益不能同时实现或根本无法实现而造成的,或者由于人们在主观上犯了错误,打破了利益主体之间的利益分配均衡状态而造成的。当然从根本上来说,利益冲突是由于社会经济关系所决定的。对抗性冲突表现为,利益主体一方或联合他方根本否定、排斥、夺取另一对立方的利益,来作为保存和实现自己利益的充分必要条件,这种冲突不仅危及他方利益主体的利益,而且危及其他利益主体的生存,最终导致利益关系的新的调整和利益主体的新的组合。非对抗性的利益冲突则相反,它不表现为一方必须以牺牲另一方为充分必要条件,人们可以通过适当的方式对非对抗性冲突加以调整,以缓和并消除冲突双方的利益矛盾。非对抗性利益冲突不会危及利益主体的生存,或造成利益关系的彻底调整。对抗性利益冲突和非对抗性利益冲突二者之间的区别不是绝对的,在一定条件下,二者是可以互相转化的。一般来说,阶级社会中敌对阶级之间的冲突是对抗性的利益冲突,但是在一定的历史条件下,这种对抗性的利益冲突可以转化为非对抗性的利益冲突。譬如在抗日战争时期,我国国内各阶级之间的利益冲突在一定程度上、一定范围内就转化为非对抗性的利益冲突。

在阶级社会中，一般来说，利益冲突是有阶级性的，但也有非阶级性的利益冲突。例如，在同一阶级、阶层内部不同群体之间发生的一些利益纠纷，很难说是阶级冲突。阶级性冲突有对抗性的，也有非对抗性的。非阶级冲突有对抗性的，也有非对抗性的。

利益冲突大体可以分为利益个体（个人）之间的冲突、利益群体之间的冲突两种类型。利益个体冲突包括不同利益群体的外部个体冲突和同一群体内部个体冲突。一般来说，群体内部个体冲突的力度要小于群体外部个体冲突，而利益根本一致的群体外部个体冲突的力度要小于利益根本对立的群体外部个体冲突。例如，同一阶级内部各个阶级成员之间也可能会发生冲突，但是这种冲突要比不同阶级间的不同阶级成员之间的冲突平缓一些，易于解决一些。当然，剥削阶级内部的私人间的争夺也是十分残酷的，资本家之间大鱼吃小鱼、小鱼吃虾米，角逐吞并、尔虞我诈的现象，就是资本主义社会统治阶级内部残酷的冲突现象，这类冲突并不弱于利益根本对立的群体外部冲突。

利益冲突有三种基本表现：一是情绪冲突，二是语文冲突，三是行为冲突。情绪冲突是指利益主体之间的感情上的离异、反感、仇视、敌对（如感情疏远、厌恶、嘲笑、谩骂等），它是一种潜在的行为冲突；语文冲突是指利益主体之间以正式语言、文字、音像等形式表现出的对抗和纠纷，它是由情绪引起的诉诸正式文字的理性冲突、思想冲突，譬如文字论战，利用舆论工具互相攻击，等等；行为冲突是指利益主体之间付诸实际行动的冲突（如械斗、怠工、罢工、示威、游行、暴力行为、战争等）。一般规律是，情绪冲突在语文冲突、行为冲突之前,并且是语文冲突、行为冲突的导火线,然后是情绪冲突同语文冲突、行为冲突同时并发,然而当行为冲突结束时,情绪冲突往往还会持久存在,有时以语文冲突的形式进一步表现出来。情绪冲突发展到一定程度会转化为语文冲突、行为冲突,可是,并不是一切语文冲突、情绪冲突都可以转化为行为冲突,有些语文冲突、情绪冲突是可以克制、转移、消除的。情绪冲突、语文冲突对于行为冲突来说,具有超前性、引动性、并发性和持久性。只有认识到冲突的这些规律性的东西,在具体处理利益冲突时,才可以事先觉察出利益冲突的端倪,从稳定冲突情绪入手,尽量避免语文冲突,把行为冲突解决在萌芽状态。

第八章　利益激励和利益动力

社会动力范畴是人们科学地理解社会历史规律的重要认识扭结，认识社会必须要搞清激励、推动人类从事社会历史活动的内在动力，搞清社会发展的真正动力。社会动力是指激励、推动、导向、支配人们（个人、集团、阶层、阶级、民族、国家，乃至整个人类）的活动，进而导致社会历史发展变动的力量和因素。利益是激励人类从事社会历史活动的动力因素。认识社会必须认识利益激励和利益动力的作用。

一　什么是历史发展的真正动力

要理解利益的动力作用，首先应该从哲学角度，研究对社会历史发展动力的认识方法，研究什么是历史发展的真正动力。

唯物主义历史观把人类看成是整个自然界的一部分，人类社会是自然界长期发展的产物，人类社会发展是一个"自然历史过程"，然而，探溯社会历史发展动力，只认识自然与社会的一致显然是不够的，还必须认识社会与自然的差别和对立。

首先，人类社会既是自然界的一部分，同时也是自然界中特殊的一部分,它具有自己的特点和规律。在自然界中起作用的是没有人和人的意识参与的自发的力量,而社会历史的一切过程则是人的有意识的、有目的的活动的共同结果。社会是人的社会,历史是人的历史,社会历史是由人的有目的的活动创造的。处于一定社会关系之中、从事一定生产劳动的人是社会活动的主体,是历史的主人,社会历史就是人类有意识活动的历史,每一个社会现象都留下人的活动的轨迹,打上人的意志的烙印。

其次,人既是动物的一部分,又是动物中特殊的一部分,人与动物存在着本质的差别。自然界中低级动物的活动是盲目的、无意识的、被动的活动,而在社会历史领域内进行活动的,全是有意识的、追求一定目的的人。支配人们行动的动机、动力是各种各样的,"而这许多按不同方向活动的愿望及其对外部世界的各种各样作用的合力,就是历史"。[①] 人与动物的一个区别点就在于,人是自觉的、有意识的主动活动者,而动物则是无意识、无目的的被动活动者。人们从事一切社会活动,必须通过大脑,通过思维,才能有意识地进行。

由此看来,考察社会历史过程必须考察人的活动;考察社会历史的动力必须考察人的历史活动的动因;考察人的历史活动的动因,必然涉及人的意愿、欲望、目的等思想动机。从表面上看,正是这些思想动机促使人们去参与社会活动。

社会与自然界的一致与区别,人与动物的一致与区别,使得人们在对社会历史动力的探讨过程中,很容易在认识上陷入"二律背反"的境地:承认社会是一个自然历史过程,承认人是动物的一部分,势必会把历史的终极动因归结为物

[①] 《马克思恩格斯选集》第4卷,人民出版社1995年版,第248页。

质原因；然而，社会与自然、人与动物的差别似乎又造成这样一个假象，在自然界纯粹是自然规律、盲目的客观力量在起推动作用，而在社会，在人的活动领域，又好像是人的愿望、目的、性爱等思想动机在起决定作用。这样一来就出现了一个二元动力的局面，究竟什么是社会历史发展最根本的动力呢？

人类社会与自然界的一致与差别，人与动物的一致与差别，使我们在考虑历史发展动力时，既要考虑到历史动力的物质根源，又不能囿于庸俗唯物主义的具体物质动因说。要寻找与人的主观能动性相联系、相一致的物质根源，既要避免为社会历史由人的思想动机所支配的表面假象所蒙蔽，同时又要避免庸俗地、简单地把人的历史活动归结为某种僵硬的具体物质。恩格斯说："旧唯物主义在历史领域内自己背叛了自己，因为它认为在历史领域中起作用的精神的动力是最终原因，而不去研究隐藏在这些动力后面的是什么，这些动力的动力是什么。"[①] 把历史发展的最终动力归之于精神动力是荒谬的，然而历史唯物论和历史唯心论的区别不在于是否承认精神动力的作用，而在于是停留在精神动力的结论上，还是进一步寻找精神动力背后的动力。恩格斯在另一个地方又说道："根据唯物史观，历史过程中的决定性因素归根到底是现实生活的生产和再生产。无论马克思或我都从来没有肯定过比这更多的东西。如果有人在这里加以歪曲，说经济因素是唯一决定性的因素，那么他就是把这个命题变成毫无内容的、抽象的、荒诞无稽的空话。"[②] 如果贴标签式地、简单

[①] 《马克思恩格斯选集》第4卷，人民出版社1995年版，第248页。
[②] 同上书，第695—696页。

地把历史动因归之于唯一的物质因素,那就是离开辩证法的形而上学的空洞的废话。

如何正确地探讨人类历史活动的奥秘呢?恩格斯指出了一条正确的认识途径。"如果要去探究那些隐藏在——自觉地或不自觉地,而且往往是不自觉地——历史人物的动机背后并且构成历史的真正的最后动力的动力,那么问题涉及的……是使广大群众、使整个整个的民族,并且在每一民族中间又是使整个整个阶级行动起来的动机;而且也不是短暂的爆发和转瞬即逝的火光,而是持久的、引起重大历史变迁的行动。探讨那些作为自觉的动机明显地或不明显地,直接地或以意识形态的形式、甚至以被神圣化的形式反映在行动着的群众及其领袖即所谓伟大人物的头脑中的动因,——这是能够引导我们去探索那些在整个历史中以及个别时期和个别国家的历史中起支配作用的规律的唯一途径。"[①] 这个途径就是,透过纷杂的社会历史现象,抓住广大群众持久的、引起伟大历史变迁的行动,然后找到触发这些行动的思想形式的动机,最后再去寻找思想动机背后最终的动力。从社会动力学的角度来说,社会动力做功的顺序是:最终动力——思想动机——历史活动——社会现象。而人们对社会动力的认识过程却倒过来了:社会现象——历史活动——思想动机——最终动力。我们暂且把这种历史动力探察法称之为历史动力逆向追踪法。从逆向追踪历史动力的顺序来看,思想动机是整个探讨过程中承前启后的关键环节,同时也是唯物史观和唯心史观分道扬镳的分歧点。

如何探讨思想动机背后的动力呢?我们以为,可以从对

[①] 《马克思恩格斯选集》第 4 卷,人民出版社 1995 年版,第 249 页。

人的特殊性的认识入手。马克思说，人的本质就是一切社会关系的总和。人是社会动物，只有从社会关系，首先是生产关系入手，才能把握人的特殊本性。动物的行为是其生物机体的功能表现形式，动物的生物机体结构决定着动物的本能欲求，从而决定动物的行为：求食、求偶、自卫等。可见，动物行为的动因是外界环境作用于生物机体而产生的直观式的欲求本能的反射。动物的行为是自发的、被动的，动物的个体行为同时就是全体动物的一般行为。所谓动物的行为指的就是个体动物的行为。人的行为情况就不同了。迄今几万年来生活在地球上的人类都属于同一个生物种——Homo sapiens，拉丁文意为"智人"、"有智能的人"。人的行为是有意识的自觉行为。人的个体行为首先是社会行为，然后才是人的行为，人的行为的社会性不能单纯用人的生物机体结构来解释，也不能单纯用遗传基因来解释。动物行为程序的传递是通过遗传基因排列密码来传递的，遗传程序记录在细胞中的，通过DNA（脱氧核糖核酸）而传记下来。而人的社会行为则基本绕过生物的DNA遗传机制而进行传递，思想、语言、文字就是人的社会行为的传递手段。如果说动物的遗传程序是记录在细胞中的，那么决定人类社会行为的程序则是通过大脑的载体而记录在人的意识中。也就是说，人类一切社会行为的世代传递是有意识、有目的地进行的，因此思想形式的动机是人类社会行为的直接动机。直观地说，人类的社会行为取决于直接的思想动机，没有意识也就不可能有人的行为。然而，人的意识来自于社会实践，人的实践行为又最终决定意识。这样一来就提出两个尖锐的问题：到哪里去寻找决定人的历史行为的最终原因；每个人都具有自己的有意识的行为，那么个人有意识的行为怎样才能汇集成不以人的意志为转移的客观动力。看来，必须从存在于人的意识之外而又涵括行为主体，体现出人的能动性的某种东西那里去寻找"动力的动力"。

第一，劳动是理解社会历史动力的基础范畴，是打开历史之谜的钥匙。动物的行为是由生理欲求决定的，而生理欲求是由动物的生物机体以及其同外界环境的相互作用而决定的。人同动物的本质区别就在于人具有社会性，因此，是人的社会机体（社会关系），而不单单是人本身的个体生物机体决定了人的社会需求，从而决定人的行为。人的社会需要是人的行为的直接动因，社会机体（社会关系）又决定了人的社会需求。

但是，人们不禁要问，社会机体决定人的意识，决定人的行为，那么社会机体是哪里产生的呢？唯物史观的答案是，劳动创造了人，从而"增添了新的因素——社会"。① 人的劳动，首先是社会劳动，也就是说，人们在劳动中必须结成一定的劳动分工和协作关系，发生一定的生产关系，劳动才能够进行。劳动不仅创造了人，而且在创造人的同时创造了社会关系，一定的社会关系构成了一定的社会机体。由此看来，劳动创造了社会机体，劳动是历史的创造性力量。

劳动创造了人和社会，而劳动又是人的劳动。人既是劳动的客体、对象，同时又是劳动的主体；劳动既是客观的物质力量的运动，又是有意识的、能动的，包括有精神活动的主体力量的运动。社会劳动实践是把主体与客体、物质与精神有机地联系起来的中介，把劳动实践作为创造社会历史的根本力量，既可以避免庸俗唯物主义，又可以避免唯心主义。

---

① 《马克思恩格斯选集》第4卷，人民出版社1995年版，第378页。

劳动是人类最初始的、最基本的实践活动，它决定其他一切社会行为和社会活动。所以，探讨社会历史动力之谜，首先应当探讨人的生产劳动活动及其生产关系，探讨人的生产劳动活动必然涉及人的劳动动机和目的，探讨人的劳动动机背后的原因，也就找到了人类历史活动的根本动因。这样一来，人们"在劳动发展史中找到了理解全部社会史的锁钥"。①

第二，历史是由人有意识的活动创造的，但是，人们创造的历史却具有不依人的意志为转移的客观动力的规律。历史发展的动力是通过人的活动、人的主观能动性而表现出来的，但是历史发展力又表现为支配人的，不以人的意志为转移的客观规律的力量。因此，要揭示社会历史动力，必须去发现不以人的意志为转移的动力发展的客观规律。这样的认识任务使人面临着一个复杂的思维困难：社会物质生产和生产关系的客观性是同人的意识、动机等思想形式的东西纠缠在一起的。如果不考虑人的意志的能动作用，只承认不可抗拒的客观规律性，必然导致历史宿命论；如果否认支配人的活动的客观规律性，只承认人的主观能动性，必然导致唯意志论。

以往旧的历史学家们解决不了这个认识上的矛盾，最终都把历史动因归之于精神性的因素。唯心主义的辩证法大师黑格尔敏锐地猜测到了这个认识矛盾，他提出了旧唯物主义者所不可能提出的问题："大家各自努力维护其自己的个别性，但大家同时又都做不到这一点，因为每个个体性都受到同样的抗拒并相互地为别的个体性所消融。一般人所看到的公共秩序于是就是这样的一个普遍的混战，在这场混乱里各

---

① 《马克思恩格斯选集》第 4 卷，人民出版社 1995 年版，第 258 页。

人各自夺取其所能夺取的,对别人的个别性施以公平待遇以图巩固其自己的个别性,而他自己的个别性则同样因别人的公平待遇而归于消灭。这个秩序就是世界进程。"① 这就是说,在社会历史领域里,人们尽管抱着一定的目的去行动,但是却很少如愿以偿,因为有一个不以人的意志为转移的客观法则。黑格尔断言,人的思想动机绝不是历史的最终动因,人的思想动机背后肯定隐藏着更深刻的原因,这些原因是未曾被人们所意识到的,而又支配人们行动的最终动因。遗憾的是,黑格尔并没有沿着这一正确的认识深入下去。他认为,人的思想动机背后是"世界精神","世界精神"统治着历史。每个人固然都在追求和满足自己的目的,但这只是"世界精神"为满足自己的目的的手段和工具,每个人都无意识地或者不自觉地实现了"理性的狡计"。也就是说,每个人虽然都是有目的的活动的,但最终结果往往事与愿违,人们都中了理性(世界精神)的计谋,理性实现了自己的目的。虽然黑格尔得出了错误的结论,但是他对人的主观能动性同客观规律的辩证关系,对社会历史发展不以人的意志为转移的客观规律性的揭示和论证,还是深刻的。恩格斯赞扬说:"黑格尔没有解决这个任务,这在这里没有多大关系。他的划时代的功绩是提出了这个任务。"②

为什么历史是由人的有意识的活动创造的,但社会历史发展的总趋势却不以人的意志为转移?对此,恩格斯在论述历史合力时做过深刻的阐述。首先,人的思想动机及其活动是受人所生活的社会物质条件制约的,社会物质存在条件不

---

① 黑格尔:《精神现象学》上卷,商务印书馆1979年版,第251页。
② 《马克思恩格斯选集》第3卷,人民出版社1995年版,第363页。

仅决定人的思想动机及其活动，而且也决定人的思想实现程度、活动的成败得失。其次，个人乃至阶级的意志及其活动可以加快或延缓社会历史的进程，但却不能根本改变历史的总进程、总趋势。个人首先是作为社会整体联系、整个过程中的一个因素、一个原子而有机地加入社会整体运动之中的，个人的自觉活动不过是社会整体的一个环节、一个因素、一个部分，它要受社会复杂系统的诸要素、诸过程、诸关系的相互作用、相互联系的社会有机体机制的制约。再次，人的思想动机背后还隐藏着不以人的意志为转移的客观物质动力。历史活动虽然是由人创造的，社会关系虽然是由人所建立的，但是个人往往是无法预料的，或者不能完全意识到自己的活动及其创造物会有什么样的结果。譬如，蒸汽机的发明者就不曾想到他的创造物给社会带来多大的影响。个人虽然都想达到自己的结果，但往往不能如愿以偿，或者出现完全相反的结果。

第三，需要、利益成为人类社会历史活动，首先是生产活动的内在动因。

人是有意识的、主动的、积极的高级社会动物，人的一切行为都受其思想动机的支配。人的需要、利益触发了人发生行为的思想动机，从而启动了人的行为，正是在这个意义上说，需要和利益促使人进行社会历史活动，首先是生产劳动活动的动因，即激励启动因素。人们为了解决衣、食、住、行等生活必需品，就必须从事生产劳动。人们的生活需要、物质利益便成为人类社会生产活动的动力。人类在解决衣、食、住、行等最低生活需要的基础上，还要追求更高的需要、利益，新的、更高的需要、利益又促使人类进行新的、更高的历史活动，譬如，从事新的生产活动，从事更高的政治活动、军事活动、文化活动，等等。在人类社会历史活动中，需要和利益是激励动因。

第四，人类的生产实践活动，社会生产力是社会历史发展的最终动力。

人们的社会需要、社会利益是引发、刺激、激励人类社会历史活动的动因，也就是说，人类为了生活，首先是为了生存，就必须解决衣、食、住、行等基本生活需要，这就触发了人类最基本的物质实践活动——生产劳动，生产自己需要的物质生活资料。人们进行生产劳动活动，并不是孤立地、单独地进行，必须结成一定的社会关系才能进行。在生产过程中，人与人之间所发生的关系就是生产关系，人与自然所发生的关系就是生产力。生产力与生产关系的矛盾统一构成了社会生产方式，即人们谋求生活资料的谋取方式。生产力决定生产关系，生产力和生产关系的矛盾运动，推动生产方式的发展和变动，社会由此而向前发展。生产力是全部社会的前提、基础和动力。

从人的劳动实践活动入手，探讨生产劳动的思想动机背后的动因，探求不以人的意志为转移的历史发展动力规律，是认识社会历史发展动力的正确思路。

二　利益的激励动力表现

我们讲利益的激励动力作用，只是从一般的意义上笼统地讲的。实际上，利益本身只是激励人类进行历史活动的动因。就动力这个词本身来说，是指其本身可以做功，即本身具有内在的自我发动、自我做功的能力，其功力可以推动他物运动的力量。利益本身不是动力，它是引发、刺激出动力的动因。我们是在这个意义上讲利益的激励动力作用的。利益的动力作用具有激励、推动、导向和支配这四种表现。

1. 利益的激励作用

利益具有激励人们从事各种谋利活动，乃至各种社会活动的功能。研究利益的作用，必须首先研究利益的激励功能。

（1）人的思想动机及其形式。

人的一切活动都要经过人的意识，也就是说，必须采取思想动机的形式。研究利益的激励作用，必须首先探讨人的思想动机及其形式。

20世纪中叶以来，崛起一门新的学科——行为科学。行为科学吸收了心理学的研究成果，认为人的行为是由动机决定的，而动机又是由需要引起的，需要引起动机，动机支配行为。一个人的工作积极性的高与低、干劲的大与小，决定于他是否具有进行这项工作的动机以及动机的强弱。两个人，其能力相仿，政绩却不同，关键在于两人动机的激发程度不同。只有激发起人的内在动机，才能使人自觉地努力完成预订的目标，动机越强烈，积极性越高，政绩越好。据此，行为科学提出一个著名的公式：工作政绩＝能力×积极性（动机）。行为科学认为，行为产生是一个基本的心理过程，动机是带有意向性的。心理学研究表明，当人产生某种需要而又未得到满足时，会产生一种紧张不安的心理状态，在遇到能够满足需要的目标时，这种紧张不安的心理活动就转化为思想动机，在思想动机的引发之下，进行满足需要的活动，向着目标进军。当目标实现了，需要得到满足，又会产生新的需要，产生新的动机，诱发新的行为。

可以从宏观和微观两个方面来考虑动机的作用。微观是指从个体的心理过程来探讨个人活动的思想动机，而宏观则是从整个社会的系统机制来探讨人的社会活动的思想动机。

思想动机是一种心理现象。需要一旦被人意识到，就以动机的形式表现出来，凡是反映在人的头脑中促成人的活动，并引导人的活动去满足人的某种需要的念头、想法、意向，就叫做思想动机。它是推动人们进行活动的内在心理动因，是激励人去行动以达到一定目的的内在心理原因，即活动的心理动因。动机引发人们进行某种行动，并规定行为的方向，决定行为的强弱。因此，动机具有主观性、方向性、刺激性、目的性。所以，马克思说："就个别人说，他的行动的一切动力，都一定要通过他的头脑，一定要转变为他的愿望的动机，才能使他行动起来。"[①] 在思想动机中，经济活动的动机是人们从事经济活动的主观动因，它是人类活动的基本动机，它决定其他一切思想动机。马克思说："生产的观念上的内在动机……作为内心的图象、作为需要、作为动力和目的"，"是生产的前提"。[②] 任何个人要进行生产活动，直接取决于他思想的意向，作为生产力要素的人同作为生产力要素的工具，所不同的是人是有意向的、主动的，而工具是无意向的、被动的。"生产观念上的内在动机"就是劳动者的劳动意向、目的，就是触发人们生产活动的思想动机。

人的思想动机具有三种形式，这三种形式同时又是思想动机发展的三个阶段：情欲、关心（或称兴趣）、认识。

第一，情欲。情欲相当于人类认识的感觉、知觉形式和阶段。人类认识的感觉形式是通过各种感觉器官对事物表面

---

① 《马克思恩格斯全集》第21卷，人民出版社1965年版，第345页。
② 《马克思恩格斯选集》第2卷，人民出版社1995年版，第9页。

的个别属性和特性的反映,如视觉反映事物的颜色,听觉反映事物的声音,嗅觉反映事物的气味,味觉反映事物的滋味,触觉反映事物的冷热、软硬、尖圆等,它是人类认识的起点,是意识对外部世界的直接联系。知觉是感觉的集合,是人们在取得各种感觉的基础上,再把它们集中在一起,形成了对该事物各方面特性的整体反映形式,如,关于苹果的知觉就集合了它的色、香、味等感觉。感觉和知觉是认识的基础。情欲就是人的社会需要所刺激起来的,在人的头脑里所引发起来的最直接的意向、目的、愿望、激情、欲念,比如人们通常说的七情六欲。儒家说的喜怒哀惧爱恶欲七种感情,佛家讲的色欲、形貌欲、威仪欲、姿态欲、细滑欲、人想欲等六种欲望。正是这些情欲直接激发了人们的心理冲动,推动人们去寻食、求偶、娱乐等,推动人们去从事一切社会活动。情欲是引发人们行为的最直接的、最直观的思想动机,它直接引起人们的行为冲动。

第二,关心或兴趣。关心或兴趣(英文同是一个词 interest)是思想动机的第二种形式,它相当于认识的表象形式和阶段。表象是以感觉、知觉为基础的,也是事物的感性反映。它是对人过去感觉和知觉的回忆,是记忆中保存下来的感觉和知觉的再现,即当感觉和知觉所反映的客观对象离开后,它还可以在头脑中留下印象。《三国演义》中"望梅止渴"就是关于表象的一个生动例子。关心或兴趣是人们在情欲基础上产生的持久的、较为高级的思想动机。当人们的外界客观需要物反复地、持久地刺激人,引发人的情欲,触发人的多次行为冲动后,当人一旦离开外界需要物的直接刺激之后,该类需要仍然以主观的形式长久地遗留在人的记忆之中,使人产生对该种需要的长期的关心或兴趣。即使离开需要物的直接刺激，也能通过这种关心和兴趣，持续地引发人们的行为冲动。

第三，认识。认识是人的最高级的思想动机，相当于认识的理性阶段或理性形式。理性认识是人们借助于抽象思维，来把握对事物本质、全体、内部联系的认识。这里所讲的认识则是在情欲、关心基础上形成的人类对自身需要的理性认识，它是以抽象的形式、理论的形式而表现出来的高级的需求动机。例如人们对爱情的深刻认识，会引发人们更高尚的恋爱行为。对国家、阶级的理论反思，可以促使人们自觉地进行阶级斗争，夺取政权，从事社会革命活动。认识可以促使人们更自觉地、更有目的地按照客观规律去从事社会活动。

思想动机是如何引发人们的行为冲动的呢？也就是说人们的行为是怎样启动的？我们以人的生产活动为例，分析思想动机对人的行为的触发过程。人是依赖食物为生的，从而形成了人对食物的需要，在主体和客体之间产生了人对食物的依存、需求关系。食物是因人的饥饿需求而触发人的行为的刺激物，引发人对食物的欲望，于是就激励起人的觅食冲动。随着社会的发展，随着人的进化，久而久之，这种觅食冲动就形成了人对饮食的关心，引发人的较长时期的生产活动，如狩猎、种植，等等。长时间以来，饮食关心发展成人对饮食的品种、结构、需求的深刻认识，产生了关于饮食方面的理论，比如食品学、营养学，等等，从而引发了人们从事更高级的生产活动的冲动，推动人们进行更为科学、更为现代化的，以满足人们的饮食需要为目的的生产活动。

（2）情欲冲动的基始作用及其社会需要的刺激作用。

在人类行为启动过程中，情欲是人类基始的思想动机，一切高级的、理性的思想动机，都是以情欲冲动为基础的。

牛顿发现了"万有引力",把它作为宏观自然界的支配力量。傅立叶提出了"情欲引力"说,力图把它说成为人类社会的支配力量。恩格斯对黑格尔关于"恶欲"历史动力作用的观点给予高度评价,他说:"自从阶级对立产生以来,正是人的恶劣的情欲——贪欲和权势欲成了历史发展的杠杆。"[1] 人对客观需要物的欲望,以及在情欲基础上形成的关心和认识是人进行社会历史活动的基本动机,情欲则是人类行为的最基始的思想动机。从生理学角度来说,"情欲"是由生物机体的生理机制决定的意识反映。但是,从生理学角度的解释,只能说明一般动物的行为动因,却不能说明人的社会行为的动因。那么人的情欲是来自何处呢?不错,人的情欲是同人的生理机制有关,但它却是由人的社会需要物对人的生理—心理刺激所触发起来的激情冲动。

人的衣、食、住、行是最基本的情欲要求,它是直接推动人们运行起来进行生产斗争和其他社会实践的第一位的动机和念头。我们正是在这个意义上说,人们的情欲给予人生的"种种事业的发展",包括生产力的发展以巨大的影响。人的衣、食、住、行等基本的生活情欲是由人的基本生活需要所触发的。人的消费需要触发了人的基于生活的情欲冲动,形成了思想形式的动机,引起了人的生产活动。基本生活需要是隐藏于人的情欲背后的物质的、客观的刺激力量。

但是,人的需要既不能简单地等同于物质,又不能简单地等同于精神。人的需要必然以物质的东西为载体、为内容、为基础、为前提。人的基本生活需要是以衣、食、房等物质生活资料为载体和前提的,同样,人的文化精神需要也必须

---

[1] 《马克思恩格斯选集》第4卷,人民出版社1995年版,第237页。

以物质生活资料为前提，以电影院、图书馆、文具纸张等文化物质设施和材料为基本条件，以人的客观物质生活为内容。可是，人的需要又总是被意识到了的需要，是作为主观形态，如激情、目的、意图、关心、理论等形式表现出来的。所以，人的需要不同于动物的生理机制所决定的本能欲望，它反映了主体对社会生产客观对象的依存关系，是激发人类行为的思想动机的刺激力量。

（3）需要的刺激作用转化为利益的激励作用。

没有人的动机就没有人的行为，思想动机是由需要决定的。可是，人的需要是一种社会需要，同动物的个体生理需求具有本质的差别。普列汉诺夫认为："什么是实际的需要呢？在我们的哲学家看来，首先就是生理的需要。但是人们为了满足生理的需要，必须生产某些物品，而这种生产的进步，又使另一些需要发生，这些需要和原有的那些需要同样地实际，不过它们的性质不再是生理的了；它们是经济的，因为这些需要是生产发展所引起的后果，是人们在生产进步中必须进入的相互联系所引起的后果。"[①]

人的需要是社会需要，所以人的创造性的生产劳动又是新的需要产生的丰富源泉。人的需要是社会需要，所以人的需要要受社会经济关系的制约。人的需要首先要受生产资料占有方式的制约，谁占有生产资料，谁就首先占有需要对象。人的需要还要经过分配关系、交换关系的中介，才能与人的欲求发生关系，经过经济关系的过滤和渗透，经过经济关系的编织，人的需要就不是单个的个体需要，而成为互相联系、

---

① 《普列汉诺夫哲学著作选集》第 2 卷，生活·读书·新知三联书店 1961 年版，第 129—130 页。

互相矛盾、互相冲突的社会需要。这样一来，处于一定经济关系中的人的需要，需求关系就成为利益关系或利害关系。所以，在社会生活中，人的需要采取了利益的形式，在某种意义上来说，利益是一定经济关系中人的需要的社会形式，利益反映了人作为主体对客观生活条件的一种需要依存关系，反过来说，利益也反映了人与人的社会关系，是人与人之间经济关系、政治关系的基本表现形式。

由此看来，与其说人的需要是促发人的行为动机的刺激力，毋宁说利益是促发人的行为动机，引起人们社会活动的刺激力。物质利益和经济利益是人类最基本的社会利益。物质利益是指人对物质生活资料为主的物质实物的需要依存关系所获得的经济关系的表现形式，社会经济利益是一定数量的社会成果在满足主体的经济需求时所获得的经济关系的表现形式。物质利益与经济利益基本上是一致的，二者有重合的部分，比如经济关系中的实物利益是物质利益内容的重要重合部分。从哲学角度来讲，物质的、经济的利益是刺激人类从事社会历史活动的最基本的刺激因素。

利益引起人们进行社会活动，首先是社会生产活动的思想动机，从而引动人们的社会活动，首先是生产活动。利益所引起的思想动机也具有三种形式：利益欲望、利益兴趣、利益认识。利益欲望是由利益所激发起来的人的欲望的初级的主观形式，是指利益所引发出的最原初的、最简朴的"意向"、"愿望"、"念头"、"目的"等思想动机。利益欲望是人们心理动机的基础部分，它在利益的刺激下，表现为强烈的意图，造成具有具体目标的冲动的意志和强烈的情欲，它具有暂时性、阵发性、中断性和直接性的特点。在利益欲望的基础上产生利益兴趣。列宁说："同个人利益结合，能够提高生产。"① 利益兴趣是在利益欲望的基础上产生的持久的意愿，它已经离开了利益的直接刺激，表现为同一定的需要印象和观念相联系的持久的思想动机，它具有持久性、坚定性、连续性和表现性。利益兴趣可以远离实物的直接刺激，而对人产生持久的激励作用。比如事业心，有些人在满足基本利益要求的前提下，对自己从事的活动抱有远大的理想和抱负，造成了持久的对事业的献身精神，这种事业关心可以激励人们去从事为之献身的社会事业。利益认识是在利益基础上产生的思想动机，它是比"利益兴趣"更高级的思想动机范畴。在利益的刺激下，人们产生各种思想动机，沿着这个方向去进行谋取利益的活动，如对利益的理论认识，对工人阶级的长远利益、根本利益的认识，利益认识一旦产生，就会反作用于利益欲望和利益兴趣，校正或强化动机，去从事长期的、坚定的旨在于达到根本利益目的的谋利活动。正确的利益认识可以使人放弃个人的、暂时的利益，促进人们从事有利于社会历史进步的社会改革和社会革命。

(4) 利益激励实现过程及其激励机制。

利益激励作用过程就是利益本身的实现过程，利益的实现过程集中表现为利益的刺激作用、刺激机制。

第一，利益实现过程。

我们可以把利益的实现过程分解为如下阶段和要素：

首先，利益刺激和利益目标追求。从生理学角度说，一定的外部刺激物刺激动物的机体，就会形成生理行为反应。人的社会行为起初从萌发动机到产生行为起，也需要一定的刺激。但人不同于动物，动物接受的是直接的实物刺激，人

---

① 《列宁全集》第42卷，人民出版社1987年版，第176—177页。

既需要一定的实物刺激，又可以远离直接的实物刺激，接受间接的、精神性的、思想形式的、观念上的刺激。尽管如此，直接的经济和物质刺激仍然是人的行动得以启动的最基本的刺激形式，刺激就是通过"外部目标"来激励人的"内在动机"。刺激是一种"动态"状态。刺激还需要刺激物或外在目标，例如，食物可以刺激动物发生一定的觅食行为，多种多样的利益可以激励人发生一定的社会行为。利益就是使人活动起来的刺激物或刺激目标，利益的激励作用首先表现为对人的活动动机的刺激。我们说利益是激励人的历史活动的动力，首先是说利益可以刺激人、激发人，使人萌发情欲冲动，形成利益兴趣和利益认识，继而产生对一定利益目标的持续追求。利益刺激和利益目标追求是利益实现的第一个阶段和首要因素。

其次，谋利活动。谋利活动是指人有意识、有目的地谋取利益的社会活动，这种活动是指人在一定物质情欲的驱使下，在一定利益的刺激下，在某种利益认识的指导下，持续地追求利益谋取的社会活动。谋利活动是利益实现的最基本的阶段和因素。谋利活动是由谋利主体自觉进行的，谋利主体就是谋利活动的主体，谋利活动的主体就是利益追求的主体的主体。但是，一定的谋利活动必然需要一定的谋利工具、谋利手段和其他必要的谋利资料。生产资料是谋取经济利益的工具和手段，人要进行谋取经济利益的劳动活动，必须首先占有生产资料。所以，利益追求占有主体首先应当是谋利资料的占有追求主体。在私有制条件下，劳动者作为谋利活动主体与谋利资料相分离，劳动者还不是完全意义上的劳动谋利活动的主体，而表现为被动的、受他人摆布的谋利工具和手段，劳动者并不是真正的谋利占有的主体，不是真正的利益追求，利益占有的主体。社会主义公有制的建立，使劳动者占有了谋利资料，成为名副其实的谋利主体。劳动者能够按照自己的利益需要自由地支配生产资料，自主地进行谋利活动，并且按照按劳分配的原则去谋取利益。

再次，利益竞争。利益刺激导致人的利益目标追求，导致人的谋利活动，导致人们之间的利益竞争。利益竞争是人与人之间的力量、智慧、才能的比赛和较量，利益竞争的结果必将推动社会的发展。经济发展靠竞争，学术发展、人才培养靠竞争，体育比赛靠竞争……总之利益竞争贯穿于人类的社会活动之中，利益竞争意味着你追我赶，意味着自力更生、奋发向上，意味着进取、创新、前进，利益竞争是推动人类社会发展的一种基本动力。从心理学上来说，利益竞争能够最大限度地激发出人们的活动激情，充分发挥人的能量，使人的追求变成一种持续的行动，不断地追求一个又一个生活目标。

人们对利益的追求是利益竞争的物质根源。人们所处的经济关系不同，对利益的占有也不同，同时人们的利益需求也是复杂多样的，这就造成了利益差别。差别就是矛盾，利益差别和利益矛盾是社会利益竞争的最深厚的激励源泉。在私有制社会中，经济地位的对立、利益占有的差别悬殊决定了利益主体之间存在着根本对立的利益竞争，利益竞争会发展成为对抗性的利益冲突。在阶级社会中，不同阶级之间的利益冲突和斗争成为社会发展的动力。在社会主义国家，虽然根本对立的利益矛盾产生的经济基础已经不存在了，但由于社会主义经济条件的局限性，仍然存在着利益差别和利益矛盾，存在根本一致基础上的利益竞争，在社会主义条件下，人民内部的利益矛盾是社会主义条件下促使人们、刺激人们产生思想动机冲动，使人们为了追求利益而进行谋利活动的激励因素。

最后，利益激励实现的制约因素选择。选择利益目标、最终实现利益目的，要受到多种制约因素的影响，其中最主要的制约因素是社会制度和社会体制。社会制度是一定社会形态的根本标志和主要内容，是社会的经济、政治、法律、文化等制度的总称。社会经济制度是一定生产关系的总和，所有制则是经济制度中最主要的东西。体制是在一定的社会制度的基础上所建立起来的生产关系和上层建筑的"具体形式"，又称具体制度。与经济制度相一致的就是经济体制，经济体制是一定生产关系的具体的经济形式，它包括社会所有制的结构和形式、经济管理体制，等等。制度决定体制，体制具有相对独立性，并反作用于制度。不同的制度具有不同的体制，同一种制度可以有多种体制模式。制度相对稳定，但体制易于变化。适合的体制可以使制度更大限度地发挥优越性，不适合的体制又能够限制制度优越性的发挥。在既定的社会制度的条件下，人们可以根据社会规律选择最佳的体制。

利益是一定经济关系的表现形式。对生产资料的占有表现为利益主体的利益占有，生产资料的占有决定了利益占有，所以经济制度从根本上制约利益的实现。譬如，生产资料归私人占有，这就决定了生产资料的私人占有者占有社会的大部分利益，决定劳动者利益的数量和质量。在既定的制度下，采取何种体制对利益激励的实现也具有重要的制约作用。在既定的制度下，劳动效率的高低、生产积极性的大小都与体制有关系。例如在社会主义制度条件下，如果采取僵化的集中计划管理体制，实行平均主义分配体制，就会损害企业和个人的劳动积极性。如果我们选择社会主义市场经济体制，实行合理的分配原则和分配体制，就会促进企业和个人利益追求的积极性，推动社会生产的发展。因此，制度、体制是利益激励实现的重要保证，是调整各种利益关系的重要保障。在既定的社会制度条件下，体制的选择则是利益实现的关键，也是利益激励作用能否充分发挥出来的关键。

第二，激励结构和刺激机制。

人们为了满足社会生活的需要，从而为了获得一定的社会利益，才结成以一定的生产关系为基础的社会关系。这样一来，在社会生活各个方面，首先是生产和再生产的各个环节上，利益就成为人们一切活动的直接目的和最终目的。利益作为目的赋予人的活动，首先是经济活动以"指向性"、"生命力"和内在刺激力。利益具有激励人们进行社会活动的功能，利益的激励功能是利益作用的具体表现形式和基本作用方式。

利益激励可以分为物质利益激励和精神利益激励，经济利益激励和非经济利益激励两大类别，其中物质利益激励和经济利益激励是最基本的利益激励形式。当然，在满足一定的物质利益和经济利益的前提下，精神利益激励和非经济利益激励又可以起一定的激励作用。利益激励的方式可以分为：正面激励。正面激励直接给人一定的利益，或随着人的活动的加强，逐步加大利益，强化激励；反面激励。反面激励是从相反的方面来刺激人，如降低工资、取消待遇、罚款、给予纪律处分、撤销荣誉称号，等等。从效果来看，利益的量给得越大，人依从刺激的可能性就越大，从而进一步要求的刺激利益就会增大，所以，正面激励虽然效果显著，但在一定的条件下，花费较大且有一定的副作用。反面激励越小，人依从的可能性反而有可能增大,正面激励所产生的消极作用也有可能缩小,使用得当,反面激励花费较少,收获反而增大。以正面激励为主,辅之以必要的反面激励,就会产生较好的刺激效果。激励的类型和方式构成了一定的刺激结构,在一定可能的利益激励中寻求花费最小,副作用最少,而又可能提供最好的刺激效果,这就是利益激励结构运行的最佳原则。

在一定的制度和体制的制约下,采取相应的手段、工具和组织形式,充分发挥利益激励的社会功能,就构成了一定的利益激励机制,利益激励的作用机制是客观的,是有一定规律的,人们可以利用利益激励的客观机制,自觉地促进社会的发展和进步。

在不同的制度下,利益激励机制具有不同的形式。在资本主义社会里,利益激励机制主要以资本家追求私人利润的形式表现出来。资本主义利润成为资本主义经济活动的主要动力。社会主义生产的目的是要满足人民的需要,如何使劳动者关心自己的劳动成果,刺激劳动者的劳动积极性,这是社会主义利益激励机制的主要任务。社会主义制度决定了劳动人民的劳动是为了直接实现自己的利益,个人利益同集体、国家利益是一致的,这就决定了社会主义的利益激励可以直接采取正面鼓励(物质鼓励为主)的办法,来激发人们的劳动积极性。所以,社会主义的利益激励机制主要是通过物质和精神的鼓励制度而实现的。

第三,健全完善利益激励机制,充分发挥利益的刺激作用。

人类社会历史的事实表明,一个社会劳动者的"自主活动",即自己创造历史的活动所受到的束缚程度反映了生产力的发展程度。从宏观角度来说，束缚人类"自主活动"的发挥是一个制度和体制问题。例如，在中国封建社会中后期，中国封建社会的专制主义锁链对劳动者的束缚，是中国封建社会生产力的发展处于缓慢和停滞状况的一个重要原因。从微观角度来说，束缚人类"自主活动"的发挥，则是一个利益激励机制问题。从理论上来说，先进的社会制度总比落后的社会制度更能发挥利益对人的激励作用。在同样的制度下，适当的社会体制总比不适当的社会体制更能发挥利益对人的积极性的激励作用。社会主义制度为充分发挥利益的刺激机制提供了良好的基本条件。在这种条件下，运用社会体制的功能，建立健全利益激励机制，合理发挥利益的刺激作用，是发挥社会主义动力作用的一个重要条件。

在社会主义国家，通过精神鼓励来调动人们积极性的激励作用越来越大。建立社会主义的动力激励机制，绝对不能忽视精神激励的作用，提高全民的文化素质和思想素质，建立有效的社会主义政治思想工作制度，通过有效的政治思想工作，通过精神鼓励的办法，来调动社会主义劳动者的积极性，是社会主义利益激励机制不可缺少的环节。

在社会主义国家，创立利益激励机制需要有一个探索的过程。可以从三个方面进行探索：一是深化各种分配制度、分配形式的改革，真正把责、权、利有机地结合起来，充分体现出按劳分配、多劳多得的原则。允许合法的非劳动收入的存在，使工资和奖金，还有其他形式的个人收入，正常发挥出刺激功能来。二是建立健全劳动组织内部的民主管理制度，尊重职工的地位，实行广泛的人民自治和经济管理民主化，激励起广大职工的政治热情。三是建立健全政治思想工作制度，丰富职工群众的业余文化生活，建立一整套有效的精神鼓励的办法和制度，从思想上、道德上不断提高劳动者的素质和工作积极性。

2. 利益的推动作用

探讨了利益的激励作用，就可以进一步探讨利益的推动作用。从根本上说，社会的物质生产基础是社会利益形成的前提和条件，但利益并不是社会生产发展的被动产物，利益可以起到促进社会生产发展，从而具备推动整个社会发展的作用。新的利益要求的出现首先是社会生产发展的标志，同时也是社会生产进一步发展的动力。利益对生产发展从而对社会发展的动力作用，主要是通过激励人们去从事生产活动以及各类社会活动而表现出来的。

利益构成了推动人们从事社会历史活动，首先是生产活动的内在动因。历史是人的历史，人是历史活动的主体，探讨历史发展的动力，必须首先探讨推动人们历史活动的动力。著名哲学家罗素说过："人类一切的活动都发生于两个来源：冲动与愿望。"① 抛开罗素哲学的唯心主义前提，可以看出罗素指出了这样一个道理，人的一切活动都要经过人的意识，也就是说，人的活动必须采取思想动机的形式，没有动机就没有人的行为，思想动机是由需要决定的。

人的需要在本质上是社会需要，经过经济关系的过滤和渗透，经过经济关系的编织，人的需要就不同于单个的个体需要，而成为互相联系、互相矛盾、互相冲突的社会需要。这样，处于一定经济关系中的人的需要和需求关系就成为利

---

① ［英］柏特兰·罗素：《社会改造原理》，上海人民出版社1959年版，第3页。

益和利益关系。在社会生活中，人的需要采取了利益的形式，利益是一定经济关系中的社会需要的高级社会形式，由此看来，利益就会成为促发人的动机，引起人们从事社会活动的动力。

无论在任何社会，利益都构成人类进行历史活动思想动机背后的具体动因。但是，在不同的社会历史条件下，利益动力形式表现是不同的。在原始社会，原始群的集体利益是推动社会发展的动因。在私有制社会中，利益集中表现为私人利益，"统治阶级的利益就成为生产的推动力量"，[①] 私利成为社会统治阶级从事历史活动的具体动因。在奴隶社会，最大限度地追求奴隶的剩余劳动，是奴隶社会经济发展的主要动因。追求利润，则成为资本主义社会经济发展的动力。在私利作为驱使人们进行历史活动的社会中，劳动人民只是剥削阶级为达到自己私利而被驱动的工具，劳动者的个人利益得不到应有的满足，劳动人民自觉的活动受到极大的限制。社会主义制度的建立使劳动者直接为自身获取劳动成果而进行劳动，人民群众的利益真正成为劳动者进行社会历史活动的动力，成为社会主义向前发展的推动因素。在社会主义制度下，利益的动力作用再也不需要经过歪曲的、曲折的、间接的剥削阶级私利形式而表现出来。利益的这种直接动力形式，能够比私有制社会中的私利形式释放出更大的动力能量。在社会主义条件下，利益的动力作用有这样几个特点：

（1）由于社会主义劳动的分离特点，在整个利益体系中，个人的合理利益是刺激个人活动积极性的最有效的动力因素。

[①] 《马克思恩格斯选集》第4卷，人民出版社1995年版，第385页。

(2) 社会主义制度使个人利益、群（集）体利益、国家利益三种动力因素既存在矛盾，同时在做功方向上又趋于一致。社会主义劳动者个人为个人利益劳动同时也就是为集体和为国家利益劳动，这就在同一方向上加强了三种利益因素的合力作用。(3) 社会主义制度本身可以自觉地调整各个利益主体之间的矛盾关系，降低利益竞争中的内耗效应，最优化地发挥社会主义利益动力的合力效率。(4) 社会主义的整个社会需要和利益直接构成了社会生产发展的内在动力。社会主义社会人的需要是拉动社会生产的动因。利益是个人从事历史活动，首先是经济活动的动力，那么，整体的社会发展和经济活动的内在动力是什么呢？马克思关于历史发展的合力理论表明，包括历史的前进运动在内的一切历史事变，都是由每个人，从而是每个人所构成的每一个阶级力量的互相交错、融合而成的总的历史合力所决定的。毫无疑问，社会生产和社会经济活动，是由无数个劳动者个人和劳动群体的活动构成的。但是，每个个人和每个劳动组织的生产行为和经济行为的简单相加，并不构成社会生产和社会经济运行的整体。只有当个人和劳动组织作为社会生产力的一个要素，作为社会经济运行的一个要素，并且由社会经济关系把这些要素有机地协调起来，在生产竞争中，形成一个共同的社会生产整体行为和经济整体行为，构成社会生产和社会经济的整体运动。尽管每个人都是有意识的生产活动者和经济行为者，但是任何个体行为都不过是整个社会生产运动和经济运行的一个零部件。这样，社会生产和社会经济，就成为不以任何个人和任何单独劳动组织的意志和行为为转移的物质运动。就整个社会生产（经济）来说，社会需要和利益就成为社会生产的目的和动机，从而构成社会经济发展的内在动力。在不同的社会形态里，生产资料所有制使社会需要具有不同的社会形式，从而决定了生产目的和内在动机具有不同的表现形式。社会主义社会生产目的直接表现为为了最大限度地满足全体人民不断增长的物质和文化需要，社会整体需要、整体利益直接表现为社会生产的目的，直接成为社会经济发展的内在动力。当然，社会整体需要、整体利益是社会主义生产的内在动机，这同利益是人们从事具体历史活动的内在动因是一致的。社会主义生产的直接目的，是为了满足全体人民的社会需要，社会主义的劳动者为了获得更多的生活资料，就同个人利益对劳动者生产活动的具体刺激作用一致起来。(5) 在我国社会主义发展的市场经济阶段，人的需要表现为多样、多元，甚至矛盾，需要表现为具有内在矛盾和竞争的市场需求，这将致使利益主体多元化、利益竞争激烈化。当然利益竞争与矛盾最终表现为拉动生产的合力。(6) 随着人们的精神文化需要的不断提高，精神动力的作用也越来越大。在社会主义条件下，劳动者的劳动开始具有自主劳动的特点，劳动者的个人利益同整个国家利益趋向一致，应当不断提高劳动者为集体、为国家而劳动的觉悟。随着社会主义物质文明和精神文明的发展，劳动者的思想品德也随之提高，这就使得一定物质条件下的精神动力的作用逐步加大。当然，这一过程是漫长的。

3. 利益的导向作用

利益对人的行为具有激励作用，是促使人进行社会历史活动的动力，那么这种激励作用、动力作用必然表现为对人的意识，对人的行为的导向作用。利益的导向作用在社会生活的各个方面，如经济、政治、文化、思想、教育等方面，都有充分的体现。

（1）利益导向的内涵。

利益对利益主体的意向、行为具有一定的导向作用，利益导向就是人的客观存在的利益需求所造成的利益主体的各种利益追求行为的规范与引导。利益导向大体上是：第一，致使利益主体遵循一定的社会理想与人生目标，根据一定的利益功利原则与利益价值标准，对各种利益追求的功利原则和价值属性作出理性认识与价值判断；第二，使利益主体根据这种认识与判断，针对各种利益追求目标及其价值属性（正价值还是负价值或是无价值）与价值层次（价值量高低大小），对具体的利益追求目标相应采取不同的行动方针；第三，使利益主体按照一定的价值原则和功利原则，去实现具体的利益追求和利益满足。首先利益导向是客观的，同时利益导向又是一定的功利原则和价值标准在人的利益活动中的具体化，合理的利益导向可以引导利益主体按照历史必然性要求采取最有价值的行为方向与行为路线，规范和引导利益主体在利益追求中趋利避害，追求合理利益，反对不合理利益。当然，不合理的利益导向也可以引导利益主体追求不合理的利益，甚至损害他人利益，甚至剥夺或掠夺他人利益。

利益导向在社会生活中是一种客观必然的现象。迄今为止的阶级社会中，总是划分为不同阶级，并且形成不同的阶层、集团、群体。阶级以及阶层、集团、群体之所以产生和存在，是由于各自的利益不同。这样就使社会总是由不同的利益主体（利益集团）组成。不同的利益主体具有不同的利益选择与追求。就是同一利益主体，它也总是经常面临着各种不同的利益选择与追求，如合理利益与不合理利益，个人利益、集体利益与国家利益，经济利益与政治利益，物质利益与精神利益，等等。无论是何种选择，都要受该阶级、阶层、集团、个人所处的社会关系的制约，在阶级社会中亦受阶级关系的制约。利益选择首先受社会关系的制约，换句话说，利益导向实质上是一种经济关系、阶级关系、社会关系所决定的导向。当然，在这个大前提下，利益主体不论在不同利益中选择什么，如何选择，总是按最有价值亦即利益最大的方向进行选择，这就需要对利益主体的选择做出规范与引导，这就使利益导向在客观上成为必然。

（2）利益导向的内容。

利益主体居于什么样的经济关系之中，处于什么样的历史条件之中，具体处于什么样的物质需求关系之中，就会产生相应的利益导向，利益导向也就有相应的导向内容。

① 利益的手段导向。

要谋生存求发展，就必须有衣、食、住、行等生活资料，为此就必须进行物质生产，生产各种生活、生产资料，这是人类生存的第一需要，也是人类的基本利益即物质经济利益的需要，正是在物质经济利益的基础上才发展起了人类的政治利益与精神利益。一般地说，对与一定历史条件相一致的物质利益及其派生利益的追求是合理的，但这并不意味着人类的利益追求绝对都是"天然合理"的，不存在利益导向的问题了。事实上，为了满足利益主体的利益要求，就得在一定的社会条件下采取一定的谋利手段，该谋利手段可能是正当的，也可能是不正当的。在利益主体追求利益的活动中，规范和引导利益主体采用正当手段，摒弃不正当手段，这就是利益的手段导向。由于采用的手段不同，使不同的利益主体的不同利益在性质上截然不同，有的合理正当，有的则非理失当的。比如想积累一笔财富，这种目的本身无可非议，但有人通过辛勤劳动创造出大财富，有人则通过偷盗抢劫聚敛不义之财。一般地说，前者自力更生、劳动致富，其利益追求手段是合理正当的；后者损人利己、不愿劳动，其利益追求手段便是非理失当。要进行利益导向，保证主体的利益追求是合理正当的，手段导向是非常重要的。对利益主体行为进行规范引导，使之在利益追求中采用正当手段，通过自己努力实现自己的目的，杜绝不正当手段。在具备必要条件时，引导利益主体充分利用该条件，以正当手段实现自己的利益，如不具备必要条件，则引导他们积极创造条件，再以正当手段实现自己的利益。

当然，谋利活动的手段是有历史局限性，在阶级社会中是阶级性的。在一定的历史条件下是合理正当的，在另一种历史条件下却又是不合理、不正当的。在一些阶级看来是正当的，在另一些阶级看来则是不合理、不正当的。比如，站在地主阶级利益的立场上看，他追求地租剥削的手段是正当的，但站在雇佣农民的立场上看却又是不正当的。在阶级社会中，离开一定的历史条件、一定的阶级条件来看待手段的正当与否，是不正确的。即使在非阶级社会中，离开一定的历史条件、离开一定的社会关系来看待手段正当与否，也是不正确的。因此，利益的手段导向也是历史的、具体的，在阶级社会中，是有阶级性取向的。

② 利益的道德导向。

利益矛盾，在纵向方面，利益表现为个人利益、群（集）体利益、国家（社会整体）利益三者之间的矛盾；在横向方面，表现为个人与个人之间、群体与群体之间、阶层与阶层之间、阶级与阶级之间、民族与民族之间、国家与国家之间的矛盾。任何利益矛盾必然要在人们的思想上反映出来，必然要通过人们的思想态度、道德取向而表现出来。即使在社会主义条件下，有人能够处理好个人、集体、国家三者之间的利益矛盾，能够处理好不同个人、群体之间的利益矛盾，有人就不能处理好这些矛盾。如果人们都不能处理好这些利益矛盾的话，社会就不能协调稳定地发展。这就需要充分发挥利益的道德导向作用，通过思想政治工作，同利益导向相结合，引导人们正确处理好各类利益矛盾。所谓利益的道德导向就是通过国家利益对集体、个人利益的主导作用，长远利益、根本利益、整体利益对眼前利益、暂时利益、局部利益的主导作用，阶级利益、民族利益对个人利益的主导作用，结合思想政治工作，促使人们把国家利益摆在个人利益之前，把长远利益、根本利益摆在近期利益、暂时利益之前，把阶级利益摆在个人利益之前，促使一些先进人物为了根本利益、整体利益、阶级利益、长远利益而牺牲个人利益，牺牲暂时的、近期的利益，使人们在利益追求中受到思想道德因素的导向。

③ 利益的行为导向。

对利益的追求引起人们的谋利行为和谋利活动。例如，要解决衣、食、住、行的需要，人们就需要通过物质的生产活动，产生劳动行为，农民种田、工人做工。然而，利益的追求行为是受一定的思想动机所影响的，而思想动机的产生又是利益刺激的结果。政治家追逐政治权利的活动、艺术家追求艺术的行为，等等，都是受一定的利益所驱动的。所以利益具有行为导向的作用，也就是说，一定的利益规范，引导人的逐利行为的方向、力度。强烈的利益刺激可以激发利益主体激烈的逐利活动，长远利益、根本利益的明晰化，可以促使一部分先进分子为了长远利益、根本利益而放弃近期利益和暂时利益。总之，利益对人的行为具有一定的导向作用。

④利益的内容导向。

利益是一个密切联系、逐渐递进的有一定层次的系统。其中，物质经济利益是整个利益大厦的基础。一般来说，只有在物质经济利益基础上，才会形成政治利益、精神利益。就一般规律来说，只有物质经济利益得到了实现和满足，才能进一步追求政治利益、精神利益。

物质经济利益决定政治、精神利益，利益系统中的这种依次递进的决定关系，使得在利益追求过程中，必须引导利益主体在经济利益基础上追求政治利益，在政治利益基础上追求精神利益。当然，也需要利用政治和思想的反作用，来促进物质利益、经济利益的追求。要承认和尊重主体以正当手段对经济利益的关心和追求，切实保障其利益追求的实现，同时也要引导主体以合法手段关心和追求自己的政治利益，捍卫作为主体应得的权利，履行主体应尽的义务，进而引导主体以合法手段关心和追求自己的精神利益。对经济利益的导向必须上升为对政治利益的导向，并由此上升为对精神利益的导向。另一方面，要引导主体以政治利益指导和保障经济利益，以精神利益指导和保障物质利益与经济利益。只有把物质利益、经济利益的追求，同对政治利益、精神利益的追求结合起来，互相补充、互相促进，以经济利益为基础，以政治利益为保障，以精神利益为指导，从而引导主体形成合法的、正当的、丰富的利益追求。

（3）利益导向的实现机制。

利益导向引导和规范利益主体实现自己的利益追求，利益导向的实现机制是：①物质鼓励。对利益追求凡符合一定利益导向的，则给予物质奖赏，以示鼓励；反之则给予惩罚，以示抑制。②制度制约。通过制度和体制的约束性力量，规范与引导主体去追求合理的利益，而防范其追求不正当的利益。③法律保障。利用法律手段，保护一些主体的合理的利益追求，限制另外一些主体的不合理的利益追求。④道德导向。通过社会的道德教育，强化个人的道德修养，对一定的合理利益追求进行褒扬，对相反的利益追求进行贬抑。

4. 利益的支配作用

利益是刺激人们进行活动的重要力量，是历史变更的伟大杠杆。利益具有激励作用、动力作用、导向作用，在这个基础上，就形成了利益的支配作用，即在一定的社会条件下，在承认社会根本动力的决定性作用前提下，利益支配人的思想行动，支配社会冲突和斗争，支配政治权力、政治活动。利益是社会重大变革和历史前进的杠杆，是人们进行社会历史活动的强大发动机。

（1）利益是一切时代人们改造自然、进行生产活动的直接动因和目的，支配人们生产活动及其他社会活动。人们为了生存，就需要物质生活资料，这是生产的最终目的，也是生产的直接动因。在社会发展的各个阶段上，人们改良工具，提高劳动生产率，其根本动因就在于要从自然界获取更多的物质生活资料，即物质利益。所以说，利益，确切地说，物质利益是人类历史活动，首先是生产活动的杠杆，在这个基础上，利益支配人类其他的社会活动，如政治活动、军事活动、文化活动，等等。

（2）物质、经济利益是一切社会集团、社会组织得以形成的基础，是一切社会矛盾和社会斗争的经济根源，利益对社会冲突、矛盾、斗争起着支配作用。对立统一规律不仅是自然界，而且是社会领域的根本规律。在任何一个社会中，既有一致，又有矛盾，既有统一，又有冲突，既有联合，又有斗争，这样一种对立统一的矛盾运动构成了社会发展的一般规律。在历史发展的这种进程里，利益是人与人之间、民族与民族之间、阶级与阶级之间、党派与党派之间、国家与国家之间矛盾关系的总根源。人们正是基于一定的利益关系，首先是经济利益关系而联合在一起，构成了阶层、阶级、国家等各种各样的社会集团、社会组织，建立了反映一定经济利益要求的各种政治团体和党派，形成了阶级社会。法国大革命时期，无产阶级及其他劳动群众和资产阶级联合在一起形成了第三等级的共同行动；我国抗日战争时期，抗日统一战线内部各阶级之间的联合抗日，归根结底都是建立在各阶级、各阶层某些共同利益的基础上。同时，也能够在利益差别、利益矛盾上追溯到社会矛盾和社会斗争的根源。在阶级社会中，一切阶级间的对立、矛盾、冲突归根结底是由物质利益决定的，阶级社会中的阶级斗争实际上是不同经济利益集团之间的争斗。社会矛盾和斗争是社会历史发展的源泉和动力，正是在这个意义上说，利益冲突，从而利益是历史发展的动力。

（3）利益是推动人民进行社会改革和社会革命的内在动力，利益对社会变革起到一定的支配作用。一定的生产关系反映了人与人之间的利益关系，上层建筑也是为一定的社会集团的利益服务的，政治权力是实现经济利益的手段。任何一种权利都是受利益支配的，并且是为实现一定的利益而服务的。权力斗争实质上就是利益斗争，权力集团实质上代表了一定的利益集团。权力斗争发展到顶点必然采取暴力夺权的斗争形式。生产关系—经济利益—政治权力—暴力夺权，这四者之间存在着必然的逻辑联系，利益是这一历史的、现实的逻辑联系中的关键环节。从生产力与生产关系的矛盾运动过程来看，生产力充满了活力，十分活跃，不停地发展变化，而生产关系具有相对的稳定性，具有一定的惰性。当一种新的生产关系代替旧的生产关系时，必然触动旧的生产关系所代表的那部分人的利益，这部分人为了维护自己的既得利益，必然要利用上层建筑、政治权力拼命地阻挠生产关系的变革，这样就使得旧的生产关系具有一种历史惰性。新的生产关系代替旧的生产关系，实质上就是新的利益关系代替旧的利益关系，对利益关系进行新的调整，通过利益调整，取消一些人的既得利益，满足另外一些人新的利益要求，从而调动了受压抑的这部分人的积极性，对生产力的发展起到了积极的推动作用。在阶级社会中，反动的统治阶级为了维护本阶级的既得利益，总是竭力运用自己的上层建筑和政治权力维护过时的生产关系。而广大劳动人民和革命阶级为了争取自己的利益，就要进行政治和经济斗争，进行旨在打破旧的生产关系和上层建筑的社会革命。所谓旧的生产关系束缚生产力的发展，主要是指这种生产关系损害了代表新生产力的阶级的经济利益，扼制了他们从事社会生产的积极性。因此，改革旧的上层建筑和生产关系的社会革命，从客观上满足了代表新生产力的阶级的利益，调动了他们的积极性。

在生产力与生产关系基本相适应的社会里，也需要对生产关系和上层建筑中不适应生产力的方面和环节加以调整和改革，实际上，这种调整和改革也是对该社会利益关系的调整和改革。当生产关系和上层建筑的某些环节不适应生产力的进一步发展时，同样反映出某些利益关系是不协调的，在各个利益集团之间的利益分配是不合理的，某些利益集团获取过多的利益,而某些利益集团合理的利益要求却得不到满足,这就严重地挫伤了一些利益主体的积极性。因此,这就需要改革生产关系和上层建筑中不适应生产力发展的某些环节,调整利益关系,最大限度地调动劳动者的积极性,以促进社会生产的发展。由此看来,利益是推动人民改变和改革旧的生产关系和上层建筑的内在动力。

(4)经济利益决定政治活动、政治利益、政治权力,经济利益对政治集团的政治态度、政治行为、政治权力具有一定的支配作用。在一定的经济关系下进行正常的经济活动以实现人们的经济利益,就必须有一定的政治上层建筑作保障,这就产生了政治需要。人们的政治需要通过一定的政治活动得到满足,这就是政治利益。为了维护政治利益,需要一定的政治权力,需要进行一定的政治活动。在经济与政治的相互关系中,经济是基础。经济决定政治,政治服从于经济,当然,反过来,政治对经济也起一定的反作用。首先,经济利益是产生政治活动、政治权力的根源。正是经济利益决定了某些集团要求维护或改变一定的社会关系、社会结构,从而形成政治利益,导致各种不同的政治活动,产生一定的政治思想和意识形态。其次,政治活动、政治权力、政治利益以经济利益为转移。当不同的人或集团的经济利益发生变化以后,其政治活动、权力、利益也必然发生相应的转变。最主要的是经济关系的变化,导致不同的人或集团追求的政治权力、利益的改变。政治权力、利益的这种转变,不仅有质的变化,而且还有量的变化。质的转变是由根本对立的经济利益矛盾的解决所造成的,表现为政权由落后的腐朽的阶级手中转移到先进的革命阶级的手中;量的变化则表现为政权在同一阶级内部不同阶层或集团之间的易手。再次,追求政治权力与利益的最终目的是为了实现经济利益。"土地占有制和资产阶级之间的斗争,正如资产阶级和无产阶级之间的斗争一样,首先是为了经济利益而进行的,政治权力不过是用来实现经济利益的手段。"① 经济权力与利益是政治权力与利益的根源和最终归宿。

（5）利益是思想的基础,利益支配思想。马克思指出："'思想'一旦离开'利益',就一定会使自己出丑。"② 人是生活在一定的物质的、经济的利益关系之中的,人的思想、意识,以及在这个基础上形成的理论观点都受利益关系的支配、影响和决定。一定的利益决定一个人的思想、观点。在阶级社会,阶级利益关系决定、支配人的思想、意识,使人的思想、意识深深打上阶级的烙印。在阶级社会中,分析一个人的思想、观点,要看这个人是站在哪个阶级的立场上,维护哪个阶级的利益。在社会主义现阶段,还存在一定的阶级差别、利益群体的差别,不同的阶级、阶层、利益群体因为自身利益上的差别,在思想上、态度上会有不同的表现。利益对人的思想意识具有一定的支配决定作用。

三 利益的动力结构和动力传递

既然利益是推动人们进行社会活动的动机,那么,就提出了两个重要的问题:一是作为推动个体活动的动力的个人利益,如何转变为推动集体乃至整个民族和国家行动起来的动力;二是作为推动主体活动的动力的利益,如何转变为在

---

① 《马克思恩格斯选集》第 4 卷,人民出版社 1995 年版,第 250 页。
② 《马克思恩格斯全集》第 2 卷,人民出版社 1957 年版,第 82 页。

整个客观的社会历史发展中起作用的动力。要回答这两个问题,必须从主体和客体两个角度,从微观和宏观两个范围,来具体剖析利益的动力结构和动力传递。

1. 利益的微观动力结构和动力传递

现在,我们把利益的动力作用缩微到利益主体经济活动的微观动力结构上,具体透视利益的动力结构和动力传递。

任何利益都是人的利益,人是利益主体,利益是通过人的主观能动性而发挥动力作用的。可以从个人利益、群(集)体(阶层、阶级、民族、企业、各种利益集团)利益、国家利益三个层次来考察利益动力结构和动力传递。这三个层次的主体利益构成了错综复杂的利益动力结构。我们把整个利益动力的作用缩微到主体利益的微观动力结构上,从经济活动的范围,来具体透视利益的动力传递。

(1) 个人利益是利益动力结构的原始细胞。任何时代的历史活动都是由无数单个的具体个人的社会活动所构成,个人作为历史活动的主体是整个社会历史活动主体的最基础的单元。生产必需的生活资料是人们的第一个历史活动,满足个人生活需要的个人利益则是利益结构的原始细胞。尽管各个社会历史形态有所不同,但是任何社会都必须满足个人生活需要。所不同的是在不同的社会形态下,个人利益采取的形式不同,其重要性也不同。在生产资料私有制的条件下,不仅主体的生活需要,而且主体的生产需要,都要以个人利益的形式来满足,个人利益以利己的私人利益表现出来。如在资本主义社会,资本家的个人利益表现为对利益的追求。由于所有制的作祟,个人利益分裂为相互对立的利益,剥削阶级的个人利益采取虚构的集体或社会利益的形式支配、控制、剥夺被剥削阶级的个人利益。在社会主义条件下,个人利益之间的根本对立消除了，个人利益与集体和社会利益基本上是一致的。但是，社会需要的满足仍然具体落实在个人对生活资料的满足上，个人需要的满足必然同劳动者的个人劳动相联系，个人利益仍然是促进个人历史活动的动力。

（2）群（集）体利益是利益动力结构的中介要素。生物机体的细胞是生命活动的基本单位，是能够相对独立地进行物质代谢和能量传递等生物过程和生化过程的基本单位。但是，细胞要进行正常的生物体的生命活动，必须同其他细胞有机地结合起来。个人利益作为整个利益体系中的一个细胞也是如此。因为人是社会动物，任何个人的劳动都必须依附于一定的社会关系，即发生一定的劳动分工和协作关系，才能得以进行。人们在共同劳动中把个人利益同整个劳动群（集）体的利益联系在一起，形成了共同的群（集）体利益。群（集）体利益是由个人利益构成的，同时群（集）体利益又使单独的个人利益联合成为一个有机的整体。任何单独的个人利益都是不能单独存在，必然依附于一定的群（集）体利益才能存在，没有群（集）体利益也就没有个人利益。在阶级社会中，共同的群（集）体利益是以阶级利益的形式出现的，阶级利益是一个阶级的最高层次的共同利益，同时，个人利益又同群（集）体利益存在着一定的矛盾和分离。个人利益有机地构成群（集）体利益，而群（集）体利益又有机地构成社会利益，群（集）体利益成为联结个人利益和社会利益的中间环节。群（集）体是历史活动的第二个层次的主体，群（集）体利益是推动整个群（集）体运行起来的动力。

（3）国家利益是利益动力结构的最高层次。在有国家存在的社会中，整个社会的共同利益一定要通过国家的意志，以国家利益的形式表现出来,才能取得法律的普遍效力。从内容上来看,在国家尚未消灭的社会历史阶段上,人们所期望的社会利益实际上就是由个人利益、群(集)体利益有机构成的国家利益。在一个国家中,各个群(集)体利益的共同点就构成了全社会的普遍利益,国家利益支配着个体利益、群(集)体利益的作用方向和作用程度,协调、平衡个人之间、个人与群(集)体之间、群(集)体与群(集)体之间的利益关系。在阶级社会中,"统治阶级的利益就成为生产的推动因素"。① 统治阶级的阶级利益是以虚幻的社会普遍利益的形式出现的,采取了国家利益的形式,从而作用于社会生产的发展。恩格斯说:"国家总的说来还只是以集中的形式反映了支配着生产的阶级的经济需要。"② 一方面,统治阶级要利用国家利益的形式来保证整个社会生产和社会生活的正常进行;另一方面,它利用社会利益、国家利益的旗帜来欺骗和支配劳动阶级,以满足本阶级的阶级私利。在阶级社会中,由于存在着对立的经济条件,国家利益同个人利益、群(集)体利益之间存在着对立和分离。

个人、群(集)体、国家分别具有不同的利益内容,个人利益、群(集)体利益、国家利益是利益体系的三个基本要素,它们之间互相依存、互相矛盾,形成了交错复杂的动力结构,分别起到动力的作用。根据现代化学原理,我们可以把人参分解成为各种化学成分,但若干化学成分的简单拼积却起不到人参的药用作用。社会动力体系也可以分解成不同的具体动力,但这些具体动力的堆积却不能发挥总的合

---

① 《马克思恩格斯全集》第20卷,人民出版社1965年版,第521页。
② 《马克思恩格斯全集》第21卷,人民出版社1965年版,第346页。

力作用。它们必须结合成有机的、作用方向最终一致的合力，才能起到动力作用。因此，我们必须研究个人利益、群（集）体利益、国家利益的动力传递方式。

个人利益起着基始的动力作用，个人利益首先是人们从事劳动活动的直接动因。然而，个人的劳动活动必然要结成一定的生产关系才能进行，个人利益的动因作用就通过生产关系传递给劳动集体，使群（集）体利益成为推动集体生产活动的动力。以此类推，群（集）体利益的动力作用经过整个社会生产关系的传递而汇合成合力性质的国家以及社会利益，以促进整个社会生产的发展。

当然，任何社会利益的动力传递并不是采取这种理想的直线定向式方式。三种利益动力之间存在着不协调和矛盾关系，存在着相互抵消、摩擦、内耗的作用机制。个人利益的动力作用不见得都同群（集）体利益的动力作用成正比，群（集）体利益的动力作用也不见得都同社会利益的动力作用成正比。个人从自身利益出发，群（集）体从该群（集）体的利益出发，总希望本人或本群（集）体尽可能多地获益，总是要求把劳动产品更多地转化为该个人和群（集）体的消费资料，这样就给社会利益的实现增大了阻力和内耗力。个人利益动力成为群（集）体利益动力，群（集）体利益动力又成为国家利益动力的制约因素和反作用力。正是通过这种相互抵消的动力机制，经由一定经济关系的调整，才使得这些动力在传递过程中，有机地合成一股合力，从而推动社会历史的发展。

根据系统论的最优化原理，个人乃至群（集）体利益是使社会利益最大限度地发挥出动力作用的最优化的因素，同时也是最大限度地限制社会利益的动力作用发挥出来的重要因素。个人利益、群（集）体利益、国家利益三者同步、同向、同力地发挥其动力机制，使利益的动力作用达到最优化状态，这是社会历史发展的基本要求，也是衡量社会动力运行效率的检验指标，社会利益动力结构的合力应该最大限度地逼近最优化的动力作用目标。

最优化地发挥利益的动力作用，主要取决于利益动力运行的经济和社会环境。在私有制条件下，个人、群（集）体和国家三者利益之间的根本对立加大了利益动力结构的内耗，致使社会利益的合力作用发挥不出其最优值来。社会主义公有制的建立，使社会主义利益动力结构和动力传递建立在根本利益一致的基础上，这就为实现动力发挥的最优值创造了良好的条件：首先，社会主义所有制比私有制能够更大限度地调动劳动者个人的积极性，充分发挥个人利益的动力作用。满足个人生活需要是一切社会存在的必要前提。在社会主义社会，劳动者个人和家庭的生存和发展仍然是劳动者个人的事情，把消费品转变为劳动者个人所有，在共同占有生产资料的基础上重建"个人所有制"，这是社会主义的一个重要任务。所以，个人利益是个人劳动的直接动机，社会主义的建立不仅没有取消个人利益的动力，而且还进一步解放和强化了个人利益的动力机制。社会主义使劳动者同生产资料相结合，保证劳动者凭借自己的劳动质量和数量获取个人生活的资料，这就为个人利益的动力发挥创造了一个良好的环境。其次，社会主义公有制使个人利益、群（集）体利益、国家利益三种动力在作用方向上更加趋于一致。社会主义的劳动者个人成为劳动的主人，它们较为清楚地认识到，为集体和国家利益而劳动同时就是为个人利益而劳动，所以，这就在同一运动方向上加强了三种利益动力的激励作用。再有，社会主义制度本身可以自觉地协调三者利益之间的制约因素和降低冲突摩擦消耗效应，最优化地发挥三个利益动力的合力效率。但是，由于历史的原因，我国还处于社会主义发展的初级阶段，我国社会主义原有的旧的经济、政治体制还在一定程度上束缚社会主义利益动力作用的发挥，改革社会主义的现行体制，使社会主义利益动力的能量充分地释放出来，势在必行。

2. 利益的宏观动力结构和动力传递

从宏观来看，社会动力是个多层次、多因素的系统，它可以分为三个大的层次：社会历史发展的一般动力；各个领域、各个范围、各个阶段的特殊动力，如经济发展动力；个人活动的具体动力。社会发展一般动力是指贯穿人类社会始终、渗透到人类社会各个领域，起着根本推动作用的力量和因素，它是社会历史发展的决定性动力，从根本上决定着社会形态的变迁，制约着人类社会历史发展过程中各个层次、各个领域、各个阶段的具体动因。各个领域、各个范围、各个阶段的动力只是在各个领域、各个范围、各个阶段起作用的特殊动力，如，社会经济发展的动力是指推动人类社会经济发展的原因和动力，它直接构成整个社会生产的目的，推动社会生产的发展。个人活动的具体动力是指激励个人从事经济、政治、文化等社会活动，首先是生产活动的动力，它是个人行为的直接动力。

利益是如何在这个宏观的动力体系中发挥其作用机制的呢？从利益本身的性质来看，可以分成物质利益和精神利益、经济利益和非经济利益两大类别。物质利益是人类历史活动的物质动力，而精神利益是历史活动的精神动力。物质动力决定精神动力，它把力传递给精神动力，反过来精神动力又会加强或减弱物质动力的作用。经济利益是人们进行经济活动的动力，经济动力决定非经济动力，反过来，非经济动力又会加强或减弱经济动力的作用。利益动力本身的内在动力传递，又会在宏观的具有三个层次的社会动力体系中发挥其作用。个人的具体社会活动可以分为生产劳动行为和非生产劳动行为。个人的生产劳动行为是在个人物质利益刺激下所产生的行为，它带动并决定人的其他具体社会行为，个人的物质利益是人从事正常社会活动，首先是生产劳动活动的动力。在整体的社会性经济活动中，虽然每个活动的个人都受自己个人经济利益的支配，可是个人的经济利益受整个社会经济关系的制约，单个人的经济利益，无论对个人是起积极影响，还是起消极影响，都会在整个社会经济活动中相互抵消、相互融合，构成受生产关系制约的总的历史合力——整体经济利益的动力。整体的共同经济利益构成了个人所期望的行动目的背后的动力，这种共同的经济利益就成为整个社会经济活动的动力。共同经济利益并不是个人经济利益的简单相加，而是单个经济利益的有机结合，共同经济利益的动力作用方向是不因任何一个单个经济利益的动力方向而改变的。这样，利益的动力作用就由个人活动的层次传递到社会经济活动的层次。经济利益的动力支配非经济利益的动力，经济利益的动力作用又传递给社会一般利益，从而利益就成为社会发展的一般动力。利益的动力作用又从经济活动层次传递给一般社会历史活动的层次。

生产力与生产关系的矛盾是社会发展的根本动力，这一提法同利益是人类社会历史活动的动力的提法并不相悖。人们正是在生产活动中实现自己的物质利益的，在生产关系中处于不同地位的人有着不同的物质利益，生产关系实质上是人们之间的物质利益关系。代表旧的既得利益的阶级总是固守旧的生产关系，利用旧的生产关系来保护自身的既得利益。代表新的生产力的阶级总是通过改变旧的生产关系，反对维护旧的生产关系的统治阶级的既得利益，获取本阶级的应得利益。生产力与生产关系的矛盾运动通过利益的动力传递，而展现为人与人之间的矛盾关系，利益是社会物质生产活动的中介，把体现在物与物矛盾关系上的力的作用传递到人与人之间的矛盾关系上，利益通过人与人之间的矛盾冲突，又把动力传递给生产力与生产关系的矛盾运动。生产力是最终决定性力量，这同利益动力的提法也并不相矛盾。利益可以还原为需要，需要又促进生产，生产又引起新的需要，新的需要推动生产向深度和广度发展，从而需要和利益成为社会生产发展的最根本的内在动力，生产力的发展，从而生产力和生产关系的矛盾运动成为社会发展的根本动力。社会的主体力量——人所从事活动的动力，同作为客体的社会的发展动力就相互联结起来了。

我们在前面指出，需要和利益是推动社会历史活动的主体——人进行社会活动的动力，需要和利益的动力作用，必须经过一系列的传递，转变成为生产力和生产关系的矛盾运动，才能对作为客体的社会历史发展发生动力作用。因此，利益本身并不能直接构成社会历史发展的根本动力和决定性因素。这是因为：

首先，利益不能离开一定的生产关系来发挥其动力作用。我们讲需要、讲利益，是讲人的需要、人的利益。追求一定物质利益需要的人不是抽象的人，是处于一定社会关系总和之中的社会的人，人的需要和利益必然要受到一定社会关系的制约。在剥削阶级社会中，织布的人穿不上衣，种田的人吃不上饭，从事直接生产的人并不能获取自己应得的生活所需。可见，人的利益需求是否能够实现，在什么程度上实现，取决于一定的生产资料所有制及其消费品分配制度，利益是社会经济关系的体现，讲需要和利益对人的历史活动的促进作用，离不开社会生产关系。

其次，利益的实现程度最终是由生产力所决定的。从人类进行生产活动的个体行为过程来看，任何个人进行生产活动，都必须首先在大脑里萌发出行为动机，然后才能有生产的行为。从人类进行生产活动的整体行为过程来看，整体行为的思想动机，也是促使人类整体进行生产活动的内在动机。因此，需要和利益就构成了人们生产活动观念上的起点。从表面上看，利益和需要似乎成为个人生产活动、整个社会生产活动的最终动力。然而，任何生产都离不开前人创造的生产力条件，而整个社会生产力条件，就构成任何个人生产和整个社会生产的现实前提和起点。那么，有人不禁会问，人类历史上第一个拿起工具从事劳动活动的人，难道首先不是因为生活需求的刺激，产生劳动念头，才有了劳动行为吗？是的，就人类任何劳动个体来说，他的第一次劳动行为就是由于需要的刺激，有了动机才产生劳动行为。但是，就整个人类发展的历史来看，人类的生产活动是在猿人长期劳动而演变成人的历史过程中所积累的历史前提下，是在人类自身肉体的生产和再生产，以及这种肉体的生产同自然条件的结合而积累起来的物质前提下进行的，任何个人的生产行为都受这种历史前提的制约。所以，人类社会的生产是在既定物质生产条件下发展起来的。正是既定的生产不断地创造出新的需要，新的需要反过来又刺激生产的进步，既定的社会生产力和在既定的社会生产力基础上发展的社会生产关系，是需要和利益实现的基础和条件。

再次，利益对人从事历史活动的动力作用，必须通过需求竞争和利益矛盾的运动，才能发挥出其动力的作用。就动力这个词本义来讲，动力是指事物本身可以产生的推动力量。实际上，需要也好，利益也好，其本身是无法产生动力作用的。利益的动力作用，是通过处于一定生产关系条件下的人们之间的利益矛盾、利益冲突、利益竞争而发挥出动力作用的。比如在社会主义国家，人们之间存在着一定的利益分配上的差别，在这种差别的基础上，又形成了一定的利益矛盾和竞争，人们为了取得比他人更多更好的利益享受，就会激发起更为积极的生产活动，利益的动力作用正是通过这种利益竞争而发挥出动力效应的。当然，利益矛盾和利益竞争又必须经由一定的经济关系的中介和制约。

最后，利益所引起的人们有意识的创造活动，最终要受不可抗拒的社会规律的支配。利益体现了人作为需求主体，对作为需求客体的物质和精神生活条件的依存关系，表现为人作为需求主体对作为需求客体的物质和精神生活条件的渴望、追求和享有。但是，在实际社会生活中，在最终的劳动成果的分配和享有方面，人们并不一定能够完全获得预先设想的利益欲求目标。人们有意识的谋利活动结果，往往不一定能遂人愿，甚至还会产生相反的结果，也不一定是种瓜得瓜，种豆得豆。这说明在人的需要和利益的背后，还存在一种不以人的意志为转移的客观决定性力量，这种决定性力量就是"生产力和交换关系"。

以上分析表明，利益只是刺激社会成员从事活动的内在动因，在一定的社会条件下，转化为历史发展的动力因素。社会历史过程作为不以人的意志为转移的自然过程的一部分，它应当具有同人的自主的、有意识的创造活动既相互联系又有区别的动力。所以，生产力和生产关系的矛盾运动是作为客体的社会发展的根本动力，其中生产力是决定性的因素。在这个根本动力的作用下，利益才能发挥出其动力功能来。当然，我们强调生产力和生产关系的根本动力作用，并不等于否认利益对劳动者的具体的动因作用。生产力中最活跃的因素是劳动者，最大限度地满足劳动者的利益需要，就可以调动劳动者的积极性，从而促进社会生产力的发展。作为历史主体活动的动因同作为历史客体——社会发展的客观动力是一致的。

利益作为人们活动的主体动力同生产力和生产关系作为社会发展的客体动力是一致的，可以转化的，在这方面，马克思、恩格斯都提供充分的理论论证。在《路德维希·费尔巴哈和德国古典哲学的终结》一书中，恩格斯谈到三个非常重要的思想：一是人类历史发展的最后动力和终极原因是经济因素；二是阶级斗争是历史发展的直接动力；三是需要和利益是人们进行社会活动的具体动因。他指出："如果要去探究那些隐藏在——自觉地或不自觉地，而且往往是不自觉地——历史人物的动机背后并且构成历史的真正的最后动力的动力，那么问题涉及的，与其说是个别人物、即使是非常杰出的人物的动机，不如说是使广大群众、使整个整个的民族，并且在每一民族中间又是使整个整个阶级行动起来的动机。"[①] 恩格斯在这里提出了"最后动力"的概念，最后动力指的就是使个人乃至整个民族、整个阶级行动起来的动机背后的起最终决定性作用的力量或终极原因。接着恩格斯就以

---

① 《马克思恩格斯选集》第4卷，人民出版社1995年版，第249页。

西欧资本主义社会历史发展为例，说明土地贵族、资产阶级和无产阶级"这三大阶级的斗争和它们的利益冲突是现代历史的动力"，①随后他又进一步剖析了阶级斗争背后的经济原因。他指出，这些阶级斗争"首先是为了经济利益而进行的，政治权力不过是用来实现经济利益的手段"，"但是，这些阶级是怎样产生的呢？……显而易见，这两大阶级的起源和发展是由于纯粹经济的原因"。"国家的意志总的说来是由市民社会的不断变化的需要，是由某个阶级的优势地位，归根到底，是由生产力和交换关系的发展决定的。"②从恩格斯的论述中可以看出，阶级斗争是历史发展的直接动力，而阶级斗争是由经济利益决定的，经济利益构成了人们从事历史活动的动因，但经济利益又是由一定的生产力和生产关系的发展决定的。"生产力和交换关系"，这就是社会历史发展的最后动力或终极原因，社会历史发展的最终动力是纯粹的物质经济因素。物质因素是不是唯一的动力呢？1890年9月恩格斯针对当时盛行的所谓"经济因素"是"唯一决定性因素"这一对唯物史观的庸俗化解释，提出了历史合力的概念。他说："历史是这样创造的：最终的结果总是从许多单个的意志的相互冲突中产生出来的，而其中每一个意志，又是由于许多特殊的生活条件，才成为它所成为的那样。这样就有无数互相交错的力量，有无数个力的平行四边形……融合为一个总的平均数，一个总的合力。"③由此看来，历史发展的最终结果是由历史的合力促成的。如何理解历史合力呢？历史合力就

---

① 《马克思恩格斯选集》第4卷，人民出版社1995年版，第250页。
② 同上书，第250—251页。
③ 同上书，第697页。

是人与人之间的社会矛盾相互作用的总结果,是人与人之间社会矛盾趋向的总和。列宁在总结马克思的唯物史观时指出,马克思考察了每一社会经济形态"一切矛盾趋向的总和",揭示了物质生产力的状况是所有一切矛盾和一切趋向的根源,估计"历史发展的全部合力","并且指出了科学地研究历史这一极其复杂、充满矛盾而又是有规律的统一过程的途径"。①可见,合力并不是各种社会力量简单的相加和统一,而是各种社会力量之间相互作用所体现出来的总的力量。受利益驱动的人们之间相互冲突,互相作用,融合成一个总的合力,这个总的合力不受任何个人意志的支配,而是服从总的客观历史发展的规律,服从社会生产方式总的运动规律,这样一来,利益的激励作用同物质经济因素的最终决定作用是完全一致的。

四 人类历史活动的动力

利益是推动人们进行历史活动的决定性力量,是历史变更的伟大杠杆。唯物史观的利益理论则是人类认识历史之谜的重要思想武器。如果我们把利益作为观察历史的认识基点,那么我们就可以透视整个社会历史,洞察人类社会一切纷杂现象,从中理出一条清晰的线索,利益是人们进行社会历史活动的强大发动机。

第一,利益是一切时代人们改造自然、进行生产活动的直接动因和最终目的。人们为了生存,就需要物质生活资料,这是生产的最终目的,也是生产的直接动因。在社会发展的

---

① 《列宁选集》第2卷,人民出版社1995年版,第425页。

各个阶段上，人们改良工具，提高劳动生产率，其根本动因就在于要从自然界获取更多的物质生活资料，即物质利益。所以说，利益，确切地说，物质利益是人类历史活动，首先是生产活动的杠杆。

第二，物质、经济利益是一切社会集团、社会组织得以形成的物质基础，是一切社会矛盾和社会斗争的经济根源。对立统一规律不仅是自然界，而且是社会领域的根本规律。在任何一个社会中，既有一致，又有矛盾；既有统一，又有冲突；既有联合，又有斗争，这样一种对立统一的矛盾运动构成了社会发展的一般规律。在历史发展的进程中，利益是人与人之间、民族与民族之间、阶级与阶级之间、党派与党派之间、国家与国家之间矛盾关系的物质根源。人们正是基于一定的利益关系，首先是经济利益关系而联合在一起，构成了阶层、阶级、民族、国家等各种各样的社会集团、社会组织，建立了反映一定经济利益要求的各种政治团体和党派，形成了阶级社会。法国大革命时期，无产阶级及其他劳动群众和资产阶级联合在一起所形成的第三等级的共同行动；我国抗日战争时期，抗日统一战线内部各阶级之间的联合抗日，归根结底都是建立在各阶级、各阶层某些共同利益的物质基础上。同时，我们也能够在利益差别、利益矛盾上追溯到社会矛盾和社会斗争的根源。在阶级社会中，一切阶级间的对立、矛盾、冲突归根结底是由物质利益决定的，阶级社会中阶级斗争实际上是不同经济利益集团之间的争斗。社会矛盾和斗争是社会历史发展的源泉和动力，正是在这个意义上说，利益冲突，从而利益是历史发展的动力。

第三，利益是推动人民进行社会改革和社会革命的内在动力。一定的生产关系反映了人与人之间的利益关系，上层建筑也是为一定的社会集团的利益服务的,政治权力是实现经济利益的手段。任何一种权力都是受利益支配的,并且是为实现一定的利益而服务的。权力斗争实质上就是利益斗争,权力集团实质上代表了一定的利益集团。当权力斗争发展到顶点必然采取暴力夺取的斗争形式。生产关系—经济利益—政治权力—暴力夺权,这四者之间存在着必然的逻辑联系,利益是这一历史逻辑联系中的关键环节。从生产力与生产关系的矛盾运动过程来看,生产力充满了活力,十分活跃,不停地发展变化,而生产关系具有相对的稳定性,具有一定的惰性。当一种新的生产关系代替旧的生产关系时,必然触动旧的生产关系所代表的那部分人的利益,这部分人为了维护自己的既得利益,必然要利用上层建筑、政治权力拼命地阻挠生产关系的变革,这样就使得旧的生产关系具有一种历史惰性。新的生产关系代替旧的生产关系,实质上就是新的利益关系代替旧的利益关系,对利益关系进行新的调整。通过利益调整,取消一些人的既得利益,满足另外一些新的利益要求,从而调动了受压抑的这部分人的积极性,对生产力的发展起到了积极的推动作用。在阶级社会中,反动的统治阶级为了维护本阶级的既得利益,总是竭力运用自己的上层建筑和政治权力维护过时的生产关系。而广大劳动人民和革命阶级为了争取自己的利益,都要进行政治和经济斗争,进行旨在打破旧的生产关系和上层建筑的社会革命。所谓旧的生产关系束缚生产力的发展,主要是指这种生产关系损害了代表新生产力的阶级的经济利益,扼制了他们从事社会生产的积极性。因此,改变旧的上层建筑和生产关系的社会革命,从客观上满足了代表新生产力的阶级的利益,调动了他们的积极性。

在生产力与生产关系基本相适应的社会里，也需要对生产关系和上层建筑中不适应生产力的方面和环节加以调整和改革，实际上，这种调整和改革也是对该社会利益关系的调整和改革，当生产关系和上层建筑的某些环节不适应生产力的进一步发展时，同样反映出某些利益关系是不协调的，在各个利益集团之间的利益分配是不合理的，某些利益群体获取过多的利益，而某些利益群体合理的利益要求却得不到满足，这就需要改革生产关系和上层建筑中不适应生产力发展的某些环节，调整利益关系，最大限度地调动劳动者的积极性，以促进社会生产的发展。由此看来，利益是推动人民改变和改革旧的生产关系和上层建筑的内在动力。

　　社会利益是唯物史观的重要范畴，社会利益在社会发展中起着举足轻重的决定性作用，社会利益是推动人民创造历史的发动机。人类社会是一个充满活力的社会有机体，其旺盛活力的内在原因就在于人们的利益追求、利益竞争。毛泽东同志说："马克思列宁主义的基本原则，就是要使群众认识自己的利益，并且团结起来，为自己的利益而奋斗。"[①] "现在要有新的利益给他们，这就是社会主义。"[②] 社会主义为更大限度地满足人民的利益需求开辟了广阔的天地，为充分地发挥利益的动力作用创造了良好的环境。在社会主义国家，利益仍然是人们历史活动的客观动因，必须处理好社会主义的利益关系，给人民以"看得见"的实惠，调动他们的劳动积极性，集中力量发展生产。

---

① 《毛泽东选集》第 4 卷，人民出版社 1991 年版，第 1318 页。
② 《农业合作化的一场辩论和当前的阶级斗争》（1955 年 10 月 11 日）。

第九章 利益制度与利益协调

不论任何社会，都存在不同的利益个体和利益群体，不论任何社会，都存在具有一定利益差别和利益关系的社会利益体系，体现为一定的社会利益格局。随着社会经济、政治、文化等条件的变化，利益体系及其格局会发生一定的动荡和变化，打破原有的均衡，经过动荡形成新的利益体系及其格局。从某种意义上来说，利益体系和利益格局的变动，就是社会形态的变动，就是社会历史的发展。要维护一定的利益体系的稳定，维护一定利益格局的均衡，保障社会正常发展，就必须依据一定的社会生产力发展的需要，建立与此相适应的利益制度及利益体制，协调不同利益主体之间的利益关系。一定的利益制度及其体制实质上就是一定的社会制度和体制。

一 利益体系和利益格局

任何社会都是由具有一定利益要求的个人组成的，个人必然要依赖于群体，依赖于社会，个人利益的实现必然要依赖于群体利益的实现，依赖于社会利益的实现。因此，社会的个人必然在共同利益的基础上，结成一定的社会利益共同体，如家庭、集体、阶层、阶级、民族、国家，等等。由于任何一个社会的社会关系，首先是经济关系的复杂性，以及其他社会政治、文化、历史因素的复杂性，利益个人、利益群体之间存在着一定的利益差别，具有一定利益差别的复杂多样的利益共同体相互依赖、相互制约、相互影响、相互渗透、相互对立，共同组成了一个复杂多元的社会利益体系，这个多元的社会利益体系又构成一个多重多样的利益格局。

所谓多元，一谓之曰多个，也就是说是由多种类型的利益共同体共存于一个共同的社会环境中而组成的体系；二谓之曰分有，也就是说，每个利益共同体都分别占据自己的利益位置，都应享有本利益群体应有的利益份额；三谓之曰共享，也就是说各个利益共同体之间存在着一定的相互依赖的利益关系，你有我也有，我有是以你有为条件的，你有是以我有为前提的（当然这里面也还有一个量的分配问题），也就是说，不同的利益群体之间存在一定的利益共同点，并且共享之。一般来说，在一定的社会条件具备的情况下，多元利益体系是一个对立统一的、保持相对平衡的相对稳定的利益体系，它是保持社会安定的稳定剂。相对稳定的利益体系致使在利益的分配上构成一个相对稳定的利益格局。利益格局说到底是利益的分配格局。

当然，一定的利益体系与利益格局的稳定与均势是有条件的。它首先取决于多元利益体系及其格局所赖以存在的社会条件，其次取决于多元利益体系及其格局内部的利益分配体制是否合乎各个利益群体的基本利益要求。一定的社会条件决定一定的利益体系及其格局的基本结构、有机成分和分配关系。譬如，封建社会的生产力状况、生产关系状况决定了封建社会阶级、阶层等社会利益群体的构成结构，从而造成了封建社会的利益体系及其利益格局。在封建社会的历史过程中，虽然经常产生一系列利益冲突，造成利益体系和利益格局的部分调整，但是在该社会制度尚未根本动摇和崩溃时，封建社会的基本利益体系和利益格局会在一系列社会动荡中保持大体稳定。只要该社会生产力与生产关系的基本矛盾等社会基本条件存在，该社会基本制度存在，基本的社会利益体系及其格局依然存在。就拿中国封建社会来说，从陈胜、吴广起义一直到太平天国运动，每次农民起义或多或少地冲击了封建制度的根基，多多少少地改变了生产力和生产关系状况，利益体系有部分调整。但中国封建根基尚未崩溃，所以社会利益体系大体稳定。

在一定社会条件的容量之内，具体的相对稳定的利益体系又可以把利益冲突限制在一定的限度之内。资本主义的社会经济条件决定了资本主义社会多元利益体系是以工人阶级和资产阶级两大利益集团的利益对峙为主干而构成的利益格局。资本主义所有制使工人阶级和资产阶级的利益分成按照有利于资本家阶级的方向累计分配，这种悬殊的利益分配造成两大利益集团巨大的利益差别，使两大利益集团之间存在着根本对立的利益敌对情绪和利益行为冲突。然而，相对于利益体系内部冲突来说，任何社会都具有一定的弹性和容忍度，任何相对稳定的利益体系和格局也有一定的承受力。只要资本主义生产关系没有发展到再也容纳不下生产力的发展的状况，只要资本主义社会经济结构还没有发展到矛盾冲突的顶点时，它就会容忍两大阶级之间的局部利益冲突，并且采取适当的具体利益分配体制加以局部调整，来缓解冲突，保持整个利益体系在一定时期内的相对稳定。当资本主义社会的生产关系再也容纳不下日益发展的生产力时，即社会变革到来时，工人阶级就再也不能容忍由资本家利益集团主宰的利益分配格局了，资本主义社会利益体系的冲突就会发展到难以收拾的地步，形成社会危机，也就是形成特殊的利益尖锐冲突状态，爆发利益总冲突。于是，新的社会形态就诞生了，它的诞生又会建立起新的社会利益体系和利益分配格局。

二 利益动荡和利益均衡

一定社会必然存在一定的利益体系。既然存在利益体系，就必然存在复杂的利益矛盾和利益冲突，必然会引起一定的利益动荡，也必然会要求实现相对的利益均衡。利益动荡是利益矛盾所引起的利益体系的不平衡状态，利益均衡则是相对于利益动荡而言的利益体系的相对均衡、相对和平共处的状态。从社会经济条件出发承认并且认识社会利益动荡和社会利益均衡问题，尽可能地调整好利益体系的内部矛盾关系，把利益冲突减少到最低限度，尽可能地保持利益体系的稳定和利益格局的平衡，是有益于整个社会的稳定和发展的。我国社会主义制度的建立，为我们正确地认识利益体系的内部矛盾和冲突，自觉地调整其中的利益矛盾关系，保持一个大体稳定的利益格局，提供了客观的可能性。当前，我国还处于社会主义初级阶段，一方面，公有制作为根本制度，它的建立使得社会各个利益群体之间不存在根本对立的利益冲突；另一方面，囿于种种复杂的原因，存在一个多元利益体系，存在着一定程度的利益矛盾和利益冲突。特别是在当今社会主义改革开放的新时期，新旧体制、新旧机制正处于转轨的关键时期。原有的利益体系和利益格局被打破了，有了很大的调整，动摇了原有利益体系和利益格局的平衡，产生一定的动荡，这是体制转变过程中的动荡。对此，关键是尽可能地减少动荡，缩短动荡时间，实现平稳过渡。社会主义制度的一个重要优越性恰恰在于，社会主义能够不通过残酷的阶级斗争，而通过利用能反映各利益群体根本利益的政策和措施，解决趋于合理公平的社会利益分配问题。社会主义初级阶段的社会利益体系并非利益高度一元化，而是存在大量的有一定利益差别的多元利益群体体系，这些利益群体在根本利益一致的基础上，具有鲜明的、独立的利益要求。它们为维护自身的利益，监督利益的公平分配，采取一定的利益行动，而不同的利益群体的竞争行动聚合在一起，就会经常打破原有的利益均衡。尽管我国社会主义初级阶段存在一个多元利益体系，但是这种多元利益体系同剥削制度社会里的阶级根本对立的多元利益体系存在着根本的差别。社会主义初级阶段各个利益群体之间不存在根本对立的利益矛盾，也不必然导致西方资产阶级思想家所主张的政治上的多元化。社会主义初级阶段多元利益体系是在根本利益一元化条件下的多种利益群体并存的利益体系，社会主义可以利用优越的经济、政治制度，自觉地、不断地改革利益分配体制，及时地调整利益关系，以保证多元利益体系和利益格局的相对稳定，求得政治上的安定团结，以促进社会的发展。

三　利益制度和利益体制

利益包括经济利益和政治利益两大类。经济利益决定政治利益，从而与政治利益一同决定其他社会利益。经济利益是由经济关系决定的，其他各类利益首先是政治利益最终也要受经济关系的制约。经济关系又表现为经济利益，经济利益决定政治利益，从而决定其他利益，乃至整个社会利益。社会关系包括经济关系和非经济关系两大类，非经济关系的一个重要方面是政治关系。经济关系决定政治关系，从而与政治关系一同决定其他社会关系。经济关系又决定经济利益，从而决定政治利益，乃至整个社会利益，当然政治关系反过来也影响并制约经济关系，政治利益反过来也影响并制约经济利益。经济关系通过直接和间接两个途径来获得利益：一是通过一定的占有方式直接从生产劳动中获得利益。在原始社会的原始群内部，原始人共同掌握着简陋的生产工具，并且利用这些工具直接从集体劳动中获得食物。在自然经济社会里，个体农民通过个体家庭经济直接从家庭劳动中获得衣、食、住等社会基本生活必需品。但是，历史越是进步，人们通过直接途径获取利益的可能性和机会就越少。二是在一定的所有制前提下，经由政治上层建筑的中介、中转，即由政治关系的中介、中转间接地获得所需要的利益。随着历史的进展，人们逐步建立起完善的政治上层建筑，并且利用政治上层建筑的工具作用，通过政治关系去实现政治利益，再以政治反作用于经济的途径，进一步保障或获得更多的经济利益和其他社会利益。任何统治阶级都要利用国家机器来控制利益分配，以最大限度地满足本阶级的利益需要。而被统治阶级总是要通过政治斗争，力图改变以往的旧的利益分配格局，以满足本阶级新的利益需求。政治的上层建筑是实现和保护社会利益的基本手段和工具。

利益在政治的上层建筑和政治关系中表现为政治利益，政治利益是由经济利益派生出来的，它反映了一定个人和利益群体在政治关系中的地位，政治权力是其关键问题。一定的个人、一定的利益群体为了实现本人或本集团的经济利益，要率先谋取一定的政治利益，占据一定的权力，然后通过政治手段，如阶级斗争、党派斗争来保障经济利益的获取。政治利益的核心和本质是权力资源的占有，权力是政治斗争争夺的焦点。在某种意义上来说，政治斗争就是权力斗争。斗争的最高状态是暴力斗争，暴力斗争集中到一个焦点上就是争夺政权的武装斗争。争夺政权的斗争说到底是利益之争的最高形式。

上述剖析已经清楚地展现给我们两条明晰的线索：利益—权力—暴力；利益—经济—政治。一定的经济关系决定一定的利益，而政治不过是实现利益的手段；一定的经济利益派生出一定的政治利益，政治利益的核心是政治权力，政治权力是利益实现的基本手段，暴力是夺取政治权力的最高形式。

法国大革命的风风雨雨雄辩地印证了这两条明晰的线索。自18世纪以后，资本主义经济在封建的法国社会内已有了长足的发展，可是，波旁王朝的封建统治仍然维持着森严的等级制度。当时法国有三个等级：天主教僧侣和封建贵族是第一、二等级，拥有一切政治权力，以此来维护他们一切经济特权；而占人口99%的农民、工人、手工业者、城市平民和新兴的资产阶级却属于第三等级，政治上毫无权力，他们在经济上还要负担封建的赋税和义务。随着资产阶级经济势力的发展，他们再也不满足自己的政治地位，迫切要求取得应有的政治地位，当时资产阶级的政治要求顺应了第三等级的共同利益。在这种形势下，经济冲突上升为政治冲突，于是爆发了巴黎起义，揭开了法国大革命的序幕。在法国大革命的第一个阶段，政权落在代表金融大资产阶级和自由派贵族利益的君主立宪派手中。君主立宪派的利益同封建势力的利益有着千丝万缕的联系，他们并不想彻底消灭封建制度。这又激起了巴黎人民第二次武装起义，推翻了君主立宪派的统治，政权转到了代表工商业资产阶级利益的吉伦特派手中，法国革命进入了第二阶段。吉伦特派是代表工商业资产阶级利益而掌权的，当这个阶层的利益得到满足后，它就不想革命了，力图中断革命。这样一来，巴黎人民又举行了第三次武装起义，推翻了吉伦特派的统治，政权转到了资产阶级革命民主派——雅各宾派手中，法国大革命进入了第三阶段。就在法国大革命比较彻底地完成资产阶级革命任务时，雅各宾派内部却出现了分裂，以丹东为首的右派要求停止革命，以阿贝尔为首的左派则要求把革命推进一步，这两派的斗争充分代表了第三等级不同社会集团的利益。雅各宾派内部的争夺给法国大资产阶级夺权造成了机会，法国大资产阶级发动了"热月政变"，颠覆了雅各宾专政，法国资产阶级革命至此结束。震惊世界的法国大革命前后经历了5年时间，在这短暂的历史舞台上，各派政治力量进行了充分的较量，活灵活现地演出了一场由经济利益所牵动的、各派政治力量所进行的旨在夺权即谋取最高政治利益的政治斗争的"傀儡戏"，各派政治力量是在前台表演的政治傀儡，而受一定经济关系所制约的经济利益就是后台的导演。无论是推翻一种制度或体制，还是建立一种制度或体制，其目的都在谋取一定的利益，保障一定的利益。

从法国大革命一幕一幕的活话剧中，我们可以看到，无论是吉伦特派，还是雅各宾派、丹东派和阿贝尔派，他们都是各个利益集团的利益代表，他们代表本阶级或本阶层的利益来夺取和掌握政治权力，然后依靠政治的上层建筑改变旧的经济关系，谋取自身的利益满足。

透过法国大革命的纷杂历史画面，我们还可以清晰地看到：

（1）人们要生存和发展，就要通过政治斗争，改变政治关系，才能实现其多种多样、形形色色的利益，而要实现这些利益，就必须有一定的社会经济的、政治的制度作为保障。

（2）社会经济的、政治的制度的建立与人们的利益矛盾相联系，实质上是为了调节利益矛盾而建立的。在阶级社会中首先是为实现统治阶级的经济利益和政治利益而建立的。

（3）合理的社会制度应保障社会个人和群体的利益得到实现。社会制度应该协调利益矛盾，以便使人们的利益免于在利益冲突中同归于尽。

（4）社会制度说到底就是社会利益制度，社会体制说到底就是社会利益体制。每个利益群体，在利益角逐中都力图建立一定的社会利益制度，形成一定的利益分配体制，以达到夺取和保障本派力量背后的阶级和阶层的利益的目的。

列宁指出："只要人们还没有学会透过任何有关道德、宗教、政治和社会的言论、声明、诺言，揭示出这些或那些阶级的**利益**，那他们始终是而且会永远是政治上受人欺骗和自己欺骗自己的愚蠢的牺牲品。"[①] 同样，如果我们不能了解每个社会的政治、经济制度所代表的阶级利益，就不会真正地了解这个社会，也就不可能揭示出这个社会的本质。各种社会制度的实质是利益制度，是为了一定人和群体的利益而建立的。不管这些制度的代言人使用何等漂亮的词句，也掩盖不了社会制度的这一利益实质。

所谓社会制度就是一定社会形态的主要内容和根本标志，是对该社会形态本质内容的内在的、一般的规定，是一定社

[①] 《列宁选集》第2卷，人民出版社1995年版，第314页。

会的经济、政治、法律、文化等制度的总称,它包括社会政治制度、经济制度、文化制度、教育制度、法律制度,等等。这些制度大致可分为经济基础和上层建筑的制度这两大领域。其中,经济制度是属于经济基础领域的制度,政治、文化、教育、法律等制度都是属于上层建筑领域的制度。一定社会制度的主要成分是该社会的经济制度和政治制度。社会经济制度事实上是社会生产关系的总和,它构成了该社会的经济基础,其中最主要的东西是生产资料所有制,社会经济制度标志着该社会经济形态的基本性质。社会政治制度是"经济基础的上层建筑",① 主要是指上层建筑,其核心问题是国家政权问题,也就是国体问题,即由谁掌权、对谁专政的问题,它标志着一个国家的基本性质。经济制度和政治制度从根本上标志着一个社会形态的基本性质和主要特征。社会主义的经济制度和政治制度是社会主义社会形态的根本标志。资本主义的经济制度和政治制度是资本主义社会形态的根本标志。社会主义制度主要指的是以公有制为主体的经济制度和人民当家作主的政治制度。社会制度一旦建立,就要保持相对稳定,以使形成相对稳定的利益体系及其格局,造成一个较为安定的社会环境来发展生产力。当然,任何一个社会制度,都必然经历一个逐步完善的过程。只有当生产关系再也容纳不下生产力的发展时,社会制度的革命才能到来。

社会制度又是指社会的根本制度和基本制度。社会制度实质上是一种保障和维护利益主体的利益制度。在人类社会发展的历史长河中,经历了五种社会形态,即五种社会制度。可以说,原始社会是人类社会的初级阶段,还没有形成完整

---

① 《列宁选集》第2卷,人民出版社1995年版,第311页。

的社会政治、经济、文化制度。原始社会的简单素朴的社会制度也是一种利益制度，它维护的是以氏族为基本单位的群体利益，当时的个人利益几乎消融在群体利益之中。人类社会进入阶级社会以后，由于社会关系的复杂化和阶级矛盾的尖锐化，就逐渐形成了完整复杂的社会经济、政治、文化制度。这时的社会制度，是保护占统治地位的阶级的利益，是统治阶级的利益制度。这一点充分体现在政治制度的核心——国家的作用上，"因为国家是属于统治阶级的各个个人借以实现其共同利益的形式"。[①] "既然在今天这个大工业和铁路的时代，国家总的说来还只是以集中的形式反映了支配着生产的阶级的经济需要，那末，在以前的时代，国家就必然更加是这样了……"[②] 所以，在阶级社会中，社会制度是实现统治阶级利益的制度，它的功能就是从经济、政治、思想等各个方面最大限度地维护和实现统治阶级的利益，这是各阶级社会利益制度的实质。

利益制度是实现该社会统治阶级的利益的制度。当然，这并不是说，在阶级社会的利益制度下，被统治阶级就得不到任何利益。在任何阶级社会的利益制度下，被统治阶级都有一定的利益获取和保障，否则统治阶级的利益也就根本无法实现；同时新的利益制度总会比旧的利益制度给被统治阶级以更多利益，这与阶级社会利益制度的实质并不矛盾。因为只有被统治阶级有了维持最低的生存需要的利益满足，才能生活和劳动，统治阶级才能剥夺他们的剩余劳动，才能获取利益。反过来，被统治阶级的利益只有在统治阶级需要它

---

① 《马克思恩格斯全集》第3卷，人民出版社1960年版，第70页。
② 《马克思恩格斯全集》第21卷，人民出版社1965年版，第346页。

时，被统治阶级才能得到它的利益。奴隶主不再杀掉全部战俘，给他们以生存的机会，是因为有了剩余产品，奴隶能够给奴隶主创造出更多的财富，更大地实现奴隶主的利益。资本家给工人以出卖劳动力的自由，是为了更加自由地剥削工人。被统治阶级获得利益这一事实，丝毫不能改变阶级社会利益制度的实质。

利益制度不是一成不变的。它的根本性变革以社会上占统治地位的利益分配方式的改变为转移，而占统治地位的利益分配方式的改变又取决于由生产力所决定的生产关系的根本变革。社会上占统治地位的利益分配方式发生变化就意味着，代表新的利益的阶级就要从代表衰亡社会的旧的利益的阶级手中夺取政权，建立新的利益制度。利益制度质的变化，就是社会形态的更替。

社会制度本质上作为利益制度，其社会功能就是保证占统治地位的利益分配方式得到最大限度的实现，协调好方方面面的利益关系，满足不同利益主体的利益需求，保证社会稳定。在阶级社会，社会制度则是维护统治阶级的利益，保证统治阶级各个方面的共同利益得到实现，给予被统治阶级一定的利益需求，以免因社会动荡而冲击社会制度，同时协调各阶级之间的利益关系，保证社会稳定。那么，利益制度是如何实现这一功能的呢？

第一，保护社会占统治地位的利益，在阶级社会则是保护统治阶级的利益。

一定社会的经济、政治制度，是保障该社会中占据统治地位的社会集团或阶级的，因此，它必定要保护这些社会集团或阶级的利益。在原始社会，虽然尚未形成完整的社会经济、政治制度，但是传统的社会制度同样具有保护氏族成员利益的功能。在阶级社会，社会制度是由社会中占统治地位的阶级建立起来的。首先，社会制度把有利于统治阶级的生产关系以法律的形式固定下来，并以国家政权为政治保障，保护其不受侵犯。其次，当社会制度受到侵犯时，国家政权机构就会镇压违犯社会制度者。在私有制社会，那些占有生产、生活资料的私有者的利益是不可侵犯的，社会制度是维护他们利益的工具。马克思在青年时期，曾遇到过资本家把到树林中捡枯树枝的穷苦人说成是盗窃林木的一场法律辩论。剖析这场辩论，马克思鲜明地指出了利益制度的实质："把林木占有者的奴仆变为国家权威的代表的这种逻辑，使国家权威变成林木占有者的奴仆。整个国家制度和各种行政机构的作用都应该脱离常规，都应该沦为林木占有者的工具；林木占有者的利益应该成为左右整个机构的灵魂。"[①]

第二，协调社会中占统治地位的各社会集团或阶级之间的利益关系，保证各统治集团或阶级共同利益的实现。

在统治阶级内部也存在着利益矛盾，对这些矛盾如不适当地加以协调，就不能实现统治阶级的共同利益。例如，资本主义社会有金融资本家，有商业资本家，也有产业资本家；在资本家私人占有制的社会中，资本家关心的只是自己或本集团的最高利润的利益：一些资本家可能希望提高关税，另一些则可能希望降低关税；一些资本家可能希望提高利息率，另一些则可能希望降低利息率，等等，他们之间存在利益矛盾。另如，在旧中国资产阶级内部存在着大资产阶级、中资产阶级、小资产阶级的差别，这样，在资产阶级内部必然形成不同的利益群体和利益矛盾。经济上的利益矛盾必然导致

---

① 《马克思恩格斯全集》第1卷，人民出版社1956年版，第160页。

政治利益的矛盾，资产阶级存在不同的利益阶层和利益群体，由此形成不同的资产阶级政党，从事各种政治活动，通过对国家的控制与影响，使社会的经济、政治进程沿着有利于自己的特殊利益的方向发展。一定的社会利益制度必定要协调统治阶级内部的这种利益矛盾，使统治阶级不会因内部利益矛盾的冲突而丧失统治阶级的共同利益。即使在社会主义国家，虽然工人阶级及其广大人民群众上升为统治阶级，在其内部也仍然存在着利益矛盾，如工人与农民之间、体力劳动者与脑力劳动者之间等不同阶级、阶层、群体之间，仍然存在着利益差别和利益矛盾。当然，在以公有制为基础的社会主义国家中，这些利益矛盾不再具有对抗的性质，是在根本利益一致基础上的矛盾。协调这些利益矛盾，维护工人阶级和广大人民群众的根本的、共同的利益，也是社会主义利益制度的主要任务。

第三，缓和统治阶级与被统治阶级之间的利益矛盾，以维护统治阶级的利益。

在阶级社会，统治阶级为了保证其利益的实现，就要压制被统治阶级的利益，不仅在利益制度中肯定有利于统治阶级的生产关系，保护统治阶级的利益，甚至动用暴力来镇压危及其利益的活动。但是，由于被统治的广大劳动人民群众为自己利益而斗争的水平不断提高，迫使统治阶级不得不经常做出一定的让步，以缓和两大对抗阶级之间的利益矛盾及其冲突，从而间接维护统治阶级的利益。在现代资本主义社会，协调、缓和劳资之间的利益矛盾，对于统治阶级维持正常的社会秩序来说，是必不可少的，否则，现代资本主义社会就无法生存，资产阶级的利益就根本不能实现。

第四，把被统治阶级的利益相对降低到最低限度，以保证最大限度地实现统治阶级的利益。

在阶级社会中，由于统治阶级掌握着生产资料和国家政权，以此为基础而建立的社会利益制度，必然是把被统治阶级的利益压抑在最低限度，保证实现统治阶级最大限度的利益，这是阶级社会利益制度的根本实质。只要社会上还存在两大阶级，就存在把被统治阶级的利益相对降低在最低限度，同时保证最大限度地实现统治阶级利益的趋势。

第五，协调社会各阶级、阶层、群体、个人之间的利益关系，以维持社会正常秩序，保证社会健康发展。

协调社会各阶级、阶层和社会群体、个体之间的利益矛盾，对于社会发展具有重大作用。无论非阶级社会，还是阶级社会，没有这种协调机制，人类社会只能在无谓的利益纷争中毁灭，失去继续发展的可能。尽管阶级社会中的这种协调最终是为了维护统治阶级的利益，但也不能否认它对人类社会发展所起的重要作用。因为这种协调机制不仅是统治阶级实现其利益的条件，也是被统治阶级的利益得以实现并不断发展的条件。在非阶级社会中，利益制度仍是维持社会正常运转的基本保障条件。

利益体制是利益制度的具体形式。要理解利益体制，先要理解社会体制。

什么是社会体制呢？所谓社会体制是指在一定社会制度的基础上所建立起来的生产关系、上层建筑的"具体的形式"，即社会制度在一定时期内的具体表现，又称"具体制度"。与一定的经济制度相一致的经济体制，是一定经济关系的具体结构和形式，譬如，社会主义市场经济体制是与社会主义公有制的经济制度相联系的具体经济运行体制。与一定政治制度相适应的是政治体制，政治体制是指政治制度的具体结构和形式，即政体问题，也就是一个国家采取什么样的形式来实施国家权力的问题。政治体制主要包括国家政治权力的合理构成，党和国家的领导体制，社会管理体制，干部人事体制，行政管理体制，国家政治生活的运行机制，等等。

　　一定生产关系的总和构成一定的经济制度，而政治的上层建筑的总和又构成该社会的政治制度。经济制度决定政治制度，以经济制度和政治制度为主干的整个社会制度是一定社会形态的根本标志和主要内容。利益制度是社会制度的展开和表现，任何社会的经济制度和政治制度都表现一定的利益关系、一定的利益分配形式。利益的形式和实现要受制于经济制度，而利益的分配和实现又要通过政治制度的中介。社会利益制度是利益实现和分配的根本保障因素和基本制约条件。一定的社会制度必然保护、实现、争取一定的利益。社会制度本质上就是一种利益制度，这是就利益根本制度来说的。在一定的社会根本利益制度的基础上，还必须有一种利益分配体制来具体保护和实施利益的分配和享受。所谓利益体制就是在社会根本利益制度基础上所建立起来的利益的具体分配、保护、实现形式的总和，即利益的具体分配、保护和实现体制。社会体制实质上就是利益体制，任何社会的经济体制和政治体制都是一定的利益制度的具体形式。利益体制对各个利益主体之间的利益分配和社会利益的实现起着制约和保障作用。在某种意义上来说，利益体制就是一定利益关系的具体调节形式，是利益的具体分配形式，又可以说是社会根本利益制度前提下的具体利益制度。

　　利益体制就是利益分配和实现的具体形式。利益体制是由利益的经济制度和政治制度所决定的，一定的社会利益制度从根本上决定了社会利益的实现程度和分配比例及其形式。

例如，在资本主义社会中，资本家占有多少利益，工人占有多少利益？资本家占有生产资料，处于国家政权的占有地位上，而工人不掌握生产资料，处于无权的地位上，利益的大致分配已由这种社会根本利益制度所先行决定了。那么各个利益主体之间具体的利益分配比例，则通过具体的政治和经济体制，通过一定的分配体制、交换和流通体制，再进行具体分配，这种具体分配就是利益体制的任务。如通过利益刺激结构和机制，可以具体地决定哪个资本家得多少，哪个工人得多少，哪个企业得多少。利益体制不但决定利益的具体实现和分配，同时还对利益体系中不断出现的矛盾和冲突加以协调，保障利益分配的顺利进行。社会主义利益体制的关键就是正确处理好个人、集体和国家三者的利益关系，处理好人民内部不同利益群体之间的矛盾关系，建立与此相适应的利益体系及其格局。社会主义利益体制是使社会主义利益主体之间保持正常的利益均衡关系，把利益矛盾和冲突控制在适当范围之内的基本保证条件。利益体制对利益的具体实现和分配起着保护和调节作用。

四　利益保护和利益代表

利益制度和利益体制实质上起着一个利益保护的作用。一定的利益制度就是为着保护一定的个人和群体的利益，维护一定个人和群体的利益。利益保护是利益制度和利益体制的重要作用。

一定的利益主体必然有一定的利益代表，一定的利益群体必然有一定的利益代表。在阶级社会中，统治阶级利益主体的利益代表就是统治阶级的社会利益制度和利益体制的利益代表，其他阶级、阶层、群体利益主体的利益代表也都代表本利益主体的利益。政治上层建筑的各个因素是实现各种利益，协调各种利益关系的手段和工具，而利益代表必须凭借政治关系中的地位，利用经济手段和政治手段，保护其所代表的群体利益的实现，协调同其他利益群体的关系。利益代表关系体现了社会的主要政治关系。法国大革命时期，君主立宪派是金融大资产阶级和自由贵族阶级的利益代表，吉伦特派是工商业资产阶级的利益代表，雅各宾派在前期代表了资产阶级民主派、小资产阶级和广大劳动群众的共同利益；君主立宪派、吉伦特派、雅各宾派各自占据相应的政治权力地位，通过相应的政治力量来实现其所代表的利益。利益代表可以是党派、团体、国家，也可以是个人。个人、党派和利益群体三者是贯通一致的。李自成、洪秀全等人是中国历史上农民起义的首领，是农民阶级的利益代表。封建皇帝则是封建地主阶级的利益总代表。在近代世界发展史上，政党、工会成为利益集团的利益代表。中国共产党是中国工人阶级及其广大劳动群众的利益代表，而中国共产党的著名领袖人物毛泽东等人，既是中国共产党这个党派的代表人物，又是中国工人阶级及其广大劳动群众的利益代表人物。在社会主义国家，马克思主义执政党和社会主义国家是人民利益的总代表，民主党派、工会、妇联、企业家协会、经济联合体等社会组织则是社会主义国家内部不同利益群体的代表。妇联代表了妇女群体的权益，各个民主党派分别代表了社会主义国家人民内部不同利益阶层的利益。当然，任何集团、阶层、阶级的利益代表都要服从社会主义根本利益的总代表——执政党。利益代表应该分别自觉地代表和维护各个社会利益群体，有意识地协调各种利益关系。在一个社会中，不同层次、不同领域、不同方面的利益群体代表构成了一个完整的利益代表关系，政治斗争就是利益代表之间的斗争。认识利益代表的地位、作用，是认识社会利益关系的关键点。

五　利益机制和利益协调

利益是每个人、每个社会群体追求的目标，它是人们行为活动的动力。由于社会经济地位、政治地位以及文化教养等因素的不同，人们的利益千差万别，形成纵横交错的利益体系。在私有制社会中，每个人、每个社会集团都企图实现各自的利益，利益的对立和冲突不可避免。个人之间的你争我夺、社会集团之间的相互对抗以至于残酷战争的频频爆发等，会使大多数人（包括大的社会集团）的利益受到不同程度的损害。在公有制社会中，人们之间也会产生这样或那样的利益差别、矛盾和竞争，处理不好这些关系同样是不利于社会发展的。于是就需要建立一种机制来协调人们的利益矛盾。利益制度和利益体制具有协调的机制，但利益协调机制又不仅仅是利益制度和利益体制的作用机制，它是一种综合的作用机制。利益协调机制，主要包括经济协调、政治协调、法律协调、道德协调、行政协调及其他方面的协调等机制。

1. 经济协调

利益矛盾主要是经济的、物质的利益矛盾，经济协调是协调利益矛盾的主要手段。因此，经济协调机制是利益协调的基本机制。经济协调主要是运用所有制、分配方式、各种经济政策、杠杆等手段，来协调和保证各方面的利益满足。

经济协调是解决利益关系、利益矛盾的最主要、最基本的方法。怎样运用经济协调来调整利益关系呢？首先是发挥社会经济制度和经济体制的作用，协调好利益关系。所谓利益关系，其实主要就是社会内部各利益群体、利益主体之间在生产资料和生活资料方面的利益分配关系。每个社会形态都会形成适合该社会条件下生产力发展的生产关系和经济基础，形成适合一定生产力发展状况的经济制度和体制。这种经济制度和体制只要适合生产力的发展，就有利于生产力的发展，就能协调好社会的各种利益关系，就可以从生产资料与生活资料的分配等方面协调好方方面面的利益。

其次，运用经济法规、经济政策、经济管理等各种经济手段和办法，不断地处理调整好不同利益主体之间的利益矛盾和利益关系。经济制度和经济体制从客观上规定了各方面利益分配的基本比例，使社会利益体系保持一个大体相对稳定的格局。然而在更为微观的层次上，还要运用多种多样的经济手段来协调利益关系。比如，在市场经济条件下，就需要运用好价值规律的作用，运用好市场经济的法规和程序，来调整市场经济条件下的利益关系问题。

2. 政治协调

经济协调的作用要受政治协调的制约和影响。因为，政治是经济的集中表现，它反映了经济关系中各阶级的根本利益。政治协调主要是利用国家的职能、政治制度及其各类政治手段进行协调。

国家的协调职能是随着私有制的产生而逐渐形成的。当人类社会陷入利益冲突而不能摆脱的时候，缓和利益冲突的"调节器"——国家及其政治制度便应运而生了。运用国家及政治手段来协调利益矛盾，成为维持一定的社会秩序的不可或缺的极为重要的手段。例如，在古希腊，雅典国王提秀斯制定了第一部宪法，规定在雅典设立中央管理机关，把全体人民（不包括奴隶）分为贵族、农民和手工业者三个等级，规定只有贵族能够担任官职，这就标志着新兴的国家机构代替了软弱无力的氏族机构。在这种政治制度保护下，氏族贵族仍然享有充分的政治和经济特权，他们的利益可以得到充分的实现。他们既剥削、压迫广大奴隶，也剥削、压迫雅典的平民即农民和手工业者。处于社会最底层的奴隶在经济、政治上没有任何地位和权利。所以，在奴隶制的雅典城邦，主要的利益矛盾和冲突是在贵族奴隶主与工商奴隶主之间、贵族奴隶主与城邦平民之间展开的。雅典平民为了摆脱经济上受剥削、政治上受压迫、没有任何权利和沦为奴隶的处境，奋起抗争。面对这些利益矛盾引起的冲突，雅典城邦不得不做出一系列的政治改革，以协调社会的利益矛盾。这就是古希腊历史上有名的梭伦改革。梭伦改革是一次政治改革，是建立国家政治制度的改革，其结果就是协调工商业奴隶主与贵族奴隶主之间的利益矛盾，协调平民与贵族奴隶主之间的利益矛盾，使雅典的奴隶制城邦不至于在尖锐的利益对立和利益冲突中覆没于地中海。在古希腊，国家正是通过国家政治手段形式协调贵族奴隶主与平民的利益矛盾，其目的是为了奴隶主阶级的共同利益。只有协调这些利益矛盾，奴隶制的国家才不至于灭亡，奴隶主阶级的长远利益和共同利益才有可能实现。但是我们也应该看到，这种协调是具有积极意义的，或者说是符合社会发展的长远利益的。

在中国，许多不同的思想家、政治家都有许多见解，希望通过国家政治来协调社会的利益矛盾，维持一定的社会秩序，使社会不致在无谓的利益冲突中灭亡。在诸子百家中，对我国政治生活影响最大、最为深远的是儒、法、道三家。儒家的政治学说，择其要而言之，主要是两个方面：一是

"为国以礼";① 二是"为政以德"。② 前者是用周礼调整人与人之间的利益关系,免于利益纷争;后者则是用道德教化来维持统治秩序。孔子还提出统治者要以身作则,不与民争利,这样才能"修己以安百姓"。③ 法家的政治主张是"以法治国","一民之轨莫如法","以法治国,举措而已矣"。④ "人主之大物,非法则术也。"⑤ 这是主张以国家立法来调整人们的利益关系。道家则看到了自然界的生生息息,虽有争,而不紊,所以主张"无为而治"的思想,"为无为,则无不治矣"。⑥ 它企图通过"小国寡民"的理想社会,泯化人们的利益之心,以达到消除利益之争的目的。

恩格斯对国家的产生及其作用作过精辟的论述,他说:"国家是承认:这个社会陷入了不可解决的自我矛盾,分裂为不可调和的对立面而又无力摆脱这些对立面。而为了使这些对立面,这些经济利益互相冲突的阶级,不致在无谓的斗争中把自己和社会消灭,就需要有一种表面上凌驾于社会之上的力量,这种力量应当缓和冲突,把冲突保持在'秩序'的范围之内;这种从社会中产生但又自居于社会之上并且日益同社会相异化的力量,就是国家。"⑦ 国家是阶级社会中对利益关系进行协调的最主要的工具与手段。

现代国家中,国家及政治制度的协调作用依然存在,并且呈现出逐渐加强的趋势。如现代资本主义社会,国家对社

---

① 《论语·先进》。
② 《论语·为政》。
③ 《论语·宪问》。
④ 《韩非子·有度》。
⑤ 《韩非子·难三》。
⑥ 《老子》。
⑦ 《马克思恩格斯选集》第4卷,人民出版社1995年版,第170页。

会生活各个方面的干预大大增强。国家通过制定一些经济、政治政策，干预国内经济、政治的发展进程，其目的就是协调资本家集团之间的利益矛盾，同时，不得不对工人阶级做出某些让步，以协调、缓和劳资之间的利益冲突。另外，现代资本主义国家的社会职能也在加强。如组织建设全社会所必需的公共事业，像兴修水利、组织运输、联络通信、文化教育、保健事业、公益事业、社会福利，等等，这在一定程度上也起到协调利益关系的作用。

总之，通过政治制度尤其是借助国家政权，协调各利益集团的利益关系和利益矛盾，维持一定的社会秩序，使社会得以向前发展，而不是在尖锐的利益冲突中使社会毁灭，是协调利益关系的最有力的工具。但是，在存在阶级对立的社会中，由于存在着根本利益的对立，不仅剥削阶级集团与被剥削阶级集团的利益是根本对立的，剥削阶级集团之间的利益也是根本对立的，因此，利益矛盾的协调、缓和只能是暂时的。经过一段缓和之后，各利益集团的利益关系又会紧张起来，利益矛盾尖锐到一定程度必然导致利益冲突。各利益集团互相对抗，进行各种形式的斗争，以求实现本集团的利益。因此，在阶级对立的社会里，永远不会从根本上摆脱利益的对立和冲突。

在一定社会中，与一定的经济发展水平相适应，必有一种经济关系占主导地位，并且代表着社会发展趋势。在经济关系中居于主导地位的利益集团必然上升为社会中的统治集团，这些集团也必然在政治上居于统治地位。因此，政治制度对利益矛盾进行协调的实质，在于实现居于统治地位的利益集团的利益。正如恩格斯指出的："由于国家是从控制阶级对立的需要中产生的，由于它同时又是在这些阶级的冲突中产生的，所以，它照例是最强大的、在经济上占统治地位的阶级的国家，这个阶级借助于国家而在政治上也成为占统治地位的阶级，因而获得了镇压和剥削被压迫阶级的新手段。"①

奴隶制社会，在经济、政治上占统治地位的是奴隶主，他们剥削压迫的主要对象是成千上万的奴隶。因此，他们与平民之间的利益矛盾受到他们与奴隶之间利益矛盾的制约。为了保护他们的奴隶制国家，实现奴隶主阶级的共同利益——剥削压迫广大的奴隶和扩张其领土，他们才做出某些让步，以协调与平民之间的利益关系，使之不致激化到毁灭自己根本利益的地步。在资本主义社会，国家政治制度的职能也是为了同一目的。资本家利益集团之间的利益矛盾虽然也是根本对立的，但是，它们之间的矛盾毕竟是资本家利益集团内部之间的矛盾，它们的共同利益都是要从工人阶级身上榨取更多的剩余价值，获取最大限额利润的利益。它们之间的利益争夺，必然会削弱它们共同对付工人阶级的力量。因此，它们之间的利益矛盾可以在维护其共同利益的基础上加以协调。但是，由于私有制社会的性质，决定了它们之间的利益矛盾是不可最终协调解决的。它们之间利益矛盾的暂时协调和对被统治阶级做出的让步，实质是维护资产阶级的统治地位，使社会稳定地控制在资产阶级的手中，以实现资产阶级利益集团的共同利益和长远利益。阶级社会中，两大根本对立的利益集团之间的矛盾更是无法根本协调的，统治阶级的暂时而有限的让步不可能从根本上解决它们之间的利益矛盾。

3. 法律协调

法律与政治有着极为密切的联系。任何社会的政治都不

---

① 《马克思恩格斯选集》第 4 卷，人民出版社 1995 年版，第 172 页。

能离开法律而独立自处,任何国家也不可能没有法律。法律的实质则是统治阶级共同意志的表现,它是统治阶级推行和实施政治措施的工具。任何社会形态的利益制度,必以一定的法律的形式表现出来,只有通过法律形式才能使一种利益制度固定下来。法律制度对利益关系起着十分重要的协调作用。

社会的利益主体是极其复杂繁多的,不仅有阶级、阶层这些大的利益主体,还有小的利益群体以及利益个体,它们都有自己的特殊利益,它们之间必然发生这样或那样错综复杂的利益关系,这些利益关系固然受到政治调整的深刻影响,可是,利益关系和利益矛盾毕竟不能完全通过政治或国家政权来直接加以调整和解决。面对多元的、多层次的利益主体及利益体系,必须具有多样的协调机制,这样才能使社会维持在一定的秩序之内,避免不必要的利益纷争,才能保证统治阶级的利益得以充分实现。法律作为一种社会规范,作为调整人们之间相互关系的比较定型的、基本的行为规则,不仅可以直接作为一种政治手段,协调阶级、阶层之间的利益关系,保护统治阶级的利益(此时法律是政治的一部分),而且可以超出政治的范围,协调人们在社会生活各领域的利益关系。因此,法律协调利益关系的范围比政治协调要广泛一些。

法律是以规定人们的权利和义务为基本特征的,这些权利和义务由国家确认并予以保障。当人们在法律上规定的权利受到损害或威胁时,可以请求国家给予保护,以保证自己利益的实现;负有义务的人拒不履行法定义务时,相应的国家机关可以强制其履行。我国春秋战国时期的一些思想家就认识到法律的这种"定分止争"、"定分止乱"的作用,即通过规定人们的权利和义务来协调人们的利益关系，维持一定的社会秩序，避免利益纷争造成的混乱。法律既然是由国家制定和认可的，它就具有国家意志性。谁掌握国家政权，谁也就掌握了制定法律的权力，因此，法律必然是统治阶级共同意志的体现。这种共同意志决定了它不是统治阶级个别人的任性，也不是统治阶级中所有成员个人意志的混合，而是以这个阶级共同的根本的利益为基础，由这个阶级的代表在协调统治阶级内部各种利益要求的过程中形成的集中、统一的意志。它是在统治阶级一切阶层、群体和个人的特殊利益的交互作用中产生，由其代表集中和表达出来，并以法律形式加以确认。因此，法律的实质在于建立和维护有利于统治阶级的共同利益趋向，通过协调这些利益关系，维持有利于统治阶级的社会秩序，顺利地实现对整个社会的统治，使社会按照统治阶级的意志和利益的方向发展。但是，从整个人类社会的发展进程来看，法律的这种协调社会利益关系、维持一定社会秩序的作用，又是人类社会能够向前发展的必要条件。法律所具有的协调社会的利益关系的基本功能，主要体现在如下几个方面：

第一，在阶级社会中，确认和协调统治阶级和被统治阶级的利益关系，调整乃至镇压被统治阶级的反抗行动。统治阶级总是利用法律来确认和维护自己在经济上、政治上的统治地位，迫使被统治阶级服从有利于统治阶级的社会秩序，将社会各阶级、阶层的活动控制在统治阶级根本利益所允许的范围之内。被统治阶级的活动如果超出这个范围，就会被法律取缔以至于镇压。另外，统治阶级在被统治阶级的坚决反抗和强大压力下，也会采取让步的策略，制裁统治阶级内部过分侵犯劳动人民利益的违法犯罪分子等，以缓和与被统治阶级的利益矛盾。但是，这些让步是以不损害统治阶级的根本利益为前提的。

第二，在阶级社会中，确认和协调统治阶级与其同盟者之间的利益关系。为了取得同盟者的支持，维护统治阶级的统治地位和根本利益，统治阶级必须适当照顾同盟者的利益要求。赋予同盟者适当的权利，维护同盟者的某些利益，以协调与同盟者的利益矛盾。古希腊的梭伦改革和格拉古改革，实际上是利用变法协调奴隶主与平民的利益矛盾，以取得平民在对内对外的战争中、在镇压奴隶反抗的活动中的支持。

第三，在阶级社会中，确认和协调统治阶级内部的利益关系。统治阶级的根本利益虽然是一致的，但由于统治阶级内部结构的复杂性，也由于统治阶级的利益仍然是以私人利益为基础的，因此，统治阶级的不同阶层之间、各个成员之间、个别成员与统治阶级整体之间，必然存在着这样或那样的利益矛盾和冲突，甚至相当尖锐和激烈。因此，需要用反映统治阶级共同意志和根本利益的法律，协调统治阶级内部的利益关系，对那些做出有损于统治阶级共同利益的成员和集团，也要施以法律的制裁。中国封建社会宋神宗时期的王安石变法，也是希冀调整统治阶级内部封建地主阶级的代表——宋王朝同大地主、大商人的利益矛盾，来缓和国内阶级矛盾，维护封建统治阶级的根本利益的。

第四，利用法律监督社会公共事务的实施，以维护社会成员的基本权益，这是法律维持共同利益的社会职能。例如，保证公民的人身、生命、家庭、财产的安全，以及意志自由和信仰自由等，同时保障每一个社会成员正常生活必需的条件。监督实施自然保护、社会管理等，以保证公民的正常生活的自然和社会条件。法律的这些社会职能是有益于全体社会成员的。

第五，在社会主义社会制度下，阶级对立已经不存在了，社会主义国家的法律起着确认和协调人民内部不同利益主体之间利益关系的主要职能。社会制度和国家制度不同，法律的性质、内容和表现形式则有所不同。社会主义国家的法律与剥削阶级国家的法律，有着天壤之别。社会主义法律是以工人阶级为领导的全体人民共同意志的反映。它是阶级性和人民性的统一。因为社会主义国家消灭了剥削制度和剥削阶级，虽然还存在阶级差别，但全体人民之间已经没有根本利益的对立，而是形成了具有一定利益差别的共同利益的共同体。在利益上与之相对立的只是极少数剥削阶级的残余和反社会主义分子。工人阶级作为先进阶级没有自己的特殊利益，它与拥护社会主义革命和建设的广大人民群众的根本利益是完全一致的。社会主义法律又是阶级性和社会性的统一，它真正体现了整个社会的利益。因此，社会主义法律能够真正地协调社会全体人民的利益关系，保证全体人民的利益得以实现。它是保障社会主义制度，维护社会主义革命和建设的正常秩序，促进两个文明建设，打击少数反社会主义分子的极为有力的工具。只有不断加强社会主义法治，完善社会主义法律，做到法律面前人人平等，才能真正体现社会全体人民的共同意志，才能避免超越法律规范的特殊利益集团和特殊利益的产生，才能真正协调好社会主义不同利益主体之间的利益关系。

4. 道德协调

人作为社会性的人，其个人和其群体的一言一行，无不与他人或其他群体发生一定的利益关系。当他们的言行不触及法律规范时，法律也奈何他不得，这就是法律协调作用的局限。为了能使人们的一言一行都符合一定的规范,纳入一定的秩序之中,以协调好人们之间的利益关系,则需要比法律更具有广泛性的社会规范,这就是道德。

道德与法律有着密切的血缘关系。在法律没有产生的原始社会就有了道德。当社会进入阶级社会,出现尖锐的利益对立以后,便产生了国家和法律。法律的有些条款是直接对传统的道德习俗的认可。但是,道德没有因此而失去其独立地位,它与法律仍然有所区别,具有自己独特的功能、独特的形式。道德的产生早于法律,这是道德和法律的区别之一。其二,法律是由国家制定或认可并由国家强制执行的。道德则是依靠社会舆论的力量,依靠人们的信念、习惯、传统和教育的力量来维持的。人们通过善与恶、正义与非正义、公正与偏私、诚实与虚伪等道德观念,评价和引导人们的行为,以此来协调人们之间的利益关系。其三,道德发挥作用的范围远比法律广泛得多,甚至可以说,人们的一言一行都可以受到道德评价及道德规范的约束。道德与法律的相同之处在于,它们同属社会的上层建筑,都是人们的行为规范,对人们的行为加以约束或鼓励,指导人们的行为,以此协调人们的利益关系。只不过法律对人们行为的约束具有强制性,要求人们非依法律行事不可,道德引导人们自觉自愿地去这样做或那样做。因此,道德和法律可以互相补充,以达到相得益彰之效果。

什么是道德,道德的实质是什么?东西方的思想家对道德的理解,或者充满神秘性,看不见道德和人们的物质生活的实际联系,或者把个人利益作为道德的基础,这都不能揭示道德的真正实质。马克思主义认为,道德作为一种意识形态,也是对社会物质生活过程中人们的利益关系的一种体现与反映。恩格斯指出:"人们自觉地或不自觉地,归根到底总是从他们阶级地位所依据的实际关系中——从他们进行生产和交换的经济关系中,获得自己的伦理观念。"① 在原始社会,人们在长期的生产、生活实践中意识到,哪些行为是有利于人们的一般利益和长远利益的,哪些则是不利于人们一般利益和长远利益的。尽管他们可能对一般利益和长远利益还没有清楚的认识,但实践经验已经告诉人们应当按照什么原则来行事,以此来校正自己的行为。当违反这些原则时,就会受到舆论和良心的谴责。原始社会虽然没有文字来传播一定的道德原则,但它们还是能够一代一代传下去。道德是对人们利益关系的反映。在原始社会,它是对人们共同的、长远的利益的反映,并由此确立起来的行为规范。

人类社会自形成以来,就有其特定的需要和利益,就存在着利益矛盾,当然就具有利益的协调机制,而一开始的协调主要是道德协调。只有当人类进入利益尖锐对立的社会时,政治、法律协调才更为重要。在原始社会,基本的社会组织是原始群、氏族、部落、部落联盟,这些是以血缘关系为纽带的利益群体。氏族是原始社会中最基本的社会经济单位。由于生产力极为低下,人们的个人利益只有在集体的合作之下才能实现。集体——氏族的利益是实现个人利益的前提,个人利益与氏族的集体利益是基本一致的,人们需要共同劳动、共同分享劳动成果。在这个社会实践过程中,由此形成原始社会的道德习俗,其主要内容是维护氏族和部落的共同利益;人们共同劳动、互相关心;维护氏族内的自由、平等、等等。另外,氏族的事务由成年男女都有发表意见的权利的

---

① 《马克思恩格斯选集》第3卷,人民出版社1995年版,第434页。

民主的组织机构——议事会来解决。由于氏族成员之间不存在根本的利益冲突,这么多年积累的传统的道德习惯、风俗通过议事会足以解决和处理氏族社会内一切可能发生的矛盾。恩格斯就曾对易洛魁人的氏族制度发出过这样的赞叹:"这种十分单纯质朴的氏族制度是一种多么美妙的制度呵!……一切问题,都由当事人自己解决,在大多数情况下,历来的习俗就把一切调整好了。"① 这样,传统的道德成为协调原始社会利益关系的最重要的手段。当然,习以为常、约定俗成的习俗也是一种制度,但这种制度主要是依靠道德的力量来维持。

伴随着父权制代替母权制的历史过程,私有制家庭诞生了。"但是这样一来,在古代的氏族制度中就出现了一个裂口:个体家庭已经成为一种力量,并且以威胁的姿态起来与氏族对抗了。"② 一夫一妻制的私有制家庭成为社会最基本的经济单位,成为独立于氏族的利益主体。财产、奴隶、土地归家庭私有,人们有了新的需要、新的利益。人们把私有财产看做是最大的利益,富人和穷人的差别加剧,阶级开始形成,人类社会进入利益的尖锐对立和冲突的时期。这时,传统的道德习俗已无法解决不同利益主体提出来的要求,无法解决进行剥削的富人和被剥削的穷人之间的利益矛盾。新的解决利益矛盾的机制和制度应运而生,这就是国家及其政治、法律协调机制。私有制的产生造成根本对立的利益和激烈的利益冲突,传统的道德习俗已无能为力,只有凌驾于社会之上的国家政治制度,才能协调社会利益关系,解决利益矛盾。

---

① 《马克思恩格斯选集》第 4 卷,人民出版社 1995 年版,第 95 页。
② 同上书,第 162—163 页。

人类社会进入阶级社会以后，统一的利益消失了，整个社会统一遵循的道德也随之消失了。道德的利益协调机制作用降低了，但在一定范围内道德协调还是起作用的。各阶级由于在生产关系及其他社会关系中所处的地位不同，阶级利益也必然不同。这种不同的社会地位和阶级利益反映在人们头脑中，必然形成不同的、甚至完全对立的道德观念、道德情感、道德原则和道德规范。阶级社会的道德必然具有阶级性。例如，奴隶社会的道德是以维护奴隶对奴隶主的绝对服从和人身依附关系为基本的道德原则，对奴隶制国家的绝对忠诚等，是奴隶主阶级的道德规范；封建社会的道德以维护封建的宗法等级关系为基本的道德准则，忠君孝亲等是封建地主阶级的道德规范；到了资本主义社会，个人主义、利己主义成为最基本的道德原则，金钱万能、个人主义、利己主义等则是资产阶级的道德规范。与此相对，各社会形态中的被统治阶级则形成与统治阶级相对立的道德原则和道德规范。奴隶以反对奴隶主的虐杀、争取人的地位和尊严为基本道德原则，在反对奴隶主的斗争中形成勇敢顽强、团结互助的高尚美德；农民以反对封建宗法制度和礼教、要求社会平等为基本道德原则，以勤劳节俭、"穷帮穷"等为道德规范；工人阶级的道德是目前人类社会最高尚的道德，集体主义是工人阶级道德的基本原则，在这个基本原则的指导下，工人阶级继承和发扬了劳动人民的一切优良道德传统，形成了大公无私、英勇斗争、团结互助、公正诚实和高度的组织纪律性等高尚的道德品质。道德是一个历史的范畴，永恒的道德是不存在的。

尽管在阶级社会中存在着相互对立的道德，但由于相互对立的阶级毕竟是生活于同一社会形态之中，也要相互交往，因此不可避免地形成一些起码的共同承认的道德规范。如"勿偷盗"、赡养父母、尊重老人、诚实守信等,这些共同的道德规范构成人类公共生活的基本规则。

在阶级社会中,占统治地位的道德总是统治阶级的道德。尽管被统治阶级具有自己的优良的道德品质,但他们毕竟受到统治阶级道德的约束,使被统治阶级的道德具有很大的局限性。中国封建社会的礼教道德对农民的桎梏是沉重的。鲁迅先生笔下的祥林嫂,具有劳动人民勤劳、纯朴、善良的美德,但在封建礼教的压迫下,又按照封建礼教的道德行事,最后沦为乞丐,就是极为生动的写照。统治阶级的道德维护的是统治阶级的共同利益。在剥削阶级手中,道德不过是杀人不见血的软刀子。因此,在私有制社会,道德作为法律的补充剂和政治的加强剂,虽然具有协调社会利益关系的微调器的作用,但主要是维护统治阶级的利益的,它不可能真正协调根本对立的利益关系。只有消灭了私有制,个人利益和社会利益真正统一起来,集体主义的道德原则和社会主义的道德规范才能协调全体人民的利益关系。到这时,道德才能充分发挥其协调利益关系的功能,协调个人与个人、个人与群体、群体与群体、个人与社会的利益关系和利益矛盾。社会主义道德建设在社会主义经济建设中有着极其重要的地位和作用。

利益协调可以使人类社会在尖锐的利益矛盾和利益冲突中免于毁灭的命运,使人们的利益按照一定的秩序得到相对均衡的分配。由于人们利益关系的复杂性、多样性,利益协调也必然是多层次、多方面的。经济、政治、法律和道德是协调人们利益的主要社会手段。当然,还要有一定的行政协调和其他方面的协调相配合。政治以一定的经济发展水平为基本依据，以维护一定的经济关系为己任，这就决定了它是为一定的利益服务的。法律和道德作为思想上层建筑是为政治服务的，它既是对政治的巩固和加强，又是在此基础上的拓宽。法律和道德的利益协调更加广泛，行政及其他方面的协调则起到利益协调拾遗补阙的作用。利益协调使人们有一个生存和发展的社会生活环境。经济协调是利益协调的根本手段，而经济发展及社会全面发展是利益协调的根本办法。因此，利益协调的目的不是为协调而协调，而应是为社会的全面的发展创造条件。

在私有制社会，利益协调的最终目的是维护统治阶级的根本利益，不可能摆脱残酷的利益冲突和利益争夺。社会主义制度消灭了利益的根本对立，利益协调不再是为了维护统治阶级的私利，而是为了维护全体人民的利益。协调各利益主体的利益关系和利益矛盾，极大地调动人民群众的积极性，促进经济的发展，不断满足全体人民日益增长的利益需求，这是社会主义国家自觉地进行利益协调的最终目的。

第十章 利益原则和利益观念

站在历史唯物主义基本立场上,运用马克思主义利益理论,坚持正确的利益观点和利益原则,树立正确的利益观,去分析社会利益问题、认识社会利益问题、对待社会利益问题、解决社会利益问题,这是我们研究社会利益的根本目的。本书在前几章分析利益范畴以及研究利益的实质、功能、分类的基础上,对马克思主义所坚持的利益观点、利益标准和利益观念作一概括性的说明。

一 利益观点和利益原则

利益理论是马克思主义的一个重要观点,根据马克思主义利益观点看问题、办事情,这是马克思主义的一个基本原则。马克思主义认为:"物质生活的生产方式制约着整个社会生活、政治生活和精神生活的过程。"① 生产方式是社会生产力和生产关系的统一,制约并影响着人类整个社会生活,构成人类全部社会生活的基础。社会经济关系首先又是作为物质、经济利益而表现出来的,社会利益作为社会关系的重要

---

① 《马克思恩格斯选集》第2卷,人民出版社1995年版,第32页。

表现，同样构成人类全部社会生活的基础。物质的、经济的、社会的利益是人们的根本需要，是人们从事一切社会活动的根本动因，构成人类社会生活中的根本制约因素。不同的社会物质、经济、社会关系，表现为不同的物质、经济、社会利益。在一切社会中，都存在着一定的利益差别。在阶级社会中，阶级矛盾和阶级冲突实质上是不同利益集团之间的对立，一切阶级冲突都是基于物质利益的冲突。

生产关系一定要适合生产力的发展需要，社会生产力的发展是一切社会发展的根本动力。人们从事社会生产的目的是为了自身的生存、生活和发展，是为了谋取解决人们生存、生活、发展需要的物质生活资料。由之，人的需要、人的利益构成社会生产发展的内在拉力，从这个意义上来说，人的需要、人的利益是社会生产力发展的内在动力。在社会生产力构成要素中，劳动者是社会生产力的最活跃、最积极的重要因素，而利益的满足又是调动、刺激劳动者积极性的根本的内在动力，因此，社会利益具有社会发展的动因、动力的重要历史作用。

承认不承认物质的、经济的社会利益在人类社会历史发展中的根本动因和动力作用，承认不承认物质的、经济的、社会的利益构成人类全部社会生活的基础、底因，承认不承认物质的、经济的、社会的利益是一切阶级斗争以及一切社会差别、矛盾、冲突的根源，这是唯物史观和唯心史观的一个重要区别。恩格斯指出："旧的、还没有被排挤掉的唯心主义历史观不知道任何基于物质利益的阶级斗争，而且根本不知道任何物质利益；生产和一切经济关系，在它那里只是被当作'文化史'的从属因素顺便提一下。"[①] 马克思和恩格斯

[①] 《马克思恩格斯选集》第3卷，人民出版社1995年版，第365页。

在创立唯物史观的过程中，正是以物质利益为认识转变的契机，认识到物质的生产条件是一切社会生活的前提和基础，人的根本生活需求是人类从事生产活动、从而从事一切社会活动的根本动因，是一切社会差别、社会冲突、社会变革以及各种社会现象产生、变化的最终原因。马克思和恩格斯以物质利益为研究突破口，彻底解剖了人类社会的经济关系、经济事实，从而发现了人类社会发展的规律、特点，揭示了人类社会的奥秘。实际上，所谓唯物史观就是以一定历史时期的物质经济生活条件来说明一切历史事件和观念、政治、哲学和宗教等现象。从物质生活条件出发，在一定意义上从人的物质利益需求条件出发，来说明一切社会历史现象和社会观念，这是唯物主义历史观观察、分析与处理社会问题的世界观和方法论。

　　物质的、经济的、社会的利益理论是马克思主义基本原理的一个重要观点，物质的、经济的、社会的利益原则是马克思主义理论的一个基本原则，从利益的观点出发认识问题、分析问题、解决问题，这是马克思主义的基本立场、观点和方法。列宁、毛泽东、邓小平坚持马克思主义立场、观点和方法，必然坚持利益观点、利益原则，坚持从利益原则出发来看问题、处理问题的基本立场、观点和方法。列宁说："我国的对内和对外政策归根结底是由我国统治阶级的经济利益和经济地位决定的。这个原理是马克思主义者整个世界观的基础。"[1] 毛泽东同志说："共产党人的一切言论行动，必须以合乎最广大人民群众的最大利益，为最广大人民群众所拥护

---

[1] 《列宁全集》第34卷，人民出版社1985年版，第306页。

为最高标准。"① 坚持利益观点和利益原则，这是马克思主义观察问题、处理问题的基本出发点和落脚点，也是马克思主义判断一切社会现象的性质、特点以及判断一切人的言论及其行动的成功与否的一个基本标准。是否从人民的利益出发，这是马克思主义的基本原则和判断标准。利益观点、利益原则、利益标准，这是马克思主义利益理论的重要内容。

列宁在俄国社会主义早期建设实践中，特别强调马克思主义的利益观点。他在《十月革命四周年》一文中总结了十月革命的政治经验，总结了俄国社会主义建设的初步经验教训，明确指出："我们为热情的浪潮所激励，我们首先激发了人民的一般政治热情，然后又激发了他们的军事热情，我们曾计划依靠这种热情直接实现与一般政治任务以及与军事任务同样伟大的经济任务。……现实生活说明我们错了。"列宁所说的这个错误是什么呢？列宁接着总结道，恢复经济、搞建设，"不是直接依靠热情"，而是在借助于革命热情的同时，要依靠从个人利益上的关心，关心个人利益，实行物质利益原则。物质利益原则，这是一个重要原则，是建设社会主义所必须依靠的。俄国的社会主义建设的早期实践告诉列宁，单凭政治热情，而忽视群众的切身利益问题，不考虑利益的激励作用，是无法进行长期的社会主义建设的。所以，列宁总结道："为了作好向共产主义过渡的准备（通过多年的工作来准备），需要经过国家资本主义和社会主义这些过渡阶段。不能直接凭热情，而要借助于伟大革命所产生的热情，靠个人利益，靠同个人利益的结合，靠经济核算，在这个小农国家里先建立起牢固的桥梁，通过国家资本主义走向社会主义；

---

① 《毛泽东选集》第3卷，人民出版社1995年版，第1096页。

否则你们就不能到达共产主义,否则你们就不能把千百万人引导到共产主义。"列宁认为,社会主义建设不能撇开劳动者的个人利益,必须依靠对个人利益的关心。"同个人利益结合,能够提高生产;我们首先需要和绝对需要的是增加生产。""必须把国民经济的一切大部门建立在同个人利益的结合上面共同讨论,专人负责。由于不善于实行这个原则,我们每走一步都吃到苦头。"① 列宁明确指出,必须坚持个人利益关心的原则。可见,离开对群众个人合理利益的关心,是无法赢得社会主义建设的最终成功的。

早在革命战争时期,毛泽东同志就始终坚持马克思主义的利益观点、利益原则。他在1934年写的《关心群众生活,注意工作方法》这篇文章中指出,我们的中心任务是动员群众参加革命战争,把革命发展到全国去。要懂得完成这个中心任务,"对于广大群众的切身利益问题,群众生活的问题,就一点也不能疏忽,一点也不能看轻。因为革命战争是群众的战争,只有动员群众才能进行战争,只有依靠群众才能进行战争"。"一切群众的实际生活问题,都是我们应当注意的问题。""要使广大群众认识我们是代表他们的利益的,是和他们呼吸相通的。要使他们从这些事情出发,了解我们提出来的更高的任务……为革命的胜利斗争到底。"② 发动革命战争,夺取全国胜利的目的是为了群众的根本利益,然而,要想动员群众参加战争,还必须解决群众的眼前利益、切身利益,使他们从中看到革命的目的和未来,只有这样才能动员群众、赢得战争的胜利。所以,毛泽东同志说:"一切空话都

---

① 《列宁选集》第4卷,人民出版社1995年版,第569—582页。
② 《毛泽东选集》第1卷,人民出版社1991年版,第136—139页。

是无用的，必须给人民以看得见的物质福利。"① 在社会主义建设时期，毛泽东同志明确指出了"必须兼顾国家利益、集体利益和个人利益"的重要原则。

在社会主义改革开放新的历史条件下，邓小平同志反复强调个人物质利益原则是社会主义的重要原则，是马克思主义的重要原则。早在十一届三中全会前，他就明确地提出了关心人民群众的物质利益问题。他说："不重视物质利益，对少数先进分子可以，对广大群众不行，一段时间可以，长期不行。"②"革命是在物质利益的基础上产生的，如果只讲牺牲精神，不讲物质利益，那就是唯心论。"他还认为，社会主义的根本任务是发展生产力，必须最大限度地满足人们的物质利益要求。邓小平同志提出："发挥社会主义的优越性，归根到底是要大幅度发展社会生产力，逐步改善、提高人民的物质生活和精神生活"，③ 使个人正当的利益需要得到尊重。他强调，要给人民以看得见的实惠，制定了坚持在发展社会主义生产力的基础上，给人民以实惠的政策。他坚持提出了允许一部分人、一部分地区先富起来，然后走共同富裕的道路的重要思想。他提出了"三个有利于"的判断标准，而满足人民的利益需要，是"三个有利于"判断标准的基本出发点和落脚点。他说："各项工作都要有助于建设有中国特色的社会主义，都要以是否有助于人民的富裕幸福，是否有助于国家的兴旺发达，作为衡量做得对或不对的标准。"④ 人民的利益高于一切，这是邓小平同志的马克思主义利益观。他把

---

① 毛泽东：《经济问题和财政问题》，东北书店1946年版，第118页。
② 《邓小平文选》第2卷，人民出版社1994年版，第146页。
③ 同上书，第251页。
④ 《邓小平文选》第3卷，人民出版社1993年版，第23页。

"人民拥护不拥护"、"人民赞成不赞成"、"人民高兴不高兴"、"人民答应不答应"作为制定各项方针政策的出发点和归宿，作为考虑一切问题的基本参照系。

目前，我国正处于一个急剧变革的伟大时期，在这个时期，改革一切不适合中国社会主义现阶段生产力发展的经济、政治、文化、意识形态等社会体制，建立社会主义市场经济体制以及其他体制，已经成为一股不可抗拒的历史潮流。社会主义改革触及了人们社会生活的各个领域、各个方面，改变着人们的社会关系。随着新旧社会体制的逐步转换、社会关系的新的调整，整个社会主义利益关系也必然发生相应的变动，原有的利益结构和利益分配关系将被突破，逐步代之以新的利益结构和利益分配关系。社会主义改革必然触及每一个人的利益，必然改变人们之间的利益关系。社会利益关系的复杂变化，往往会在某种程度上强化或动摇人们对待改革的态度，利益的新调整往往会在某种程度上增加或削弱人们投身改革的内在动力。在社会主义改革过程中，如何正确认识和处理各方面的利益关系，合理地调整利益结构，尽可能地通过改革，最大限度地满足人们的利益要求，这是关系到社会主义改革成败与否的关键问题之一。因此，在这个重要的历史转折关头，学习马克思主义的利益观点，坚持马克思主义的利益原则，运用马克思主义的利益判断标准，是非常重要而又十分必要的。

二 利益分析和利益判断标准

列宁说："如果你们没有指出哪些阶级的利益，哪些在当前占主导地位的利益决定着各政党的本质和这些政党的政策的本质,那么事实上你们就没有运用马克思主义……"① 利益支配人们的社会历史活动,这是一条重要的历史唯物主义原则,这个原则展示了人类社会历史运动所必然遵循的客观规律。根据利益原则,对复杂的经济、政治、文化等社会生活进行利益分析,这乃是洞察社会历史奥秘的重要方法。所谓利益分析,就是依据历史发展规律和利益原则,揭示出人们社会活动背后的利益动因,然后从这种利益动因出发,去说明人类社会的各种社会关系和各种历史现象。从这个意义上来说,关于利益的理论就是对社会历史现象的重要观察方法。在唯物史观指导下运用利益分析方法,就为人们认识复杂的社会现象提供了一个明确的观察线索。

在社会学研究领域,在政治学研究领域,在国际关系研究领域,在其他社会科学研究领域,人们已经广泛地运用了利益分析方法,对社会现象进行分析。例如,20世纪30—50年代,西方出现了一个现实主义的理论流派,这个流派提出了所谓政治现实主义的国际关系理论,认为在国际关系中,国家利益是国家对外行为的基本动因,每个国家都受国家利益的支配,都要始终追求国家的利益与权力。现实主义理论流派是通过利益分析方法来说明风云突变的国际问题的。尽管很多学者运用利益分析来认识社会问题,但如果不站在历史唯物主义的正确立场上运用利益分析方法,则往往只是从人的抽象本性出发来说明利益问题,根本不晓得利益的真正本质和基本特性,从而也就不可能通过利益分析正确地说明许多复杂的社会问题。

我国现在正在进行的改革是一场宏大的社会变革。在这

---

① 《列宁全集》第15卷,人民出版社1988年版,第375页。

场变革中,要触动并根本改革那些不利于社会生产力发展的、不利于调动起人们积极性的经济、政治体制,这样一来,就会使社会利益关系发生深刻的变化。因此,坚持正确的利益分析,是正确判断改革形势、制定改革政策和措施的必要前提。首先,少数人在改革中失去某些不合理的既得利益,而大多数人会在改革中获得更多的实惠。不合适的体制使人们的积极性不能在更广阔的范围里最大限度地发挥出来。因此,那些依据不合适体制、不合适权力地位而获得不合理的既得利益的少数人,就会由于体制改革而丧失原体制下所带来的一些利益。比如,在推行农村生产责任制的过程中,新的农村经济体制就不同程度地遭受到一些基层农村干部的反对,这里面固然有一个认识问题,但还有一个利益问题。也就是说,农村生产责任制的建立,必然会使一部分脱离劳动的基层干部失去依据权力而得到的利益;在城市市场经济体制改革过程中,你放权,他收权,权力放不下来,这里面也有一个利益分割问题。再如,改革的一个重要内容就是打破"平均主义"的分配体制,这就会使那些过去依赖"大锅饭"懒惯了的人,严重违反劳动纪律的人,劳动产品的质量和数量上不去的人,连年亏损的企业职工因失去铁饭碗,吃不上"大锅饭"而牢骚满腹。同时,又因为新的体制能够最大限度地顾及到个人、集体劳动的报酬,能够合理地调整个人、集体、国家三者之间的利益关系,充分地调动人们的积极性,会使多数人拥护。所以,从根本上来说,从长远上来说,随着新体制的逐步完善,会使大多数人从改革中获得更多的好处。例如农村改革就使广大农民得到了更多的实惠。其次,在改革中,由于所有制结构改革、市场体制改革而带来的分配体制、分配形式的变化,人们所得到的利益是不可能等速、等量、等向递进的。社会主义改革进程是一个波浪式前进和螺旋形上升的不平衡的运动过程，尤其是在中国这样一个市场经济既不发达、发展又不平衡的复杂落后的农业大国，有些地方、有些部门、有些领域、有些战线的改革进展要快些，有些则慢些，甚至有些地方、有些部门、有些领域、有些战线还会出现暂时的失利，局部的、原有的体制甚至还会卷土重来。其结果，有些人获利就会早些、多些，有些人获利就会晚些、少些，有些人会暂时失去刚刚获得的利益，甚至于有些利益会暂时地相对少于改革之前，出现获利逆向变化的现象，从而造成少数人增利太快、太多，甚至不合理，造成人们收入暂时性的过分悬殊。在改革过程中，出现这些错综复杂的利益关系变化是不可避免的，但是如果我们对改革中的利益关系变化认识不清，就会造成政策上的失误，致使正常的利益关系变动向不合理的结构方向恶性发展，影响改革的正常进行，甚至会由此而断送改革。虽然大多数人都会从改革中获得一定的利益，但是如果利益关系长期不顺，利益分配长期不合理，就会挫伤人们的改革热情，由支持改革转而对改革持抵触、消极、不满甚至反对的情绪。改革阶段正是利益关系急剧变化、利益结构重新调整的时期，在这个时期内，利益关系的调整并不是一下子定型的，人们的利益增加会有得有失、有先有后、有多有少，甚至有的还会受到暂时的损失，极少数人肯定会失去不合理的既得利益，人们之间这种利益关系的变化会使人们对改革的态度发生极其微妙的变化。因此，运用利益分析，清醒地认识改革过程中的利益变化，及时采取有力的措施，使利益关系逐步调整、趋于合理，是社会主义改革链条中的重要环节。

　　坚持正确的利益分析，必须要遵循正确的利益判断标准。

从利益原则来看,是有利还是无利,是多利还是少利,这是利益分析所坚持的利益判断标准。对大多数人是不是有利,能不能调动多数人的积极性,是对多数人有利,还是对少数人有利;是调动多数人的积极性,还是调动少数人的积极性;是多数人拥护,还是少数人拥护,这是马克思主义利益标准同其他利益标准的根本区别点。正是这个根本点决定了共产党人把是否符合人民的利益作为自己一切行动的出发点和归宿。在民主革命时期,毛泽东同志领导我们党始终把坚持人民的利益作为维护我们党的路线、方针、政策是否正确的一个根本尺度。毛主席说:"共产党人的一切言论行动,必须以合乎最广大人民群众的最大利益,为最广大人民群众所拥护为最高标准。"[1] 邓小平同志坚持了毛泽东同志反复倡导的"人民利益高于一切"的利益判断标准。人民的利益高于一切,这是马克思主义的利益判断标准。

从正确利益判断标准来看,评价改革的好与坏有两条最根本的标准:第一,在改革中是多数人获利,还是少数人获利,多数人获得实惠应该是改革成功的一条重要标志;第二,通过改革是否把大多数人的积极性充分地调动起来了。利益是人们进行社会活动的动力,使多数人获利的改革就必然转化为巨大的劳动积极性。充分地调动人们的积极性,则应该是改革成功的另一个重要标志。改革只有取得这两个基本效应,才能为人们所理解、所拥护、所支持并积极参与,改革才能最终取得成功。在改革过程中,我们一定要坚定不移地坚持上述两项利益评价标准,运用利益分析原则,明确认识改革中的各种利益关系,妥善处理各类利益群体的谋利活动,

---

[1] 《毛泽东选集》第3卷,人民出版社1991年版,第1096页。

把不合理的利益变动减少到最低限度。分析改革中的利益变动和利益关系，提高社会主义改革的自觉性，减少盲目性，这就是列宁所说的"运用马克思主义"。

三 利益观念及其主要派别

确定利益的社会实质，强调利益的历史作用，坚持利益原则，明确利益标准，划分利益群体，提出利益协调对策，这是利益理论的基本任务。利益理论是关于利益问题的理性概括，马克思主义利益理论是马克思、恩格斯运用历史唯物主义原理，分析社会利益现象而创立的科学的理论原理。人们可以运用马克思主义利益理论，来观察、分析、处理社会利益问题。至于一个人如何看待利益问题，如何看待个人利益、如何对待个人利益和整体利益的关系，如何处理各种利益关系，这是同人的世界观、人生观联系在一起的。有什么样的世界观、人生观，也就有什么样的利益观、价值观：工人阶级的世界观、人生观决定了工人阶级的利益观和价值观，剥削阶级的世界观、人生观决定了剥削阶级的利益观和价值观。工人阶级只有解放全人类才能最终解放自己的宽大胸怀和大公无私的高尚品质，决定了工人阶级把人民利益放在个人利益之上的集体主义的利益观念；剥削阶级唯利是图的狭隘眼光，决定了剥削阶级的个人主义、利己主义的利益观念。利益观是在一定的世界观、人生观指导下，在一定的利益理论和利益原则指导下，看待、处理利益问题的价值取向、功利态度，以及思维方式、行为方式的准则、标准和观念。

在人类思想史上，具有代表性的利益观念有：唯利主义利益观、非利主义利益观；实用主义利益观、个人主义利益观、利己主义利益观、小团体主义利益观、享乐主义利益观、拜金主义利益观；功利主义利益观；集体主义利益观、利他主义利益观。大体上可以分为三大类：唯利主义利益观、非利主义利益观和功利主义利益观。

唯利主义利益观是只言利、不言义，只言个人利、不言集体利的对利益问题的一种价值取向、功利态度和思维方式、行为方式的准则、标准和观念。在人类社会生活中，利益是基础、前提，每个人都会重视利益、关心利益。但在人类社会生活中不只存在"利"，还存在精神追求、精神崇尚、道德情操、感情需要和交流，还存在"义"。只讲"利"、不讲"义"，只讲个人、不讲集体，就是唯利。唯利实质是只唯私利，不唯公利。只唯利就会走向反面，走向极端，就会成为唯利是图的小人，唯个人利益、唯小团体利益，金钱至上，物质享乐至上，甚至为了满足个人利益而不顾损害别人的、集体的、国家的、人民的长远的和根本的利益。个人主义、小团体主义、实利主义都是唯利主义的表现。利己主义、享乐主义、拜金主义更是唯利主义的极端表现，譬如，利己主义宣扬的"人为财死，鸟为食亡"，拜金主义宣扬的"一切向钱看"，都是极端唯利主义信条。

非利主义利益观是唯利主义利益观的反动。非利主义是一种以否定利益作为价值取向、价值尺度和思维方式、行为方式的准则、态度、标准和观念，表现为重精神、重思想、重伦理、重道德，而完全否认利益的作用，否认人对利益的追求和满足。中国儒家哲学有的流派推崇典型的非利主义利益观念。孔子提倡"君子喻于义，小人喻于利"。[①] 孟子说：

---

① 《论语·里仁》。

"何必曰利？亦有仁义而已矣！"[1] 汉董仲舒进而提出："正其谊不谋其利,明其道不计其功。"[2] 宋明理学明确提出"存天理、灭人欲"。这些禁欲主义说教都是非利主义利益观的典型论点。在长期的中国封建社会中,统治阶级推崇儒学的非利主义利益观,实质上是为了维系封建社会制度,维护封建剥削阶级统治,推行的是一种"愚民"政策,有利于剥削阶级对被剥削阶级的利益剥夺和政治控制。非利观实质不是不言利,而是不准人民群众、甚至他人言利。"文化大革命"中"四人帮"提倡的"精神万能论"等论点,无非是封建社会非利主义的现代变种。站在历史唯物主义的立场上看,人是离不开饮食男女这些物质利益的追求的,只有满足人的合理的利益需要,才能调动人的积极性,才能不断推进社会的进步和发展。因此,非利主义是与社会历史客观事实不符的唯心主义的利益主张。

关于对非利主义的批判,早在中国古代思想史上就有"义利之辩"之说,主张义利并重的古代思想家对儒家禁欲主义的说教进行了有力的反驳。在中国古代思想史上,"义"是指人们的动机和行为符合一定的道德准则；"利"是指物质利益和功利。义利之辩,是非利主义与功利主义的一场辩论。针对儒学、理学的讲"义"乃"儒学第一要义"的谬论,墨家以"人民"、"国家"之得失而言利的论点进行批驳,认为"义,利也",[3] 主张以"国家百姓人民之利"作为判别善恶是非的标准。法家思想的集大成者韩非则以人君之得失而言

---

[1] 《孟子·梁惠王上》。
[2] 《汉书·董仲舒传》。
[3] 《墨子·经上》。

利，认为任何脱离耕战事功的道德理论，只是自欺欺人的虚伪说教。中国封建社会反理学的思想家叶适、陈亮、王夫之、颜元等都主张义利并重，提倡功利论，反对儒家言利必及于私，及于私则无义可言的说法。如颜元针锋相对地提出"正其谊以谋其利，明其道以计其功"，主张功利主义利益观。

功利主义利益观是以实际功效和利益作为价值取向、思维方式、行为方式、伦理道德的准则、标准和观念。功利主义最早是19世纪资产阶级思想家提出来的。为了适应资产阶级反对封建制度、反对封建教会的道德说教，鼓吹资产阶级的个人主义，推进资产阶级革命的需要，资产阶级思想家提出了功利主义利益观念。资产阶级功利主义是从人性论出发而得出的一种资产阶级的利益观，认为个人利益是人类行为的基础，要求公众利益服从于个人利益，只有这样才符合人性的要求，才符合人的自私的本性的要求。最早提出功利主义思想的是18世纪法国唯物主义者爱尔维修，他认为，追求个人利益是人的本性，利己主义应当成为人的行为准则。典型的代表是英国的边沁，他认为"个人利益是唯一的现实利益"，"社会利益只是一种抽象，它不过是个人利益的总和"。约翰·穆勒发挥了边沁的思想，提出了"功利主义"概念，撰写了一本《功利主义》的著作，但他不赞成狭隘的功利主义态度。他认为，除了利己主义原则之外，也应把利他主义纳入功利主义范围，提倡"精神快乐"。

中国封建社会也有一些进步的思想家提出"事功之学"，即中国的功利论，反对中国儒学的否认功利的说法。中国南宋时期永嘉学派的代表叶适和永康学派的陈亮认为，为学要注重功用和效果，义和利要统一，反对否认功利而空谈仁义的封建理学的义利观。陈亮批评"书生之智，知议论之正当，而不知事功之为何物"。① 叶适批判理学，强调功利，指出："既无功利，则道义乃无用之虚语。"②

毛泽东说："唯物主义并不一般地反对功利主义，但是反对封建阶级的、资产阶级的、小资产阶级的功利主义，反对那种口头上反对功利主义、实际上抱着最自私最短视的功利主义的伪善者。世界上没有什么超功利主义，在阶级社会里，不是这一阶级的功利主义，就是那一阶级的功利主义。我们是无产阶级的革命的功利主义者，我们是以占全人口百分之九十以上的最广大群众的目前利益和将来利益的统一为出发点的，所以我们是以最广和最远为目标的革命的功利主义者，而不是只看到局部和目前的狭隘的功利主义者。"③ 马克思主义利益理论并不是一般地反对功利主义，而是强调，人们的物质需要是第一性的东西，是全部社会生活的前提和动因，坚决反对封建阶级、资产阶级、小资产阶级的利己主义等极端的功利主义，主张关心人民的物质利益，主张在发展生产力的基础上提高人民的物质生活水平，主张以人民的利益为出发点，正确处理好人民的眼前利益与长远利益、局部利益与整体利益、个人利益与集体利益的关系。马克思主义坚持的是无产阶级的功利主义，利他主义、集体主义是无产阶级的功利主义利益观的表现。

四　牢固树立工人阶级利益观

我们应当提倡、坚持什么样的利益观呢？我们应当坚持、

---

① 《戊律并上孝宗书》。
② 《习学记言》卷二十三。
③ 《毛泽东选集》第3卷，人民出版社1991年版，第864页。

提倡在历史唯物主义指导下,在马克思主义正确利益理论指导下,受无产阶级的世界观、人生观所支配的无产阶级的利益观。无产阶级利益观本质上是一种集体主义的功利观念。

马克思说:"人们奋斗所争取的一切,都同他们的利益有关。"[①] 在我国社会主义市场经济改革的现实生活中,如何对待利益问题,有三种观念和表现:第一种,在市场经济大潮的冲击下,完全经得起考验,始终能够把人民的利益放在第一位,为了人民的利益可以牺牲个人的利益,甚至牺牲个人的生命,如孔繁森等先进人物;第二种,在市场经济条件下,基本上经得起考验,能够遵守党纪国法,为人民服务,在一般情况下,能够较好地处理个人利益和人民利益的关系;第三种,在市场经济的考验面前打了败仗,堕落成为人民的罪人。在我们的党员队伍中,有个别党员、甚至党的高级干部把党和人民的利益置于脑后,背离党的宗旨,违背党性原则,以权谋私,腐化堕落,走上了犯罪的道路。第三种观念和表现虽然不是主流,是少数人,但如果不引起足够的重视,任其蔓延,就会把党风、社会风气搞坏,把事业搞垮。第二种观念和表现的党员,主流虽然是好的,但他们中间有些人也会受到错误利益观的误导,时常产生一些错误的言行。在当前社会生活中,如何对待利益问题,存在有种种错误认识、糊涂观念,这会影响党员的行为,影响人们的行为。必须从思想教育入手,纠正共产党人和广大人民群众在利益问题上的各种错误认识,树立正确的无产阶级利益观。

在市场经济条件下,工人阶级利益观应当包括哪些内容呢?

---

① 《马克思恩格斯全集》第1卷,人民出版社1956年版,第82页。

第一，人民的利益至高无上是工人阶级利益观的根本原则。

人民的利益是我们一切工作的根本出发点和目的，坚持人民的利益高于一切，个人利益无条件地服从人民利益，这是应当坚持和提倡的工人阶级利益观。毛主席说："全心全意地为人民服务，一刻也不脱离群众；一切从人民的利益出发，而不是从个人或小集团的利益出发；向人民负责和向党的领导机关负责的一致性；这些就是我们的出发点。"① 人民的利益至高无上，是工人阶级利益观的根本原则。中国共产党是中国无产阶级根本利益的代表，是人民根本利益的代表，在中国革命历史的任何时期都充分代表最广大人民群众的利益，在社会主义改革开放和现代化建设的新的历史条件下，在发展市场经济的新情况下，中国共产党仍然代表最广大人民群众的利益，这一点不因环境和条件的改变而改变。条件变化了，情况变化了，人民利益高于一切的根本原则是没有改变的，我们党不会因市场经济的变化而根本改变自己的工人阶级利益观。

今天，在新的历史条件下，邓小平总是时刻关心最广大人民群众的利益和愿望，把"人民拥护不拥护"、"人民赞成不赞成"、"人民高兴不高兴"、"人民答应不答应"，作为制定各项政策的出发点和归宿。人民的利益至高无上，这仍然是新的历史条件下中国共产党所坚持和提倡的工人阶级利益观的根本点。邓小平所倡导制定的建设有中国特色社会主义的理论、路线、方针、政策，目的是发展社会主义生产力，使中国人民真正实现共同富裕，体现了人民的根本利益。过

---

① 《毛泽东选集》第3卷，人民出版社1991年版，第1094—1095页。

去在战争年代,党领导人民革命,就是要解放生产力,给人民带来幸福。取得了政权,就应该集中力量发展生产力,进一步解决人民的富裕问题。因此,社会主义的根本任务是发展生产力,这就是人民的根本利益之所在。过去僵化的计划经济体制,严重束缚了社会主义生产力的发展,人民的利益得不到满足。今天推进社会主义市场经济体制改革,根本目的就是发展生产力,使人民真正富裕。改革开放,发展社会主义市场经济,是符合人民根本利益的。首先,搞社会主义市场经济,目的是为人民。我国社会主义建设的曲折实践表明,高度集中的计划经济体制阻碍了生产力的发展,社会主义的优越性并不能充分地体现出来,人民的利益得不到充分的实现。发展市场经济,可以提高效益,增加财富,发展生产力,最终使人民共同富裕,这点实际上已经为我国改革开放的实践所证实。其次,在社会主义市场经济运行中,人民的生产积极性可以调动得更好。在市场经济体制中,人民不但可以通过社会主义国家所有制保证其主人翁地位,而且还可以在微观层次上成为相对独立的自主的生产者和经营者,这就最充分地确立了人民在社会主义经济生活中的主体地位,确保了人民的利益。再次,市场经济可以使社会主义经济生活充满活力。人民作为独立的生产者、经营者和消费者,对商品的品种、质量,对商业服务可以进行直接的选择,人民选择的机制作用是国家宏观调控所不能替代的。社会主义市场经济中人民选择的作用就充分体现了人民的利益。

发展市场经济有积极的一面,也有消极的一面。在发展社会主义市场经济的过程中,个人主义、拜金主义、享乐主义、小团体主义,甚至腐败堕落现象也会滋长蔓延,这又会损害人民的根本利益。因此,在社会主义市场经济条件下,能不能以人民的利益为重，经得起市场经济的考验，是一个十分重要的问题。中国共产党是工人阶级先进分子所组成的政党，要号召我们的党员、干部和全体人民树立人民的利益高于一切的利益观，才能处理好市场经济中形形色色的利益问题，经得起考验。作为中国共产党党员，作为工人阶级先进分子，应当怎样要求自己呢？

（1）人民的利益高于一切，是工人阶级先进分子约束自身行为的最高准则。中国共产党是工人阶级先进分子所组成的，必须始终把人民的利益看做自己的根本利益，用人民的利益高于一切来规范党及其成员的一切言行。面临市场经济的考验，党对党员提出更严格的要求，要求党员用是不是符合人民的利益来规范自己的言行。是不是把人民的利益放在高于一切的地位，这是党员标准的最高准则。

（2）全心全意为人民谋利益，是工人阶级先进分子一切言行的根本出发点和落脚点。为广大人民谋利益，而不是为少数人或少数集团谋利益，这是工人阶级政党区别于其他政党的根本标志，是中国共产党考虑一切问题、处理一切问题的根本出发点和落脚点。我们党把全心全意为人民服务和为人民谋利益贯穿于党的一切活动之中，在革命发展的每一阶段和关键时期，党都把是否符合人民的利益，作为制定政策的出发点。十一届三中全会以来，党制定的改革开放路线，充分体现了全心全意为人民服务和为人民谋利益的宗旨。在具体实践中，党要求每一个党员一言一行都要合乎最广大人民的利益，在行动上要成为为人民服务的模范。

（3）不谋私利，是工人阶级先进分子对待利益问题的基本原则。共产党除了工人阶级和广大人民的利益以外，没有自己的特殊利益。党的利益同人民的利益是一致的，人民的利益就是党的利益,党代表了人民的根本利益,党没有也不应该追求另外的私利。党要求自己的党员都要把人民的利益看做是至高无上的,从入党的日子起,就必须把为人民谋利益作为行动的准则,而不应有任何私心杂念。

(4)个人利益服从人民利益,是共产党员的党性要求。我们党从来不否认个人利益、个人抱负、个人追求,但共产党员的个人利益必须服从人民的利益,个人的理想、抱负和追求必须符合党的共同政治理想。对于每一个共产党员来说,如何正确地对待个人利益,是一个突出的问题。改革开放、发展经济,目的就是满足人民不断提高的利益要求,当然这也包括党员个人合理的利益要求。我们党并不反对并且积极赞成,在满足人民利益要求的前提下,合理地解决党员的个人利益。然而,我们的党员高于普通群众的地方,就在于要比普通群众更自觉地一切以人民的利益为重,对待个人利益要先人后己,先公后私。

(5)符合不符合人民的利益,能不能切实解决人民的利益,真正带领人民群众谋幸福,是判断我们党的工作得失成败的根本标准。共产党的一切言行、一切路线、方针、政策、办法,都必须以是否满足人民的利益要求作为出发点和落脚点。在革命战争年代,党带领人民前赴后继,夺取政权,解放生产力,人民满意,人民拥护;在建设时期,我们犯了一些错误,人民不太满意,人民不太拥护;在新时期,我们搞改革开放,解放和发展生产力,人民得到了实惠,人民满意,人民拥护。每一个党员都要以这样的标准来要求自己,衡量自己。而人民群众对我们党领导干部队伍中的腐败现象极不满意,我们必须加以改正,以符合人民的利益。

第二,全心全意为人民谋利益是工人阶级利益观的集中表现。

工人阶级是历史上最大公无私的阶级，全心全意为人民谋利益应当成为工人阶级利益观的集中表现。在存在阶级划分的社会里，任何一个政党都代表一定的阶级或阶层的利益。中国共产党是代表中国工人阶级和广大人民群众根本利益的，正是在这个意义上说，中国共产党的党性就是阶级利益、人民利益的集中体现。坚持工人阶级先进性，必须坚持党性原则。坚持党性，必须坚持人民利益高于一切的原则，人民的利益高于一切，是党员思想和行动的最高准则，全心全意地为人民谋利益是工人阶级先进性的集中表现，也是党性纯真的集中表现。用党性原则约束自己，最重要的就是一心一意为人民谋利益。为人民谋利益，对于我们的干部来说，并不是新要求；但是，在改革开放、发展社会主义市场经济的新时期，我们的党员能否始终如一、言行一致地为人民谋利益，却不是很容易的事，这对党员的党性要求来说，又是一个非常重要而又严格的考验。

共产党员增强党性，必须牢固树立工人阶级利益观。共产党员信奉的利益观决定了共产党人的言行，真正树立了正确的利益观，就会彻底冲破追求个人私利的精神枷锁，全心全意地为人民谋利益，甚至不惜牺牲自己的生命。如果相反，没有树立这种利益观，一个共产党员就经不起战争年代生与死的考验，经不起和平年代各种物质利益诱惑的考验。今天，在改革开放的条件下，我们有一些党员就经不起市场经济的考验，在错误的利益观的诱导下，"一切向钱看"，唯利是图，甚至腐化堕落，这就从根本上背离了共产党的党性原则。

第三，为人民的利益是共产党员利益观及价值判断体系的核心。

第十章 利益原则和利益观念

为什么人的问题,既是世界观、人生观,又是利益观、价值观的核心问题。工人阶级的世界观、人生观决定了工人阶级的利益观、价值观,决定了其核心问题是为工人阶级和劳动人民谋利益。在一定世界观指导下,利益观又决定价值观,什么样的利益观支配什么样的价值观,工人阶级的利益观决定无产阶级的价值观。价值观的实质就是对于利益的价值判断问题,价值观就是利益观的价值判断体系。现实生活中,我们共产党内部产生一些腐败、堕落、丑恶现象及各种不正之风,就主观思想上一个重要原因来说,在于当事人利益观及其价值观的扭曲、混乱、迷茫和错误。一定利益观支配的价值观对于人的享乐观、幸福观、是非观以及理想、信念,等等,都会产生深刻的影响。

在任何利益观及价值判断体系中,"为什么人"的问题历来是根本和核心问题。共产党人所信奉的价值观是工人阶级的价值观、社会主义的价值观,这种价值观的根本原则是以人民的利益为原则,全心全意为人民谋利益。作为一种意识形态或思想观念,价值观无疑会随着社会经济基础的变化而变化。在革命战争年代,共产党员所信奉的价值观,其核心是为人民。在市场经济条件下,共产党员所信奉的价值观,其核心也是为人民。尽管历史条件变化了,价值观的具体形式有些变化,但是共产党人的价值观的根本原则不会改变。共产党人的价值观从本质上说是人民利益高于一切的集体主义价值观,而资本主义价值观从本质上说是一种个人利益高于一切的个人主义的价值观。我们党奉行的集体主义价值观表明,人民利益是我们党作出价值判断的根本标准。毛泽东同志说:"以中国最广大人民的最大利益为出发点的中国共产党人,相信自己的事业是完全合乎正义的,不惜牺牲自己个人的一切，随时准备拿出自己的生命去殉我们的事业，难道还有什么不适合人民需要的思想、观点、意见、办法，舍不得丢掉的吗？"① 邓小平同志说："中国共产党员的含意或任务，如果用概括的语言来说，只有两句话：全心全意为人民服务，一切以人民利益作为每一个党员的最高准绳。"② 共产党人的价值观是以人民利益为最高标准的，而且随着实践发展会不断赋予新的内容，不断具体化。在改革开放的新形势下，是不是符合人民的利益，仍然是共产党人价值实现程度的最高标准。

树立正确的价值观，重要的是树立高尚的价值评价标准。一个人碰到问题，遇到事，如何言，如何行，世界观是要起关键作用的。在一定世界观的指导下，用什么价值标准来评价，也是一个重要方面。价值评价的核心问题是利益问题，即有没有利，对什么人有利。对人民有利，这是共产党员价值实现的根本标准。一个共产党员必须用这样的价值评价标准来衡量自己、指导自己。价值评价标准和利益评价标准是一致的。从这样一个高尚的价值评价标准出发，共产党员在利益面前要处理好这样几种关系：

（1）正确处理好个人利益和人民利益的关系，以人民的利益为重，坚决反对极端个人主义。共产党的利益观是人民的利益至高无上，但这不等于共产党不讲个人利益，共产党讲的是合理的个人利益，是个人利益服从人民利益。如何对待个人利益，有两种截然不同的观念：一种是极端个人主义，把满足个人利益作为人生的出发点和目的。个人主义是一种

---

① 《毛泽东选集》第3卷，人民出版社1991年版，第1096—1097页。
② 《邓小平文选》第1卷，人民出版社1994年版，第257页。

以个人利益为圆心的思想体系，强调个人利益至上，主张个人价值的实现在社会生活中具有至高无上的作用，为了实现个人利益可以不择手段。在现实生活中，确实有些共产党员只顾个人利益，甚至要求在党内也搞"等价交换"。再一种是把个人利益统一于人民利益，个人利益服从人民利益。马克思、恩格斯认为："既然正确理解的利益是整个道德的基础，那就必须使个别人的私人利益符合于全人类的利益。"① 毛泽东同志说："共产党员无论何时何地都不应以个人利益放在第一位，而应以个人利益服从于民族的和人民群众的利益。"② 共产党人的利益观认为，个人利益总是同人民利益联系在一起的，是融合在人民利益之中的。人民利益是基础、前提，个人如果脱离人民、脱离集体，个人利益就没有保证。以人民的利益为重，自觉地把个人利益的实现放在人民利益实现的基础上，个人利益服从人民利益，这就是共产党员的利益选择、价值选择。

（2）正确处理好个人价值实现和社会价值实现的关系，主张人的社会价值的实现是最大的个人价值的实现。人的价值包括个人价值、社会价值这两个方面。所谓人的社会价值，就是指个人对社会的贡献，他的贡献越大，他的社会价值实现就越完善。一个对社会没有任何贡献的人，也就是对社会没有任何价值的人。所谓人的个人价值，就是社会给予个人物质和精神方面多大程度的满足，给予的程度越大，人的个人价值实现程度就越大。我们共产党是人的个人价值和社会价值统一论者，人只有实现社会价值，才能实现个人价值。

---

① 《马克思恩格斯全集》第2卷，人民出版社1957年版，第167页。
② 《毛泽东选集》第2卷，人民出版社1991年版，第522页。

我们共产党人应该以社会价值的实现作为最大的个人价值的实现。最大限度地实现人民的利益，就是我们共产党人自身价值的最大实现。共产党人的价值观是以实现人民的利益为个人价值的最高实现标准，用这样的价值标准来指导和衡量，就要求我们的共产党员必须做到：用社会主义的集体主义价值观来指导自己的言行，时时处处把人民的利益摆在首位；把为人民谋利益作为个人价值实现的最高形式；正确处理好个人利益和集体利益的关系，坚决克服个人主义，坚持集体主义，允许合理的个人利益追求，但一定要服从人民的根本利益。

（3）正确处理好按党员标准要求自己和执行党的现行政策的关系，做带领群众共同致富的模范。在现阶段，党既坚持长远的最终的奋斗目标，又制定了现阶段的现行路线和政策。党的奋斗目标和基本路线，要求党员模范地执行党的路线，按党员标准要求自己，不能以符合现行政策做借口，降低党员的标准。国家政策允许致富，党员和群众都可以靠诚实劳动致富，但党要求党员首先要带领群众共同致富，不能只顾个人致富，更不能为了个人发财，不顾一切。党章要求党员除了制度和政策规定范围内的个人利益和工作职权以外，不得谋求私利和特权。在市场经济条件下，可以允许共产党员用自己的劳动，按照市场经济原则获取个人利益，但不允许超越制度和政策规定，利用职权，以权谋私。党员不是普通群众，不能只顾个人发家致富，追求个人利益，不去带领、帮助群众共同富裕，否则就不是合格的党员。

（4）正确处理好奉献和索取的关系，提倡奉献精神，反对拜金主义。市场经济通行的是等价交换的原则，在市场经济条件下，还要不要讲奉献精神呢？有人认为，既然搞市场经济，讲等价交换，奉献精神也就过时了，共产党员也是人。市场经济要讲成本，要以最小的奉献，获取最大的效益。甚至有人把金钱的作用绝对化，唯利是图，追求金钱，把"一切向钱看"作为价值实现的尺度。对待奉献与索取的关系，有三种情况：奉献小索取大；奉献和索取相同；奉献大索取小。一个社会，奉献小于索取，该社会无法存在；奉献多少，索取多少，该社会只能维持简单再生产；奉献大于索取，该社会才能发展和进步。共产党是社会进步的促进派，应当提倡第三种做法，讲奉献，反对拜金主义，这应该是共产党人的价值原则。

（5）正确处理好权力和利益的关系，用人民赋予的权力，为人民谋利益，提倡联系群众，艰苦奋斗，反对官僚主义。共产党的权力是人民赋予的，共产党人必须为人民利益掌好权，用好权。以权谋私，还是以权谋公，这是共产党掌权区别于其他党派掌权的试金石。官僚主义与党的宗旨是水火不相容的，是根本违背人民利益的，是权力腐败现象，必须坚决反对。

现实篇

第十一章　社会主义初级阶段的基本经济关系和利益关系

社会的利益关系说到底就是社会的经济关系。研究社会主义初级阶段的利益关系及其利益矛盾，必须首先研究社会主义初级阶段的经济关系，在存在市场经济的社会主义初级阶段，又必须首先考察社会主义初级阶段市场经济的基本关系。

一　社会主义初级阶段基本经济关系的认识起点

研究社会主义初级阶段的利益关系问题，应当从社会主义初级阶段利益关系赖以存在的经济土壤分析起。面对纷杂的社会主义初级阶段的经济事实，哪里是科学分析的起点呢？第一，最终决定人们利益行为的是社会的经济关系，必须从繁杂的社会经济现象中梳理出最基本的经济范畴；第二，必须找到认识最基本的经济关系的逻辑顺序，找到揭示最基本的经济关系及其所决定的利益关系的具体思路。

马克思对资本主义经济的研究为我们提供了一个具体的分析思路。商品是资本主义生产中最普遍的存在，商品交换关系是资本主义社会里最基本经济关系。在商品这个最细小的经济细胞中，体现着资本主义的最基本的经济关系，从而包含着资本主义一切利益关系的萌芽。马克思是从分析资本主义社会一切关系胚芽的载体——商品入手，最终揭示出整个资本主义社会的基本的社会经济关系及其利益关系。具体来说，马克思是从商品两因素的内在矛盾入手，引申到对生产商品的劳动两重性的分析，通过对商品的劳动二重性分析，揭示出商品生产即资本主义市场经济的基本经济关系。然后，以商品生产的基本经济关系为根据，以剩余价值理论为基础，揭示出资本主义生产方式基本经济关系与利益关系的具体表现。

受马克思研究思路的启示，要深入认识社会主义初级阶段利益关系问题，必须首先认清社会主义初级阶段的根本经济特征，抓住社会主义初级阶段最主要、最基本的经济关系。以公有制为主体、多种经济成分并存的经济条件下的市场经济关系构成了社会主义初级阶段的基本经济关系，分析社会主义初级阶段的利益关系，必须首先分析社会主义初级阶段的基本经济关系，这是社会主义利益关系分析的现实入手处。为什么要把社会主义初级阶段市场经济关系作为分析社会主义初级阶段利益关系的现实入手处呢？

首先，人类社会的发展是一个自然历史过程，商品（市场）经济是人类社会发展所不可逾越的社会经济发展的自然过程的一个阶段，在经济发展落后的状况下建立起社会主义制度的国家，在其发展进程中，必然要经过商品（市场）经济的充分发展，才能最后过渡到马克思所预见的未来社会。人类社会是一个自然历史过程，是历史唯物主义的重要观点。这个观点把人类社会看做是自然界的一部分，把社会的发展看做是物质的、客观的、不以人的意志为转移的"自然历史过程",社会发展的规律从总体上要服从自然历史发展的规律。马克思在《伦敦手稿》中大体上描绘了作为"自然历史过程"的人类社会发展的三大社会形态:"人的依赖关系(起初完全是自然发生的),是最初的社会形态,在这种形态下,人的生产能力只是在狭窄的范围内和孤立的地点上发展着。以物的依赖性为基础的人的独立性,是第二大形态,在这种形态下,才形成普遍的社会物质变换,全面的关系,多方面的需求以及全面的能力的体系。建立在个人全面发展和他们共同的社会生产能力成为他们的社会财富这一基础上的自由个性,是第三个阶段。第二个阶段为第三个阶段创造条件。"[①]从马克思表达的整个思想来看,第一个阶段,"人的依赖关系",实质上是自然经济社会的特点。第二个阶段,"以物的依赖性为基础的人的独立性",实质上是商品(市场)经济社会的特点。第三个阶段,"个人全面发展"就是商品(市场)经济消亡以后社会的特点,有人把它概括为产品经济社会。人类社会从自然经济发展到商品(市场)经济,再经过商品(市场)经济的充分发展,最后过渡到商品(市场)经济消亡的社会,这是一个物质的、客观的、不以人的意志为转移的"自然历史过程"。按照马克思主义经典作家社会发展五形态说,即原始社会、奴隶社会、封建社会、资本主义社会、共产主义社会的划分观点,自然经济阶段是前资本主义社会,如原始社会、奴隶社会、封建社会。商品(市场)经济阶段是资本主义社会,商品(市场)经济消亡以后的社会是共产主义社会。马克思最初的预见是,社会主义是在资本主义商

[①]《马克思恩格斯全集》第46卷上,人民出版社1979年版,第104页。

品（市场）经济高度发达的基础上建立起来的，因而，作为共产主义第一阶段的社会主义，不存在商品、市场和货币。但是，现实的社会主义却是在商品（市场）经济不发达、生产力不发达的相对落后的国家建立的，既然社会发展是一个自然历史过程，那么作为人类社会发展的第二大形态的第二阶段也是人类社会发展不可逾越的自然历史阶段，因此，这样的社会主义必然要经过商品（市场）经济的充分发展，才能最后过渡到未来社会。商品（市场）经济则是现实社会主义发展进程中不可逾越的自然历史阶段。

其次，劳动是人类最基本的物质实践活动，人们在劳动过程中所发生的劳动交换关系是人类最基本的物质实践关系。在商品（市场）经济社会中，商品（市场）经济关系本身体现了人类最重要的劳动交换关系，构成了最基本的社会经济关系。在发达的商品（市场）经济社会里，社会劳动活动的交换不得不通过抽象的、间接的社会必要劳动——价值的形式来进行，不同质的具体劳动要通过市场交换转化成为可以在量上进行比较的抽象的社会必要劳动，才能实现整个社会劳动之间的社会联系。随着商品（市场）经济的发展，这种间接的劳动交换关系逐步扩展到社会经济生活的各个领域，渗透、覆盖、影响整个社会的一切经济关系和经济现象，构成了一张巨大的、渗透一切的商品（市场）经济关系网络。商品（市场）经济关系体现了商品（市场）经济社会最重要、最基本的经济关系。我国社会主义初级阶段公有制为主体条件下的商品（市场）经济，体现了社会主义初级阶段的劳动所采取的最基本的劳动活动交换形式，也就构成了社会主义初级阶段最基本、最重要的经济关系，研究社会主义初级阶段的利益关系就要从分析社会主义初级阶段商品（市场）经济关系入手。

从何处着手认识社会主义初级阶段商品（市场）经济关系呢？也就是说，分析社会主义初级阶段商品（市场）经济关系的逻辑起点在哪里呢？社会主义初级阶段的劳动范畴是对社会主义初级阶段商品（市场）经济关系加以分析的基础起点。理由是：第一，劳动是人类社会的历史开端，劳动活动关系是人类其他一切社会关系的出发点和内核，劳动范畴是历史唯物主义理论体系的逻辑起点。人类的劳动实践既是促进社会有机体产生的决定力量，又是社会有机体赖以存在和获得发展的基础。在劳动这个初始的也是最基本的社会实践中，孕育着社会有机体未来发展的一切萌芽。人们劳动的社会形式，人们在劳动中所结成的社会关系，则是决定人们在其他一切社会活动中相互关系的出发点和内核。劳动同生产资料的结合具有一定的社会形式，构成了社会的基本经济关系。人类在生产劳动中所发生过的关系是最基本的社会关系，直接决定人类的利益关系和利益矛盾。恩格斯指出，马克思的崭新世界观"在劳动发展史中找到了理解全部社会史的锁钥"。[1] 既然劳动是马克思主义历史观的基始范畴，那么我们也必须从劳动范畴入手，来认识社会主义初级阶段的基本经济关系和利益关系。

第二，对社会主义初级阶段的劳动性质和特点的认识，是认识社会主义初级阶段的基本经济关系和利益关系的关键和入口。人们一般认为，旧式社会分工是商品产生的前提，私有制是商品产生的直接原因。在一定的经济条件下，旧式社会分工的出现自发地引起社会总劳动的分离，使劳动分离

---

[1] 《马克思恩格斯选集》第4卷，人民出版社1995年版，第258页。

为个别劳动和社会劳动,使劳动者在经济利益上存在着一定的差别和矛盾,使生产者具有一定的经济独立性,这就为商品(市场)经济的发生提供了最基本的前提条件。马克思明确指出,商品生产"不是直接的社会的生产,不是本身实行分工的联合体的产物",才引起"个人的产品或活动必须先转化为交换价值的形式"。① 马克思还指出:"生产交换价值的个人的生产的私有性质,本身表现为历史的产物。就是说,这种个人的孤立化,他在生产内部在单个点上独立化,是受分工制约的……"② 显然,旧式社会分工引起的劳动个别化、独立化是商品生产乃至市场经济产生的最一般的前提。社会分工必然要同一定的所有制形式相联系,社会分工造成的社会总劳动的分离必然要取得一定的所有制关系的经济形式。私有制不过是旧式社会分工所采取的一种所有制形式,它使得旧式社会分工表现为对立性的劳动分离,使社会劳动的分离采取了私人劳动的形式,从而割断了社会总劳动之间的直接联系,这样一来,对立的生产者必须通过商品形式才能使他们之间的私人劳动实现为社会总劳动。由此看来,商品生产乃至市场经济并不是私有制社会所独有的,旧式社会分工的存在是商品生产产生的重要前提条件。我国建立了以公有制为主体、多种经济成分并存的经济基础,在这种具体的历史条件下,考察社会主义初级阶段商品(市场)经济关系及其利益关系的特殊性,就必须从社会主义初级阶段的劳动及其分工发生了哪些不同于阶级剥削社会劳动及其分工的变化入手,也就是说,必须首先考察社会主义初级阶段社会劳动及

---

① 《马克思恩格斯全集》第46卷上,人民出版社1979年版,第105页。
② 《马克思恩格斯全集》第46卷下,人民出版社1980年版,第467页。

其分工的特殊性。社会主义初级阶段劳动及其分工的特殊性是社会主义商品（市场）经济关系及其利益关系特殊性的分析前提。

第三，劳动二重性是商品（市场）经济基本关系发展变化的根源，认识社会主义初级阶段劳动的二重性，乃是认识社会主义初级阶段基本经济关系及其利益关系的枢纽。马克思说：劳动二重性"是理解政治经济学的枢纽"。① 在某种意义上说，劳动二重性同样也是理解商品经济内在矛盾的枢纽。分析社会主义初级阶段的基本经济关系，进而认识社会主义初级阶段社会利益关系，也必须从认识社会主义初级阶段劳动的特殊二重性入手。

第四，在商品（市场）经济社会中，基于一定的生产关系，劳动质和量的差别决定了人们在商品（市场）经济关系中的利益差别，劳动的社会形式决定了社会主义初级阶段的利益分配形式及利益关系。在商品（市场）经济中，必须要把不同质的劳动等量化，并且通过市场关系，通过市场竞争机制来实现劳动的等量交换，也就是说，任何劳动都要经过市场竞争形成等量交换关系，用社会必要劳动时间这个共同的社会尺度来衡量，人们的劳动活动交换才能实现，人们的经济利益也就通过商品交换关系而实现了。在商品（市场）经济社会中，人们的利益关系是由处于一定生产关系条件下的劳动的质和量的差别直接决定的，劳动的质异和量异决定了人们的利益差异。劳动的质异指劳动的具体形式的差别，如脑力劳动和体力劳动就是两种不同的质异性的劳动。劳动的量异指生产同类产品中所耗费的社会必要劳动时间是不等

---

① 《马克思恩格斯全集》第23卷，人民出版社1972年版，第55页。

量的。在商品（市场）经济关系中，异质的劳动必须通过价值的形式（社会必要劳动时间）转化为异量的劳动才能进行市场比较和市场交换，才能决定人们经济利益的差别。总之，劳动的质和量的差别决定人们在商品（市场）经济中收入不同，从而决定人们的利益差别关系，这就构成了最基本的社会经济关系。

利益关系即利益差别，探讨利益关系就是探讨利益差别。探讨利益差别及利益关系产生的原因时，不能仅限于对劳动的质异和量异状况的考察，还必须考虑到与一定生产资料相结合的劳动活动的实现方式，即劳动的社会形式对利益差别及其关系的决定性影响。例如，在原始共同体的劳动方式中，人们共同占有生产资料，共同劳动的劳动社会方式决定了人们之间的根本利益一致的利益关系，决定了共同消费的利益关系，不存在对立的利益差别关系。在奴隶劳动性质、雇佣劳动性质的劳动社会方式中，经济利益的分配并不是按照劳动的质和量的真实差异来分配，而是按照劳动资料的占有多少来分配的，这就决定了人们之间根本对立的利益差别关系。社会主义初级阶段公有制为主体的所有制关系的建立，社会主义初级阶段新的劳动方式的建立，为实现劳动的等量交换，为按照劳动的质和量的真实差异进行分配提供了一定条件；同时，社会主义初级阶段的商品（市场）经济也为异质的劳动通过市场转化为可以比较的异量劳动，进行等量劳动的交换，提供了必要的经济环境。可见，基于一定的生产关系的劳动的质和量的差别，劳动活动的实现方式是产生利益差别的一组决定性因素，社会主义初级阶段商品（市场）经济中的劳动活动交换关系构成了社会主义初级阶段最重要的经济利益分配关系。我们必须从社会主义初级阶段的劳动差别，从初级阶段劳动的社会实现形式方面来探究社会主义初级阶段商品（市场）经济关系及其利益关系。

劳动是历史唯物主义的基础范畴，是研究社会主义初级阶段商品（市场）经济关系的基始范畴，但并不等于说劳动就不受其他社会因素的影响了。人类的劳动活动具有两种基本关系，一是人与人之间的有机的劳动分工关系，即社会分工；二是劳动与劳动条件的结合关系，即所有制关系。除了生产力发展状况的决定性因素，一定的社会分工决定一定的所有制关系，而一定的所有制关系反过来又会影响制约社会分工的发展，社会分工和所有制关系又是影响劳动性质和发展的重要因素，应从分工和所有制关系的角度来认识劳动的性质及其发展。

怎样分析认识社会主义初级阶段的利益关系呢？我们已经找到了一个比较合适的突破口：社会主义初级阶段商品（市场）经济关系是分析社会主义初级阶段利益关系的现实出发点；社会主义初级阶段的劳动范畴是分析社会主义初级阶段基本经济关系乃至利益关系的基始范畴。社会主义初级阶段的社会分工和所有制关系同时又是决定社会主义初级阶段的劳动特点及其发展的基本因素，所以，社会主义初级阶段的劳动、分工和所有制关系是研究社会主义初级阶段的市场经济及其基本关系和利益关系的最基本的经济范畴。

二 社会主义初级阶段社会分工和劳动的内在分离性

要研究社会主义初级阶段的劳动，首先必须要研究社会主义初级阶段的社会分工及其劳动的内在分离性。过去人们对社会主义的劳动存在一种错误的认识，认为既然公有制和计划经济是社会主义的主要特征，在生产资料所有制关系上是共同占有、共同劳动、按劳分配，那么社会主义劳动也是直接社会性的劳动，不具备内在分离的特点。这种认识影响了人们对社会主义初级阶段利益关系的正确分析。因此，不仅是要认识社会主义劳动，而且更重要的是要认识社会主义初级阶段的劳动，只有认识社会主义初级阶段劳动的性质及其特点，才能深入认识社会主义初级阶段商品（市场）经济的关系，才能正确分析社会主义初级阶段的利益关系。一般来说，有四个基本条件决定了劳动的具体性质和特点：（1）劳动的社会分工形式；（2）劳动与生产资料的结合方式；（3）劳动活动的交换方式，即劳动产品的实现方式；（4）劳动赖以进行的社会物质条件。其中在劳动赖以进行的社会物质条件既定的前提下，社会分工则是影响社会劳动性质及其特点的最直接、最根本的因素，认识社会主义初级阶段的劳动，首先涉及社会主义初级阶段的社会分工。

1. 社会主义初级阶段社会分工的性质和特点

社会分工是社会活动，首先是劳动活动的最基本的组织形式，分工使社会活动首先是劳动活动互相区分和相对独立化。社会分工首先是指社会劳动的分工，其次才是包括基于社会劳动活动所产生的一切经济、政治、文化等社会活动形式的分工，社会劳动分工乃是整个社会活动分工的基础。社会分工在社会历史发展中应表现为四种历史形式：（1）原始社会的以生理自然和地理自然为划分基础的自然分工；（2）原始社会后期出现的，在奴隶社会、封建社会、资本主义社会的历史过程中不断发展、不断成熟的自发分工，即旧式分工；（3）随着社会主义制度的建立而逐步发展起来的新旧社过渡性的分工；(4)未来共产主义社会的自觉分工，即新式分工。

迄今为止，对人类文明发展影响最大的是旧式的自发分工。旧式的自发分工是自原始社会后期以来，对人类社会的经济生活、政治生活、精神生活等一切社会生活领域发生极其深刻影响的社会活动形式，并且继续对社会主义初级阶段的社会生活发生深刻的影响。旧式分工包括两方面内容，第一，劳动本身的分工，也就是把社会总劳动分解成各自相对独立的部门和专业；第二，劳动者的分工，也就是把总体的劳动者分别长期稳定地固定在不同的劳动部门和劳动专业上。旧式自发分工的本质在于劳动划分的固定化，即迫使个人长期固定从事一种劳动或工作，而不能轮换从事其他各种劳动和工作，使人们被迫地服从固定的专业划分，旧式分工具有劳动区分的自发性、职业的固定性和对劳动者分工的强迫性，迫使劳动者屈从劳动，屈从物的支配，这是旧式分工的基本特点。

马克思把旧式分工看做现存社会关系、社会矛盾产生的基本原因。在《德意志意识形态》一书中，他认为："分工从最初起就包含着劳动条件——劳动工具和材料——的分配，也包含着积累起来的资本在各个所有者之间的劈分，从而也包含着资本和劳动之间的分裂以及所有制本身的各种不同的形式。"[1] 在分析现存意识和社会状况、社会状况和现存生产力之间的关系时，他指出："要使这三个因素彼此不发生矛盾，则只有再消灭分工。""分工包含着所有这些矛盾。"[2] 旧

---

[1] 《马克思恩格斯选集》第1卷，人民出版社1995年版，第127页。
[2] 同上书，第83页。

式自发分工是造成社会劳动发生内在分离和内在矛盾的重要条件，旧式分工是造成阶级社会根本对立的经济利益集团，促成阶级对立关系的基本原因，是社会利益差别和矛盾关系存在的根本因素。旧式分工不仅造成了严重对立的阶级利益集团，而且还造成了社会成员之间的重大的社会差别和矛盾。可见，旧式分工是社会关系、社会矛盾形成的重要因素，研究社会利益关系必须研究社会分工问题。

然而，旧式的自发分工是社会分工发展的一个阶段、一种历史形态，并不是社会分工发展的永恒阶段、绝对形态。随着社会生产力的发展，旧的分工形态必将为新的分工形态所代替。资本主义的大工业生产一方面创造了旧式分工的最高形态，另一方面又为消灭旧式自发分工奠定了物质技术前提和基础。新式分工就是马克思、恩格斯反复讲的共产主义的自觉分工，这种分工消灭了旧式分工的固定性、自发性和对劳动者的强迫性，自觉分工必将有助于人的全面发展、社会的全面发展。由旧式的自发分工到新式的自觉分工是一个漫长的过渡过程，社会主义社会恰恰就是旧式分工向新式分工的过渡的社会阶段。社会主义初级阶段是旧的自发分工刚刚开始走向转化，但还有一定生命力，新的自觉分工刚刚在形成还没有形成的社会阶段。社会主义初级阶段的分工兼有自发分工和自觉分工新旧两重因素和特征，更多地带有旧式自发分工的许多特点。我国正处于社会主义发展的初级阶段，在这个阶段，一方面新社会性质的新式分工开始形成，而旧式分工的作用和影响还在相当大的范围内存在和起作用。

（1）社会主义初级阶段分工还保留有固定的专业划分的性质。由于社会主义初级阶段生产技术发展的限制，社会的个人还不是全面发展的个人，社会的个人还仍被相对地固定在不同的领域、不同的职业,不同的岗位上,人们选择职业的自由程度还受到极大的限制。

(2) 社会主义初级阶段分工还带有一定的自发性。共产主义高度自觉的分工,是通过自由人联合体在劳动者中间进行有计划调整的自觉的社会分工,而社会主义初级阶段的分工还不是完全从全社会整体需要出发进行的有计划自觉调整的社会分工。

(3) 社会主义初级阶段的分工还带有一定的强迫性。社会主义初级阶段的生产力水平还不高,还不可能创造充裕的财富满足全社会人民的需要,所以在社会主义初级阶段,劳动在本质上还仅仅是人们的谋生手段,加之社会分工的固定性和自发性,使得劳动者个人还不能完全按照个人兴趣和特长来选择职业,对个人来说,社会主义初级阶段分工的划分还具有一定的强迫性。

(4) 社会主义初级阶段分工不仅保留着旧式分工的某些性质,而且还保留着许多旧式分工的具体内容和具体形式。如城乡、工农、脑体之间的分工和差别,等等。

正是在上述意义上,把社会主义初级阶段的分工说成是还带有旧式分工胎记的分工,然而社会主义初级阶段的分工又不是完全的旧式分工,它已经带有大量的新式分工的因素,开始具有新式分工的某些特点:

(1) 从根本上来说,社会主义初级阶段的分工是以公有制为主体、多种经济成分并存的经济关系为基础的社会分工,社会主义初级阶段的基本经济制度赋予社会主义初级阶段分工以不同于旧式分工的特性。旧式分工是私有制产生的历史前提,同时私有制的产生又加强了旧式分工的自发性、固定性和对劳动者的强迫性。社会主义初级阶段分工是同公有制的基本社会制度相联系的，社会主义初级阶段分工的特性正是从这个基本特点中产生出来的。在社会主义初级阶段的公有制为主体的条件下，无论是在国有经济、集体经济，还是含有公有成分的其他经济成分的具体情况下，劳动者都是在不同程度共同占有生产资料，在一定范围内根据按劳分配的原则对劳动产品进行合理分配，处于不同生产部门和不同职业的劳动者之间存在着一定的联合劳动的关系，这样，社会主义初级阶段的分工就开始具有联合劳动共同体中某种自觉自愿的分工协作特点。同时，由于社会主义根本制度的限制、公有制主体的作用，在非公有制经济成分中，劳动者的分工也不完全等同于阶级社会中的旧式分工。

（2）社会主义初级阶段分工已经开始具有某些计划分配、自觉调节、自愿服从的特点了。因为社会主义初级阶段分工已经同一定程度、一定范围的公有制相联系，这部分劳动者已经开始成为生产的主人，同时公有制的主体地位使国家有可能对其他经济成分的社会分工进行调节，所以，社会就可以从整体上，在一定程度上较为自觉地掌握分工的规律，限制分工的自发性、强制性的方面，增强它的自觉性和自愿性方面，可以把社会需要和个人意愿在某种程度上结合起来，在一定范围内有计划地、合理地进行社会分工，为发挥个人的特长、调动每个人的积极性和创造性提供了可能性。

（3）一般来说，社会主义初级阶段的分工不具备旧式自发分工所造成的社会对抗性质。私有制使各种不同分工领域和部门的个人处于对抗的利益矛盾之中。而社会主义初级阶段以公有制为主体的所有制关系使各种分工表现为一个有机的社会整体劳动，各个分工之间虽然有差别和矛盾，但总体上并不存在阶级对立的关系,各个分工主体之间虽然也有利益差别和矛盾,但这是根本利益一致基础上的矛盾。初级阶段社会主义性质的分工从根本上消灭了旧式分工之间的阶级对抗关系。即使在非公有制经济中的劳动者的分工也不完全具备旧式分工所造成的阶级上根本对立的特点。

(4)在社会主义初级阶段,存在两种形式的分工:一方面存在着新生长起来的社会主义性质的分工,另一方面又存在着旧社会遗留下来的旧式自发分工;一方面开始具备社会主义性质的分工,开始具有新式分工的自觉性、自愿性、计划性的特点,另一方面还保留着旧式分工自发性、强制性、盲目性的深刻胎记。

2. 社会主义初级阶段的社会分工对劳动的影响

恩格斯认为:"到目前为止的一切生产的基本形式是分工。"① 分工实际上就是人类劳动活动所采取的基本存在形式,分工的发展对劳动特点起着根本的影响。现在,结合分工的一般特征,从历史的跨度上来考察社会分工对劳动的一般影响,然后再重点考察社会分工对社会主义初级阶段劳动的特殊影响。

最早的原始社会的自然分工是同原始自然经济相一致的,它决定了每个成员的个体劳动直接就是社会劳动,劳动本身没有必要分离为个别劳动和社会劳动、具体劳动和抽象劳动。在原始社会后期,开始产生了自发分工,自发分工经历了三次大的社会分工变化。三次社会大分工推动了社会生产的发展,促成了私有经济和商品交换,使社会结构发生了深刻而巨大的变化。这样,就使得劳动发生了内在分离,出现了以

---

① 《马克思恩格斯选集》第3卷,人民出版社1995年版,第640页。

交换获取价值的商品生产者的私人劳动,具有单一直接社会性的社会劳动开始分离为具有具体劳动和抽象劳动二重性形式的分离性劳动,劳动具有了分离的特点。旧式分工造成的劳动进一步专门化、独立化和分离化,又加强了私人劳动者的独立地位,使劳动者同劳动资料进一步分离,劳动者开始成为劳动的奴隶,社会总劳动日益分离成为互相对立的私人劳动。生产力的发展和旧式分工造成的私有制使劳动的内在分离和内在对抗的特征逐步具有完全成熟的形式,最后采取外部公开对抗的形式:私人劳动和社会劳动的对立,劳动者同剥削者的对立,"死"劳动同"活"劳动的对立,劳动的分离和对抗采取了阶级对抗的社会形式。

随着社会生产的发展,社会分工仍在继续发展,尤其是到资本主义市场经济高度发展的社会化大生产时期,社会分工有了新的发展,从而使劳动的性质和特点也在不断地变化和发展。下面,结合资本主义市场经济发展给社会分工带来的变化,比较地分析社会主义初级阶段的分工对社会主义劳动性质和特点的影响:

(1) 社会内部分工和生产机构内部分工的分化和矛盾。恩格斯指出:分工"一方面是社会内部的分工,另一方面是每个生产机构内部的分工"。[1] 社会内部分工是"社会劳动分成不同的劳动部门"。[2] 也就是说,把社会劳动分解成许多相对独立的个别劳动和具体劳动,它们各自生产不同的产品,相对独立的生产者之间必然要进行劳动活动的交换。在私有制社会里,社会内部分工是一种自发性和盲目性的社会内部

---

[1] 《马克思恩格斯选集》第3卷,人民出版社1995年版,第640页。
[2] 《马克思恩格斯全集》第47卷,人民出版社1979年版,第305页。

的自然分工。生产机构内部分工是"在生产某个商品时发生的分工，因而不是社会内部的分工，而是同一个工厂内部的社会分工"。[①] 也就是说，这是社会生产在不同部门和行业的生产单位内部的微观层次上的分工。这种分工形式直到资本主义手工工场时期才发展起来，这是一种自觉的分工形式，它把每个具体的生产过程纳入计划化和科学化的轨道上，有组织地把不同的劳动者聚集在一个共同的生产机构内部，作为一个结合起来的总劳动来使用。在生产机构内部，劳动活动交换采取直接的形式，生产内部的分工是一种自觉性、科学性和有计划性的分工，使劳动在生产机构内部的范围里直接表现为社会总劳动。社会内部分工是生产机构内部分工的前提，二者是一致的。但在私有制条件下，二者之间存在着分离和矛盾：社会内部分工使劳动具有分离性和对抗性的特点；同时，生产机构内部分工又使劳动具有同一性和直接性的特点。社会分工的这种矛盾和冲突又反映了劳动性质的不同的发展趋向。

资本主义的大工业生产创造了否定使劳动发生分离的物质技术条件。生产机构内部的自觉分工是对社会内部盲目自发分工的一种否定力量。在私有制条件下，社会内部分工和生产机构内部分工的矛盾和冲突是无法克服的，社会内部分工以及由此而引起的劳动的分离性也是无法克服的。但是，资本主义社会生产机构内部的分工却不断孕育出否定社会内部盲目分工的因素来，孕育出消灭劳动对抗的因素来。

在我国的具体国情下，社会主义制度的建立，初级阶段公有制为主体的经济基础的建立，为使生产机构内部的自觉

[①] 《马克思恩格斯全集》第47卷，人民出版社1979年版，第305页。

分工逐步提高到全社会内部分工的水平上提供了可能性，使社会内部分工逐步向自觉分工的方向发展，为最终消灭劳动的分离性创造条件。但是由于社会主义初级阶段生产力发展水平的局限，公有制还不是完全成熟的公有制，公有制以外还存在其他形式的所有制关系，因此，生产机构内部的自觉分工还不可能代替社会内部的自发分工，同时生产机构内部分工也还不完善、不发达，还无法提高到对全社会总劳动进行自觉分工的水平上。社会主义初级阶段分工发展的这种性质和状况，决定了社会主义初级阶段的劳动，虽然消除了内在的对抗性质，但还具有一定的内在分离性，还必须承认个别劳动的相对独立性。

（2）劳动者分工和劳动分工的分离和矛盾。劳动者的分工就是劳动者职业的专业化和固定化。劳动的分工就是劳动本身的分化和独立化，也就是把劳动分解成不同的部门和品种。在资本主义大工业机器产生之前，劳动者分工和劳动本身分工是一致的，这样，劳动者的分工就被迫服从劳动本身的分工，人的劳动服从物的支配，劳动对劳动者来说，带有强烈的强迫性。随着资本主义大机器生产的出现，劳动者分工和劳动本身分工出现了相互分离、相互背离的倾向。在手工业劳动中，劳动分工必然伴随着劳动者的分工，劳动者同劳动活动紧紧固定在一起。而大机器出现后，劳动分工不一定伴随着劳动者的分工。随着生产技术的发展和提高，劳动者越来越从固定化的分工劳动中挣脱出来，也就是说，劳动分工越发展，劳动者越可以从固定的分工中解脱出来，不断提高劳动的自觉性和自主性，减少以至消灭劳动的被迫性。当社会分工发展到高级的形式，人们就会自觉地服从分工，而不是被迫地服从分工，劳动者的分工不再受制于劳动的分工。劳动分工和劳动者分工的分离发展有利于劳动的解放，有利于劳动性质的新变化。资本主义大生产的发展，为劳动者从固定的职业中解放出来，提供了物质前提，但是，资本主义雇佣制度又强行把要求挣脱固定劳动枷锁的劳动者紧紧捆在雇佣劳动的锁链上，这使得劳动分工和劳动者分工之间存在着分离和矛盾，阻碍了劳动分工和劳动者分工分离的趋势和速度。

社会主义制度为劳动者从固定性的劳动分工中解脱出来提供了决定性的条件。但是，由于现阶段我国的社会主义制度是在生产力相对落后的国家里建立起来的，劳动者还在一定程度上被迫固定在专业化的职业上。在我国社会主义初级阶段，劳动者分工和劳动分工的分离还不发达，社会主义初级阶段的劳动一方面开始具有自主劳动的特点，另一方面又不是完全的自主劳动，它还具有固定化、单纯谋生性的特点。

（3）旧式分工和新式分工的差别和矛盾。在前两者对劳动分工内在矛盾发展的基础上，逐步形成了劳动分工本身性质上的变化，产生了旧式自发分工和新式自觉分工因素的差别和矛盾。新式分工是使生产机构内部有计划的、自觉的劳动分工逐步完善，上升为全社会水平的科学的自觉分工。新式分工使劳动者的分工不一定必然要依附于劳动本身的分工，使劳动者从旧的分工解放出来，消灭了劳动本身的内在分离性和对抗性，使劳动成为直接性的社会劳动，成为支配一切自然力的主体的自由活动。[①] 资本主义社会化生产虽然为广泛的新式分工提供了雄厚的物质条件，但是，资本主义制度却限制、阻碍了新式分工的发展，延续了劳动的内在

[①]《马克思恩格斯全集》第46卷下，人民出版社1980年版，第113页。

分离。

社会主义制度的建立为新式分工的发展开辟了道路，在一定程度上使机构内部合理的、科学的、自觉的分工开始扩大到全社会总劳动合理分工的水平，使劳动者开始摆脱旧式固定分工的束缚，提高了劳动的直接社会性，消除了内在分离的根本对抗性质。然而，社会主义初级阶段正处于新的分工因素不断产生、旧的分工因素逐步转化的特定历史阶段：一方面旧式分工逐渐地要为新式分工所取代，但另一方面，它还是极其强大的，还顽固地在社会生活的许多方面起着作用。社会主义初级阶段分工还是由自发分工向自觉分工过渡性质的分工，还不是真正意义上的新式分工，社会主义初级阶段虽然具有新式分工因素，但还是带有大量旧式分工影响的分工。旧式分工给劳动带来的分离性和其他特点，在社会主义初级阶段还会保留一个相当长的时期。

社会劳动分工的发展决定了劳动的性质和特点，从而决定了经济关系和利益关系的性质和特点。社会主义初级阶段的劳动分工还保留旧式分工的特点，这就从根本上决定了社会主义初级阶段劳动的内在分离性和内在矛盾性：具体劳动和抽象劳动的分离和矛盾，个别（私人）劳动和社会劳动的分离和矛盾、为自己劳动和为社会劳动的分离和矛盾，这种分离性和矛盾性在某种条件下有可能发展为对抗性。另一方面，社会主义初级阶段的新式分工因素，使得劳动在一般情况下基本消除内在分离的对抗性质，保留一定的非对抗性的分离特点。

3. 其他原因对社会主义初级阶段劳动的影响

前面集中讨论了社会分工对社会主义初级阶段劳动的影响，下面再进一步探讨其他因素对社会主义初级阶段劳动的影响。

（1）劳动者与生产资料的结合方式对劳动的影响。

劳动者同劳动工具、劳动资料、劳动对象等劳动条件的结合，是劳动得以进行的最基本的前提。劳动与生产资料的结合方式进一步决定了劳动的性质。我国社会主义初级阶段以公有制为主体的经济制度的建立，从根本上改变了资本主义私有制社会劳动与生产资料相脱离的现象，劳动再也不具有资本主义的雇佣性质了。在公有制的国有企业中，劳动者不只是作为单独的个人而同时是作为联合劳动成员和公有制的生产资料相结合，劳动者的个人劳动目的同整个社会生产的目的、同整个社会需要在根本上是一致的。但是，社会主义初级阶段所有制结构的多样性，使得生产资料与劳动者的结合具有多种形式。在公有制的国有企业内部，社会主义初级阶段的劳动表现为三个层次的特点：第一个层次，国家代表人民掌握了生产资料的所有权，这就决定了联合起来的劳动者的劳动具有一定的直接社会性；第二个层次，各个企业同时又是相对独立的生产经营主体，它体现了所有权同使用权、经营权的相对分离，这决定了企业的联合劳动具有局部特殊劳动的性质；第三个层次，企业的单个劳动者作为联合劳动者的同时是个人劳动者，个人劳动者的劳动既是为国家、集体的劳动，而首先又是为个人的谋生劳动，所以公有制国有企业中的劳动者的劳动同时又是个人劳动，具有一定的个别劳动的性质。其他形式的公有制企业、其他所有制企业，特别是私营企业的劳动者的劳动，就更具有个人劳动、个别劳动甚至私人劳动的性质了。

（2）劳动活动的交换方式，包括劳动产品的交换和分配方式对劳动的重要影响。

劳动活动的交换是社会分工的直接表现,任何劳动都必须包含劳动活动的交换。劳动活动的交换包括劳动活动本身的交换和劳动活动结果即劳动产品的交换。劳动活动本身的交换决定劳动产品的交换,劳动产品的交换决定劳动产品的分配。劳动活动交换具有两种基本形式,一是直接的劳动交换,比如在产品经济社会中,人们的劳动具有直接的社会性,个人的具体劳动直接构成联合劳动中的社会性劳动;二是间接的劳动交换,比如商品(市场)经济社会中的劳动,个人具体劳动还不具有直接的社会性,必须转化为社会必要劳动,通过交换才能表现出社会劳动的性质和程度。商品交换仅仅是劳动活动交换的一种形式,在商品交换中,劳动活动必须采取一种中间过渡的形式,也就是说,劳动必须采取价值的形式,劳动活动交换是间接进行的。这样,在商品(市场)经济社会,人类劳动活动结果的交换方式,即劳动产品的交换方式也必须采取商品交换的形式。劳动活动结果的交换方式决定了劳动产品的分配方式。劳动产品的分配方式也具有两种基本形式:一是直接分配,即劳动产品直接进入分配,不需要经过商品交换的过渡;二是间接分配,个人的劳动产品经过交换,具有了价值,取得了社会性,它才能实现消费。劳动活动交换、劳动产品分配的间接性,反过来也影响劳动的性质,个别劳动必须通过交换才具有社会性,这同样使人的劳动进一步二重化为具体劳动和抽象劳动,深化了劳动的内在分离性。在我国社会主义初级阶段条件下,由于存在不同性质的所有制,由于公有制内部存在着不同的相对独立的经济实体,劳动产品还不可能直接进入分配,人们还必须通过商品交换来实现产品的分配,这种劳动活动和劳动产品交换和分配的间接性方式,反过来又进一步决定了社会主义初级阶段劳动的社会性和个别性的两重性。

（3）劳动的性质和特点归根结底是由社会生活的物质条件所决定的。在社会主义初级阶段的具体条件下，生产力还不发达，产品还不能极大地满足人们的需要，加之人们思想觉悟的局限，人们还把自己的劳动能力视为自己的天然特权，还把劳动看做人们的谋生手段，所以社会主义初级阶段的劳动还具有个人谋生的性质。

关于社会主义分工及其劳动性质的分析表明：社会主义初级阶段的劳动是消灭了剥削制度的非阶级对立性质的劳动，它已经开始具有某些联合劳动、自主劳动、直接社会性劳动的一些特点。但另一方面，社会主义初级阶段劳动仍然还具有个别（私人）劳动、为自己谋生的劳动、间接性社会劳动的特点，还具有非对抗性的内在分离和内在矛盾的特点，在一定条件下有可能发生对抗。正确认识社会主义初级阶段劳动的这些基本特点，是认识社会主义初级阶段基本经济关系及其利益关系的出发点。社会主义初级阶段劳动的内在分离和内在矛盾决定了社会主义初级阶段的基本经济关系和利益关系的内在差别和内在矛盾。

三　社会主义初级阶段生产资料所有制关系的内在矛盾性

社会分工及劳动的性质和特点，生产资料和产品归不同的所有者占有，即所有制关系的性质和方式，是决定商品（市场）经济存在和发展的最主要前提因素，从而也是决定社会主义初级阶段经济关系及利益关系的最主要条件。可以从社会主义初级阶段的劳动的内在分离性对社会主义初级阶段所有制关系的影响入手，进一步分析社会主义初级阶段所有制关系及其对社会主义初级阶段经济关系及利益关系的影响。

1. 社会主义初级阶段的所有制关系

公有制为主体、多种所有制经济成分共存是我国社会主义初级阶段的基本经济制度。社会主义性质和我国具体国情决定，我国所有制结构不仅包括国有经济和集体经济两种公有制形式，还包括混合经济中的国有成分和集体成分的公有制形式。非公有制经济是我国社会主义初级阶段市场经济的重要组成部分，非公有制经济包括个体经济、私营经济以及混合经济中的个体、私有成分。社会主义初级阶段以公有制为主体的多种所有制的复杂格局，决定了我国现阶段基本经济关系及其利益关系的多样性和复杂性。

社会主义初级阶段公有制的国有经济的所有制关系，就是生产资料不属于个人私有，而属于社会公有的劳动者同生产资料结合的归属关系或占有关系，实质是一种社会占有关系。生产资料公有制的国有形式又是公有制的一种具体实现形式，构成社会主义初级阶段公有制关系的最主要、最集中的表现，生产资料公有制的国有形式体现的是社会主义初级阶段市场经济关系的主导关系。根据科学社会主义经典作家的说法，社会主义所有制关系，首先是建立在资本主义社会化大生产的物质基础上的联合劳动者对社会化生产资料的一种占有关系。其次，社会主义所有制关系的最重要特征，是由全体人民共同占有生产资料，而不是由私人占有生产资料，生产资料归全体劳动者所有，生产成果通过按劳分配由劳动者占有。在马克思看来，人类历史上划分经济制度的标准，是劳动者和生产资料的结合方式即生产方式，也就是劳动的社会形式。① 资本主义的劳动者与生产资料的结合关系是雇佣劳动关系，即资本家占有生产资料，从而也占有工人的劳动，而在社会主义公有制、特别是国有经济的条件下，生产资料是由劳动者共同占有、共同使用。平等享有劳动成果，雇佣劳动关系让位给联合劳动关系这一特殊的经济关系。② 正是基于以上分析，马克思和恩格斯认为，社会主义所有制关系的基本形式，应当是把生产资料"变为属于社会全体成员的公共财产"③的社会所有制。关于社会主义所有制关系的过渡性形式，马克思和恩格斯认为，社会主义国家可以通过国家所有制和合作社所有制两种形式和途径来建立社会主义的所有制。④ 由此看来，共同占有，财产公有，联合劳动，按劳分配，在社会化大生产的基础上实现劳动者和生产资料的直接结合，这是马克思和恩格斯所预想的未来社会所有制关系的本质。我国社会主义初级阶段的公有制经济体现了社会主义所有制关系的实质趋势，体现了社会主义根本经济制度的发展本质。

然而，现实社会主义国家所存在的所有制关系，同科学社会主义创始人在理论上所论述的社会主义所有制关系存在着很大差别。马克思和恩格斯从发达的自由竞争时代的资本主义经济事实出发，认为由社会全体成员占有生产资料的社会所有制，是社会主义生产方式代替废止的资本主义生产方式的唯一形式。但是，我国社会主义初级阶段生产力发展的落后现状以及社会分工的基本性质、劳动的分离性的基本特

---

① 参见《马克思恩格斯全集》第24卷，人民出版社1972年版，第44页。
② 参见《马克思恩格斯全集》第16卷，人民出版社1964年版，第12页。
③ 《马克思恩格斯选集》第1卷，人民出版社1995年版，第287页。
④ 参见《马克思恩格斯选集》第4卷，人民出版社1995年版，第499页。

点，从根本上决定了我国社会主义的现实所有制关系还不能一下子达到完全的共同占有、财产公有、联合劳动的关系。我国是在经济发展落后的状态下建立社会主义制度的，落后的社会生产力致使现阶段社会分工和劳动的分离性更突出、更明显，决定了我国以公有制为主体、多种所有制关系共存的社会主义初级阶段的经济基础。

　　马克思和恩格斯关于社会主义所有制关系的构想，是以生产力高度发达和高度社会化为前提条件的。实际上，马克思和恩格斯在讲社会主义所有制关系时，并没有明确地把社会主义所有制关系和共产主义所有制关系区别开来，而是笼统地就共产主义两个阶段所有制关系的共同内容讲的，他并没有指出社会主义所有制关系同共产主义所有制关系有什么区别。在《哥达纲领批判》中，马克思把共产主义区分为两个阶段，并且指出在共产主义的第一阶段，在经济、道德和精神方面都还带着它脱胎出来的那个旧社会的痕迹。如果我们把马克思的这个思想运用到对社会主义初级阶段所有制关系的认识上，就可以得出这样的结论：社会主义初级阶段所有制关系是带着旧社会痕迹的所有制关系。如果我们进一步用马克思的这个思想来具体分析现实社会主义初级阶段的所有制关系，就可以得出这样几个具体结论：

　　（1）共产主义所有制关系是建立在社会化大生产基础上，与新式分工、联合劳动相联系的全社会共同占有的所有制关系。而社会主义初级阶段所有制关系是建立在相对社会化的生产力基础上，同带有旧式分工特点的社会主义初级阶段分工，同还具有一定分离特点的社会主义初级阶段劳动相联系的不完全成熟的社会主义所有制关系，具有不成熟性、初级性的特点。

(2)共产主义的所有制关系是单一的全社会共同占有的所有制关系,也就是说,共产主义的社会所有制是公有制的唯一形式。然而,初级阶段的社会主义所有制结构是公有制为主体、多种所有制经济共同存在、发展的所有制格局,存在国有和集体以及混合经济的公有成分等多种公有制的基本实现形式。非公有制经济也是社会主义初级阶段经济的重要组成部分。社会主义初级阶段的所有制关系具有复杂性、多样性的特点。

(3)在共产主义所有制内部关系中,社会全体成员对生产资料的占有、所有、支配和使用,是为了社会全体成员的利益,个别的特殊利益与社会共同利益是基本一致的,所有制内部的占有、所有、支配和使用四者关系是利益基本一致的关系。而在社会主义初级阶段的所有制关系中,在公有制经济内部,一方面,生产资料归劳动者所有,由劳动者支配,为劳动者利益服务的,由占有、所有、支配和使用所派生出来的所有权和经营权都属于劳动者,但这只是在根本利益上是一致的。另一方面,由于社会主义初级阶段劳动的分离特点,致使不同的劳动者、不同的劳动单位具有相对的独立性,这就从根本上决定了企业(集体)的具体占有必然在一定程度上连接着对生产资料的支配和使用,并由此而占有一部分劳动产品,这就决定了企业(集体)必然要拥有一定程度的生产和经营上的自主权,并且承担一定的经济责任、分享一定的经济利益。这就决定了社会主义初级阶段公有制所有权和经营权有相对的分离,社会主义初级阶段生产资料的所有关系和经营关系上存在着一定的分权关系、分利关系,同时社会主义初级阶段劳动的个别性又决定了劳动者的个人利益与社会利益、集体利益有一定的矛盾和分离。

我国初级阶段的社会主义所有制关系是建立在相对落后的社会生产力基础上的不完全、不成熟、不完善，带有旧社会痕迹的，以公有制为主体、多种所有制并存的所有制关系。在公有制内部，在不同的公有制形式之间存在一定的差别和矛盾关系，同一种公有制形式内部存在着"两权"相对分离关系，存在着劳动者个人与集体（企业）、国家的分离关系。在公有制经济与非公有制经济成分之间，不同的非公有制成分之间，不同的非公有制经济成分内部都存在着复杂的分权、分利关系和矛盾。这种所有制关系决定了社会主义初级阶段的基本经济关系和基本利益关系。

2. 社会主义公有制所有制关系的内在矛盾性

在我国，社会主义初级阶段生产资料的公有制所有制关系决定了人民利益的根本一致，从而消灭了形成阶级对抗的经济关系。那么是否可以说，社会主义初级阶段公有制所有制关系内部就不存在矛盾了呢？

从生产资料私有制关系形成的历史原因来看，除了生产力这个最终决定性条件外，社会分工及其所决定的劳动性质是私有制关系形成的根本原因。从根本上来说，正是社会分工，以及由社会分工所决定的劳动分离成相互独立的私人劳动的特点，决定了私有制的性质和形式。在一定程度上，社会主义初级阶段的社会分工仍然是带有旧式分工痕迹的分工；同时，社会主义初级阶段还存在大量的旧式分工的残余，这就决定了社会主义初级阶段劳动具有个别劳动和社会劳动二重分离的特点，这就不可避免地决定了社会主义初级阶段公有制所有制关系内部存在着一定的内在矛盾。

社会主义初级阶段分工及其所决定的劳动的分离性特点，是认识社会主义初级阶段公有制所有制关系内在矛盾的关键。

社会主义初级阶段分工及其所决定的劳动的分离特点，是怎样决定社会主义初级阶段公有制所有制关系的内在矛盾的呢？旧的社会分工一方面使不同行业的生产单位之间，以及同一生产单位内部执行不同职能的部门和劳动者之间形成全面的社会联系，构成社会总劳动；另一方面又把统一的社会总劳动分割成为相互独立的生产单位和个别劳动者，从而导致具体生产单位和劳动者个人活动方式的片面性、活动范围的狭隘性、活动职业的固定性、单一性和专门性。相互分割、相互孤立的生产单位和劳动者之间通过间接的中介，比如市场交换活动，才能发生总体的社会联系。这两个方面就构成了旧式分工所造成的一般商品生产过程的内在矛盾：整个商品生产的社会化同具体生产者（单位）的独立性和个别性的矛盾。

　　社会主义公有制的所有制关系从本质上要求社会成员结成全社会的或部分集体的联合劳动体，有计划地统一支配和调整社会的或集体的社会生产，以消除私有制所造成的私人生产之间的分割和对立，这就意味着任何劳动成员都可以通过全社会范围内或集体的联合劳动来参与对生产进行统一支配和调节。也就是说，任何个人都可以通过联合劳动（部分联合劳动）关系取得生产资料共有者的地位，成为生产资料整体（集体）占有者的一员，这同社会生产发展的社会性和整体性要求是一致的。但是，由于社会主义初级阶段还存在旧的分工的痕迹和残余，劳动者要实际利用生产资料从事生产劳动，还必须首先成为某种特殊生产职能的专门承担者，结合成特殊的不同层次的生产协作体，如企业、车间、工段，等等。这样，社会主义初级阶段公有制所有制关系虽然克服了资本主义私有制关系的固有矛盾，却不能完全克服旧的分工痕迹和残余所带来的整个生产的社会化趋势同具体生产者（单位）的独立性的矛盾。在社会主义初级阶段公有制共同占有生产资料的联合劳动（部分联合劳动）关系中，一方面，不同的生产协作体、不同的劳动者都是平等的生产资料所有者，具有生产资料共同（部分共同）占有者的社会性质；另一方面，不同的生产协作体、不同的劳动者又具有相对独立的特殊的社会性质。社会主义初级阶段公有制联合劳动或部分联合劳动的性质使劳动者（单位）具有生产资料共有者的身份，同时旧的分工痕迹和残余又赋予每个劳动者（单位）以相对独立的特殊劳动者（单位）的身份。

社会主义初级阶段劳动的二重性也必然会反映到社会主义初级阶段公有制国有经济的所有制关系中来。社会主义初级阶段劳动的社会性、自主性和联合性直接同公有制国有经济的本质是一致的，公有制国有经济决定劳动者在经济生活和其他社会生活中具有主人翁的地位，公有制国有经济条件下的劳动本身摆脱了雇佣劳动和其他奴役劳动的形式，劳动者首先是为了全体人民的共同利益，劳动成果的分配是符合劳动人民利益的。另一方面，社会主义初级阶段的劳动还是人们谋生的手段，一个劳动者在社会总劳动中可以获得多少报酬取决于他付出多少劳动，这种情况决定了社会主义初级阶段劳动者的劳动同时具有为自己劳动谋生的特点。社会主义初级阶段劳动的二重性，一方面决定了劳动者是生产资料的共同主人，具有财产主人的身份；另一方面又决定了劳动者是在为自己劳动，具有为个人劳动的普通劳动者的身份。因此，在社会主义初级阶段公有制国有经济所有制关系中，一切劳动者都具有生产资料的共同主人和为自己而进行谋生劳动的劳动者的双重身份，社会主义初级阶段公有制国有经济一方面必须使生产资料体现为是全体劳动者的共同财产，另一方面又必须充分体现出具体生产者（单位）的相对独立性，这就是社会主义初级阶段国有经济所有制关系的内在矛盾性和二重性。社会主义公有制集体经济所有制关系同样存在这种二重性和内在矛盾性。社会主义初级阶段公有制所有制关系的这种二重性和内在矛盾性是理解社会主义初级阶段基本经济关系及其利益关系的枢纽。

社会主义初级阶段公有制经济的所有制关系的二重性表现为一系列的矛盾两极：作为生产资料所有者的劳动者，同时又是公有制经济的为自己劳动的普通劳动者；作为生产资料所有者的生产者，利用所有权来使用作为为自己劳动的普通劳动者的自己；生产资料和产品归劳动人民或部分劳动者人民所有，但又不归其中任何个人单独直接所有，每个劳动者又都不能无条件地以个人身份直接占有生产资料和支配生产资料；社会主义初级阶段社会分工的发展，一方面造成了社会生产整体化，要求社会成员联合起来统一支配和调节生产，从而赋予生产资料以公有财产的性质，另一方面又造成相对独立的生产者（集体单位）对生产资料进行具体支配，从而赋予生产资料具体经营者以相对独立的个别性质。这样，社会主义公有制经济所有制关系就存在着一个深刻的内在矛盾，即劳动者与生产资料的结合方式存在一定的矛盾：劳动者对生产资料共同（部分共同）占有的公有性质，同不同的劳动者和生产单位在生产资料具体经营和使用上相对独立性的矛盾。

在现实社会主义初级阶段生产力发展的条件下，这种矛盾是客观存在的，是不可避免的。既要实现劳动者对生产资料占有（部分共同）的公有性质，又必须保证不同劳动者和生产单位对生产资料使用上的相对独立性。这种矛盾实际上反映了在公有制经济关系中国家整体利益（人民的整体利益）、集体经济的局部利益、企业的局部利益、劳动者个人利益之间的矛盾，集体利益之间、企业的局部利益之间、劳动者个人利益之间的矛盾。

社会主义初级阶段公有制国有经济形式如此，集体经济形式也是如此。国有经济是社会联合劳动的体现，而集体经济只是部分劳动者的联合劳动。国有经济的全体劳动者的联合劳动与集体经济的部分联合劳动之间，集体经济的这一部分联合劳动同另一部分的联合劳动、集体经济的局部联合劳动与劳动者之间的个别劳动、集体经济的个人与个人的个别劳动之间都存在着矛盾。这种矛盾实际体现了国有经济联合劳动、集体经济的联合劳动、劳动者的个人劳动之间，国有经济单位利益、集体经济单位利益之间、劳动者个人利益之间存在着一定的利益关系。

3. 社会主义初级阶段公有制内在矛盾性的具体表现

在社会主义初级阶段，社会主义公有制所有制关系的内在矛盾是怎样具体表现的呢？马克思和恩格斯曾认为，无产阶级夺取政权后，还不能立即实行社会所有制，而是首先把生产资料变为国家财产。[①] 建立社会主义公有制的国有经济形式，这是向社会所有制过渡的必经道路。实践证明，公有制的国有经济形式一方面在社会主义建立的最初阶段是必要的；另一方面，如果不采取适当的体制，国有经济的国家所有制就会使得社会主义所有制关系的内在矛盾进一步表面化、外在化，甚至尖锐化，影响社会主义初级阶段所有制关系对社

---

① 参见《马克思恩格斯选集》第3卷，人民出版社1995年版，第630页。

会生产力发展的促进作用。公有制的集体经济也存在建立什么样的体制和形式才能进一步促进社会生产力的发展问题。现实社会主义初级阶段公有制所有制关系内在矛盾的具体表现是：

第一，表现为生产资料共同占有和消费资料个人占有的分离和矛盾。在公有制国有经济中，任何生产资料的占有都采取了以国家为代表的共同占有的形式。也就是说，个人只有作为联合劳动中的一员才占有生产资料，作为单独的劳动者，他无权个人占用生产资料。而社会主义初级阶段劳动的谋生性又促使他以个人的身份运用"劳动能力"这个天然特权去参与产品的分配，表现为对消费资料的个人占有。在公有制的集体经济中，任何生产资料的占有都是以集体为代表的共同占有的形式，个人只是作为集体中的一个成员与其他成员共同占有生产资料，他只是自己获得的个人消费资料的占有者。其他公有制形式或非公有制经济中的公有成分也都有类似的情况，这些情况一方面反映了生产资料所有制的公有性质，另一方面也反映了消费资料占有的个人性质，反映了这两个方面的分离和矛盾。

第二，表现为公有制经济劳动者的生产资料共同（局部共同）主人的地位同实际生产经营管理权限的分离和矛盾。在国有经济中，国家作为全体劳动者的代表，代表生产资料的所有者来行使对生产资料进行总体管理的权利和义务。而作为生产资料共同主人的直接生产者并不直接实施总体管理，这样，生产资料的共同主人并不参加总体管理，而只处于被管理的直接生产者的地位，不参加直接生产的国家工作人员、企业管理人员却代替直接生产者行使共同主人的总体管理权。这就构成了只是作为个人消费资料的占有者的直接生产者，同作为生产资料占有者的事实上的"代理人"、"职务行使者"的国家工作人员和企业管理人员之间的矛盾关系。这种矛盾关系有两种利益的走向关系。一种是国家利益、企业集体利益与个人利益之间的利益矛盾关系；作为国家利益、集体利益的"代理人"的领导者、管理者同个人利益主体劳动者个人之间的利益矛盾关系。当然，作为国家利益的代理人领导者和管理者，他们也有个人利益要求，这与国家利益有一致的方面，也有矛盾的方面，他们个人的利益要求同劳动者个人利益既有一致的方面，也有矛盾的方面。国家工作人员、企业管理人员作为职权行使者，作为生产资料共同主人的代理人，是全体劳动人民共同利益的代表，但是我们也不可否认，代理人同共同主人之间存在着一定的矛盾关系，这种矛盾关系背后，孕育着产生官僚主义和其他违背人民利益的变质分子的可能性。许多社会主义国家过去所建立的高度集中的和以行政手段管理为特征的国家所有制的僵化的具体体制，使国有经济成分所存在的内在矛盾发展到不适当的程度，严重地影响了劳动者的积极性，阻碍了社会生产力的发展。

第三，表现为公有制内部的"大公"与"小公"，以及"大公"之间、"小公"之间的差别和矛盾。对于国家所有制的具体体制，马克思和恩格斯在总结巴黎公社经验时也曾提出许多有启发的想法，他们认为，国家所有制企业是工人的劳动联合体，它可以在国家领导之下独立经营，企业具有自己的特殊性。[①] 他们还提出了出租制、合作制等公有制具体经

[①] 参见《马克思恩格斯全集》第36卷，人民出版社1975年版，第416—417页。

营形式的设想。① 后来斯大林明确提出了集体所有制的观点。既然社会主义初级阶段条件下的分工还带有旧式分工的痕迹和残余，劳动还具有单纯谋生性的特点，就必然要承认公有制国有经济的企业作为相对独立的经济实体，不能把国有经济看做单一的公有制形式。事实上，社会主义初级阶段所有制关系存在着国有同集体、混合所有制的公有成分之间的矛盾关系，即全社会的"大公"同集体的"小公"、公有制形式之间的差别和矛盾；存在着国有经济内部国家的"大公"同企业的"小公"之间的差别和矛盾；存在着国有经济内部各个企业的"小公"之间、集体经济及内部各个单位的"小公"之间的差别和矛盾。

第四，表现为公有制内部"两权"相对分离的差别和矛盾。由于社会主义初级阶段公有制的内在矛盾是属于人民共同或部分共同占有的生产资料，人民又不能直接去占有，去支配，必须由国家或集体代表人民来占有和支配，而国家对全民生产资料也无法具体地去占有和支配，必须通过各地区、各部门、各级管理机构，最终委托从事生产的企业来具体经营，所以，国有经济企业不一定必须由国家直接经营，可以采取各种形式来经营。这样，在社会主义初级阶段公有制内部就存在着"两权"的相对分离，及其所带来的国家和企业乃至企业家个人之间的差别和矛盾关系。

4.社会主义初级阶段非公有制经济与公有制经济以及非公有制经济内部矛盾性的具体体现

非公有制经济是社会主义初级阶段经济的重要组成部分。非公有制经济是与公有制经济性质不同的经济成分，在所有

---

① 参见《马克思恩格斯选集》第 3 卷，人民出版社 1995 年版，第 217 页。

制关系上是以私人占有、个体占有为主要特征的，包括有私营经济、个体经济、混合经济中的私人、个体成分，还有外资（私营资本），等等，在分配方式上是以按资分配、按经营分配为主要分配方式的。非公有制经济在所有制关系上的性质和特点，决定了社会主义初级阶段的基本经济关系与利益关系的复杂性。具体表现为：

第一，表现为公有制经济与非公有制经济之间的矛盾关系。我国社会主义现阶段是以公有制为主体、各种所有制成分并存的经济体制，非公有制经济是我国社会主义初级阶段经济的重要组成部分。非公有制与公有制经济之间必然有一定的差别和矛盾关系，公有制经济的管理者、劳动者同非公有制经济的所有者、经营者、劳动者之间都存在一定的经济关系和利益关系。

第二，表现为非公有制经济之间的矛盾关系。非公有制经济包括个体经济、私营经济、混合经济成分中的个体、私有成分，不同的非公有制经济成分之间，存在着一定的经济关系和利益关系。

第三，表现为非公有制经济的所有者之间、经营者之间、劳动者之间以及所有者、经营者和劳动者之间的差别和矛盾。

四　社会主义初级阶段市场经济的矛盾关系

关于社会主义初级阶段分工及其劳动内在分离性的分析，社会主义初级阶段所有制关系内在矛盾的分析，既论证了社会主义初级阶段市场经济存在的客观必然性，同时又为对社会主义初级阶段市场经济关系及其利益关系的分析提供了必要的理论前提。社会主义初级阶段市场经济关系构成了现实社会主义初级阶段的基本经济关系。

1. 社会主义市场经济的历史地位和本质特点

人类历史发展必然要经历自然经济、商品经济、产品经济这三种社会经济形态，商品经济只是整个社会经济形态发展过程中的一个阶段。在自然经济的原始共同体中，生产力水平低下，只有自发的自然分工，没有有目的的社会分工。与此相适应的生产关系是以人身依附关系为特征的。原始共同体是以血缘关系为纽带直接组成的，每个原始共同体成员"本身在某种程度上就是共同体的财产"，[1] 是从属于社会的器官或肢体。共同体全体成员互相直接结合而构成对社会生产力的直接占有，即实行社会公共所有制。因此，原始共同体劳动者个人进行的具体劳动同时直接就是社会劳动，人们的生产目的是创造各种使用物品，以满足整个共同体的共同需要，社会生产和社会需要之间、劳动者之间的劳动交换和劳动分配不需要经过间接的形式，没有具体劳动和抽象劳动、使用价值和价值之间的分离对立。马克思把这种以人身依赖关系为特征的自然经济形态称为人类社会发展最初的社会形态。

随着自然经济内部生产力的发展，自发地产生了旧式分工，与这种分工同时出现的还有劳动的交换和分配，产生了劳动及其产品的不平等占有，在生产关系上就自发地表现为对生产资料的私有制，从而把社会劳动分割成各自具有特殊私人利益的相对独立分散的商品生产者，出现了商品交换，原来直接的社会劳动被分裂成为私人劳动与社会劳动，具体

---

[1]《马克思恩格斯全集》第46卷上，人民出版社1979年版，第496页。

劳动与抽象劳动的相互对立的分离劳动,原来直接的社会产品成为包含价值与使用价值二重矛盾的商品,原来人们之间直接相互依赖的社会关系物化成为"存在于生产者之外的物与物之间的社会关系",① 表现在交换价值上的社会关系。马克思把这种具有"以物的依赖性为基础的人的独立性"的商品经济形态称为人类历史发展的"第二大形态"。②

随着商品生产的发展,出现了货币,同时又使个人之间建立了更为广泛的社会联系,商品经济完全形成了。资本主义生产方式是私有制商品生产的最高形式,也是私有制商品生产的最后一个形式,它使商品生产一般所具有的个人与社会分离采取了特殊的历史表现形式,这种形式表现为资本家个人作为商品生产者与整个资本主义社会的对立关系,表现为资产阶级和无产阶级的对立关系。这种分离形式一方面使相互依赖的商品生产者分裂成为更为独立的生产者,扩大了个人与社会的分离;另一方面,资本家个人追求利润,扩大积累的活动客观地促进了生产社会化的发展,在人与人之间建立了更为广泛的社会联系,为消灭个人与社会的分离创造了必要的物质条件。

当生产力在个人与社会的分离中得到充分发展以后,就创造了充足的物质条件,消灭了旧式分工,废除了物化的社会关系,融合了个人与社会的分离,建立了共同占有和驾驭直接社会化生产的"自由人的联合体"。"自由人联合体"可以"自觉地把他们许多个人劳动力当作一个社会劳动力来使

---

① 《马克思恩格斯全集》第 23 卷,人民出版社 1972 年版,第 89 页。
② 《马克思恩格斯全集》第 46 卷上,人民出版社 1979 年版,第 104 页。

用",① 分离的劳动成为直接的社会劳动,私人劳动与社会劳动的对立、具体劳动与抽象劳动的对立、使用价值与价值的对立消融了,彻底排除了商品生产,商品经济社会形态让位给产品经济社会形态。马克思把这种产品经济的共产主义社会称为人类历史的"第三个阶段"。②

社会分工是商品生产、市场经济存在的一般前提,私有制是商品生产、市场经济产生的直接原因,决定商品生产、市场经济产生的两个条件是密切结合在一起发生作用的。所有制关系在本质上必须与社会分工发展阶段和发展水平相一致,孤立地从私有制的单一条件出发去认识商品生产、市场经济,必然会得出片面的结论来。马克思认为,"分工使劳动产品转化为商品,因而使它转化为货币成为必然的事情"。③分工的出现必然导致商品生产,社会分工是商品生产、市场经济的基础和必备条件。"分工发展的各个不同阶段,同时也就是所有制的各种不同形式。"④ 私有制作为社会分工的社会经济形式,把社会分工所造成的劳动分离发展到对立的状态,促成和加速了商品交换的形成和发展。从根本上来说,商品生产、市场经济的存在不单纯取决于所有制关系的性质和具体历史形式,而是最终取决于社会分工所造成的劳动的社会形式,取决于相对独立的经济利益主体的存在,分工和劳动的社会形式所决定的独立的经济利益主体的存在,是商品生产、市场经济存在的最重要的内在因素。社会主义初级阶段社会分工的特点、劳动分离的特点,从根本上决定了社会主

---

① 《马克思恩格斯全集》第23卷,人民出版社1972年版,第95页。
② 《马克思恩格斯全集》第46卷上,人民出版社1979年版,第104页。
③ 《马克思恩格斯全集》第23卷,人民出版社1972年版,第127页。
④ 《马克思恩格斯选集》第1卷,人民出版社1995年版,第68页。

义初级阶段所有制关系的内在矛盾,这两个基本的社会前提决定了社会主义初级阶段仍然要经过商品生产、市场经济阶段。只要社会主义初级阶段分工还保留有旧式分工的痕迹,社会主义初级阶段劳动就还具有分离的特点,社会主义初级阶段所有制关系就还存在着"大公"和"小公"之间、"大公"之间、"小公"之间的内在差别,"公"与"非公"以及"非公"之间的内在差别。社会主义初级阶段必然存在市场经济,社会主义初级阶段的人们之间就还存在着由市场经济关系所决定的利益差别和矛盾关系。

2. 社会主义初级阶段市场经济的基本矛盾关系

马克思在分析生产资料私有制商品生产时,揭示了私人劳动和社会劳动这个商品经济的基本矛盾。那么,在社会主义初级阶段以公有制为主体的多种经济成分并存的条件下,社会主义市场经济是否仍然还存在私人劳动和社会劳动的矛盾,搞清这个问题对于认识社会主义初级阶段的基本经济关系和利益关系是十分重要的。

马克思对商品生产进行了一般和抽象的考察,揭示了商品生产的一系列内在矛盾,其中主要包括使用价值和价值的矛盾、具体劳动与抽象劳动的矛盾、私人劳动和社会劳动的矛盾。其中每一对矛盾的两个方面都统一于商品内部,是社会商品经济运动的内在源泉。马克思主义政治经济学告诉我们,商品所内含的劳动二重性决定了价值和使用价值的二重性,价值与使用价值的矛盾的进一步演变,必然表现为商品与货币外部对立的形式。在商品生产的上述矛盾中,具体劳动和抽象劳动的矛盾是其他矛盾产生和存在的基础。在私有制条件下,具体劳动和抽象劳动这对矛盾表现为私人劳动和社会劳动的矛盾,构成了商品生产的基本矛盾。在私有制条件下，由于商品生产是私人生产，商品是私有的，商品生产者是私有者，这就会使价值与使用价值、商品与货币、具体劳动与抽象劳动的分离和对立具有不可调和的对抗性质，必然表现为私人利益之间对抗性的冲突关系，构成资本主义社会基本经济关系和利益关系的主线。

那么是否可以由此认为，马克思所揭示的商品生产基本矛盾关系及其所决定的利益关系，也是社会主义初级阶段市场经济的基本关系及其所决定的利益关系呢？要回答这个问题，必须首先分析社会主义初级阶段市场经济赖以存生的条件，只要把这些条件同资本主义商品存在的条件相比较，看看发生了怎样的变化，就可以把握社会主义初级阶段市场经济基本关系及其利益关系的表现及其特点。实际上，马克思所分析的商品生产是商品生产中最一般、最典型、历史最长的形式——私人产品形式，他所讲的劳动是私人劳动，商品是私人生产者的产品，他所分析的是以私有制为经济形式的商品生产，因此，马克思所揭示的私人劳动与社会劳动的矛盾以及私人利益之间的矛盾关系是私有制条件下商品生产的基本经济关系及其利益关系。

当然，只要劳动还具有一定的分离性，社会分工还保持有旧式分工的特点，就有可能产生商品交换活动。我国初级阶段社会主义制度的建立，并没有消除商品生产、市场经济产生的基本前提，因此也就不可能消灭商品生产、市场经济的基本经济关系及其利益关系。现实的社会主义初级阶段的经济制度作为社会分工的一种社会形式，仅仅改变的是商品经济及其利益关系的某些性质和特点，而不是消灭商品经济关系及其利益关系本身及其存在的社会基本条件。下面，我们从社会主义初级阶段社会分工及其劳动的社会形式这个基本前提入手,结合社会主义初级阶段所有制关系的特点,剖析社会主义初级阶段劳动的基本特点,分析社会主义初级阶段市场经济关系及其利益关系的特殊性。

关于社会主义初级阶段的分工和劳动的分析已表明,在社会主义初级阶段,劳动的社会形式不同于以往私有制社会的社会形式,劳动的社会形式具有许多新的特点:

第一,社会主义初级阶段劳动开始具有联合劳动的性质。社会主义初级阶段的公有制经济形式的劳动者是以共同(或部分共同)主人的身份联合为整体或部分整体,共同(部分地共同)占有生产资料的,他们个人的具体劳动成为公有制经济社会联合总劳动的一部分,生产资料和劳动者以联合劳动(在集体经济中是部分联合劳动)方式相结合。

第二,社会主义初级阶段的劳动开始具有自主劳动的性质。由于社会主义初级阶段公有制经济的劳动是具有共同劳动目的和共同经济利益的联合劳动(包括部分联合劳动),劳动者获得了对自己生产资料使用,对生产过程管理,对自己劳动成果占有的权利,劳动者开始成为劳动的主人,社会主义初级阶段的公有制经济的劳动开始具有自主支配劳动的某些特点。

第三,社会主义初级阶段的劳动开始具有直接社会劳动的某些特点。虽然商品生产是一种社会化的劳动方式,但社会化的劳动是不同于联合劳动的。社会劳动或社会化的劳动是由商品生产和生产的社会化决定的,只要生产是社会化的生产,则劳动者的劳动就必然是社会化劳动的一部分,只要商品生产存在,商品生产的劳动就具有社会化的属性。社会劳动或社会化的劳动表明了劳动的社会化属性。劳动的社会化可以在不同的社会制度里存在,既可以同私有制相联系,也可以同公有制相联系。社会主义初级阶段公有制条件下的联合劳动（部分联合）也是一定的社会化的劳动。

　　社会化的劳动分为直接性社会劳动和间接性社会劳动。直接性的社会劳动意即具有直接社会性的劳动，表明了劳动的直接社会性质。马克思指出，如果在社会中没有商品生产，那么在这里，劳动的自然形式、劳动的特殊性就是劳动的直接社会形式，而不是像在商品生产中那样，劳动的共性才是劳动的直接社会性。马克思原来设想，社会主义消灭了商品经济，从而也就消灭了劳动的个别性和间接性。可见，劳动的直接社会性是同产品经济相联系的。劳动的直接社会性具有以下特点：（1）直接的社会劳动是按照社会需要的比例直接投放在对社会有用的产品上，无论在质和量的方面都直接具有社会必要劳动的性质。（2）在生产过程中，直接性的社会劳动"一开始就不是特殊劳动，而是一般劳动"，"在交换以前就应成为一般劳动"。（3）直接性社会劳动是按照人们的需要直接调节劳动时间在各生产部门的分配。（4）在劳动具有直接社会性质的前提下，劳动者个人直接参加产品分配，而不再以劳动之间的交换为媒介。（5）直接性的社会劳动是以个别劳动和社会必要劳动的差别和矛盾不复存在为条件的，个体劳动在生产过程一开始就具有一般劳动的性质。（6）旧的分工不复存在了，劳动分离的特点不复存在了，代之而建立的是共同占有生产力，共同劳动，共同消费的"自由人联合体"。① 从以上特点来看，生产资料公有制是直接社会劳动产生和存在的基本条件。但是只要公有制还是低水平的公有制，只要公有制以外还存在其他所有制形式，旧的分工依然

---

① 参见《马克思恩格斯全集》第46卷上，人民出版社1979年版，第118—120页。

存在，分离劳动依然存在，商品生产、市场经济依然存在，就不会最终形成完全的直接性的社会劳动。

与直接的社会性劳动相反，间接的社会性劳动是随着商品生产、市场经济的产生而产生的，它的特点是：(1) 在商品生产、市场经济条件下，具体的个别劳动通过交换才成为一般劳动，是交换最先赋予个别劳动以一般的社会性质。个别劳动是经过价值形式的过渡、中介才成为社会劳动，劳动的社会性是间接的，是"事后确定下来的"。(2) 分散的个别劳动必须通过市场机制和经济杠杆的调节才具有社会必要劳动的性质。(3) 间接社会劳动生产的产品必须经过交换的中介才能进入分配领域。(4) 间接社会劳动的劳动者具有由于旧的分工所采取的经济形式所造成的相对的独立性。(5) 间接的社会劳动把个人的劳动能力视为天然特权，劳动具有单纯谋生的特点。以上说明在私有制商品生产、市场经济条件下，劳动只是具有间接的社会性质，而不是具有直接的社会性质，正是这种间接的社会劳动同私人劳动构成了私有制商品经济的基本矛盾。

虽然社会主义初级阶段劳动的基本性质已经发生了深刻的变化。但是社会主义初级阶段分工还仍然具有旧式分工的痕迹，社会主义初级阶段所有制还是不完全的公有制和多种所有制共存的所有制结构，这些决定了社会主义初级阶段的劳动还保留着一定的分离、单纯谋生性特点和两重化形式，具有以下特点。

第一，社会主义初级阶段联合劳动是初级形式的联合劳动。首先，社会主义初级阶段公有制的联合劳动在客观上包含既紧密联合又相互独立、相互矛盾的三个层次：最高层次是以生产资料公有制为基础，由国有经济所代表的整体的社会联合；中间层次是以企业经营权或集体所有权为基础的由企业（国有或集体所有）实体所代表的部分劳动者的局部联合；最低层次是具有主人资格的，作为联合（部分联合）劳动成员的劳动者个人的个人劳动。其次，各个层次的联合劳动本身又都具有两重性，一方面，社会联合劳动和集体联合劳动是整个社会以及局部的联合劳动；另一方面，任何层次的联合劳动又是由个人劳动组成的。例如局部联合劳动就具有两重性，一方面，因为各企业的联合劳动都是社会联合劳动的组成部分，所以它直接是社会性的劳动；另一方面，因为各个企业、集体的联合劳动是由个人劳动结合而成的结构不同、素质不同的局部联合劳动，各个局部联合劳动相互之间存在着一定的分离和矛盾，所以它又是局部的特殊劳动，局部联合劳动具有社会性和个别性这样的两重性。以上分析说明，社会主义初级阶段公有制的联合劳动具有整体、局部和个别的三个层次的矛盾，具有社会性和个别性两重性的矛盾，只能是社会主义初级阶段初级形式的联合劳动。

第二，社会主义初级阶段劳动具有不完全的直接社会性。由于社会主义初级阶段的劳动分工的局限，社会主义初级阶段的所有制的不完全性和多样性，社会主义初级阶段的联合劳动的层次性，使得社会主义初级阶段劳动者同生产资料的结合，还必须经由许多中间层次，各个不同层次的联合劳动者只是同某一部分生产资料结合，局部联合劳动必须还原为抽象的人类劳动，才能成为整体联合劳动的有机部分。企业（集体）联合劳动，对社会总劳动来说仍然还表现为个别劳动，必须经过交换的中介，才能取得社会总劳动的承认。因此，社会主义初级阶段劳动是带有间接性质的不完全的直接性社会劳动，它本身同时具有间接性和直接性的特点。

第三，社会主义初级阶段的劳动是不完全自主性质的劳动。社会主义初级阶段的公有制从根本上排除了劳动的被动雇佣性质，劳动者为个人和为社会劳动是基本一致的，因此社会主义初级阶段的劳动开始具有自主劳动的某些特点。但是社会主义初级阶段的劳动还带有个人谋生性，劳动还没有成为人的生活的第一需要，人们还是把劳动能力视为自己的天然特权，不得不从个人利益的眼光来看待劳动本身和自己的劳动成果。社会主义初级阶段的劳动者一方面是为共同利益而进行劳动的联合劳动者，另一方面又是把劳动单纯作为谋生手段的个人劳动者，前一方面反映了社会主义初级阶段的劳动开始具有自主性的某些特点，后一方面反映了社会主义初级阶段的劳动还是劳动者的谋生手段，因此社会主义初级阶段的劳动是不完全的自主劳动。

以上分析表明，在社会主义初级阶段的公有制经济范围内，社会联合劳动还不是直接意义上的社会性劳动，联合劳动中局部和个人这两个层次对社会总劳动来说，仍然表现为个别劳动；联合劳动还不能完全消灭商品（市场）经济中劳动的个别性，它还是不完全的直接性社会劳动；联合劳动中的个人劳动仍然具有为自己劳动和为社会劳动的两重性。由此看来，社会主义初级阶段公有制条件下的劳动在具有不完全直接社会性的同时，仍然表现为个别劳动，个别劳动和社会劳动的矛盾是社会主义初级阶段市场经济的基本矛盾。

但是，社会主义初级阶段公有制经济的个别劳动既不是小商品生产的私人劳动，也不是资本主义市场经济的私人劳动，它已不具有私人性质了。公有制内部的联合劳动，无论是社会联合劳动还是集体、企业联合劳动，还是联合劳动中的个人劳动，都不是以私有制为条件的，而是以社会主义公有制为条件的，无论在劳动目的、劳动活动和劳动产品分配上都不表现为私人劳动，因此，社会主义初级阶段条件下的个人劳动只表现为个别劳动，而不表现为私人劳动。另一方面，社会主义公有制虽然在生产资料所有制关系上实现了劳动者的联合，但是直接的劳动过程并不是在社会范围内的共同体中进行，而是分离为各个不同劳动者集体中的局部的、个体的劳动。社会主义初级阶段的联合劳动的直接表现形式是企业、集体和个人的个别劳动，这些个别劳动之间表现出企业、集体和劳动者个人在劳动手段、生产技术状况、管理水平及活动消耗上的差别性。个别的企业、集体、个人劳动必须把自己的产品作为商品参与交换，才能完成个别劳动的社会化。因此，社会主义初级阶段公有制经济条件下存在着社会联合劳动、局部联合劳动、个人劳动的矛盾关系，存在个人劳动、局部联合劳动之间的矛盾关系，由此决定了国家、集体（企业）、个人以及集体之间、个人之间的利益矛盾关系。

以上只是分析社会主义公有制经济的劳动关系和利益关系，在社会主义初级阶段其他经济条件下的劳动，虽然已不是剥削社会私有制条件下的私人劳动和雇佣劳动，但它仍然带有一定的私人劳动和雇佣劳动的性质，与公有制劳动的联合性、自主性和社会性还有很大的差别，社会主义初级阶段个体经济和私营经济条件下的劳动是不同于剥削阶级社会条件下的私人劳动，也不同于社会主义初级阶段公有制条件下的个别劳动。非公有制经济的私人劳动同整个社会劳动、同公有制经济条件下的个别劳动存在着明显的矛盾关系，非公有制经济的私人劳动之间也存在着明显的矛盾关系。这些都会造成公有制经济与非公有制经济、非公有制经济内部存在着明显的利益矛盾关系。但是，尽管如此，一般来说，社会主义市场经济的基本关系只能表现为个别劳动和社会劳动的矛盾，而不表现为私人劳动和社会劳动的矛盾。

3. 社会主义市场经济基本矛盾关系及其利益关系的展开和具体表现

社会主义初级阶段公有制下的劳动，一方面在很大程度上具有联合劳动、自主劳动和直接社会性劳动的某些特点，另一方面还是不完全的联合劳动、自主劳动和直接性社会劳动，还保留分离的二重劳动的特点，这种分离劳动导致具体劳动和抽象劳动、价值和使用价值、货币与商品等商品（市场）经济矛盾关系的展开，构成社会主义初级阶段市场经济的基本关系及其利益关系的具体表现。

第一，表现为商品价值和使用价值的矛盾。由于社会需要同社会生产的矛盾同商品生产、市场经济矛盾交织在一起，因此，社会需求对商品价值与使用价值内在矛盾的统一具有决定性的意义，某种商品只有符合社会的需求，它作为使用价值才能真正成为社会的使用价值，从而才能通过交换来实现自己的价值，否则商品的价值就难以实现。在社会主义初级阶段条件下，商品作为社会劳动的成果，大体可以按照社会需要有计划地生产出来，所以它的使用价值已经开始具有直接的社会有用性，即开始成为直接社会使用价值。但是，在社会主义初级阶段条件下，劳动作为社会化劳动的同时又是个别劳动、具体劳动，从而决定在社会主义初级阶段条件下，商品还必须通过交换来接受消费者（生活消费者和生产消费者）的检验，看其是否适合需要，或在多大程度上适合需要，还需要通过市场作为中间环节把使用价值让渡出来，还必须通过价值来表现产品的劳动耗费，进行劳动补偿。因此，社会主义初级阶段条件下商品只是开始具有某些直接使用价值的属性，但还不具有完全的直接使用价值，它还必须采取价值的形式。这样，社会主义初级阶段的商品的内在矛盾仍然表现为使用价值和价值的矛盾。私有制条件下价值与使用价值具有对抗的性质。在公有制条件下，价值与使用价值这一对矛盾不具有对抗性质，但这一矛盾仍表现出一定的消极影响。比如，社会主义初级阶段商品的质量和数量还不能完全适合社会需要，还需要用价值手段来协调社会供需矛盾。这样，无论在时间上，还是在空间上，商品运动还会产生供求脱节现象，某些商品供不应求，某些商品却积压滞销、过剩。由于商品生产者和经营者具有相对独立的经济地位，特殊利益却使他们可以相对独立地决定生产条件、生产过程和产品销售，商品生产还会表现为一定的自发性。市场机制会刺激商品生产者去实行能保证较好的财务效果的短期计划，而忽略长远计划和整体利益，造成市场与计划的矛盾与对立、特殊利益与整体利益的矛盾与对立。价值与使用价值的矛盾一定会采取商品与货币的外部对立的形式，其结果会出现通货膨胀，买空卖空等商业投机活动，会出现两极分化，会出现拜金主义的倾向……以上经济关系的变化可以引起复杂的利益关系，如商品生产者、所有者、销售者、消费者之间，商品所有者与国家之间，商品生产者之间、所有者之间、销售者之间、消费者之间的利益关系，以及长远与眼前、整体与局部等复杂的利益关系。

第二，表现为社会（整体）联合劳动、局部联合劳动（国有经济企业和集体经济企业）、联合劳动成员个人劳动以及局部联合劳动、个别劳动之间的矛盾。在这里，社会（整体）联合劳动作为一极体现为社会劳动，局部联合劳动作为一极又体现为局部性社会劳动，个人劳动作为一极体现为个别劳动，从而构成了三者的纵横的矛盾关系。其中社会联合劳动和局部联合劳动之间的关系具有更重要的意义。这对关系的运动和发展同社会生产和社会需要的关系交叉在一起起作用，会带来如下经济后果：（1）只要有商品生产就会有个别劳动和社会必要劳动的差别。这样，企业和个人的劳动就有一个是否被社会承认的问题。在产品价值实现之前，消耗在产品上面的劳动就得不到社会的认可，而相对地处在"个别"劳动的地位上。如果企业或个人生产的商品不能及时地销售出去，或个别劳动消耗高于社会必要劳动，那么，企业和个人的个别劳动就不能完全转化为社会劳动，企业和个人劳动消耗就不能完全得到补偿，个别劳动消耗补偿就不能直接表现为社会必要劳动消费。由于社会必要劳动耗费和个别劳动耗费补偿之间存在矛盾，引起企业之间的竞争，个别企业赔本破产，社会生产不平衡，产品不对路、积压、滞销，社会劳动的浪费就不可避免。（2）由于社会主义初级阶段劳动的二重性，致使商品的个别价值（取决于相对独立的经济实体的具体劳动生产率）和社会价值（由整个社会中生产这种商品的社会必要抽象劳动耗费来决定）之间存在一定矛盾，这种矛盾会由于企业、个人单纯地追求本企业利润不顾社会需要而激化、表面化，企业作为独立的经济实体当然不可能准确地了解社会需要，也不能使自己的劳动直接表现为社会必要劳动。这样一来，就容易造成企业生产的一定程度的盲目性和无计划性，会使生产暂时失控，冲击计划，造成一定程度的比例失调，使社会总生产和总需要出现巨大缺口，影响国民经济协调发展，甚至会造成一定的经济困难。这样就会造成国家、集体（企业）、个人之间，集体（企业）之间，个人之间的复杂的利益关系。

第三，表现为生产的二重目的性、经济运动的二重形式和社会分配的二重关系。从公有制范围的社会劳动来看，社会生产的根本目的是为了满足人民的生活需要。从企业劳动和个人劳动来看，企业劳动和个人劳动作为个别劳动，在总目的上服从社会生产的根本目的，但是由于公有制的内在矛盾和劳动的分离性决定了企业劳动和个人劳动还具有一定的特殊目的，所以在社会主义初级阶段商品生产的目的具有两重性。从全社会来看，社会生产的目的是追求使用价值形式，这就决定了社会总的生产过程是以使用价值的形式为起点的，并以生产更多的使用价值财富作为终点。同时，由于社会并不直接参与具体的生产过程，因此，社会必须以价值的形式把各个企业的直接生产过程和流通过程联结为社会总劳动，于是社会生产的经济运动形式就表现为 W—G—W′。从企业劳动和个人劳动来看，任何企业劳动都是个别劳动，企业要想满足本企业成员的生活需求，必须首先把自己的产品投放市场，通过交换取得价值形式，然后再利用价值这个中介去换来满足个人生活需要的各种消费品。因此，企业劳动、个人劳动的目的是直接取得价值，即货币。企业、个人生产的起点是价值形式，通过创造使用价值最终取得更多的价值。于是，企业经济活动就表现为 G—W—G′。这样，社会主义初级阶段经济运行就呈现出二重性运动形式。商品生产的二重性从根本上决定了国家与集体（企业）、个人的利益矛盾关系。

在分配过程中，市场经济关系又展开为社会利益和个别利益二重分配关系，这种二重分配关系是通过国家、集体、个人三个利益层次而展开和实现的。社会生产的总目的，总的经济运动形式代表了社会利益，而企业生产的特殊目的和特殊运动形式代表了个别利益的差别性，这种差别性分别通过国家、集体、个人三个利益主体以及它们之间的利益分配比例体现出来。社会主义初级阶段总分配必须处理好社会利益和个别利益以及个别利益之间的二重矛盾关系。

第四，表现为社会主义初级阶段市场经济的计划性和盲目性的矛盾。在私有制的市场经济中，计划性和盲目性表现为个别商品生产者的有计划性和整个社会商品生产的无计划性，这种二重性表现为激烈的外部冲突，对社会经济发展发生经常性的破坏作用，使社会生产和社会需要之间产生对抗性的矛盾。社会主义初级阶段市场经济同样具有计划性和盲目性这种二重性，但这种矛盾的性质和表现形式发生了变化。（1）社会主义初级阶段公有制为主体的社会制度保证社会大体上可以按照计划来控制宏观经济，以满足人民的需要，使市场经济发展的整体计划性与企业计划性的一致成为可能。使国家计划有可能控制和纠正整个企业的盲目性生产，使社会生产和社会需要大体平衡，以实现良性循环。（2）既然存在着商品生产，就不可能完全消除商品生产的盲目性，在社会中，商品生产者仍然具有自发性的一面，但是，如果控制得好，这种盲目性就不会发展到危害社会主义市场经济发展的正常秩序的程度。如果控制得不好，甚至失控，这种盲目性就会发展到危害社会主义市场经济的正常秩序的程度，甚至会造成现实经济危机。

在社会主义初级阶段经济生活中，市场经济的计划性与盲目性的矛盾具体表现为：国家与企业的矛盾，社会宏观经济的计划性与微观生产单位的自主性的矛盾,计划控制与市场调节的矛盾,纵向管理控制与横向经济联合的矛盾,集权和分权的矛盾,等等。社会主义初级阶段市场经济的二重性对社会生活的影响也是双重、双向的:市场经济从总体上推动社会经济、政治、文化和道德的发展,起着促进历史进步的积极作用;市场经济的盲目性也会对社会经济、政治、文化和道德的发展产生一定的消极影响,激发社会生活中某些消极因素的生长,如拜金主义、利己主义,等等。以上这些因素都会影响乃至引发社会主义初级阶段复杂多变的利益关系。

一般来说,在社会主义初级阶段公有制为主体的市场经济条件下,商品生产基本矛盾的展开不会发展到对抗性冲突的地步,不会造成社会生产和社会需要之间的基本比例严重失调,也就是说,不会导致资本主义意义上的经济危机。但是,我们还应看到,社会主义初级阶段商品生产基本矛盾的展开,一方面不表现为生产的盲目无政府状态,表现为社会生产总体的一定的自觉过程,另一方面却表现为生产的一定程度的盲目性,自发性,无计划性;一方面不会导致资本主义的生产过剩、通货膨胀和经济危机,另一方面弄不好就会造成一定程度的、暂时的生产不平衡,比例失调,社会生产和社会需要缺口过大,通货膨胀,造成严重的经济困难;一方面不会造成生产者之间根本的利益冲突,另一方面又会造成不同利益主体之间的利益矛盾,如果处理不好,还会酿成暂时的、局部的、对抗性的利益冲突和危机。

第五,社会主义初级阶段商品(市场)经济运行中个别劳动和社会劳动的内在矛盾,必然进一步展开为人与人之间的根本一致基础上的利益矛盾。马克思在《资本论》及其研究手稿中，从商品包含的内在矛盾出发，分析了资本主义生产方式的全部矛盾，从而揭示了资本主义社会人与人之间对抗性的利益矛盾。马克思这一分析包含两个方面，（1）他指出一般商品交换包含着利益矛盾。在私有制商品经济中，交换双方都是从私人利益出发来进行交换，私人利益是交换行为的出发点，交换者之间的一般利益是通过交换价值表现出来的，表现为整个交换行为内容上的一般利益，这种一般利益只存在于"自身反映的特殊利益背后"。[①] 所以，私有制的商品生产表现为私人利益之间的对立，表现为私人利益和一般利益的对立。（2）他指出，在资本主义生产过程中，因为商品生产一方面反映了劳动的更为广泛的社会化，一般利益在更大范围内的扩大化；另一方面商品生产的占有又是私人的，商品生产者被分离成为利益互相对立的私人，所以，在交换行为中，形成交换双方互相排斥的个人利益，由于私有制的作用而转变成为私人利益。在阶级社会中，人们之间存在着不同的阶级利益集团，私人利益上升为阶级的私利，从而造成阶级之间根本对立的利益矛盾。在资本主义社会中，这种阶级利益的对立就表现为工人阶级及其劳动群众同所谓资产阶级国家利益的对立。当然，在资本主义社会结构中，利益矛盾是十分复杂的。在商品交换过程中，买者与卖者、生产者与消费者、交换者双方之间存在着利益矛盾；工人与工人之间由于就业竞争存在着利益矛盾；资本家之间、资本家集团之间存在着利益矛盾……在所有这些利益矛盾中，工人阶级和资产阶级之间的矛盾是资本主义利益体系中起支配作用的利益矛盾。

[①] 《马克思恩格斯全集》第46卷上，人民出版社1979年版，第196页。

在社会主义初级阶段市场经济运行中，在公有制经济中，由于生产资料归全体人民所有或部分群众集体所有，这就决定了劳动产品也归全体人民所有或部分群众集体所有，从而基本上消灭了资本家阶级对工人阶级剩余价值的剥削，扬弃了阶级对抗关系。在劳动过程中，劳动人民是直接为自己而劳动的，劳动人民之间不发生根本的利害冲突，劳动人民的根本利益是一致的。然而，社会主义初级阶段既然仍然存在着商品生产，那么一方面需要国家来作为整个共同利益的承担者，来体现商品生产社会化的要求；另一方面还必须承认商品生产者的相对独立性，这就决定了社会主义初级阶段各个经营主体之间、各个劳动者之间还存在着一定的利益差别和利益矛盾，决定了各个经营主体和劳动者个人同整个社会共同利益即国家利益之间还存在着一定的利益差别和利益矛盾。正是由于以上理由，社会主义初级阶段市场经济的个别劳动同社会劳动的矛盾在社会主义商品（市场）经济的运行过程中，表现为个别利益之间、个别利益同局部利益、整体利益之间的利益差别和利益矛盾，展开为人民内部非对抗性的利益矛盾。

由于社会主义初级阶段还存在多种经济成分，所以，社会主义初级阶段还存在与私有经济相联系的商品生产。因此，在现实社会主义初级阶段的社会中，不仅存在社会劳动和个别劳动的矛盾，而且还存在社会劳动和私人劳动的矛盾，存在着公有制经济成分与非公有制经济成分，非公有制经济成分之间，非公有制经济成分内部不同利益主体的利益矛盾关系。由于生产的私人性质，这部分私人生产通过市场调节就表现出更大的盲目性、自发性，如果缺乏必要的引导和控制，其所造成的经济恶果也更为突出，甚至还会直接酿成局部性、暂时性的经济困难现象，甚至经济危机现象，引起严重的利益矛盾。但是，这同资本主义商品经济的基本矛盾不同。因为社会主义初级阶段为主体的公有制制度可以限制和影响私人生产的消极因素和消极影响，使其不至于酿成较大的危机，危害社会主义生产的健康发展。从根本上说，不会造成阶级对立性的利益矛盾和利益冲突，当然如果丧失警惕，处理不当，也会引起激烈的对抗性的利益矛盾、冲突和动乱。

第十二章　社会主义初级阶段的利益差别和利益矛盾

一定的经济关系体现为一定的利益关系。在研究社会主义初级阶段基本经济关系及其利益关系的基础上，应当进一步研究社会主义初级阶段的利益差别和利益矛盾。人们在追逐利益、满足自身需要的生产活动中，必然发生一定的经济关系，表现为一定的利益关系。列宁认为："必须到生产关系中间去探求社会现象的根源，必须把这些现象归结为一定阶级的利益。"[①] 利益差别和利益矛盾是重要的社会现象，经济关系是利益差别和利益赖以存在和发展的最深厚的根源，社会利益关系则是社会经济关系的体现。社会主义商品（市场）经济关系体现为商品（市场）经济运行主体之间的利益差别和利益矛盾，社会主义初级阶段市场经济的基本关系表现为市场经济运行主体之间的利益差别和利益矛盾。

在阶级社会中，人们之间的利益关系表现为严重的阶级对抗。在我国社会主义制度下，剥削阶级作为一个阶级被消灭了，对抗性的阶级矛盾、阶级冲突和阶级斗争在整个社会主义社会关系中将逐步退居到次要的地位上，逐步缩小其作

---

① 《列宁全集》第1卷，人民出版社1984年版，第464页。

用的范围，直至最后消失。那么，在阶级矛盾不占主导地位的条件下，我国社会主义初级阶段还存在什么样的利益差别和利益矛盾呢？在这种状况下，在坚持阶级分析方法的前提下。怎样进一步来分析社会主义初级阶段的阶级、阶层和群体，特别是分析非阶级性的、非敌对性的利益关系和人民内部利益差别和利益矛盾呢？这是一个很重大的理论和现实问题。

一 社会主义初级阶段利益差别和利益矛盾的基本运动规律

认识社会主义初级阶段的利益差别和利益矛盾，就应当揭示它的基本运动规律及特点，这就要求我们依次说明社会主义初级阶段的利益差别和利益矛盾的存在原因、基本性质、主要类型、集中表现和重要特点等基本问题。

1. 社会主义初级阶段利益差别和利益矛盾存在的客观必然性

揭示社会主义初级阶段的利益差别和利益矛盾，必须首先说明社会主义初级阶段为什么还存在利益差别和利益矛盾：

第一，生产力发展相对落后，是社会主义初级阶段利益差别和矛盾存在的最根本的物质根源。

我国社会主义生产力发展是相对落后的，物质财富不能完全满足人民的需要，这是社会主义初级阶段利益差别和利益矛盾存在的最根本的物质原因。具体来说，首先，生产发展相对不足，社会所拥有的生活资料不够充分，无法满足人们的有支付能力的合理需要，这必然会引起人们在分配利益上的差别和矛盾。利益总是同一定的需要相联系的，可是并不是任何一种需要都构成人们的利益，只有当某种需要无法满足或不能满足时，它才能使人们产生强烈的需求冲动和利益追求，从而形成利益差别和利益矛盾。正像自然界在一切社会关系条件下都可以保证呼吸的需要得到满足一样，如果社会生产的合理的有计划的组织可以保证人们"物质需要"都得到满足，那么物质的需要将不会在人们的利益关系中造成差别和矛盾。毫无疑问的是，当目前的社会生产还无法完全满足人们的物质需要时，无法得到满足的需要就会使人们产生强烈的利益追求、利益竞争行为。社会主义初级阶段的生产力还不十分发达，社会还不能像提供空气那样向每个社会成员提供所需的生活资料，面对有限的生活需要品，人们不断增长的需求之间必然会存在竞争、差别和矛盾。其次，人的需要是不断发展、不断提高的，旧的需要满足了，新的需要就会产生，初步的需要满足了，又会产生更高层次的需要。当社会主义初级阶段生产在某种程度上满足了人们有支付能力的需要时，人们又会产生新的、更高层次的需要，这样，社会生产又显得相对落后了。因此，只要社会生产不能提供实现按需分配的物质基础，人们在分配领域就必然存在一定程度的差别和矛盾。再有，社会主义初级阶段生产力不够发达并且发展不平衡，决定了各个生产单位的自然条件和技术装备水平存在差别，从而造成生产者的收益差别，从而导致了经济利益差别和矛盾的存在。就拿自然条件的差别来说，主要表现为：（1）地理位置上的差别。在市场经济社会里，位于城市、沿海、经济发达地区等自然条件好、交通方便地区的生产者，就比位于农村、山区、内地等经济落后、自然条件差、交通闭塞地区的生产者获得更快更多的经济信息，就可以减少运费，降低成本，取得更先进的科学技术的支持，扩大出口，打开销路。（2）土地状况的差别。从农业生产上看，土地肥沃、气候适宜、灌溉设施好的地区，比起土地贫瘠、气候寒冷、缺水干旱的地区，农业的产值要高得多。（3）资源拥有的差别。资源丰富地区的生产要比资源贫乏地区的经济收入要高得多。在生产力还不够发达的情况下，人们不仅无法完全拉平上述这些差别，而且还会使这些差别长期保持相当大的距离。在社会主义市场经济中，起作用的是等量劳动交换的规律，这样，自然条件优越的生产者就会获得较高的利润，获取级差收入，这就决定了收益差别所造成利益差别和利益矛盾的存在。自然条件差别引起的经济利益差别是收益差别的第一种形式，生产单位技术装备的差别引起的经济利益的差别则是收益差别的第二个形式。即使在社会主义初级阶段公有制范围里，由于种种原因，生产单位的技术装备水平也存在着一定的差别，这种差别必然引起一定的收益差别。例如，一个使用现代化设备、现代化技术的工厂，同一个使用老式设备、落后技术的工厂相比，如果排除其他因素的影响，那么前者必然会有较高的劳动生产率，有较高的经济效益。当然，可以通过相应的经济杠杆，调节、缩小自然差别和技术设备差别所带来的收益差别，但是在社会主义初级阶段生产力发展的水平上，这类差别的存在是必然的，由此而引起的利益差别和利益矛盾也是客观存在的。

第二，社会主义初级阶段分工的性质及其所决定的劳动的社会形式，是造成社会主义初级阶段利益差别和矛盾存在的基本因素。

社会主义初级阶段劳动的分离和二重化的社会形式还存在，旧的分工残余和痕迹还存在，必然决定社会差别和不平等的存在。如管理者和被管理者、脑力劳动者同体力劳动者、领导干部同普通群众的分工，决定了他们之间存在着一定的社会差别，因而也决定了他们在利益分享上存在一定的差异。由于社会分工不同，占有和分配条件不同，由此而带来的劳动收入也不同，这样必然形成相对独立的利益主体，造成各个利益主体之间的利益摩擦和利益冲撞。比如，在社会主义初级阶段，除了由于不同的阶级、阶层和社会集团在生产资料所有关系中的地位不同、作用不同所造成的劳动成果分配的差别以外，旧式分工残余所造成的城乡差别、脑体差别、工农差别等社会差别也是利益差别和利益矛盾存在的基本原因。

第三，多种所有制结构和多种分配方式，以及不完全、不成熟的公有制和按劳分配制度，是社会主义初级阶段利益差别和矛盾存在的经济基础上的原因。

我国社会主义初级阶段的多种所有制形式和多种分配形式的存在，从经济基础上决定了利益差别和利益矛盾的存在；即便在公有制经济内部，由于公有制还是不完全的、不成熟的公有制，还存在国有经济和集体经济的区别，同一种公有制经济成分内部还存在着具有相对独立地位的经济实体，实行按劳分配的分配方式，不同公有制及其实现形式的差别和分配方式、分配形式的差别，会进一步造成劳动产品分配上的差别和矛盾，从而会造成人们之间的利益差别和利益矛盾。

如果说生产资料占有差别是利益差别和利益产生的主要原因，那么可否说在公有制、特别是国有经济内部，人们之间就不存在利益差别和利益矛盾了呢？其实，公有制仅仅决定利益差别的非阶级对抗性，并不能消灭利益差别。同时，从更长远的历史跨度来看，从人类社会发展的历史趋势来看，公有制不等于消灭个人占有制，而是真正实现更高级程度上的个人占有制。马克思在《资本论》中说道："资本主义生产由于自然过程的必然性，造成了对自身的否定。这是否定的否定。这种否定不是重新建立私有制，而是在资本主义时代的成就的基础上，也就是说，在协作和对土地及靠劳动本身生产的生产资料的共同占有的基础上，重新建立个人所有制。"① 私有制是对原始共产主义社会占有制的否定，而资本主义的社会化生产又是对自身私有制的否定，而这种否定不是重建私有制，也不是恢复原始公有制，而是在新的公有制基础上建立个人所有制。关于个人所有制的含义，理论界有两种理解：一种理解是指每个人作为联合劳动的一员对生产资料和全部生产力总和的真正占有。马克思认为，在共产主义社会，"许多生产工具应当受每一个个人支配"。② 它是"联合起来的个人对全部生产力总和的占有"。③ 在原始社会，人是受自然力支配的，人不可能真正成为生产力的主人，生产力高度发达的公有制社会才使个人成为社会生产力的主人；另一种理解是指个人对生活资料的占有和支配。在公有制的高级阶段，生产力高度发达，每个人都可以获得充分满足个人全面发展需要的社会生活资料。因此，公有制不是消灭个性，而是发展个性；不是取消个人需要，而是充分满足个人需要；不是否认个人利益，而是承认个人利益，公有制社会的个人利益不是从联合生产者共同占有生产资料的经济关系

---

① 《马克思恩格斯全集》第23卷，人民出版社1972年版，第832页。
② 《马克思恩格斯全集》第3卷，人民出版社1960年版，第76页。
③ 同上书，第77页。

中产生，而是从个人消费品的分配关系中体现出来。我认为，这两种理解都有道理，是否可以把这两种理解看成是个人所有制的两层含义。第二层次恰恰又说明了社会主义制度下利益差别存在的必然性。因为在公有制高度发展的社会中尚且存在个人利益，更何况在公有制发展不完善、多种所有制并存的社会主义阶段，不仅存在个人利益，而且个人利益之间、群体利益之间、个人利益和整体利益之间还存在一定的差别和矛盾。

第四，社会主义初级阶段的市场经济是利益差别和利益矛盾存在的体制上的原因。

社会劳动与个别劳动是社会主义初级阶段商品（市场）经济的基本矛盾，这个基本矛盾具体表现为社会利益与个别利益的差别与矛盾，表现为不同利益主体之间根本利益一致基础上的利益差别和利益矛盾。私有制条件下的市场经济矛盾反映了不同私人生产者之间根本利益的对立。在社会主义初级阶段市场经济条件下，不同公有制的实现形式之间，每个公有制企业、每个个人只能从独立的经营实体上、从经营权上、从劳动分离的特点上，来看待自己的产品，商品交换只反映了产品占有权、经营权的变化，并不表明根本的利益冲突。企业和个人只是从相对独立的身份来看待自己的特殊利益，并把自己的特殊利益从社会利益中区别出来，并不使自己的特殊利益与社会利益发生根本对立。在社会主义初级阶段市场经济条件下，还有其他性质的所有制经济成分，这些所有制之间形成的市场经济关系，也是存在重大的利益差别和矛盾的。社会主义市场经济关系体现了社会利益和个别利益的差别性，反映了不同个别利益之间的差异性，这种利益差别体现了国家、集体、个人三者之间根本利益一致基础上的差别和矛盾，表现了不同利益主体之间的根本一致基础上的利益差别和利益矛盾。

第五，劳动者本身素质和劳动能力的差别，是社会主义初级阶段利益差别和利益矛盾产生的不可忽视的主体条件。

在社会主义初级阶段按劳分配的条件下，劳动者个人生活水平的高低主要取决于劳动者个人的劳动报酬，而劳动者本身的素质和劳动能力又是决定劳动者报酬的最重要因素。在社会主义初级阶段，经济和其他社会条件使劳动者个人在接受国民教育、科学技术训练方面以及专门劳动技能的培训方面，存在着一定的差别。即使在同一训练水平条件下，劳动者个人的天然能力方面，如年龄、体力、身体的灵活性、反应的快慢、接受能力的强弱等方面，也存在一定的生理差别。而在社会主义初级阶段条件下，劳动者要凭借个人的素质和能力来获得个人的生活资料。这样，客观存在的劳动者之间个人素质和劳动能力方面的差别，就决定了劳动者个人以及劳动者集体之间利益的差别和矛盾。

第六，社会主义初级阶段的政治状况、劳动者的思想觉悟程度，是影响利益差别和利益矛盾形成和变化的政治思想原因。

社会主义初级阶段是从旧社会脱胎而来，不仅在经济上，而且在政治上、思想上、道德上还带有旧社会的胎记。社会主义初级阶段不仅在物质文明建设方面，而且在精神文明建设方面都没有达到高级的程度和水平。社会主义初级阶段政治生活中还有许多旧社会遗留下来的痕迹，比如，社会主义初级阶段民主政治的不健全，社会主义国家生活中体制弊端的存在……这些东西从政治的上层建筑的反作用方向上影响了社会主义初级阶段利益差别和利益矛盾的运动。社会主初级阶段劳动者的思想觉悟和道德水准并没有彻底消除历史的局限，比如，旧思想、旧道德、旧风俗的存在，劳动者单纯从谋生角度看待劳动的观念，都会影响已经存在的利益差别和利益矛盾的变化、发展。

以上几点都说明社会主义初级阶段存在着利益差别和利益矛盾，社会主义初级阶段利益差别、利益矛盾的存在是不以人的意志为转移的客观事实。

2. 社会主义初级阶段利益差别、矛盾的基本性质和主要类型

迄今为止的社会利益差别和利益矛盾分为两大类型：一是对抗性质的利益矛盾，它表现为两种形式，一种是私有制社会中的对立阶级性的利益差别和利益矛盾的形式，如奴隶社会、封建社会、资本主义社会的阶级利益的对立和冲突，一种是公有制社会中的非阶级性的利益差别和利益矛盾的对抗形式，如原始社会原始部落之间的利益对立和冲突；二是非对抗性质的利益差别和利益矛盾，它表现为消灭了阶级对立的社会经济基础，但还存在旧的分工残余的社会中的根本一致基础上的非对抗性质的利益差别和利益矛盾。社会主义初级阶段建立了公有制为主体的经济基础，消灭了阶级对抗性利益差别和利益矛盾存在的基础，但是还残留着旧的分工残余，还存在着一定的阶级差别和社会差别，因而社会主义初级阶段还存在着非对抗性的利益差别和利益矛盾，体现在人与人之间的关系上，主要表现为人民内部的利益差别和利益矛盾。当然，非对抗性的利益差别和利益矛盾并不排除个别、局部对抗现象的存在。

社会主义初级阶段的利益差别和利益矛盾，包括由社会主义初级阶段分工及其劳动性质、社会主义所有制关系等社

会主义因素所决定的非阶级对抗性质的利益差别和利益矛盾，同时也包括私有制残余、旧的社会分工残余等因素所决定的利益差别和利益矛盾，这部分利益差别和利益矛盾有些是对抗性质的，有些则不是对抗性质的，如现存的敌对分子、各种反社会主义分子的利益同人民群众利益之间的矛盾，就属于对抗性的利益矛盾。社会主义初级阶段利益差别和矛盾，反映在人与人之间的关系上，就形成了人民内部的利益矛盾。社会主义初级阶段的利益差别和利益矛盾是就利益矛盾产生的客观原因和基本社会属性而言的，人民内部的利益矛盾主要是就利益矛盾在人与人关系上的表现，就人与人之间的矛盾的具体性质划分而言的。在社会主义初级阶段条件下，利益差别和利益矛盾是社会主义初级阶段一切矛盾关系存在、发展、激化和解决的总根源。

3. 社会主义初级阶段利益差别和利益矛盾的集中表现和运动特点

社会主义初级阶段劳动的内在分离性，社会主义初级阶段所有制关系，社会主义初级阶段市场经济的基本关系，决定了社会主义初级阶段利益差别和利益矛盾集中表现为共同利益同特殊利益的矛盾。

从整个人类历史发展的过去、现在和将来来看，社会利益的发展大体经过三个历史阶段：根本利益一致，根本利益对立，根本利益一致。迄今为止，社会利益的发展已经经历两个大的历史阶段：根本利益一致、根本利益对立。在原始共产主义社会，生产资料公有，人们共同劳动、共同消费，社会集团利益同该集团内的每个人的利益都是一致的，人们之间没有根本的利益冲突。因此，原始共同体的集体利益表现为决定性的利益，个人利益为社会利益所包容，个人利益的独立性几乎被完全淹没在整个共同体的共同利益之中,共同利益是至高无上的。在部落集团内部人们的根本利益是一致的。私有制出现后,社会分裂为阶级,形成了根本对立的利益集团,产生了脱离共同利益的私人特殊利益;从此,私人利益和私人利益之间、私人利益和群体利益之间、群体利益和群体利益之间,产生了根本对立的利益矛盾,使人们之间形成了基于利益对立的利害关系。统治阶级把一己的阶级私利普遍化,美化成社会共同利益,同劳动人民的正当利益相对立,共同利益同个人利益分裂为根本对立的利益。随着社会主义制度的建立,消灭了人与人之间的剥削压迫关系,劳动群众的利益从根本上说是一致的,但在我国社会主义初级阶段还存在共同利益和特殊利益的差别和矛盾。人们之间存在着一定的利益差别和利益矛盾。社会主义初级阶段的利益差别和利益矛盾同私有制社会利益矛盾存在着性质上的区别,社会主义初级阶段的利益差别和利益矛盾是根本利益一致基础上的差别和矛盾,而私有制社会利益矛盾是根本利益对立基础上的差别和矛盾。恩格斯说:"在共产主义社会里,人和人的利益并不是彼此对立的,而是一致的。"[1] 又说,在共产主义社会里,人们"利益的共同已经成为基本原则"。[2] 只有到了共产主义社会,实现了单一的公有制,利益差别才会在新的基础上统一起来、融合起来,上升到根本利益一致的阶段。在社会主义社会形态,特别是作为社会主义初级阶段的社会形态里,并没有达到共产主义社会意义上的根本利益一致,而是一种过渡性的状态。

---

[1] 《马克思恩格斯全集》第2卷,人民出版社1957年版,第605页。
[2] 同上书,第609页。

从利益差别和利益矛盾来看，无论是利益个体之间的矛盾，还是利益群体的矛盾，无论是纵向的利益矛盾，还是横向的利益矛盾，都紧紧围绕着社会共同利益和特殊利益这对矛盾主线展开。个人特殊利益、群体特殊利益之间所存在的矛盾，都要受整个社会的共同利益和特殊利益矛盾关系的制约，其理由在于：（1）社会共同利益是社会特殊利益相互作用的结果，无数具体的特殊利益之间的相互作用才形成共同的社会利益。社会共同利益同社会特殊利益构成了社会利益体系的基本主干关系。（2）任何个别的、特殊的利益都是整个共同利益的一部分，其作用机制都受共同利益的制约和影响。比如，当整个民族面临危机的时刻，民族内部的特殊利益之间的矛盾就会暂时相对地缓和一些，受制于整个民族的共同利益。（3）个别的、特殊的利益之间的横向矛盾的存在、发展和解决，要受到特殊利益和共同利益的存在、发展和解决的影响和制约。譬如，在资本主义国家里，资本家之间的私人利益矛盾要服从于资本家私人的特殊利益同资本家共同体的国家利益的矛盾。（4）共同利益同特殊利益的矛盾可以分别在利益实现的各个层次上存在。在一个工厂内部存在特殊利益和共同利益的矛盾，在比工厂高一个层次的联合公司内部也存在特殊利益（工厂利益）和共同利益（联合公司利益）的矛盾……总之，特殊利益和共同利益的矛盾作为利益矛盾的普遍形式，贯穿社会利益关系的各个层次、各个领域。

在我国社会主义制度下，消除了私人利益之间的阶级性的对抗矛盾关系，社会共同利益在客观上成为绝大多数社会个别利益主体共同追求的目标，社会的发展正是通过每个社会成员的创造性活动来实现的。社会主义公有制为主体的经济制度的建立,使国家可以从总体上利用利益的杠杆作用,激发劳动者的积极性,这样一来,社会共同利益如何在劳动人民中间分配,个别利益如何服从整体利益,国家如何考虑到特殊利益的需求,就成为最突出的问题了。共同利益和特殊利益之间的非对抗性矛盾关系,在社会主义初级阶段的利益差别和利益矛盾中表现得就更为突出、更为集中了。共同利益同特殊利益的矛盾具体体现为这样几对利益矛盾关系:

(1)长远利益和眼前利益的关系。具体来说,这对矛盾是由生产和需要的矛盾关系引发的。生产和需要是对立统一的,生产的目的是为了满足人民的需要,要满足人民不断增长的需要就必须发展生产,而要发展生产就不能分光吃光,要有比例地限制人民眼前的需要,适当地扩大再生产。这样,发展生产和满足人民需要之间就存在一定矛盾,这个矛盾突出反映在积累和消费的比例关系上。只顾消费就无法扩大再生产,消费者只能坐吃山空;只顾积累就会损害消费者的利益,影响他们的积极性,长远地说,积累也就成为无源之水。只有适当解决积累和消费的比例关系,才能解决好生产和需要的矛盾,通过适当的积累来发展生产,生产发展了就可以提高人民的需要水平。消费比例适当扩大,又会促进生产的发展。如果我们鼠目寸光,只顾眼前痛快,吃光花光,就会断送人民群众的长远利益。如果只顾生产,忽视人民需要,一味积累,轻视消费,势必影响人民群众的积极性。相对于集体和个人来说,国家代表了共同利益,反映了人民群众的长远利益,相对于个人来说,集体代表了本单位的共同利益和长远利益。因此,国家既要坚持根本利益,又要照顾到群众的眼前利益,使群众从眼前利益中看到未来的长远利益。社会主义初级阶段共同利益和特殊利益矛盾关系必然表现为长远利益和眼前利益的矛盾关系。

(2) 整体利益和局部（个别）利益的关系。共同利益即是指某个社会共同体（企业、民族、阶层、阶级、国家）内全体成员的整体利益、全局利益，该共同体的任何部分的利益、任何成员个人的利益都是局部的利益，局部（个别）利益也就是特殊的个人利益和集体利益。相对于集体和个人来说，国家代表了整体的、全局的利益，相对于个人来说，集体又代表了整体的、全局的利益，整体利益和局部（个别）利益的矛盾，集中反映在个人、集体和国家三者利益关系上。在社会主义初级阶段公有制的经济关系内部，企业和国家二者的关系是整体利益和局部利益矛盾关系的主线。国家是全体人民根本利益的集中代表，是全局、整体利益的体现者，企业作为国家经济生活的细胞是局部，处于从属整体的地位。企业作为国家整体的一部分，必须从国家的全局出发，完成国家交给的任务。企业作为相对独立的经济实体，又必须具有自己相对的独立性，充分发挥自己的积极性，局部不活，全局也难活。整个共同利益和特殊利益的关系具体表现为整体利益与局部（个别）利益的矛盾关系。当我们偏重全局而忽略局部时，压抑了企业的积极性，全局也受到损害；当我们强调局部利益而忽略全局利益时，局部利益的发展就可能损害全局的整体利益和长远利益。

(3) 既得利益和将来利益的关系。任何过去已经得到的、现在已经实现的利益都是既得利益，任何必须经过逐步努力以后才能实现的利益就是将来利益。既得利益和将来利益既是统一的，又是矛盾的。统一的方面在于，既得利益是将来利益的基础和前提，将来利益的实现和完成又是以既得利益为历史前提的，离开既得利益的将来利益是不存在的。当人们实现了将来利益时,将来利益就转化为人们的既得利益。在阶级社会中,既得利益与将来利益表现为严重的分离,既得利益与将来利益的矛盾表现为对抗性的阶级矛盾。在社会主义初级阶段的具体条件下,人民群众的根本利益是一致的,这就决定了人民的既得利益同将来利益是一致的,但是由于社会主义初级阶段的具体利益差别和不同利益群体的存在,既得利益和将来利益也存在一定的分离和矛盾,具体表现为:有些群众为了既得利益而忽视了将来利益;一些领导为了群众的将来利益而忽视了群众的既得利益;少数搞特权的官僚主义领导者通过权力谋取到不合理的特殊利益,这就同人民群众的根本利益、长远利益发生矛盾。共同利益和特殊利益的矛盾关系必然集中表现为既得利益和将来利益的矛盾关系。

在社会主义初级阶段条件下,利益关系集中表现为共同利益和特殊利益的矛盾。那么,利益关系的基本特点是什么呢?首先是根本利益的一致性。社会主义根本制度就决定了社会生产的根本目的是满足人们日益增长的物质和文化生活的需要,尽管人们之间存在着一定的利益差别和利益矛盾,但根本利益是一致的。其次是利益矛盾的非阶级对抗性。在社会主义初级阶段,一般来说,利益矛盾是非阶级对抗性质的矛盾。再有就是利益差别和利益矛盾存在的长期性。在整个社会主义初级阶段,社会分工及劳动的社会形式所造成的社会差别长期存在,社会利益差别和利益矛盾也必然长期存在。最后是利益差别和利益矛盾通过协调可以得到解决。既然社会主义初级阶段的利益差别和利益矛盾是根本利益一致基础上的非对抗性利益差别和矛盾关系,那么,它们之间的差别和矛盾完全可以通过协调的办法,而不是通过一方消灭另一方的办法来解决。

二 社会主义初级阶段社会经济生活中的利益主体及其差别和矛盾

研究社会主义初级阶段的利益差别和利益矛盾,要着重研究社会主义初级阶段经济生活中的利益主体及其利益差别和矛盾。

第一,要考察利益主体在利益关系中的地位和作用,分析各个利益主体之间的关系,从中找出规律性的东西来。不同形式、不同内容、不同功能、不同性质的利益之间的关系,必然要通过利益主体来传递,必然表现为利益主体之间的差别和矛盾关系。研究利益差别和利益矛盾,必须要研究利益主体的逐利动因、谋利活动以及利益主体在利益竞争中的相互关系。

第二,利益主体分为利益个体和利益群体,要进一步考察利益群体在利益差别和利益矛盾中的地位和作用,分析不同的利益群体之间的差别和矛盾,从中找出规律性的东西来。不同的利益群体具有不同的甚至相互矛盾的利益要求,不同利益群体之间的差别和矛盾是社会利益差别和矛盾的主线。在社会主义初级阶段,剥削阶级作为阶级已经不存在了,阶级矛盾居于次要的地位,如何认识社会不同利益群体之间的差别和矛盾,就具有极其重要的现实意义。对于利益群体及其群际矛盾的分析放在下一章。

第三,集中考察利益主体、尤其是利益群体在社会主义初级阶段经济生活中所发生的利益差别和利益矛盾。经济生活是一切社会生活的基础,经济关系是一切社会关系的前提,经济利益是社会利益体系中具有决定性意义的利益,因此,研究社会主义初级阶段利益差别和利益矛盾，重点是研究经济生活中利益主体、尤其是利益群体之间的经济利益差别和利益矛盾。可以从经济关系（静态方面）和经济运行（动态方面），来具体探讨社会利益主体之间的经济利益差别和利益矛盾。

1. 社会主义初级阶段经济关系中的利益主体及其差别和矛盾

关于社会主义初级阶段经济关系中利益主体之间的利益差别和利益矛盾问题，我们可以从纵向和横向两个作用方向上来分析。利益是一个具有多层次、多领域、多功能、多类型的社会范畴。各类社会利益主体之间不仅发生横向联系，而且还发生纵向联系，这些不同的利益主体互相作用、互相影响、互相制约，形成了一个纵横交错的主体网络式的利益差别和矛盾关系，个人、群体和国家构成利益的纵向差别和矛盾关系，利益主体之间构成利益的横向差别和矛盾关系。

（1）利益主体的纵向差别和矛盾关系。

在社会主义制度下，个人、集体、国家构成了社会主义初级阶段利益主体的纵向差别和矛盾关系。个人是个人利益的主体，可以从不同的角度来划定个人利益：从所有制角度可以划分为国有经济企业的职工个人利益，集体经济企业的职工个人利益，农村集体经济的农民个人利益，其他经济形式企业的职工个人利益；从劳动方式、职业分工角度可以分为体力劳动者的个人利益，脑力劳动者的个人利益，教师的个人利益，政府工作人员的个人利益；从就业角度可以划分为就业人员的个人利益，下岗人员的个人利益，离退休人员的个人利益，等等。群体是群体共同利益的主体，家庭、企业、行政事业单位、地区、社会集团、阶层、阶级、民族都是一定的利益共同体。家庭往往不仅是一个消费单位，而且也是一个从事生产和其他经营的单位（如集体所有制的个体户、专业户、承包户，等等）；家庭是经济利益和消费利益的主体，家庭利益直接影响家庭成员的个人利益。此外，在社会生活中，家庭还具有独特的社会生活需要方面所引起的利益关系，例如，由婚姻、遗产所引起的利益关系。在社会主义市场经济中，企业群体利益是联结个人利益和国家利益的中间纽带，是个人和国家经济利益关系的中介。也可以从不同的角度来划分企业群体经济利益：国有经济企业的共同群体利益；集体经济农业单位的共同群体利益；国有经济内部不同生产部门的共同群体利益。某个行政事业单位、某个地区也都有自己相对独立的共同利益。不同的社会集团、不同的阶层、不同的阶级、不同的民族，也都有自己共同的群体利益。如知识分子阶层的共同利益、农民阶级的共同利益、工人阶级的共同利益，等等。在社会经济生活中，企业（包括国有经济和集体经济的企业）是市场经济中具有相对独立地位的经济实体，它是社会主义初级阶段经济生活的基本细胞，是最有意义的经济利益群体。它具有比个人利益和家庭利益更高一个层次的经济利益，具有比社会单位、地区、阶层、阶级和民族都更为明确的经济利益，所以，我们在分析纵向利益关系中群体这个环节时，重点是研究企业这个利益主体。国家是整个社会公民共同利益的追求者、承担者、代表者和体现者，国家不仅代表了个人和集体的局部的、暂时的利益，而且还代表了全体社会成员的整体利益和长远利益。从纵向利益矛盾关系来看，在社会主义初级阶段经济生活中，个人、集体和国家这三个经济利益主体之间，构成了根本一致基础上的经济利益差别和矛盾关系。

（2）利益主体的横向差别和矛盾关系。

个人之间，群体（民族、阶级、阶层、地区、企业、部门、单位）之间，由于种种社会历史原因，都存在着一定的社会差别，首先是经济差别，也就必然存在横向的利益差别和矛盾关系。譬如，社会主义初级阶段公有制企业内部的管理者同劳动者之间，工程技术人员同体力劳动者之间，体力劳动者之间，不同工作岗位上的职工之间（干部同普通工人，脑力劳动者同体力劳动者，军人、教师、文艺工作者、体育工作者、医生、护士、服务人员、商店营业员等不同职业的职工之间），都因收入不同，经济地位、经济待遇的差别，而存在一定的经济利益差别和矛盾。在社会主义国家内部，各民族之间、各地区之间都会因经济发展条件的差别，而产生一定的经济差别和矛盾。工人阶级、农民阶级和知识分子阶层之间，各个企业、不同的社会分工部门和单位之间，也会因经济条件和经济环境的不同、经济收益的不同，而存在一定的经济利益差别和经济利益矛盾。

2. 社会主义初级阶段经济运行中的利益主体及其差别和矛盾关系

社会主义初级阶段经济生活的动态过程就是社会主义初级阶段市场经济的运行过程。对社会主义初级阶段利益主体的研究，不能仅仅停留在对社会主义初级阶段市场经济的静态研究，必须对社会主义初级阶段市场经济运行的各个层次、各个环节进行动态研究。对社会主义初级阶段市场经济运行的研究，不能仅仅停留在对社会主义初级阶段市场经济运行微观、中观和宏观这几个层次以及对生产、交换、分配和消费这一系列环节的描述性研究上，还必须对运行中的利益主体的相互关系加以深入的研究。只有解决了谁在运行、谁在生产、谁在交换、谁在分配、谁在消费,"谁"在经济生活各个层次、各个环节上的相互关系,才能认识活生生的现实经济生活中复杂的利益矛盾。实际上,经济运行中所呈现出来的纷繁的经济关系现象,正是社会主义初级阶段市场经济生活中的利益主体之间差别和矛盾关系的外在表现。

就作为主体的公有制国有经济范围来看,在微观、中观和宏观三个层次上的利益主体是:国家、地方政府("块块")、专业管理部门("条条",如铁路系统、邮电系统、航空系统等专业管理部门)、企业(包括职工)。国家是宏观经济层次运行的主体,同时也是宏观经济层次的利益主体,肩负着进行宏观经济调控的重任,代表和体现了全体人民的整体利益和根本利益。地方政府和专业管理部门(在我国的具体条件下,专业管理部门又分别隶属于中央政府和地方政府,但它又具有一定的相对独立性)是中观经济层次运行的主体,同时也是中观经济运行的利益主体,肩负着中观经济调节的任务,代表和体现了中观范围的局部群体利益。企业是微观经济运行的主体,同时也是微观经济运行的利益主体,代表和体现了企业的局部利益,是社会主义市场经济运行的细胞。国家、地方政府、专业管理部门、企业共同构成了社会主义初级阶段市场经济运行的宏观、中观和微观三个层次上的利益主体关系。在整个社会主义初级阶段市场经济运行的三个层次上,作为微观经济单位的企业,是宏观和中观经济运行的基础,企业自身相对独立的经济利益的存在是国家宏观控制能够发挥作用的最基本前提,是社会主义初级阶段市场经济运行的活力所在。在这里,关键是使企业真正具有相对独立的经济利益。要使企业具有相对独立的经济利益,必须承认企业之间的经济利益差别：（1）承认企业之间因劳动技能和劳动强度所引起的经济利益差别；（2）承认企业之间因经营效果而引起的经济利益差别；（3）承认企业之间因积累能力差别所引起的经济利益差别；（4）承认企业在市场经济运作过程中所引起的经济利益差别。水的落差产生动能，利益差异会激发起企业的积极性，只有承认企业之间利益差别的客观存在，通过利益刺激调动企业的积极性，企业才能搞活，企业活了，整个宏观经济运行也就活了。

在市场经济动态过程的生产、交换、分配、消费四个环节上运行的公有制经济的利益主体，分别是国家、地方政府、专业管理部门，企业和劳动者个人。国家是总生产、总交换、总分配、总消费四个环节上的组织者、计划者、调节者，代表了这个层次上总的生产利益、交换利益、分配利益和消费利益，它决定总供给与总需求、总积累与总消费、总生产与总交换、总产品与总分配的合理比例。地方政府和专业生产管理部门，是"块块"和"条条"这个层次上的局部的生产利益、交换利益、分配利益和消费利益的代表和体现者，它在服从总的国家计划控制的范围内，决定本地区、本行业、本部门的各项比例关系。企业是社会主义市场经济运行中相对独立的经济实体，是社会总生产、总交换、总分配、总消费的基本单位，是整个社会主义初级阶段市场经济运行的细胞，是本企业集体利益的代表。个人是社会生产的最终劳动提供者和社会经济生活的最终消费者，是个人利益的主体。在商品生产和商品交换这个不断循环的运动中，利益主体总会在一定阶段上交换或同时处于生产者、销售者、购买者和消费者的地位上。只要社会主义市场经济存在，价值规律必然就要起作用，价值规律使得商品生产者、所有者、交换者和消费者之间存在着利益竞争、利益差别和利益矛盾。非公有制经济成分的利益主体与公有制经济成分的利益主体，以及非公有制经济成分利益主体之间，在市场经济的生产、交换、分配、消费各环节也都存在复杂的利益差别和矛盾。

社会主义初级阶段市场经济运行的各个层次上的利益主体构成了纵向和横向的利益主体关系，纵向和横向的利益主体关系构成了完整的经济运行中的利益主体关系结构。社会主义初级阶段市场经济运行中的利益主体关系是社会主义市场经济条件下的不同经济成分及其不同实现形式的各个企业利益差异关系，根本利益的一致构成了社会主义初级阶段市场经济运行的前提条件，利益差异所决定的利益竞争构成了社会主义市场经济运行中的各个利益主体追求利益的动力。由于各个利益主体在市场经济关系和市场经济运行中所处的地位不同，它们之间有着一定的经济差别，所以，各个利益主体在运行中也必然执行着不同的功能，有着自己相对独特的运行目的，从而产生自己独特的利益追求活动，形成市场经济运行中的各个利益主体之间的利益差别和矛盾。

个人在利益追求中重视个人利益的实现，"条条"、"块块"在利益追求中重视本系统、本地区、本行业利益的实现，企业（包括非公有制企业）在利益追求活动中重视本企业利益的实现。如果国家对中观和微观市场经济运行引导不够，控制不合适，必然造成总生产和总需求的失调，中观和微观层次上生产的盲目性会强化各个利益主体之间的差异，引起更尖锐的利益矛盾。如果国家控制过死，总积累太高，势必挫伤各个利益主体的积极性，加大国家同其他利益主体之间的矛盾。

个人、"条条"、"块块"、企业、国家各个利益主体在生产、交换、分配和消费的各个环节上,不仅表现为纵向的矛盾关系,而且还表现为横向的错综复杂的矛盾关系。地方和地方之间,各生产部门和各生产部门之间,企业(公有制、非公有制)之间,国有经济企业和集体经济企业之间以及同非公有制企业之间,劳动者个人之间,都存在着利益矛盾;这些利益矛盾主体在经济运行的各个环节上分别担负着生产者、销售者、购买者和消费者的身份时,也必然产生复杂的利益矛盾。譬如生产生产资料的企业是生产原料的购买者和消费者,同生产和销售生产原料的企业之间存在一定的利益关系,生产生产资料的企业是生产资料的生产者和销售者,同时又是生活资料的购买者和消费者,同作为生活资料的生产者和销售者的企业之间存在一定的利益差别和矛盾关系,这种利益差别和矛盾关系会由于复杂的社会环境条件而形成一定的利益差异,产生一定的利益矛盾。

社会主义初级阶段市场经济条件下为主体的公有制经济内部存在着经济利益差别和矛盾。公有经济与非公有经济的企业之间,各个利益群体与各个利益群体之间,各个利益个人之间;非公有制经济的不同所有制形式的企业之间,它们与国家之间、与下属企业之间、与劳动者个人之间,都存在着一定的利益差别和利益矛盾,特别是私营企业之间、私营企业与劳动者个人之间,存在着更为严重的利益差别和利益矛盾。

3. 社会主义初级阶段市场经济利益关系的内在差别和矛盾

社会主义初级阶段市场经济关系和市场经济运行中的各种利益主体之间构成了完整的市场经济利益关系体系,经济利益关系体系内部存在着总体上是非对抗性的利益差别和利益矛盾。具体来说，社会主义初级阶段市场经济利益的内在差别和矛盾是由利益主体的经济利益的实现条件、实现方式、实现时间和实现程度的差别而引起的。

（1）利益实现条件和实现方式上的差别，决定了社会主义初级阶段市场经济利益关系的内在差别和矛盾。社会分工所造成的重大社会差别，生产资料所有制的差别，社会主义市场经济运行的自然条件、社会条件、科学技术条件的差别、个人劳动能力和劳动者素质的差别，等等，这些经济利益实现条件的差别引起了社会主义初级阶段市场经济利益关系体系的内在差别和矛盾。按劳分配是社会占主导地位的分配方式，此外还存在按生产要素分配、按需分配和其他非按劳分配性质的分配方式，分配方式的多样性也势必引起经济利益实现方式上的差别。譬如，按劳分配方式决定个人经济利益是通过个人劳动收入来实现，按资分配方式决定个人经济利益是通过投资所占资产比例的形式来形成，按知分配方式决定个人经济利益是通过个人的知识拥有状况的形式来形成的，按需分配决定个人经济利益是通过社会福利保障形式来实现，其他非劳动性质分配方式决定个人经济利益通过非劳动收入来实现。各种利益分配方式的实现形式不同，必然在整个国民经济收入总量上造成"你多我就少，你少我就多"的差别关系。即使是都采取按劳分配的方式，由于按劳分配本身还承认事实上的不平等，同时按劳分配的具体形式又是多种多样的，有计时工资形式、计件工资形式、奖金形式，等等，这同样也决定社会经济利益在实现方式上的差别和矛盾。

（2）利益实现时间和实现程度上的差别，决定了初级阶段市场经济利益关系体系的内在差别和矛盾。实现时间上的差别表现为,"两种经济利益有可能不同时实现"。譬如,社会主义最终目的是使全体劳动者共同富裕,但在劳动者致富的过程中,可以允许一部分人先富起来,这种实现时间上的差异,再加上社会经济因素的变动,必然造成经济利益实现量上的差异,产生一定的利益矛盾。实现程度上的差异表现为,"两种经济利益不可能在同等程度上的实现"。具体地说,表现为:两种利益,一种利益的实现要以牺牲另一种利益的实现为前提条件;两种利益,一种利益实现的量大,另一种利益实现的量就少,一种利益实现量的增长,是以另一种利益实现量的减少为前提条件的。譬如,某生产单位当年的总收入总量已定,上交国家多,企业和个人收入就少,上交国家少,企业和个人收入就多;扣除国家获益部分,企业留成多,个人获益就少,企业留成少,个人获益就多;扣除企业留成之后,这个人获益多一些,那个人获益就少一些。经济利益实现程度上的差别,必然引起一定的利益矛盾。

三 社会主义初级阶段利益差别和利益矛盾的协调

社会主义制度的建立,为人们正确地认识和自觉地调整利益差别和利益矛盾提供了可能性。社会主义制度的主要优越性恰恰在于,社会主义能够不通过残酷的阶级斗争,而通过能反映各阶级、各阶层、各群体的根本利益要求的协调来解决社会财富的分配问题。社会主义的政治和经济制度为社会利益协调提供了根本的制度保证,正是社会主义制度的保障,才形成了初级阶段的社会主义的利益协调制度和协调机制。

第一，利益协调必须依靠适当的经济协调制度。

社会主义制度的基本性质从根本上决定了必须依靠适当的生产资料的所有制及其具体实现体制，依靠分配制度及其具体实现形式来解决社会利益的协调问题。只有建立适合生产力发展要求，适合调动不同利益群体积极性的社会主义初级阶段以公有制为主体、多种所有制并存的具体结构和形式，建立以按劳分配为主体的多种分配形式并存的合理的分配制度，才能从根本上调动劳动者的积极性，协调好不同利益群体之间的利益差别和利益矛盾。在建立了适当的社会主义初级阶段的经济制度和体制，实行按劳分配为主的多种分配方式的基础上，必须兼顾个人、集体、国家三者的利益，协调好个人利益与社会利益之间的关系，才能激发人们的积极性，推进社会生产力的发展。当然，发挥好经济协调制度的作用，还必须运用各种经济手段、经济政策，照顾好各方的合理利益，调动好各个利益群体的积极性。

第二，利益协调必须有政治协调制度作保障。

政治是经济的集中表现，它反映了经济关系中各阶级、各群体、各利益个人的根本利益。运用政治体制和政治手段协调各群体间的利益关系，是社会主义初级阶段国家机器和政治制度的主要职能之一。在社会主义初级阶段条件下，各个利益群体及其劳动者的利益同社会利益既相一致又相矛盾，社会主义国家必须正确处理好这种利益矛盾。能否在社会主义初级阶段生产力还不够发达的情况下，协调好各阶级、阶层和各利益群体之间的利益关系，使利益矛盾不至于激化并导致利益冲突，是社会主义初级阶段能否有一个良好的安定环境、顺利向前发展的重要前提，也是能否迅速发展生产力、不断满足全体人民日益增长的物质文化需要的关键。这就需要社会主义国家充分发挥政治上的民主，通过民主政体的反作用来调节不同利益群体的关系，调动各个利益群体的积极性。这就需要社会主义国家充分了解各利益主体的特殊利益，统筹兼顾，制定正确的政治路线和政策，使各利益集团的眼前利益和长远利益、特殊利益和共同利益有机地结合起来。只有这样，才能充分调动全体人民的积极性，促进社会主义事业蓬勃发展。当然，政治制度的协调还需要有相应的政治路线、方针政策和措施的配合。

第三，利益协调还必须发挥法律协调制度的作用。

社会主义初级阶段的利益主体是极其复杂的，不仅有阶级、阶层这些大的利益群体，还有小的利益群体，如各种企事业单位，还有作为利益个体的私营经济所有者和个体劳动者个人，等等，它们都有自己的特殊利益，它们也必然发生这样或那样错综复杂的利益关系；这些利益关系固然要通过政治和国家政权来加以协调，但毕竟又不能完全通过政治或国家政权来直接加以调整和解决。面对多样的、多层次的利益群体体系，必须具有多样的协调机制，这样才能使社会维持在一定的秩序之内，避免不必要的利益纷争。法律作为社会行为的规范，作为调整人们之间相互关系的比较定型的、基本的行为规则，可以有效地直接协调阶级、阶层和各个利益群体、利益个体之间的利益矛盾关系。社会主义初级阶段法律是以工人阶级为领导的全体人民共同意志的反映，它真正体现了整个社会的利益。因此，社会主义初级阶段法律能够有效地协调全体人民的利益差别与矛盾，保证全体人民的利益得以实现。法律的协调还需要行政手段的支持。

第四，利益协调还必须充分发挥道德协调的作用。

道德与法律的相同之处在于它们同属社会的上层建筑，都是人们的行为规范，都具有对人们的行为加以约束或鼓励、指导，以此协调人们的利益关系的作用。只不过法律对人们行为的约束具有强制性，要求人们非依法行事不可，道德则是引导人们自觉自愿地去这样做或那样做。因此，在协调社会主义初级阶段利益差别和矛盾时，道德和法律可以互相补充，以达到相得益彰的效果。在私有制社会中，道德作为法律的补充剂和政治的加强剂，主要是维护统治阶级利益的，它不可能真正协调根本对立的利益关系。只有消灭了私有制，个人利益和社会利益消除了对抗性的矛盾，集体主义的道德原则和社会主义的道德规范才能充分发挥其协调利益关系的功能，协调个人与个人、个人与社会的利益关系和利益矛盾。因此，在社会主义初级阶段，道德建设在社会主义现代化建设中具有极其重要的作用，社会主义初级阶段道德具有协调社会主义初级阶段利益矛盾的重要社会功能。

总之，社会主义初级阶段利益差别和利益矛盾的存在是客观的，只要我们认识社会主义初级阶段利益主体的多样性，按照社会主义初级阶段利益差别和利益矛盾的客观规律办事，通过发展生产、建立适当的利益调节制度来解决利益差别和利益矛盾，以满足不断增长的社会需要，就可以使社会主义本身充分发挥应有的生机与活力。

第十三章 社会主义初级阶段的利益群体及其群际矛盾

在社会主义初级阶段市场经济条件下,在科学划分社会主义初级阶段的阶级、阶层,科学认识新的社会阶层的前提下,正确划分初级阶段的利益群体,认清市场经济条件下利益群体之间的差别与矛盾,是认识和处理社会主义初级阶段利益差别和利益矛盾,构建社会主义和谐社会的关键。

一 社会主义初级阶段利益群体及其划分标准

从理论上说,阶级矛盾已经不是社会主义初级阶段的主要矛盾了,只有在坚持阶级分析的前提下,正确认识社会主义初级阶段的利益群体及其关系,妥善协调初级阶段的利益差别和利益矛盾,才能充分发挥利益的动力作用,调动各个利益群体的积极性。从实践上看,1956年完成社会主义"三大改造"以后的一段时间里,由于受到"左"的错误路线的干扰,曾一度错误地把人民内部利益矛盾当作阶级矛盾,混淆了两类不同性质的矛盾,挫伤了广大人民群众建设社会主义的积极性。十一届三中全会以来,在邓小平同志的主持下,恢复了实事求是的思想路线，拨乱反正，坚持正确处理人民内部矛盾的理论，妥善地处理了人民内部各类矛盾，调动了广大人民群众的积极性。在今天的新形势下，在坚持工人阶级、农民阶级、知识分子是工人阶级一部分的科学划分，在坚持科学认识新的社会阶层的前提下，按照马克思主义唯物主义历史观和阶级分析方法，按照社会主义初级阶段利益群体划分理论，正确划分社会主义初级阶段利益群体，制定适当的政策和策略，科学认识群际差别和矛盾，调动各方面的积极性，对于构建和谐社会是十分必要的。

什么是社会主义初级阶段利益群体呢？社会主义初级阶段利益群体就是社会主义初级阶段社会各成员通过社会主义初级阶段社会经济关系，在相对共同的利益基础上所形成的利益共同体。各个利益群体之间存在着一定的利益差别和矛盾，各群体的成员具有相对一致的利益目标和价值观念。社会主义初级阶段利益群体的存在、发展、分化和重新组合是受社会主义初级阶段经济关系制约的，同时又受社会主义初级阶段复杂的社会历史因素，如民族因素、心理因素、地域因素、传统因素等多种因素的影响。正是由于社会主义初级阶段所有制关系的原因、社会主义初级阶段分工及劳动的社会形式的原因以及其他复杂的社会历史因素，从根本上决定了社会主义初级阶段利益差别和利益矛盾的存在，这种利益差别和利益矛盾的存在从客观上决定不同利益群体存在的历史必然，决定了社会主义初级阶段利益群体划分的标准。

社会主义初级阶段必然存在具有一定利益差别的利益群体，那么以什么标准来划分利益群体呢？

（1）以生产资料占有关系来界定利益群体的基本属性。在社会主义初级阶段条件下，马克思主义的以生产资料所有制来划分阶级的理论,仍然具有方法论的意义。人们在社会主义初级阶段生产资料的所有关系中地位不同,起的作用不同,决定了人们分别属于不同的经济利益群体。在社会主义初级阶段条件下,以公有制为主体的多种经济成分并存的所有制关系,不同性质的经济成分之间存在着重大差别,在公有制内部存在着国有经济与集体经济的差别,同一经济成分企业存在着所有权与经营权的分离,不同企业之间存在着相对独立性而带来的差别,在同一种经济成分之中还存在着不同的所有制实现形式之间的差别,这些所有制关系的特点决定了与不同的所有制及其实现形式相结合的社会成员分别属于具有一定的利益差异的不同的利益群体,决定不同的生产单位是具有相对独立的经济利益群体。因此,从所有制关系出发,是进行利益群体分析的大前提。

(2)从社会主义初级阶段分配关系以及其他经济关系出发来划分利益群体。在社会主义初级阶段条件下,人们之间的利益差别突出反映在分配问题上,分配的方式和形式不同,利益实现方式不同,收入不同,同样也决定存在一定经济差别的不同利益群体的存在。在社会主义初级阶段条件下,存在以按劳分配为主体的多种分配形式并存的分配格局,从而决定了不同利益群体的分配差别。例如,按照按劳分配原则来实现个人劳动收入的群体,同按照其他分配方式如按资分配、按经营分配、按生产要素分配来实现个人收入的群体就构成了不同的利益群体,即使同一种分配形式之间,人们也会存在一定的利益差别,决定不同利益群体的存在。不仅分配关系,而且人们在生产、交换和消费等各个经济活动的具体环节所发生的关系,也同样决定不同利益群体的存在。譬如在生产过程中,人们可以划分为管理者群体、工程技术人员群体、商品销售者群体；在交换过程中可以划分为商品生产者群体、商品销售者群体和商品购买者群体……

（3）在坚持从经济关系出发来划分利益群体的前提下，也可以适当考虑按职业分工的不同，根据经济和其他社会原因所造成的社会地位的差别来划分利益群体。相同的或相近的职业分工，会带来大体差不多的经济利益和政治利益，从而形成共同的利益群体。

总之，必须坚持从人们的社会经济关系中对生产资料的占有不同、起的作用不同、产品的所有不同、所处地位不同这些基本的经济关系出发，同时考虑其他社会因素的影响，来作为划分利益群体的标准。关于社会主义初级阶段利益群体的基本划分标准表明，不同的利益群体具有不同的利益要求，不同的利益群体之间存在着一定的利益差别和利益矛盾。

二　社会主义初级阶段存在不同利益群体的具体原因

社会主义初级阶段市场经济条件下人民内部的利益关系主要是由不同的利益群体之间的群际关系所构成的。在我国社会主义发展的初级阶段，在人民内部，在工人阶级、农民阶级、工人阶级中的知识分子阶层存在的前提下，在阶级、阶层之间以及阶级、阶层内部，客观上存在着不同的利益群体，存在着不同利益群体之间的利益差异和价值评价差异，存在着不同利益群体之间的摩擦和冲突，存在着复杂的各类利益群体构成的利益结构。社会主义初级阶段为什么会存在复杂多样的利益群体呢？

（1）社会主义初级阶段生产力发展相对落后，社会的物质财富和精神财富相对匮乏，还不能很好地满足人民日益增长的物质文化生活的需要，这样一来，有限的社会物质财富和精神财富在人民群众中间的分配就有可能形成较大的差距，这是社会主义初级阶段存在不同利益群体的最根本的物质原因。

（2）大量旧社会的残余物和旧痕迹的存在，是社会主义初级阶段存在不同利益群体的广泛的社会基础。处于初级阶段的社会主义，是刚刚从旧社会脱胎出来的社会，同时在国际、国内复杂的环境中，与阶级剥削社会保持着错综复杂的社会联系，其自身带有大量旧社会遗留下来的残存物和痕迹。旧式分工所造成的重大社会差别还存在，阶级和阶层差别还存在，社会成员还因旧式分工的限制而被固定在相对独立的职业上，旧的思想道德因素还大量存在，这些旧社会的残余因素及其影响，是社会主义初级阶段存在复杂多样的利益群体的社会历史基础。譬如，由旧式分工所造成的城乡、工农和脑体劳动之间差别的存在，决定了城市居民和农村居民、工人阶级和农民阶级、体力劳动者和脑力劳动者这些不同利益群体的存在；个体劳动者、私营企业主等，就其性质来说是带有旧社会痕迹的，也构成了社会主义初级阶段的利益群体。甚至由于社会主义初级阶段旧的残余因素所孕育出来的新的犯罪分子，反动的剥削阶级分子和其他反社会主义分子，在某些条件下，也可能会形成对抗性质的、敌对的利益群体。社会主义初级阶段的分工把人们固定在相对固定的职业上，使人们在利益群体体系中所处的地位不同，所享受的物质产品和精神产品的数量也不同，同样也会形成不同的利益群体。个人劳动素质和体力不同，也同样会造成不同的利益群体，如歌唱者、艺术家等利益群体，这是具有特殊从业技艺的劳动者群体。再如，工人阶级中由于技术水平的不同，也会形成技术工人和非技术工人的利益差别。

（3）多层次的所有制结构和多样化的分配方式，以及复杂的市场经济关系，是社会主义初级阶段不同利益群体存在的最直接的经济根源。社会主义初级阶段的市场经济关系从根源上决定了社会主义初级阶段复杂的利益群体关系。社会主义初级阶段以公有制为主体的、多种经济形式并存的所有制格局，以按劳分配为主体的、多种分配方式并存的分配格局，决定了不同利益群体的存在、形成、演变和发展，决定了错综复杂的利益群体格局。

以上是社会主义初级阶段利益群体存在的主要原因，当然还有更为广泛的社会原因，这里不多赘述。

三 社会主义初级阶段的基本利益群体构成

在承认工人阶级、农民阶级，工人阶级中的知识分子阶层的大的阶级群体划分的基本前提下，社会主义初级阶段的利益群体构成可以这样来划分：

（1）按社会分工所造成的明显社会差别来划分：城市居民利益群体，农村居民利益群体；体力劳动者利益群体，脑力劳动者利益群体（知识分子利益群体），等等。

（2）由生产资料结合方式的根本不同所造成的阶级差别来划分：工人阶级利益群体，农民阶级利益群体；在工人阶级内部还有知识分子阶层利益群体，私营经济所有者利益群体，个体经济所有者利益群体。

（3）按所有制性质和实现形式的不同来划分：国有经济职工利益群体，集体经济职工利益群体，乡镇企业职工利益群体，个体劳动者利益群体，私人经济职工利益群体，混合经济职工利益群体，股份制经济职工利益群体，股份合作制经济职工利益群体。此外，还有个体所有者利益群体，私营企业经营者利益群体，外资企业管理者利益群体。

（4）按在市场经济中具有相对独立地位的企业来划分：工厂、商店、各类公司员工等利益群体。

（5）按分配形式的不同来划分：国家公务员、事业单位职工等工资分配形式利益群体，劳动合同制职工分配形式利益群体，承包经营分配形式利益群体，租赁经营分配形式利益群体，家庭联产承包分配形式利益群体，私营企业的雇主利益群体和雇员利益群体，承包企业的经营者利益群体和生产者利益群体，等等。

（6）按社会职业以及人们在社会经济活动中的地位不同来划分：工人利益群体，农民利益群体，个体工商业者利益群体，工程技术人员利益群体，医务人员利益群体，教师利益群体，私营企业管理者利益群体，农业生产者利益群体，亦工亦农人员利益群体，国家工作人员利益群体，公有制企业管理者利益群体，等等。

（7）按社会主义市场经济关系造成的群体形式来划分：生产者利益群体，销售者利益群体，消费者利益群体，等等。

（8）按收入状况和贫富差距来划分：我国人口众多，各地区、各阶级、阶层群体和个人收入逐渐拉开档次，贫富程度也出现较大的差别，社会地位上也存在明显的差别，具有不同的利益倾向，从而形成不同的利益群体。从收入差别、贫富差距上可以划分为高收入型利益群体，相对富裕型利益群体，小康型利益群体，温饱型利益群体，贫困型利益群体。高收入型主要指有上百万、上千万，乃至超亿元资产的社会群体，根据国家统计局抽样调查、典型调查和相关资料测算，目前收入最高的群体主要有具有杰出贡献的科技人员、个体户、私营企业主、企业承包人、租赁经营者，以及走红的歌星、影星、体育明星等文化、艺术、体育、媒体界人士。相对富裕型是指拥有几十万资产、过着相对优裕生活的社会群体，有自己的住房、汽车，可以供孩子上大学，可以外出休假，例如，外资企业的经理人、私营企业的经理人等高工资收入者，高收入的个体工商户，具有行业优势的工程技术人员，效益好的公有制企业的企业家等。小康型指有数万家产、生活小康的社会群体，例如，在城市靠工资收入的教师、国家干部、一般知识分子、效益好的企业工人，等等。维持温饱型指家庭人均收入在几百元、生活基本上能够解决温饱的群体，我国城市的许多物质劳动者、农村的许多农民劳动人口都属于这个群体。生活贫困型主要指在贫困线以下、连温饱也不能正常维持的社会群体。

以上关于社会主义初级阶段利益群体的划分很广泛，也很分散。总体来看，社会主义初级阶段的基本利益群体，大体上是这几个大的构成成分：

（1）工人阶级中的物质生产者利益群体。广义的工人阶级应当包括从事物质生产的工人，在公有制企业、国家机关等从事管理的领导以及从事管理、文教、科技等工作的知识分子三部分。这里的工人阶级物质生产者利益群体是指直接从事第一线生产劳动的那部分工人阶级。包括国有经济工人、集体经济工人，混合所有制、股份制、合作制、股份合作制、联营企业工人，私营企业工人、个体企业工人这几种类型群体。物质生产者利益群体按社会分工和职业划分，有工业、交通运输、基建、商业、服务、农林牧渔业等专业利益群体。

（2）农民阶级利益群体。农民占全国人口的绝大多数，并且大多数是实行家庭联产承包责任制的劳动成员。如果按分工和职业来划分,农民阶级内部还可划分为:直接从事农业劳动的实行家庭联产承包责任制的农民群体,逐步从农民阶级中分化出来的、开始加入工人阶级队伍的亦工亦农、离土不离乡的农民—工人群体,进城务工的农民工群体,亦农亦商的农民群体。还有农民阶级中的乡镇企业家群体、农村基层政权管理者群体。

(3) 知识分子利益群体。我国知识分子属于工人阶级的一部分,是专门从事脑力劳动,从事管理、科学、技术、文教等工作,具有一定知识的工人阶级的组成部分,如科技人员、教育工作者、党和国家机关工作人员,等等。

(4) 社会领导者和企业管理者利益群体。在社会主义初级阶段,在各级党政机关里的领导者,公有制企业的厂长、经理、负责人,虽然也都属于工人阶级一部分,许多属于工人阶级中知识分子阶层这部分。但是由于他们所担负社会工作的重要性、工作岗位的特殊性以及他们在社会政治、经济中所处的社会地位和所负的社会责任不同于一般工人、农民和知识分子,所以他们也形成了一个特定的利益群体,如党和国家机关领导者利益群体,公有制经济企业家利益群体,等等。社会领导者和企业管理者利益群体具有双重性,首先,他们是代表了国家利益和集体利益的利益群体,在他们作为国家利益和集体利益代表时,他们不应掺杂有任何个人利益;其次,当他们作为谋取个人生活资料的劳动者时,他们具有本群体特殊的利益要求。在实践上,应当从制度上把社会领导者和管理者的国家利益代表的身份同个人利益的主体身份明确区别开来。

(5) 个体劳动者利益群体。从目前来看,这个阶层人员构成比较复杂，政治地位比较低，但经济收入都高于一般国有经济和党和国家机关的职工收入。

（6）私有经济所有者——经营者利益群体。在社会主义初级阶段，允许一定的私有经济存在，这就必然存在私有经济的雇主和经营者利益群体。既然存在私人经济成分，雇主和经营者的收入中就包含有一部分工人剩余劳动所创造的价值，雇主和雇工、经营者和劳动者之间存在着事实上的雇佣关系。社会主义初级阶段的私营经济雇主和经营者构成一个特殊的利益群体。

（7）外资企业、私营企业经理人、代理人、管理者利益群体。改革开放以来，我国引进大量外资，在外资企业中，代理人、经理人、管理者形成了一个特殊的利益群体。私营企业中的代理人、经理人、管理者也形成了一个特殊的利益群体。

四　社会主义初级阶段利益群体格局的基本特征

在社会主义初级阶段市场经济条件下，各个利益群体在根本利益一致的基础上，存在着不可忽视的差别和矛盾，这就构成了社会主义初级阶段市场经济条件下利益群体格局的重要特征。

（1）过渡性。目前我国正处于计划经济体制向市场经济体制交替过渡的改革时期，随着我国经济结构和政治结构的变化，原有的利益结构发生了相应的变化，利益格局正处于一个急剧变化、重新组合的过渡时期。譬如，企业家（管理者）群体、个体劳动者群体逐渐成为利益关系结构的重要成员；私有经济雇主群体已经在利益结构体系中占据一定的位置，许多知识分子充实到各级领导岗位，使社会领导者和企业管理者群体增添了新鲜的血液……原有的建立在旧体制上的利益关系结构，不利于利益动力作用的发挥，不利于调动各方积极性。目前利益关系结构的分化和组合，将逐步会过渡形成最优组合的利益格局，以便充分发挥利益的动力作用。

（2）多样性。社会主义初级阶段市场经济条件下的利益格局突出表现为利益群体意识和群体行为多样性的特点。所谓群体利益意识，就是受群体利益刺激而形成的不同的利益群体对社会生活各个方面的心理反应。群体利益意识应当包括利益情欲、利益关心和利益认识。复杂的利益关系格局决定了群体利益意识的多样性：首先，渴望实现社会主义现代化建设，拥护社会主义改革开放，是各个利益群体的共同意向。其次，各个利益群体存在着不同的利益追求心理和逐利行为。最后，各个不同的利益群体存在着严重的利益分配攀比心理和攀比行为。由于不同的利益群体有不同的利益追求动机，而追求较高的利益又是每一个利益群体的共同心理，于是在利益竞争中就会产生利益攀比。利益攀比有两种类型：一种是积极攀比，通过正常的竞争，激起更高的干劲和积极性；二是消极攀比，即静止地看待不同利益群体在利益结构中的地位，比高不比低，不看长远利益，只看眼前利益，只比金钱不比贡献，从而产生一种心理错觉，认为只有自己这个群体收入最低、最不合理。一定的利益意识必然导致一定的利益行为趋向。所谓利益行为趋向，就是指由作为心理动机的利益意识所驱动的人的逐利行为的取向。不同的利益群体具有不同的利益趋向，不同的利益趋向使得存在一定差异的利益群体之间产生群际间的摩擦、冲突和矛盾，从而形成复杂的群际关系和群际矛盾。譬如，工农产品差距引起的工农两大群体之间的利益矛盾，私营企业中的雇主和雇工两个群体的利益矛盾，企业家和管理者群体同职工群体之间的利益矛盾，社会领导者同普通群众之间的利益矛盾，等等。多样性的利益意识决定了利益行为趋向的多样化。

（3）差别性。群际矛盾大量地、经常地发生在分配领域，集中表现为群众收入上的差距，表现为收入差别所引起的利益矛盾。适当地拉开不同利益群体的利益差别，形成承认不同利益差别、利用合理的利益差别来刺激不同利益群体的积极性的利益结构，是有利于调动积极性的。然而，不适当地、人为地、过于悬殊地拉开不同利益群体的利益差别，使利益群体的分化和组合向着扩大矛盾的方向发展，就会加剧利益矛盾，使利益矛盾激化。例如，在我国改革过程中，传统的经济模式已被打破，新的体制又尚未形成，社会呈现出一些扭曲和过于复杂的经济利益关系。在分配领域，一方面，平均主义的"大锅饭"继续存在；另一方面，某些不合理的非劳动收入又有所膨胀。比如，利用市场机制不健全、国家宏观控制不完善的漏洞，用行贿、以权谋私，假、冒、骗等手段和各种非法途径获取高收入。这样就会使社会利益关系出现许多扭曲的现象，扭曲的利益关系使群际利益关系紧张，乃至爆发利益矛盾和冲突。在市场经济发展过程中，分配差别拉大，收入差别拉大，贫富差别拉大可能会成为一个突出的社会问题。

（4）突出性。社会主义初级阶段生产力落后，市场经济不发达，物质财富不丰富，用于人们需求的物质生活资料显得极为紧张，如果再加上具体分配政策不十分合理，这就会使人民内部的物质利益矛盾显得格外突出和尖锐。

（5）明显性。在社会主义初级阶段，利益群体呈复杂化的格局，群体之间界限分明，利益群体的群体利益要求十分明确，群际矛盾十分明朗。例如，在我国，知识分子具有明确的建立社会主义民主政体的政治意向，具有改善本利益群体生活待遇和工作条件的强烈要求；普通职工群众的注意力则更多地集中在工资、物价和福利待遇的物质利益要求上。

（6）集中性。社会主义初级阶段的利益矛盾往往集中通过干群矛盾表现出来。在社会利益冲突时，相当一部分群众的意见指向、冲突对象都是所在地区和单位的直接领导，利益矛盾相当集中地表现为领导同群众的矛盾。

（7）紧张性。利益关系的紧张化会引起一定的矛盾冲突。利益矛盾常常以直接冲突的形式表现出来，如果处理不当，可能会引起一定的社会动乱。在社会主义初级阶段，利益关系的紧张化往往表现为面对面的直接性冲突。如，一些群众会因为对就业问题、下岗问题，对住房、工资、物价等各方面的待遇不满，而采取停工、罢课、集体上访、游行示威、冲击政府等直接形式的对抗；一些群众之间会因为财产纠纷、资产分配、土地使用等问题，爆发激烈的纠纷和暴力冲突。如果对这类问题缺乏警惕，处理不当，就有可能酿成更大的社会动乱，影响社会主义的政局稳定。

五 社会主义初级阶段群际矛盾大量地表现为人民内部的利益矛盾

社会主义初级阶段利益群体的群际矛盾必然通过人际间的摩擦、冲突、纠纷而表现出来，除了敌对性质的群际矛盾以外，大量地经常地表现为人民内部的利益矛盾。人民内部矛盾是我国社会目前阶段人际关系上的主要矛盾,而人民内部的利益矛盾又是人民内部其他诸矛盾产生的总根源。

1. 利益矛盾是人民内部矛盾产生、变化的物质经济根源

在《关于正确处理人民内部矛盾的问题》中,毛泽东同志除了着重谈到人民内部在政治思想上的矛盾以及解决这些矛盾的办法以外,还特别谈到各种利益矛盾。但是,由于当时历史条件的局限,在论述人民内部矛盾时,他对着重从经济根源上分析人民内部矛盾产生的社会原因重视不够。社会主义市场经济体制改革实践证明,只有从物质经济根源上,即从物质经济利益根源上对人民内部矛盾进行深刻的、正确的分析,才能正确认识和处理人民内部矛盾问题。也就是说,利益矛盾是人民内部其他诸矛盾产生的物质经济根源,制约、影响着人民内部其他诸矛盾的发展、变化。

在社会主义初级阶段,特别是在社会主义市场经济体制的改革过程中,现实的社会经济政治状况决定了在人民内部存在着复杂多样的利益矛盾。

第一,社会主义初级阶段市场经济不发达,生产力发展相对落后,造成人们生活资料的相对匮乏,加之分配不合理,就会使人民在分配领域的利益矛盾突出出来。我国是在经济发展相对落后的物质基础上建立起来的初级阶段的社会主义国家,物质生产基础条件落后,生产出来的供人民消费的物质生活资料有限,满足不了人们的需要;而获得政治解放和经济解放的劳动人民,在物质生活条件和精神生活条件上则迫切需要获得较大的转变和改善。在这种状况下,如果分配不甚合理,就很容易使得人民内部的利益矛盾格外突出。

第二,在社会主义初级阶段,多样的所有制经济成分决

定了人民内部利益矛盾的复杂性。在社会主义初级阶段，不仅存在公有制经济成分，还存在个体所有制经济、私营经济成分以及其他形式的经济成分，如混合所有制、中外合资企业、股份制企业，等等。多样化的所有制成分决定人民内部利益矛盾的复杂化。比如，公有制单位劳动群众同个体劳动者以及私有经济经营者、雇主之间的利益矛盾；私营企业雇主同雇工的利益矛盾；个体经济经营者、私有经济经营者同广大消费群众之间的利益矛盾，等等。在社会主义条件下，个体经济的经营生产是以劳动者自己的劳动为基础的，他们的经营活动不带有剥削性质，个体经济的存在是社会主义初级阶段经济的组成部分。一般来说，个体工商业者同公有制企业的劳动者之间是非对抗性的利益矛盾，但是，个体经济仍然是带有小私有性质的经济成分，它的生产资料和劳动产品归劳动者私人所有，个体经济体现了个体劳动者的私人利益，同社会主义国家利益存在一定的利益矛盾。在社会主义初级阶段，私营经济的存在和发展，有利于促进生产、活跃市场、扩大就业，更好地满足人民多方面的生活要求，是社会主义初级阶段经济的组成部分。但是必须看到，私营经济的存在和发展必然具有消极的一面。首先，私营经济的劳动有雇佣性特点，雇主与雇员是一种雇佣劳动的关系，雇主占有雇工的剩余劳动。其次，既然是私人性质的经济成分，就有可能受利润的驱使去从事投机活动，牟取暴利，冲击市场，损害社会主义的整体、长远的经济利益。在私营经济内部，存在着雇工和雇主之间的利益矛盾；在私营经济之间，存在着私营经济同私营经济的利益矛盾；在私营经济和国有经济之间，私营经济与其他形式的经济之间也存在着利益矛盾。

第三，社会主义初级阶段经济利益实现形式的复杂化，进一步加剧了社会主义初级阶段人民内部的利益矛盾。社会主义初级阶段多种形式的所有制结构,决定了社会主义初级阶段分配形式的多样化。按劳分配是社会主义初级阶段的主要分配形式,另外还有非按劳分配的形式,如以社会福利基金形式实现的社会分配,以非劳动收入形式实现的经营收入,如按生产要素分配的收入,等等。这就决定了国家、集体、个人三者之间存在一定的利益矛盾,决定了不同收入者之间存在着一定的利益矛盾,决定了雇主和雇工之间存在着一定的利益矛盾。社会主义初级阶段分配形式的多样化,决定了经济利益实现形式的复杂化,从而使社会主义初级阶段人民内部的利益矛盾趋于更加复杂化。

第四,在社会主义初级阶段市场经济复杂的经济关系背后、在人民内部,隐藏着错综复杂的经济利益矛盾。譬如,在社会主义初级阶段,作为主体的公有制经济和作为组成部分的非公有经济并存的经济格局,决定了初级阶段市场经济关系反映在人民内部关系上,存在着两种不同的利益矛盾。在初级阶段市场经济关系中,公有制经济成分的社会劳动同个人劳动的矛盾关系,与私有制经济成分的社会劳动同私人劳动的矛盾关系交织在一起,这两种矛盾关系的交叉决定了社会主义初级阶段人民内部矛盾的极其复杂性。再譬如,社会主义市场经济在资源分配方面、市场分割方面,商品生产者之间、商品生产者同流通环节的经营者之间,以及它们同直接消费者之间,都存在错综复杂的利益矛盾,这些也决定了复杂多样的人民内部矛盾的存在及变化。

第五,在社会主义初级阶段,旧的经济基础残余的存在,旧的上层建筑残余的存在和旧的社会势力的存在,使得人民内部的利益矛盾往往同敌我性质的利益矛盾交织在一起,这就决定了社会主义初级阶段的利益矛盾的尖锐性。在社会主义初级阶段，还存在旧的经济基础和上层建筑残余，有些旧社会的残余从反作用力的方向上强化和加剧了社会主义初级阶段的利益矛盾，使非对抗性利益矛盾有可能转化成对抗性利益矛盾。同时，由于历史的、现实的和国际条件下的种种原因，还存在着敌、特、反分子以及新生的敌对分子，这些人所代表的是旧剥削阶级和反社会主义势力的少数人的私利，同人民是敌我性质的对抗性的利益矛盾，这种对抗性的利益矛盾有时表现为激烈的阶级斗争。在社会主义初级阶段，人民内部的利益矛盾同上述敌我性质的利益矛盾交织在一起，势必增加人民内部利益矛盾的尖锐性、复杂性，增加正确区别和处理人民内部矛盾问题的难度。

第六，社会主义初级阶段不成熟、不完全的经济基础的具体形式，不完善的、存在某些弊端的上层建筑具体形式，致使社会主义初级阶段人民内部利益矛盾更为突出。在社会主义初级阶段，社会主义公有制还是不完全的公有制，社会主义公有制内部还存在国有经济和集体经济的差别和矛盾，还必须承认经济实体的相对独立性。社会主义初级阶段市场经济的相对落后和发展不平衡，又使得国有经济企业同集体所有制企业、企业与企业之间，因生产条件不同、地区经济环境不同，而在生产资料占有上、销售条件上、职工素质上、企业创利环境上存在着极大的差别，这些差别致使本来已经存在的利益矛盾更为突出、更为尖锐。从上层建筑对经济基础的反作用来看，初级阶段上层建筑的不成熟，尤其是上层建筑政治领域所表现出来的一些弊端和缺陷，强化了本来就已经很突出的利益矛盾。譬如，当官僚主义严重损害群众利益时，由于社会主义民主政体不健全，群众不可能立即去加以有效的制止，人民内部矛盾就可能会转化成激烈的利益冲突。

第七，社会主义初级阶段文化、道德发展的相对落后，加重了社会主义初级阶段本来就存在的人民内部的利益差别和矛盾。在我国社会主义初级阶段，人们的思想文化素质、道德素质还不高，文化道德发展的相对落后与分配领域内突出的利益矛盾相左，使得人民内部的利益矛盾愈加尖锐。

总之，社会主义制度确立以后，由于我国社会主义初级阶段复杂深刻的经济、政治、文化、道德等原因，决定了在社会主义现阶段各个不同利益群体之间，不仅存在个别、特殊利益之间的矛盾，还存在个别、特殊利益同社会共同利益之间的矛盾。人民内部的利益矛盾是人民内部矛盾产生的根源和发展变化的焦点。

2. 人民内部利益矛盾的地位、表现、性质和特点

人民内部矛盾是一个由许多矛盾构成的复杂系统：有民族之间的矛盾，地区之间、集体之间、单位之间的矛盾；工人阶级内部的矛盾，农民阶级内部的矛盾，知识分子内部的矛盾，个体劳动者和私营经济经营者内部的矛盾；工人阶级同农民及其他劳动阶级之间的矛盾，工人阶级、农民阶级和其他劳动阶级同私营经济经营者之间的矛盾；执政党、人民政府同人民群众之间的矛盾，领导同群众之间的矛盾，上级同下级之间的矛盾，党与非党之间的矛盾，党内的各种矛盾，以及国家、集体、个人之间的利益矛盾，个人之间、各个利益群体之间的利益矛盾……这些矛盾分别在经济、政治、意识形态等领域表现出来，其中人民内部的利益矛盾是一切人民内部矛盾产生、存在、发展、激化和解决的物质经济根源，

是制约其他各类矛盾发展的主导性矛盾。

在我国，社会主义制度的建立，虽然消灭了对抗性阶级利益矛盾存在的社会制度基础，但它还保留有一些旧的生产关系的残余，还有旧的分工存在，特别是在社会主义发展的初级阶段还存在着多种所有制经济成分，因而在人民内部还存在着一般来说是非阶级对抗性的利益矛盾。当然，在社会主义的初级阶段，旧社会残余的存在、反社会主义分子的存在，使得在社会主义内部也还存在一定范围内的敌对性质的利益矛盾，然而这种敌对性质的利益矛盾不占主导地位。

无论是阶级社会，还是社会主义社会，都存在着利益矛盾，然而我国社会主义初级阶段的人民内部利益矛盾却有不同的特点。

首先，利益矛盾的性质不同。阶级剥削社会的利益矛盾是阶级对抗性质的矛盾，社会主义初级阶段人民内部利益矛盾是根本利益一致基础上的非阶级对抗性质的矛盾。根本利益一致指的是，社会主义初级阶段劳动人民的每个成员都具有占有生产资料的同等地位，靠自己的劳动活动来实现自身的利益，劳动人民群众之间没有根本对立的利益矛盾，却有着共同的根本利益要求和利益源泉，存在的只是人民内部的利益矛盾。在社会主义初级阶段的私有经济内部，雇主和雇员之间的利益矛盾也与旧社会剥削阶级同被剥削阶级之间的敌对性质的利益矛盾不同，它受到社会主义法制的制约，在一般情况下，也属于人民内部的非敌对性质的利益矛盾。社会主义初级阶段人民内部利益的根本一致性决定了人民内部利益矛盾的非对抗性，所谓利益矛盾的非对抗性是指这样一种性质，即组成矛盾的利益双方均不以根本否定对方和完全排斥对方作为印证和实现自身利益的必要条件。也就是说，矛盾具有非对抗性,这是从根本上和从总的趋势上来说的,这并不排斥利益矛盾双方发生局部和暂时对抗冲突的可能性。

其次,利益矛盾表现的领域不同。在阶级剥削社会中,利益矛盾在生产领域就突出地表现出来。在资本主义的生产过程中,资本家利用占据的生产资料所有权和支配权,剥夺和占有劳动者的劳动成果,而劳动者的劳动量与其物质利益的实现量成反比,这表明资本主义社会的利益矛盾在生产过程中就体现出来。社会主义基本上消灭了劳动剥削、阶级对立的社会基础,在生产领域里劳动者首先是为自己劳动,是为了直接实现自身的利益以及与自身利益息息相关的整体利益,劳动者之间、劳动者和管理者之间不存在阶级对立的利益关系。但由于按劳分配关系造成了事实上分配的不平等,造成了生活资料和消费资料分配上的差别,使得社会主义初级阶段劳动者之间的利益矛盾突出反映在分配问题上。

再次,利益矛盾的解决办法也不同。社会主义初级阶段人民内部利益矛盾的非阶级对抗性质决定了利益矛盾的解决办法,既不能以改变社会主义现行经济制度为前提,又不能以改变现行政治制度为条件,同时也不能采取消灭、否定矛盾中的任何一方为前提。一句话,不能最终以社会革命的办法,以暴力斗争夺取政权的办法来解决。社会主义初级阶段人民内部的利益矛盾只能经过社会主义制度本身的自我完善和自我改革,通过建立适当的经济和政治体制,通过发展生产力的办法来解决;通过社会主义制度,利用经济手段、思想政治工作,开展批评和自我批评,以利益调整、利益协调的办法来解决。

在现实生活中,人民内部利益矛盾在我国社会主义初级阶段的人际关系上具体表现为:

第一，全体劳动者同部分劳动者、这一部分劳动者同那一部分劳动者以及劳动者个人之间的利益矛盾。国家利益代表全体劳动者的利益，企业、群体利益代表部分劳动者的利益，国家利益同群体利益的矛盾直接表现为全体劳动者同部分劳动者的矛盾。不同企业、不同群体作为这一部分劳动者和那一部分劳动者的代表，它们各自要求增加本群体的利益，于是群体利益之间的矛盾就直接表现为这一部分劳动者同那一部分劳动者的矛盾。在社会主义初级阶段条件下，必须承认和尊重劳动者的个人利益，这样劳动者个人之间就会因利益差异而产生利益矛盾。

第二，领导者、管理者同普通群众之间的利益矛盾。社会主义初级阶段党和政府的各级领导和管理人员、各个经济单位的领导人员、经营管理人员，是国家利益、集体利益的代表，他们通过行使各级政权和各个经济组织的管理权和经营权，掌握着国家和集体的利益取向。这样，人民内部的利益矛盾就表现为上一个层次的领导者、管理者同下一个层次的领导者和管理者之间的利益矛盾，表现为不同层次的领导者和管理者之间的利益矛盾，不同层次的领导者、管理者同直接劳动者群众个人、普通群众个人之间的利益矛盾。领导者和管理者同劳动群众之间的利益矛盾有两层含义：第一层含义是，领导者和管理者不是作为个人利益的主体，而是作为国家、集体利益的代表同普通群众发生矛盾关系，这时领导者和管理者之间，他们同劳动群众之间的利益关系，就是国家利益、集体利益和个人利益三者之间的矛盾体现。第二层含义是，作为社会分工，领导者和管理者群体也有自身的特殊个别利益，他们作为特殊利益的主体同劳动群众之间发生的矛盾，实际上是特殊利益之间的矛盾。例如，当个别领导人把不合理的个人利益要求强加给整体利益时，就会同群众利益发生矛盾，也会同坚持整体利益的领导发生利益矛盾。

第三，私有经济经营者、个体经济经营者同国家领导者、管理者以及劳动者之间的利益矛盾，私有经济、个体经济劳动者同国有经济、集体经济劳动者之间的利益矛盾，私有经济经营者、个体经济经营者之间的利益矛盾。在社会主义条件下，私有经济、个体经济同社会主义初级阶段的国有经济、集体经济是两种性质不同的经济成分，这就使得国有经济、集体经济的领导者、管理者及其代表的劳动群众和私有经济经营者、个体经济经营者之间存在一定的利益差别。由于国有经济、集体经济同私营经济、个体经济的劳动者在收入分配上也有一定的差距，使得这两部分劳动群众之间也存在一定的利益矛盾。由于市场经济的规律在起作用，不同的私有经济经营者、不同的个体经济经营者之间、私有经济经营者同个体经济经营者之间也都存在一定的利益矛盾。另一方面，私有经济和个体经济是社会主义初级阶段经济关系的组成部分，其经营者也是普通公民，作为普通公民也会同国家领导者、管理者存在着一定的利益矛盾。

第四，正在进行的社会主义市场经济体制改革，使人民内部利益矛盾又出现了一些新情况。首先，社会主义市场经济体制改革一方面繁荣了社会主义经济，另一方面又使人民内部的利益矛盾更加明显。比如，大力推进国有企业改革，把企业推向市场，一方面调动了企业的积极性，使企业之间发生了广泛的横向经济联系；另一方面又使得社会经济关系趋于复杂化，有可能促使企业更多地注重自身的效益，使生产和分配领域内的利益矛盾更突出、更复杂。又如，由于逐步培育了各类市场，利用市场机制进行经济调节，一方面搞活了社会主义经济，另一方面又使得社会主义的市场关系复杂化、矛盾多重化。其次，社会主义经济体制改革，提出了政治体制改革的任务，使政治生活中的各种关系和矛盾明朗化、突出化了。比如，如何处理党政关系、政企关系、中央同地方关系，等等。再次，社会主义市场经济体制改革深刻地改变了人们的思想观念，改变了社会人际关系结构，使得人民内部的人际关系更为复杂化、多层次化。总之，社会主义市场经济体制改革所带来的社会生活的深刻变化，赋予人民内部利益矛盾以新的内容和形式。

在复杂的国际国内因素的综合作用下，人民内部利益矛盾同敌我利益矛盾、同一定范围内的阶级斗争常常交叉在一起，使人民内部利益矛盾表现出错综复杂的状况。

3. 人民内部利益矛盾的主要协调对策和措施

正确处理好人民内部的利益矛盾，首先要分析矛盾的性质，分清哪些是属于人民内部性质的利益矛盾，哪些是属于敌我性质的利益矛盾，然后根据人民内部利益矛盾的性质，正确处理好人民内部的利益矛盾。

毛泽东同志在《关于正确处理人民内部矛盾的问题》中提出要用经济办法来处理人民内部利益矛盾。邓小平同志在1979年指出："我们必须按照统筹兼顾的原则来调节各种利益的相互关系。如果相反，违反集体利益而追求个人利益，违反整体利益而追求局部利益，违反长远利益而追求暂时利益，那末，结果势必两头都受损失。"[①] 经济办法是解决人民内部利益矛盾最主要、最基本的方法，以"对个人利益的关心"原则为基础，"统筹兼顾、全面安排"是解决人民内部利益矛

[①] 《邓小平文选》第2卷，人民出版社1994年版，第175—176页。

盾的两个最基本原则。

"对个人利益的关心"是正确协调人民内部利益矛盾的一个重要原则。列宁曾明确地指出，人民群众"同个人利益结合，能够提高生产"。社会主义建设"不能直接凭热情，而要……靠个人利益，靠同个人利益的结合，靠经济核算"，"否则你们就不能到达共产主义，否则你们就不能把千百万人引导到共产主义"。① "我们不应该指望直接采用共产主义的过渡办法。必须以同农民个人利益的结合为基础。"② "必须把国民经济的一切大部门建立在同个人利益的结合上面。共同讨论，专人负责。由于不善于实行这个原则，我们每走一步都吃到苦头。"③ 社会主义革命胜利以后，社会的基本利益矛盾已经主要不是剥削阶级与被剥削阶级之间的矛盾关系，而是人民内部个人之间、群体之间的非对抗性质的利益矛盾关系。人民群众的现实利益要求已经不是要改变其被剥削、被压迫的社会地位，而是要提高其物质和精神生活水平。在这种新的条件下，应当直接依靠人民群众对他们现实利益的关心，调动人民群众的积极性，在继续实现他们的现实利益要求中建立社会主义。在社会主义初级阶段条件下，肯定人们对个人利益的关心，就是肯定人们对其劳动成果的关心。这样可以把人们对个人利益的追求引向靠劳动增加收入的正确方向上，这既有利于社会主义经济的发展，又有利于协调解决人民内部的利益矛盾。

（1）构筑一个适应复杂利益关系格局，充分发挥利益动

---

① 《列宁全集》第42卷，人民出版社1987年版，第176—177页。
② 同上书，第190页。
③ 同上书，第191页。

力作用，调动不同利益群体积极性的社会主义初级阶段的经济—政治体制。所谓利益关系，其实主要就是各利益主体之间的关系，必须充分考虑到每个劳动者个人、各个利益群体的合理特殊利益，每个劳动者的个人利益、每个利益群体的特殊利益是支配群体和个人从事生产的动力。然而，各个群体的特殊利益、每个劳动者的个人利益必须服从国家整体的利益，失去整体利益制约的个别特殊利益会对社会产生消极影响。在社会主义初级阶段市场经济条件下，特别要兼顾好个人、集体和国家的利益，要兼顾好不同经济成分利益主体的利益，要在多种所有制并存的基础上，建立多种形式的分配体制和正确的分配政策，建立好国家宏观调节体制，充分利用市场机制来分配和调节好各方面的利益。社会上不同利益群体的复杂化，必然造成政治上和思想上的复杂化，这就需要进一步建设社会主义初级阶段的民主政治，改善党的领导，加强社会主义法制建设和民主政治建设，扩大社会各阶层的参政范围和参政渠道，分层次、分领域地做好各方面的思想工作。因此，必须建立一个适合各个利益群体协同共进、充分发挥各自积极性的良好的社会经济政治环境。

（2）建立社会主义市场经济的良好秩序，为不同的利益群体提供一个公平合理、机会均等的利益竞争环境。在社会主义初级阶段的市场经济交往中，个人和群体是以自己所得利益的多少来衡量自身的经济效益的，都希望以最少的劳动消耗来取得更多的收入，这就需要通过正常的商品经济价值规律的作用来进行劳动产品的分配。而在我国目前经济生活中，市场经济比较薄弱，市场发育不完善，经济生活中漏洞很多，给许多投机活动打开了方便之门，使得利益分配不合理。这就需要我们进一步整顿经济秩序，发展商品生产，建立社会主义市场经济的良好秩序，完善社会主义市场，为各个利益群体提供一个平等的竞争起跑线。

（3）加强对人民内部不同利益群体的调查研究，把统筹调节群际矛盾的决策建立在对利益关系的科学分析上。我们必须通过深入的调查研究，对社会主义初级阶段人民内部利益群体有一个明晰透彻的分析，充分掌握各个群体的形成条件、形成原因以及群体意识和群体利益要求，充分把握群际关系的特点、群际矛盾运动的基本规律，以便制定正确的群际矛盾调节对策。

（4）综合运用政策、法制、思想、道德的力量，加强教育，正确协调、合理调整不同利益群体之间的关系和矛盾。在社会主义初级阶段，人民内部各个个体、各个利益群体之间的利益差别是比较大的，这里面有些差别会给社会带来种种负效应，给社会各个利益群体造成心理上的不平衡，影响他们积极性的发挥，加大利益主体之间的消极攀比情绪和行为，引起互相埋怨、互相摩擦，乃至发生冲突。当然，这些现象在改革过程中是难免的，但对有些不合理的差别不进行调整，久而久之，就会影响人的积极性。即使一些合理的差别，也要通过政策、法制、思想和道德的力量来加以调整。必须制定和运用正确的经济政策和政治政策，运用税收、金融等经济杠杆的调节手段，运用党和国家的政治影响以及各项行政纪律手段，通过加强思想政治工作，加强社会主义"两个文明"的建设，来逐步调整和解决各种问题，保证社会主义初级阶段的利益结构始终保持优化的状态。

补遗一　试论社会主义国家的社会危机问题[*]

在社会主义国家的社会生活中，由于复杂的社会因素的综合作用，人民内部存在着矛盾对抗和激化现象，存在着政治冲突、社会动乱，乃至社会危机现象。正确认识人民内部的矛盾对抗、激化现象，正确认识社会冲突、动乱和危机现象，防止这类事件的发生，保证社会主义国家的社会稳定，是十分重要的问题。

一　人民内部的矛盾对抗和激化现象

从总体上看，人民内部矛盾是非对抗性矛盾，敌我矛盾是对抗性矛盾。但是如果混淆了两类不同性质的矛盾，失去警惕，处理不当，人民内部矛盾有可能会激化或转化，出现严重的对抗现象和社会冲突。

第一，认识人民内部的矛盾对抗和矛盾激化现象，必须首先搞清什么是对抗性矛盾，什么又是非对抗性矛盾。

毛泽东同志在《矛盾论》中指出："对抗是矛盾斗争的一

---

[*] 本文是作者1987年撰写的博士论文的一节，其部分发表在《中国政治体制改革》1989年第3期上，这次略作修改。

种形式，而不是矛盾斗争的一切形式。"① 根据毛泽东同志的论述，我们可以把对抗理解成为由矛盾性质所决定的，在矛盾发展的一定阶段上，矛盾双方采取外部冲突的形式来解决矛盾的一种斗争形式。矛盾是普遍形式，而对抗则是矛盾的特殊解决形式。只有矛盾双方在本质上根本对立，最后不得不采取外部冲突即对抗的形式来解决的矛盾，才是对抗性矛盾。矛盾双方在本质上是根本一致的，而在矛盾发展的最后又不必采取外部冲突的形式来解决的矛盾，就是非对抗性矛盾。

根据这个定义，我们必须把矛盾的对抗性质和矛盾的对抗形式、矛盾的对抗现象，社会整体对抗和个人对抗，阶级对抗和非阶级对抗，这几个提法区别开来。矛盾的对抗性是指，矛盾由于其双方在本质上根本对立而具有的对抗性质。矛盾的对抗形式是指，由矛盾的对抗性质或矛盾赖以存在的其他原因所决定的矛盾双方采取的外部冲突的解决形式。如果矛盾双方具有本质上根本对立的对抗关系，而又在最后不得不采取外部冲突的斗争形式，就是对抗性矛盾。矛盾双方仅仅产生某些外部冲突的形式，而矛盾双方在本质上又不具有根本对立的性质，这类矛盾就不是对抗性矛盾，只能说是矛盾双方采取的偶然的对抗形式，是矛盾的一种对抗现象。社会整体对抗是指从个人生活条件中生长出来的对抗。社会主义的生产方式不存在对抗性的内在矛盾，因此社会主义社会不存在整体的阶级对抗，只存在个人对抗和个别社会因素的对抗。如：劳动群众同旧社会残余分子的对抗；劳动群众内部个别人之间偶然性的对抗现象；新的社会因素同旧社会

---

① 《毛泽东选集》合订本，人民出版社1968年版，第308页。

残余因素之间的对抗。阶级对抗是从阶级之间根本对立的利益矛盾中产生的，这种利益矛盾主要是由于生产资料所有制的私人性质引起的。非阶级性的对抗同阶级对立关系无关，如原始社会部落之间的战争，并非是阶级间的对抗。如果把对抗仅仅理解成为阶级性的对抗，那就无法理解非阶级社会的对抗现象，也无法理解阶级社会的非阶级性对抗现象。

第二，认识人民内部的矛盾对抗和矛盾激化现象，还必须认识清楚社会主义条件下，对抗性矛盾和非对抗性矛盾这两个概念的特殊规定性。

在考察人民内部矛盾的对抗性现象时，必然涉及社会主义条件下的对抗性矛盾和非对抗性矛盾这两个概念。关于社会主义社会的对抗性矛盾和非对抗性矛盾问题的讨论由来已久。《联共（布）党史简明教程》发表以后，苏联哲学界围绕斯大林关于社会主义生产关系和生产力"完全适合"的提法，就曾展开过讨论，讨论中涉及了社会主义社会矛盾的性质问题。费拉索夫对"完全适合"提出异议时指出，社会主义社会存在着矛盾，只是矛盾性质不是对抗性的而是非对抗性的。认为"正是这种非对抗性的矛盾才是社会主义社会的发展动力"。[①] 从那时起，认为"国内没有对抗性矛盾是社会主义国家的特点"的观点流传很广，经常见诸国内外的报纸杂志上。我国在1957年"反右"全面展开以后，曾不适当地强调无产阶级同资产阶级、社会主义同资本主义之间的对抗性矛盾，最终认定在社会主义社会整个历史阶段中，始终贯穿着你死我活的两个阶级之间的大搏斗。这样的结论，显然是把对抗

[①] 田光、章良猷编：《社会主义制度下生产关系和生产力的矛盾问题》，生活·读书·新知三联书店1964年版，第13页。

性的阶级矛盾看成为社会主义国内的主要矛盾。党的十一届三中全会，纠正了关于社会主义对抗性矛盾的错误估计，正确认识到在社会主义社会中存在大量的非对抗性矛盾，但也存在一定程度、一定数量的对抗性矛盾。

社会主义条件下的非对抗性矛盾，是社会主义制度本身所固有的矛盾，在本质上并不存在根本对立关系，最终不必采取外部冲突形式来解决。当然，也不能排除在某种条件下，社会主义的非对抗性矛盾可能会产生一时的对抗现象，也不能排除社会主义的个人和个别因素之间发生偶然的对抗。社会主义条件下的对抗性矛盾，是由社会主义社会的内在因素和外部条件造成的，在一定条件下，它的解决不得不采取外部冲突的形式。当然，在具体条件下，社会主义社会的许多对抗性矛盾，都可以采取非对抗性矛盾的办法来处理，甚至可以转化成非对抗性矛盾。

社会主义条件下的非对抗性矛盾和对抗性矛盾，具有同旧社会的非对抗性矛盾和对抗性矛盾不同的特点。其一，在旧社会，对抗性矛盾居于支配地位，它直接影响其他非对抗性矛盾的变化。社会主义制度确立之后，虽然社会主义社会的非对抗性矛盾和对抗性矛盾仍然交叉存在、交叉起作用，但是，社会主义本身所固有的非对抗性矛盾，已经明显地起着支配作用。其二，旧社会对抗性矛盾构成了社会发展的主要动力，社会主义社会非对抗性矛盾构成了社会主义向前发展的主要动力。其三，旧社会对抗性矛盾反映了旧社会所固有的对立阶级之间的阶级对抗关系，非对抗性矛盾也反映了一定的阶级关系。社会主义社会的对抗性矛盾是社会主义力量的因素，同旧社会残存的个别势力、个别力量、个别分子、个别因素之间的对抗性关系。社会主义内部不存在整体性的阶级对抗关系。其四，社会主义社会对抗性矛盾和非对抗性矛盾的转化，具有某些新的特点。如果政策失误，处理不当，社会主义社会的非对抗性矛盾可能会发生暂时的、局部的对抗，甚至可能会转化成对抗性矛盾。比如，如果我们在分配问题上政策不当，或由于失误造成消费品严重匮乏，就会引起劳动群众的不满。当一些具有不满情绪的群众要求得不到满足时，再加上少数人的挑动，就会同政府发生直接冲突。同时，社会主义社会的对抗性矛盾，在特定的情况下，可以按照非对抗性矛盾来处理，可以转化为非对抗性矛盾。比如，社会主义同资本主义或封建主义之间的矛盾是对抗性矛盾，但具体到两种思想体系的交锋上，只要不是在政治上反社会主义、反对共产党，就可以按照人民内部矛盾来处理。其五，在阶级社会中，无论对抗性矛盾，还是非对抗生矛盾，主要是通过阶级关系表现出来，对抗性阶级矛盾占一切社会矛盾的主导地位。在社会主义社会，尽管阶级矛盾在社会主义社会的一定范围内长期存在，但它已经不是社会主义社会的主要矛盾了。社会主义社会的对抗性矛盾和非对抗性矛盾大量地表现为非阶级性的矛盾，非阶级性的非对抗矛盾在社会主义矛盾体系中占有越来越重要的地位。当然，在社会主义条件下，阶级之间也有非对抗性矛盾，如工人阶级同农民阶级之间；非阶级矛盾也可能会出现对抗现象，如劳动人民内部的利益冲突现象。

人民内部矛盾可能出现对抗现象，这个问题是同社会主义社会的对抗性矛盾问题相联系的。社会主义条件下的矛盾既包括对抗性矛盾，又包括非对抗性矛盾；社会主义条件下的对抗性矛盾可以转化为非对抗性矛盾。这就从总体上回答了社会主义社会是否存在对抗性矛盾的问题，实际上也回答了人民内部矛盾可能出现对抗激化现象的问题。

第三，在搞清了什么是对抗性矛盾，什么是非对抗性矛盾，并且把矛盾的对抗性质和矛盾的对抗形式、社会整体对抗和个体对抗、阶级对抗和非阶级对抗、社会主义对抗性矛盾和非对抗性矛盾，这几个提法区别开来以后，我们就可以清醒地看到，在社会主义社会，人民内部可能会发生矛盾冲突、矛盾对抗现象，可能会发生矛盾激化和转化现象。

其原因在于：（1）在社会主义的现实社会中，由于其内部在经济上、政治上、思想上还带有旧社会遗留下来的残余，其外部还存在反社会主义势力在经济、政治、思想、文化上的影响和破坏，这不仅会使社会主义存在一定数量的敌我矛盾，而且还会使人民内部存在某些个别的对抗性矛盾。比如，在经济上，从本质上来说，私有经济和公有经济是根本对立的两种经济，剥削和被剥削是根本对立的两种社会现象，但是恐怕至少在社会主义的初级阶段，还要允许一定的私有经济存在，还要允许一定的剥削存在。于是，在一定条件下，本质上具有对抗性质的矛盾就采取了非对抗的存在形式，从事私有经济，获得一部分剥削收入的私营资本所有者，同被雇佣的工人之间的本质上对抗雇佣矛盾关系，就是采取了非对抗的存在形式，属于人民内部矛盾的范围。在政治上，旧社会遗留下来的封建主义分子、反社会主义分子，他们同人民之间的矛盾是对抗性矛盾。但是，只要他们在政治上没有任何反社会主义的现行活动，老老实实地服从改造，并且能做一些有益于人民的事情，也可以属于人民内部矛盾或按人民内部矛盾来处理。有些党内的对抗性矛盾仍应属于人民内部矛盾。领导同群众的矛盾是非对抗性的矛盾，但领导中的官僚主义同人民群众的矛盾，则是本质上具有对抗性的矛盾。

领导当中的轻度贪污腐败者虽然没有触动社会主义法律，构成敌我矛盾，但是在性质上却同人民群众构成了对抗性矛盾。在思想领域，社会主义的思想体系同封建主义、资本主义的思想体系格格不入，是属于对抗性的矛盾，但具体到分别带有这两种思想体系的人来说，同他们之间的矛盾一般是属于人民内部矛盾。

从以上分析来看，在人民内部确实存在某些个别的对抗性矛盾，而我们所说的人民内部的某些个别对抗性矛盾是：首先，矛盾双方在本质上具有对抗性质，这是就矛盾的性质来说的，对抗性矛盾不等于已经发生了的对抗现象，也不等于该矛盾必须采取外部冲突的解决办法。其次，对抗性矛盾不等于现实的对抗状态，它只是潜在的对抗，处理得好，这些对抗性矛盾可以不出现现实的对抗现象。再有，在整个人民内部矛盾体系中，人民内部的某些对抗性矛盾在数量上是少数，在质量上又处于次要的受支配的地位。随着社会主义社会的深入发展，人民内部存在的个别对抗性矛盾会越来越少，具有暂时性的特点。最后，人民内部的非对抗性矛盾是由社会主义本身产生出来的矛盾，是在社会主义基本矛盾和主要矛盾基础上派生出来的矛盾，是本源性、主导性矛盾，它反映了社会主义的本质特征。而人民内部的某些对抗性矛盾是非本源性、非主导性矛盾，不反映社会主义的本质特征。

（2）由于国内因素和国际环境的影响，阶级斗争还将在社会主义社会的一定范围内存在，这就不可能不影响和反映到人民内部中来，这就使得人民内部存在一部分具有阶级斗争因素、成分的矛盾，即带有阶级斗争性质的矛盾。在我国内地，作为剥削阶级和被剥削阶级的阶级对立和阶级斗争，仅仅在一定范围内存在。在人民内部不存在剥削阶级和被剥削阶级的阶级对立和阶级斗争，工人阶级和农民阶级之间虽然存在阶级差别，但并不表现为阶级斗争，人民内部普遍存在的是非对抗性的不属于阶级斗争范围的矛盾。但是，这并不能排除人民内部有一部分矛盾不可避免地带有阶级斗争的性质，比如，人民内部的反对资产阶级思想腐蚀，反对封建主义思想道德残余因素的斗争，这类矛盾显然带有阶级斗争性质，但仍然属于人民内部矛盾。

（3）在复杂的社会主义现实生活中，一定范围内存在的阶级斗争同人民内部的非阶级斗争性质的矛盾；一定数量的敌我矛盾同大量表现出来的人民内部矛盾；不占主导地位的对抗性矛盾同占主导地位的非对抗性矛盾，并不是泾渭分明、清清楚楚地呈现在人们面前，而往往交织在一起，难分难解，构成错综复杂的社会矛盾局面。在社会主义初级阶段，这种复杂的社会矛盾现象尤为突出。例如，有些学生上街游行事件，一般来说，绝大部分学生主观上是爱国的，属于人民内部矛盾，但就事件的起因来讲，又十分复杂，有敌对势力从中破坏的原因，也有我们工作中的失误和缺点引起学生群众不满的因素……其中隐蔽起来的、蓄意煽动破坏的极少数坏人则属于敌我矛盾。

（4）面对复杂的国内外因素的综合作用，面对交错复杂的社会矛盾局面，如果我们失去警惕、混淆矛盾、政策不当、处理不妥，人民内部的非对抗性矛盾可以转化为对抗性矛盾，甚至人民内部矛盾也可以转化为敌我矛盾。如果我们的政策不妥、处理不当，人民内部的一些矛盾就有可能激化，以致产生对抗现象。比如，社会主义国家出现的工人罢工、群众性的暴力冲突和流血事件，其中有些是因生活消费品供应不足或涨价,引起群众的不满,加上处理不当,使得矛盾积累、激化,最后导致成为对抗性的冲突。在对抗性冲突中,除个别少数坏人之外,大多数参与事件的人民群众,还是属于人民内部矛盾。再比如,我国农村实行家庭联产承包责任制后,对农民之间为争地、争水、争生产资料发生的纠纷,如果缺乏及时有力的处理,也会发展到暴力冲突的地步。对于人民内部所出现的矛盾对抗现象,如果不采取及时有力的措施,也有可能进一步激化甚至转化为敌我矛盾。当然,人民内部的对抗现象只是人民内部非对抗性矛盾所采取的一种斗争形式,它既不是最后的矛盾解决办法,也不是可采取的唯一解决方式。它往往是由于人们主观上警惕不够,行动上处理不当,而造成的暂时的、局部的矛盾对抗现象,这并不反映人民内部非对抗性矛盾的本质。人民内部矛盾的对抗现象,不等于人民内部矛盾的非对抗性质,只是人民内部非对抗性矛盾所采取的一种暂时的、个别的斗争形式。

二 社会主义国家出现的社会危机现象

周期性的危机是资本主义生产的特有现象,是资本主义制度内在矛盾的必然反映,是资本主义生产关系同生产力发展不相适应的集中表现。资本主义虽然并不是一遇到危机就崩溃,甚至还能够渡过一个又一个的危机,但是,资本主义却无法从根本上克服自身存在的危机,当然也不能最终靠自身力量去消灭危机。马克思通过对资本主义经济的科学分析,提出了关于资本主义危机的理论。那么,社会主义国家是否存在社会危机现象呢?这是一个十分敏感的问题,也是一个极其重要的理论问题。

第一，问题的提出。

斯大林是最早论述社会主义过渡时期危机问题的。在1924年苏共第十四次代表大会的政治报告中，斯大林认为："在资本主义国家那里是私人资本占统治地位，那里各个资本主义托拉斯、辛迪加和各个资本家集团所犯的错误，是由市场上的自发势力来纠正的。……在资本主义国家里，任何一种较为重大的错误，任何一次较为严重的生产过剩或生产和需求总量之间的严重脱节现象，都不可避免地要由某种危机来纠正。……在资本主义国家那里所发生的经济危机、商业危机和财政危机，都只是触及个别资本家集团。而在我们这里却是另一种情况。商业和生产中的每次严重停滞，我国经济中的每个严重失算，都不会只以某种个别危机来结束，而一定会打击到整个国民经济。每次危机，不论是商业危机、财政危机或工业危机，在我们这里都可能变成打击全国的总危机。"① 斯大林认为，在社会主义性质国家中，商业和生产中的每一种危机，一定会带来全国性的总危机。布哈林在1928年9月写的《一个经济学家的札记》一文中，非常明确地阐述了向社会主义过渡时期的经济危机。他认为，当时苏联国内的经济危机具有与资本主义经济危机"颠倒"的性质，一个是商品荒，一个是生产过剩；一个是群众的求过于供，一个是群众的求大大低于供；一个是资本缺乏，一个是积累过多。他认为，当时苏联的生产领域还存在比例失调和工人失业现象。他认为，落后的、就居民成分而言是小资产阶级的、处在敌人包围之中的社会主义性质国家的过渡时期经济

---

① 《斯大林全集》第7卷，人民出版社1958年版，第248页。

有可能出现危机,它是由过渡时期经济的相对无计划性产生的。① 当然,斯大林和布哈林面对的是还没有形成社会主义制度的国家的现实实践,他们在这里讲的危机,是指处于社会主义过渡时期无产阶级专政国家中所发生的危机。那么,社会主义国家存在社会危机现象吗?苏联宣布建立社会主义以后,斯大林连社会基本矛盾都不承认,当然也就不承认存在危机现象了。1938年,斯大林认为,"在苏联没有经济危机,也没有生产力破坏的情形"。②

后来,南斯拉夫理论界较早地提出了社会主义国家的社会危机现象问题。这是因为,南斯拉夫较早地抛弃了苏联僵化的经济体制模式,实行了自治制度,并运用了市场机制,使国内不同程度地出现了商业危机和财政金融危机现象……继南斯拉夫以后,匈牙利以及其他一些东欧国家的理论家,在20世纪60—70年代,也先后提出关于社会主义国家存在社会危机现象的看法。

至于社会主义国家是否存在社会危机现象,真正作为一个重大理论问题提出来,那是在1980年"波兰事件"之后。在"波兰事件"中,波兰有一位重要的社会学家,叫叶·维亚特尔,是团结工会激进分子的理论权威,发表了许多文章和讲演,提出了波兰政治危机问题。于是,围绕着社会主义国家存在不存在社会危机现象问题,社会主义国家理论界展开了一场大讨论。其中,有代表性的是苏联哲学家谢苗诺夫和布坚科的观点。在1982年和1984年,他们先后发表文章,认为社会主义社会在某些具体条件下可以导致对抗性矛盾,

---

① 参见《布哈林文选》,东方出版社1988年版,第274—276页。
② 《联共(布)党史简明教程》,人民出版社1975年版,第187页。

认为社会主义国家存在着危机。当然，苏联东欧理论界许多学者，尤其是具有官方身份的理论家，都据理驳斥，不同意他们的看法。1987年前后，来华访问的匈牙利一些著名学者，也多次提出社会主义国家存在社会危机问题。1987年3月17日，匈牙利《人民自由报》发表沃罗·罗锐的文章，文章认为："在取得了惨痛的经验教训之后，我们才放弃了那种认为只有资本主义社会才存在危机的片面看法。总的危机的确是资本主义社会的特点。然而，在社会主义国家中，在特定的历史条件下，在部分领域中出现暂时的危机也并不是不可能的。"1987年11月23日，波兰统一工人党中央社会和经济政策部副部长伏沃基米什·豪斯奈尔说："现在社会主义社会里有各种不同的冲突，包括最危险的甚至那些会威胁到社会主义存在的冲突。"① 现在国外理论界已经开始深入讨论社会主义国家存在社会危机现象的原因、特点，以及防止和解决社会危机现象的办法等问题。

我国理论界对此一直持谨慎态度。但作为一个社会现象，这种情况在社会主义发展过程中的确已经多次出现。比如，1956年的"波匈事件"、1968年的"布拉格之春"、1980年的"波兰团结工会运动"、中国"文化大革命"，等等。问题的关键是，如何科学地概括这类社会主义社会内部的矛盾激化和对抗性冲突的现象。

第二，社会主义国家社会危机现象产生的根源。

什么叫社会危机现象？社会危机现象就是由于社会矛盾的积累，得不到解决而发展到激化、白热化的外部对抗状态，是社会矛盾发展到影响社会安危的矛盾总爆发的社会现象。

---

① 参见《世界经济导报》1987年11月23日。

换句话说，社会危机现象是社会矛盾的积累、激化、白热化，直到发展到矛盾双方的对抗性冲突公开化。关于社会主义国家社会危机现象，从理论上说，首先，既然社会主义国家存在一定程度的对抗性矛盾，如果处理不好，那么就有可能使这类对抗性矛盾激化和白热化，甚至出现矛盾的总爆发，危及社会主义的安危。其次，即使是社会主义社会非对抗性矛盾，如果处理不好，也会转化成为对抗性矛盾，这类对抗性矛盾也有可能发展到矛盾总爆发的地步。从实践上说，尽管我们有些同志不愿意使用危机这个词，但是无论如何，社会主义国家的社会危机现象确实是一个客观存在的现象，原因在于：

（1）既然社会主义社会必然要经过商品经济阶段，那么，就必然要遵循商品经济内在矛盾发展的规律。社会主义商品经济在运行过程中，由于计划控制过死或宏观失控，就会出现总量失控或结构性的失衡状态，导致生产过剩或生产不足，使得社会生产和社会需要之间的矛盾激化。而无论是生产过剩或生产不足，都会造成商品的严重滞销或供应不足，造成通货膨胀或通货紧缩，劳动力供过于求或供不应求的现象。从而引起经济增长率下降、生产发展停滞、财政收支赤字、国际收支逆差增长等社会现象的连续出现。如果对于这些经济问题再失控，社会主义商品经济的内在矛盾就会进一步向恶性发展，造成严重的经济困难。（2）既然现实社会主义还保留着私有制商品经济，私有性质的商品经济社会现象就可能在现实的社会主义的局部领域出现。（3）既然社会主义人民内部存在着利益矛盾，那么就有可能因领导在处理问题上的失策，或因缺乏对群众的教育，使得群众的错误思想暂时占上风，从而致使人民内部种种矛盾激化，发展到政治冲突，甚至出现波及全国的矛盾激化现象。(4) 既然现实社会主义，尤其是在社会主义的初级阶段，还存在着许多旧社会的残渣余孽，还有国外帝国主义的干涉，国外资本主义的影响，这都会使社会主义本来还存在的国内矛盾激化。

上述四条只是社会主义国家产生社会危机的客观可能性条件。可能并不等于现实，如果社会主义的领导力量主观上不犯错误，妥善处理好各类矛盾，社会危机是不会发生的。因此，在社会主义社会，执政党如果在指导思想上和行动方针上犯严重错误，就可能会使客观存在的矛盾激化，出现社会危机现象。

在社会主义初级阶段，由社会动乱引起的社会危机更容易爆发。这是因为，初级阶段正是生产力发展相对落后的国家向发达国家过渡的时期，即"从温饱向小康转轨的社会不稳定时期"。在这个时期，当人们的温饱问题解决之后，需求反而更强烈了，需求结构呈多样化，再加上社会主义初级阶段复杂的社会条件和社会矛盾的作用，就有可能导致不同的利益群体之间的冲突，从而引起更大的社会冲突，导致社会危机现象发生。

第三，社会主义国家社会危机现象的特征。

社会主义社会还存在对抗性矛盾激化的可能，这种可能性会造成类似危机的社会现象发生。但是，这种危机现象只是局部的和暂时的，可以通过社会主义自身力量加以解决。如果说上述矛盾的激化现象是危机的话，那么是否可以说，社会主义社会只存在着暂时的、可以通过社会主义自身力量自觉解决的危机现象。这同资本主义社会的不可克服的、社会经济政治的全面危机有着本质的差别。社会主义国家社会危机现象的出现，并不等于社会主义的危机。社会主义是代替资本主义的新的社会形态，从根本制度上来说，它不存在危机，这同社会主义国家产生的社会危机现象是两码事。

社会主义国家的社会危机现象，同资本主义国家的危机具有本质的不同，其主要区别在于：

（1）资本主义的危机是由于资本主义社会不可克服的、本质上对抗的社会基本矛盾引起的社会经济、政治、文化的全面危机，而社会主义国家的社会危机现象是在特定的历史条件下，所出现的暂时的社会矛盾激化现象。在资本主义社会里，由于资本主义私有制同社会化生产的矛盾，使得整个社会生产处于无政府状态，人民购买力的相对不足，从而造成生产过剩。同时，又由于资本主义私有制商品经济的内在矛盾，造成通货膨胀、信用危机，从而引起资本主义的周期性经济危机。资本主义的这种周期性经济危机，又进一步引起了资本主义社会的全面总危机，最终导致资本主义社会矛盾的总爆发。社会主义国家的社会危机现象只是由于种种主客观原因，使得本来存在的社会矛盾得不到妥善解决，矛盾不断激化、积累，以至发生冲突和危机。从根本上说，社会主义基本矛盾是非对抗性矛盾，因此不能引发出制度性的社会危机，即使出现危机现象，也是可以防范和克服的。

（2）资本主义的危机表现为必然的、周期性的、不可克服的结构性危机，资本主义制度本身无法克服这种危机，危机最终要采取外部冲突的形式，即社会革命的形式才能得到解决。社会主义国家的社会危机现象并不具有有规律的周期性，社会主义国家有可能出现社会危机现象，但并不是必然要产生危机，如果工作做好了，社会主义国家的社会危机可以降低到最低限度，甚至可以杜绝和防止社会主义危机现象的发生。社会主义制度本身可以自觉地克服社会主义国家社会危机现象的发生，社会主义制度本身可以自觉地克服这种危机现象。

（3）如果对社会主义国家的社会危机现象不能及时处理或处理不妥，再加之外部反社会主义势力的干涉，可能会进一步恶化，可能会导致社会主义的暂时蜕变。

第四，正确认识和处理群众性动乱问题。

社会主义国家的社会危机现象，往往伴随着群众性动乱事件的发生，即使在社会主义国家尚未发生危机现象时，也有可能出现某些群众性动乱事件。所谓群众性动乱，就是当社会出现某种局部性的危机现象或暂时性的经济困难时，或者当群众的一些社会要求得不到满足时，或者当官僚主义和党政机关工作人员的腐败行为严重侵犯人民利益，又尚未得到及时解决时，或者当错误思想占上风的群众受到极少数人的煽动时……所致使的群众性冲突事件，如罢工、罢课、罢市、示威，等等。群众性动乱是一种客观存在的社会现象，是社会主义社会人民内部矛盾激化、出现对抗现象的表现。在这里，我们所说的群众性动乱同极少数人的反党反社会主义的阴谋政治活动是有区别的，同少数坏人搞打砸抢烧的违法破坏活动是有区别的。参加群众性动乱的大多数群众同少数浑水摸鱼、违法犯法的坏人是有区别的。群众性动乱能够引起程度不同的社会动荡，造成某种程度的社会不安定局面，破坏社会生活的正常秩序，影响社会经济的正常发展。严重的群众性动乱能够使社会矛盾变得尖锐化、敌对化，致使社会经济陷入困境，直接威胁国家政权的安危。如何认识和处理群众性动乱，是正确处理人民内部矛盾的一个重要内容。

群众性动乱发生的直接原因，往往是由于社会发展出现了比较严重的经济困难，尤其是某些经济政策和措施损害人民的切身利益，造成人民生活水平相对下降，致使群众有一些物质上的或其他方面的要求没有得到满足，而这些要求有些是合理的并且应当或可能得到解决的，有些则是不合理的或要求过高，一时还得不到解决的。出现群众性动乱的一个值得注意的因素，是领导上的官僚主义和腐败行为、不正之风。由于领导上的官僚主义错误，使得本来应当解决的群众的合理要求长期得不到解决，或者由于对群众不合理的要求，领导上采取官僚主义的态度，没有采取有效的措施及时地做工作，使得本来可以解决的矛盾激化了；特别是一些领导干部利用职权贪污腐败、欺压群众、任人唯亲，对这类腐败现象和不正之风，人民群众非常痛恨，迫切要求追究，而领导上的官僚主义对这类问题却解决不力，甚至采取回避、保护的态度，这就促成了人民群众的不满情绪不断积累，最后爆发为群众性的动乱。群众性动乱发生的另一个原因，是缺乏对落后群众的思想教育工作，使人民群众中的偏激情绪和某些错误思想占了上风，致使某些群众以过激的言词、过分的情绪、粗暴的手段、不适当的方式向党和政府发泄不满，提出不切实际的要求。当然对群众教育不够的主要原因，仍在于领导上的官僚主义。群众性动乱发生还有一个原因，就是当群众产生不满情绪，酝酿闹事或在闹事过程中，有国际上反动势力和国内少数坏人插手进来，传播封建阶级和资产阶级的腐朽思想和政治主张，挑拨离间，散布谣言，制造事端，煽动不明真相的群众闹事。防止少数坏人破坏的关键，也在于我们领导的工作。国内复杂的民族关系中的不安定因素，也是群众性动乱发生的重要原因。许多社会主义国家都是多民族的国家，由于复杂的历史、宗教、文化传统等社会原因，使得某些民族在相互关系上发生摩擦和冲突，这种民族矛盾发展到一定程度也会酿成群众性动乱。社会主义国家体制上的弊端是群众性动乱发生的深层原因。社会主义国家建立以后，各国都程度不同地照搬了苏联集权式的体制，在一个相当长的时期内忽视了社会主义民主的建设，忽视了社会主义法制的建设，由于民主政体不完善、法制不健全，一些社会主义国家错误地开展党内斗争和政治运动，造成了大批的冤假错案，严重地践踏了社会主义民主和法制，引起了人民群众的强烈不满。社会主义国家一些群众性动乱或多或少总是与社会主义体制上的弊端有关。最后一点，在社会主义改革进程中，由于新旧体制交替，重新调整利益分配结构，会使社会矛盾相对集中地表现出来，如果改革中出现方针政策或方法措施上的错误和不当，也会导致矛盾激化，造成暂时的群众性动乱。

有一些群众性动乱实际上反映了领导同群众的矛盾，反映了领导身上的官僚主义和腐败现象同群众的矛盾，这些事件的参加者主要是群众，直接指向往往又是党政领导机关。

如果我们对群众性动乱事件掉以轻心，或在处理上失误，就会使矛盾进一步激化，甚至发展到出现严重暴力冲突事件，会使人民内部矛盾转化成敌我矛盾，会直接危及党和国家的命运。因此，对待群众性动乱事件必须分清两类不同性质的矛盾，参加动乱事件的广大群众都是我们的人民，只有极少数的个别人才是坏人。必须坚决反对处理群众性动乱的两种错误倾向：一是不问青红皂白把一切错误归咎于群众，助长领导的官僚主义；二是看不到群众的错误倾向，对少数坏人失去警惕，没有采取有效的措施，反而助长群众中的错误倾向，保护了少数坏人。对参与动乱的大多数群众必然加强思想教育工作，满足群众提出的可以解决的合理要求。对少数破坏公共利益、行凶犯法的人，必须给予必要的法律制裁。必须认真总结经验教训，坚决消除领导中的各种不正之风和腐败现象，坚决克服官僚主义；改进领导方面的错误和不足，密切联系群众，恰当地处理好各种矛盾。当然，克服群众性动乱最根本的办法是通过社会主义改革，大力发展社会主义民主，健全社会主义法制，建立完善的社会主义体制，从制度上、法律上根除社会动荡发生的各种隐患，保证社会安定团结的政治局面，促使社会主义经济高度发展，不断提高人民生活水平。

三 正确处理人民内部矛盾，防止社会危机发生的基本措施

社会主义体制改革是正确处理人民内部矛盾，防止矛盾对抗和激化现象发生，防止社会主义国家社会危机现象出现的基本措施，只有通过体制改革，使对人民内部矛盾的处理和调整制度化、法制化，才能有效地协调好人民内部矛盾，防止社会主义国家社会危机现象的出现。

（1）必须建立有利于社会生产力发展的社会经济—政治体制。社会主义初级阶段人民内部矛盾的种种表现，归根结底都是由于现有的物质和精神文明状况难以满足人民日益增长的物质文化需要而造成的。在我国现阶段，不断增长的社会需要同相对落后的社会生产，是人民内部矛盾产生的一个总根源。因此只有坚定不移地把发展社会生产力作为工作的重点，大力发展社会主义经济，才能从根本上解决人民内部矛盾。所以，体制改革的着眼点应当是建立有利于社会生产力发展的经济—政治体制，这是社会主义初级阶段解决人民

内部矛盾最根本的办法。

（2）必须建立有利于充分发挥群众积极性的社会经济—政治体制。正确处理人民内部矛盾的最深远用意，就在于调动人民的积极性。如果压制或打击人民群众的积极性，就会使人民内部矛盾激化。毛泽东同志在《论十大关系》中指出，要搞好我们的社会主义建设，必须调动国内外的一切积极因素。社会主义体制改革的根本构想就在于，是否能够有利于调动群众的积极性。我国作为初级阶段的社会主义国家，其生产力发展水平是比较低的，为了适应生产力比较落后的现状，在所有制形式上，在分配体制上，在计划管理体制上，在生产、流通、交换、分配等一切环节上，都必须采取合乎实际情况的体制，有利于调节人民内部的经济矛盾、分配矛盾，理顺人与人之间的经济关系。不太适应的经济体制之所以束缚了企业和生产者个人的主动性，就在于它不利于协调人民内部在经济上的种种矛盾。调动群众积极性还必须着眼于政治体制的改革，以民主化建设和法制建设为中心，切实从制度上保证人民在政治和经济生活中的参与权和自主权，理顺人与人之间的政治关系。不太适应的政治体制之所以影响群众的积极性，就在于它不利于协调人民内部在政治生活中的种种矛盾。因此，社会主义体制改革必须着眼于正确处理人民内部在经济和政治生活中的矛盾关系，调动群众的生产积极性和政治热情。

（3）必须建立有利于协调人民内部物质利益矛盾的社会经济—政治体制。在社会主义社会人民内部存在着不同的利益主体，不同的利益主体具有不同的利益要求，合理地满足不同利益主体的利益要求，必须保证不同的利益主体分别获得体现出该主体利益要求的合理收入来，这种合理的收入既体现出一定的差别，又不能差别过大，这就需要建立有效地分配不同利益主体的合理收入、有效地调整不同利益主体的利益差别的经济—政治体制。

（4）必须从经济上、政治上建立和健全社会主义的法律体制，使人民内部矛盾的处理法律化、制度化。靠人治来处理人民内部矛盾，难免会出现混淆两类不同性质矛盾的错误，法制才是正确处理人民内部矛盾的根本保障。因此，健全和完善社会主义法律体系，使之成为解决人民内部矛盾的一般程序和途径，对于解决人民内部矛盾具有极为重要的意义。

总而言之，进行社会主义体制改革，构筑有效地协调社会经济、政治及社会人际关系，调整人民内部存在的种种社会矛盾的社会体制，从经济上、政治上全面建立社会主义商品经济—民主政治的良好秩序，是正确处理人民内部矛盾，防止社会危机现象出现的制度保障和基本措施。

补遗二 关于新形势下人民内部矛盾问题[*]

正确处理新形势下人民内部矛盾,是处于社会主义初级阶段市场经济条件下我们国家政治生活的主题,也是维护社会稳定,加快改革开放,发展社会主义市场经济,建设有中国特色社会主义的重要保证。应当结合新的实际,认真研究、正确认识、妥善处理新形势下人民内部矛盾问题。

一　新时期人民内部矛盾的新情况、新问题、新特点

在社会主义改革开放的新形势下,在社会主义市场经济体制的建立过程中,新旧体制的转移、利益分配格局的变化致使人民内部矛盾在表现形式和特点上与过去有很大的不同,产生了新的情况,表现出新的形式,具有新的内容,呈现新的问题,形成新的特点。

---

[*] 补遗二是作者20世纪90年代以来写的研究论文。因分别在不同年度讲,故数字是不断补充的。其中有一些观点和个别论述可能会与前文略有重复,但为了体现论文的完整性与连贯性,不得不多费一点笔墨。

1. 人民内部矛盾的新情况

改革开放以来，新时期人民内部的各种关系基本协调，社会局势基本稳定，当然在基本协调、基本稳定的前提下，还存在一些值得警惕的情况。

第一，贫富差距产生，有继续扩大的趋势，分配领域矛盾突出。

十几年来，针对平均主义盛行的状况，邓小平同志提出"允许一部分人先富起来"的思想，实行允许和鼓励一部分人通过诚实劳动和合法经营富裕起来的政策，激发了广大人民群众的积极性，一部分人、一部分地区终于富起来了。在一部分人、一部分地区先富起来的同时，多数人的收入水平都有了较大的提高。当然，一部分人、一部分地区先富起来，也带来了新的情况：贫富差距拉开，分配矛盾突出。其表现是：

首先，反映贫富差距的指标上升较快，贫富差距拉大。衡量贫富差距，国内外通常使用两个指标系统来测定：一是五等分测量方法，即欧希玛指数测量法；二是基尼系数测量方法。欧希玛指数和基尼系数是测定人们收入差别的两个计算方法。欧希玛指数是把人口按收入高低分成五等份，然后看每个1/5层人口占全部总收入的比例，从而表明贫富差距。基尼系数是一个0到1之间的数值，其数值越高，表明贫富差距越大。近几年，我国有些社会学家运用这两个指标系统对我国贫富差距状况进行过多方面、多层次的多次统计，他们的调查表明，反映贫富差距的指标上升较快，差距逐渐拉大。

据有的专家运用这两个计算方法的研究表明：1997年，按我国城乡居民家庭人均收入欧希玛指数计算，收入最高的1/5人口占有全部收入的51.4%，次高的1/5人口占有

8.63%，收入最低的 1/5 人口占有 4.06%，高收入层占有总收入的比例是低收入层的 12.7 倍。根据基尼系数计算方法，我国贫富差距 1979 年为 0.31，1988 年为 0.38，1994 年为 0.434，1997 年为 0.455。当然，目前我国的贫富差距低于国际上南美、南亚、非洲的一些国家，这些国家最高收入的 1/5 人口在总收入中占有比例一般超过 60%，而最低收入的 1/5 人口在总收入中所占比例一般超过 0.5%，甚至超过了 0.6%。从国际范围来看，基尼系数在 0.3—0.4 之间居民收入差距为适度。据世界银行测定，1978 年我国城镇居民个人收入的基尼系数只有 0.16，这个指标在全世界是最低的，这说明当时我国基本上处于平均主义的状态。但一些专家提供的目前欧希玛指数和基尼系数的计算都表明，我国居民收入差距已超过国际上一般认为适度的范围，收入差距比上升速度很快。

我国收入差距问题可以概括为以下几种类型：（1）城镇和乡村居民收入的差距扩大。城镇居民与农村居民的收入差距在 1984 年是 1.7:1，1993 年扩大到 2.54:1，1994 年进一步扩大到 2.61:1，1998 年为 2.51:1。（2）城镇居民收入的差距扩大。据国家统计局调查公布，城镇居民的收入差距从 1978 年的 1.8 倍扩大到 1994 年的 3 倍。1998 年占城镇居民 20% 的最高收入户年收入为 10926 元，占 20% 的最低收入户年收入只有 2447 元，相差 4.5 倍。占城镇居民 10% 最高收入者的收入增长率比 10% 最低收入者的收入增长率高 5 个百分点。（3）农村居民收入的差距扩大。1978 年至 1994 年农民收入的高低倍数由 2.9 倍扩大到 6.6 倍。1998 年我国农民人均纯收入基尼系数达 0.34。（4）不同地区居民收入的差距扩大。1980 年东、中、西部三大区域农民人均收入分别为 218 元、181 元和 217 元，东、中、西部收入基本接近。1992 年全国居民人均收入1238元，东部人均1563元，中部1000元，西部983元。1993年，东、中、西三大区域的农民收入为1222元、802元和670元，东、中、西部收入差别为522元，并逐渐拉大。1998年，东、中、西三大区域农村居民家庭人均收入分别为3098元、2354元、1468元。（5）脑体劳动者收入的差距扩大。（6）不同所有制职工收入的差距扩大。1994年国有经济工资总额已达5178亿元，比上年增长35.8%，城镇集体经济工资总额达607亿元，增长135%。1998年国有经济工资总额为6812.5亿元，城镇集体经济工资总额为1021.6亿元，其他经济类型工资总额为1462.4亿元。（7）不同行业职工收入的差距扩大。1991年职工年均工资收入最高行业与最低行业之比只有1.24:1，到1997年职工年均工资收入最高的金融、证券、保险、房地产、电力、邮电、旅游、煤气、水生产与供应、综合技术服务等行业工资，已是职工年均工资收入最低的农、林、牧、渔、批发零售、餐饮服务、制造等行业工资的两倍多。其中，收入最高的是航空运输业，年均工资收入为16865元，国有经济的航空运输业年均工资收入为15304元；其次是邮电通信业，全行业年均工资收入为12056元，国有单位为12065元；计算机应用服务业年均工资收入为17416元，国有单位为10528元。收入最低的是林业，年均工资收入为3918元。灰色和黑色行业造成的收入差距扩大。

其次，高收入层和贫困层开始形成。

近十几年来，贫富差别逐渐拉开，社会上开始显现一个高收入层。据1995年《改革》第二期载文，目前大城市16.1%的私营企业主年收入在50万元以上。中国目前亿万富翁已超过1000人，千万元户为数不少，百万富翁有300万人，年收入5万元以上者有500万户，约占全国总人数的2%。据有关部门统计，占全国人口不到3%的高收入户存款达2900多亿元人民币。据统计，中国城镇居民中10%的最高收入户与10%的最低收入户收入的差距已由1990年的2.9倍扩大到1995年的3.8倍。1998年，城镇居民中10%的最高收入户与5%的困难户平均每人年纯收入之比为4.95∶1；农村居民平均每人年纯收入5000元以上的占5.57%，而800元以下的占6.63%。

高收入群体主要有：私营企业主，平均年收入5万元，部分高达数百万元，个别的上千万元、上亿元；"三资"企业和外国驻华机构的中方高级雇员，平均收入已超过6600美元，高的可达数万美元；一些个体工商户，平均收入是全民所有制职工平均工资的3.5倍，少数年收入高达十几万、几十万元；少数企业承包经营者，年薪高达100多万元；部分股票证券经营者、房地产开发商，收入高达百万元、数百万元；某些人才紧缺、有特殊专业技术的特殊职业以及流通行业、金融企业和一些垄断性行业的从业人员，如律师、会计师、美容师、高级厨师、按摩师、运动员、演员、歌星、舞星、著名节目主持人、时装模特、经纪人、设计师、美术广告人员等，年收入也相当可观，几万至几十万元不等；收入畸高、来路不当的人，其中包括卖淫、贩毒、贩卖人口等非法行业者。

与高收入层相对照的是社会贫困层。据国务院扶贫开发领导小组统计，在农村尚未解决温饱的贫困人口至1999年止为3400万人。据国家统计局研究人员统计，1991年至1995年全国城市贫困居民的总体情况为：年平均户贫困率为4.26%，贫困户343.2万；年平均人口贫困率为5.1%，贫困人口1326.8万人。1995年各级政府采取制定最低工资制和贫困线以下困难家庭补助制等措施，贫困状况有所改善，全年户贫困率由上年的 4.85% 降为 3.84%，降低 1 个百分点；贫困户比上年减少 70.8 万，为 332.9 万户；人口贫困率为 4.4%，比上年减少 1.3 个百分点；贫困人口 1242 万人，减少 284 万人。近年来行业之间分配不公造成的居民家庭收入差距成为现阶段影响居民贫困分布的重要因素。1995 年在国有、集体单位工作的贫困职工占全部贫困职工的 55.5%，集中在政策性亏损和受产业结构调整影响较大的煤炭、机械、纺织等不景气行业，成为当前贫困家庭的主体。目前，城市贫困人口主要由 7 个社会群体构成：一是企业不景气，发不出工资或所发工资严重不足，只能用来维持基本需求的职工及家庭成员，约占贫困人口的 30%；二是失业或待业人员，约占 20%；三是部分离退休职工，约占 17%；四是长期从事低收入工作的居民，约占 10%；五是社会救济和优抚对象，约占 5%；六是因物价上涨导致收入实际下降而低于贫困线的居民，约占 10%；七是因其他因素导致贫困，约占 8%。另据调查，城市贫困户人均收入为 1059 元，比全国平均收入水平低 54.7%。贫困家庭用于食品支出占全部消费支出的比例约为 59.2%，处于仅能维持生存的状态。据全国残联调查，我国现有贫困残疾人 500 万人，其中有 300 万人由于重度残疾而处于特困状态。

最后，社会分配秩序尚未理顺，社会保障制度不健全，某些分配不公现象出现。

改革开放十几年来，实行按劳分配为主、多种分配形式并存的政策，打破了平均主义"大锅饭"，极大地调动了群众的积极性，这是成功的。然而，由于新旧体制的转换，分配结构的变动，新的分配体制尚未完全建立起来，存在分配不公现象，群众心理尚不平衡。(1) 在收入分配制度上，除了占主体地位的按劳分配收入外，还有资产收入、投资收入、风险收入、股息收入、地区级差收入、资源配置不同的收入等，这些不同形式的分配格局尚未有效地形成一种合理配置、公开透明、公平合理、相互补充制约的分配体制，显得无序，造成分配上的漏洞较多。(2) 对由于地区差别、资源配置不同、工作岗位不同而造成的非劳动素质能力因素导致的分配收入差别，群众反响较大。比如，同一个大学毕业生，在党政机关部门工作和在银行工作收入差别就很大。(3) 由于市场机制不健全，各种调控监察体制尚未建立，使得有些人通过走私贩毒、偷税漏税、制造贩卖假冒伪劣产品、欺行霸市、炒卖股票房地产等途径而非法致富。(4) 极少数人利用权力地位或官商结合，搞钱权交易、贪污受贿等，造成大量的灰色和黑色收入，造成不合理的贫富差距。(5) 社会保障和社会救济体系尚未建立，城市居民的贫困问题主要靠工作单位来解决，占人口74%的农民家庭主要靠自己来解决，对贫困层没有有效的社会保障与救济体系支持。群众对劳动致富造成的收入差距是理解和赞同的，有一定的承受力，但对由于不正当的高收入、不公正的分配，甚至违法、犯法致富的现象十分不满，心理不平衡。

第二，非公有经济特别是私营经济发展很快，私营企业主群体和雇员群体的对峙、业主与雇员的雇佣关系和矛盾客观存在。

我国现阶段是以公有制为主体、多种经济成分并存的经济格局，也可以说我国现阶段的经济是由公有制经济和非公有制经济两大部分组成，公有制经济处于主体地位，非公有制经济是社会主义市场经济的重要组成部分。

有关部门根据国家统计局的数据，测算出1978年以来国有经济、集体经济、非公有制经济（主要包括个体、私营经济和外商、港澳台经济）在国内生产总值的比重，同时测算了2010年我国各种所有制经济在国内生产总值中的比重变化（见下表）。

年份	国有经济（%）	集体经济（%）	非公有制经济（%）
1978	56	43	1
1993	42.9	44.8	12.3
1995	41.5	43.9	14.6
2000	35.8	41.3	20.2
2010（预计）	34.7	34.5	30.8

从我国所有制结构的上述变化及其发展预测，可以看出：

目前以公有制为主体、多种经济成分共同发展的所有制格局已在我国形成；非公有制经济发展速度快于公有制经济，公有制经济的总量增加，但比重下降，这是所有制政策调整的预期结果。今后至2010年公有制经济的比重还将继续下降，但仍将在整个国民经济中占主体地位，非公有制经济还有较大的发展空间，在国民经济中比重将会进一步发展。目前，经过十几年的发展，尽管私营企业主人数不多，私营企业产值在我国社会总产值中只占一定份额，在资产、技术、经营、管理、产品数量、质量等方面与公有制经济相比还处于辅助地位，但是，非公有制经济特别是私营经济在我国已经形成一定的经济实力和社会影响，在解决剩余劳动力、发展经济方面发挥了一定作用，在社会经济的比重中所占份额逐步加大，增加较快。与此同时，私营企业主群体作为一个正在形成和不断发展的社会阶层，作为一个拥有相当财富的高收入层确实存在。既然有私营企业和业主，那么就必须有雇主和雇员，存在着雇佣关系。另外，因有些法制尚未建立健全，一些私营企业存在着劳动条件差，劳动保护措施不全，工资欠缺，随意加班、克扣工资，甚至侮辱工友、雇佣童工等现象，致使业主与工人之间矛盾紧张。

第三，工人阶级的内部结构和组成、作用和地位发生了深刻的变化，这个变化使得我国社会结构重组，社会矛盾关系复杂化。

改革开放以来，我国工人阶级的内部构成、特点、作用和地位都发生了深刻的变化。譬如，（1）以公有制为主、多种经济并存，特别是非公有制经济的发展，对工人阶级的地位、作用产生了深刻的影响。既存在整个社会主义国家制度中的工人阶级的领导地位问题，又存在非公有制经济企业内部工人阶级的雇员地位问题。（2）在社会主义市场经济条件下，国有企业走向市场，建立现代企业制度，成为相对独立的经济实体，实行厂长经理负责制，经营者与生产者存在一定矛盾；随着市场机制的引入，逐步推行劳动合同制，工人原有的"铁饭碗"被打破，企业不景气，存在工人失业、就业不充分的问题，一部分工人感到领导阶级地位丧失，产生主人翁失落感。（3）随着按劳分配和多种分配形式的落实，不同地区、不同企业、不同行业、不同岗位、不同年龄的工人个人收入差距拉开，造成工人因收入不同而分成为不同的收入群体。（4）改革开放的深入，社会经济的发展，生产力的发展，高科技的发展，使得工人阶级队伍内部结构也发生了变化。工人中的脑力劳动者的比重越来越大，脑力劳动者的收入也逐步提高，在生产中的作用也越来越大。例如，国有企业的工人、城镇农村集体企业和非公有制经济的工人各占不同的比例,到1998年年底,国有经济工人占15%,城镇集体经济工人占5%,其他所有制经济工人占7%,农村乡镇企业工人占73%。国有大中型企业工人阶级比重下降。第二产业工人占24%,第三产业工人占27%。工人阶级的组成既有国有经济工人队伍,又有集体经济工人队伍,还有非公有制经济的工人队伍,同时又分布在不同的产业、行业,结构呈多样化。(5)在非公有制经济特别是私营经济中,工人阶级与业主的矛盾和对立明显存在。

第四,一些领导干部腐败、官僚主义现象严重,引起了广大人民群众不满,一些地方、一些单位的干群关系、干群矛盾紧张。

在我们党成为执政党的条件下,特别是在改革开放、建立社会主义市场经济的新形势下,领导和群众的矛盾成为社会主义新时期社会矛盾的主线索。造成领导和群众矛盾紧张主要有三条重要原因:一是少数领导干部在生活待遇、利益享受上严重脱离群众,甚至贪污腐化,从根本上损害了群众的切身利益。二是有些领导干部在思想作风、工作作风上严重脱离群众,官僚主义、主观主义、命令主义严重,决策失误,不代表甚至违背群众的利益。三是正确的领导同某些落后群众也存在矛盾。如一部分落后群众因自己眼前利益不能满足,或因思想认识问题没有解决,也可能会同坚持群众根本利益、坚持正确意见的领导发生矛盾。这些年干群关系之所以会紧张,前两个原因起了很大作用。比如,一些干部利用特权,以权谋私、搞权钱交易,利用职位敲诈勒索、贪污受贿、知法犯法、损公肥私、铺张浪费、任人唯亲、拉帮结派,等等。这些虽然发生在少数干部身上,但影响恶劣,危害极大，严重损害领导的形象和威信，腐蚀社会风气，败坏干群关系。再比如，一些干部高高在上、滥用权力、官气十足、强迫命令、脱离实际、脱离群众、思想僵化、墨守成规、办事拖拉、好大喜功、打击报复、压制民主、吹牛皮讲大话、欺上瞒下、报喜不报忧、打击群众、跑官要官、买官卖官，等等，也严重伤害了干群关系。这些年，干群关系紧张，城市有，农村也有，农村尤为严重。

第五，由于社会主义市场经济体制改革、社会主义市场经济的形成，以及由此而引起的经济、政治、文化以及更广泛的社会关系的大变化，我国社会的生产关系、上层建筑诸方面、诸环节、诸因素的大变动，使得我国社会在主体阶级、阶层仍然存在的前提下，阶级、阶层和利益群体发生新的组合、产生和分化。

在我国社会目前阶段，工人阶级、农民阶级、知识分子阶层仍然是我国社会的主体阶级、阶层。但是，由于社会主义改革开放，社会主义市场经济体制的逐步形成，由于社会主义以公有制为主体多种所有制并存、以按劳分配为主多种分配方式并存的经济格局的逐步形成，由于社会主义初级阶段复杂的社会历史因素、政治因素、文化人文因素，特别是生产关系和上层建筑领域诸因素的作用，决定了在社会主义初级阶段改革开放的新条件下，我国社会的阶级、阶层、利益群体发生新的分化、组合，产生许多新的利益群体。

改革本身就是利益格局的新调整，原有的利益格局被打破了，新的利益格局形成了，这种利益格局的调整必将使原有社会阶级、阶层、利益群体发生结构性变化，阶级、阶层之间的关系与阶级、阶层内部结构都会发生变化，一些新的利益群体形成，一些老的利益群体发生分化和新的组合。

以公有制为主体的经济成分的多样化，以按劳分配为主的分配方式的多样化，使人们之间的收入分配逐步拉开差距，使人们的经济状况、政治地位和思想态度多样化，人们之间的利益差别状况和矛盾客观存在。利益取向大体一致的人们形成一定的利益共同体，从而划分为不同的利益群体。

在社会主义初级阶段市场经济条件下，人民内部的利益关系是由不同的利益群体之间的群际关系构成的，在人民内部，在工人阶级、农民阶级、工人阶级中的知识分子阶层存在的大前提下，存在着有一定利益差异和价值评价差异的不同的利益群体，他们之间存在一定的差别、矛盾、摩擦和冲突，存在着由各类不同利益群体构成的复杂的利益结构。

2. 人民内部矛盾的新问题

以上分析了在新的形势下，人民内部矛盾出现的一些新情况，围绕这些新的情况，方方面面有些议论和看法，理论界、学术界也展开一些争论。比如：（1）对于我国业已出现的个人收入差距过大的趋势问题，社会各界议论较多，有的认为"收入差距尚处于合理之中"，有的认为"贫富差距过于悬殊"，甚至还有的认为"收入分配严重不公，已达两极分化"。一方面打破了平均主义"大锅饭"，实行按劳分配为主多种分配方式并存的局面；另一方面还不同程度地存在平均主义"大锅饭"的现象。一方面，分配上已拉开一定的差距，有利于调动劳动者的积极性；另一方面，又存在分配不公、差距过大的现象。总体上看，目前收入分配尚处于合理之中，不能说已达"两极分化"，我们总的原则是使一部分人、一部分地区先富起来，反对两极分化，走共同富裕之路。共同富裕，这一条不能改变、也不容怀疑。当然，分配不合理现象也存在，且有收入差距扩大的趋势，这可能是社会矛盾发展的潜在因素，必须重视。（2）对于私营企业家群体崛起的现象，有一种观点认为，现在形成了新的资产阶级。应该说这种观点夸大了分配不甚合理的现象，不能把私营企业家群体的产生说成是剥削阶级形成，不能把企业家与雇员的关系说成是全社会的两极分化。当然，对于私营企业的发展及其带来的社会效应，应当高度重视。（3）对于工人阶级的内部结构和组成、作用和地位的变化，有些人误以为在国有经济企业中，厂长经理作为法人代表权力大了，他们才是企业的主人，工人无足轻重，不是真正的主人了。在非公有制经济中，工人处于被雇佣的被动地位，他们更不是主人了，对工人阶级的领导地位产生怀疑。因此，必须正确看待工人阶级的主体地位、作用和构成变化，坚持工人阶级的领导地位和作用。在建设中国特色社会主义事业中，必须坚定不移地依靠工人阶级，坚持工人阶级领导地位，充分发挥工人阶级领导阶级的作用。（4）对于少数领导干部腐败、官僚主义突出、严重脱离群众的现象，群众意见很大，舆论很多。甚至有的人打问号：是不是有特权利益集团？肯定地说，我们党的革命斗争历史、社会主义建设历史、社会主义改革开放的历史充分证明：我们党无愧是正确的、光荣的、伟大的党，我们的党员和干部绝大多数是经得起考验的，是全心全意为人民谋利益的。我们共产党没有自己的私利。也不是什么特权利益集团。至于个别人的腐败问题，并不代表党，也不代表全党绝大多数干部。（5）关于社会主义初级阶段不同利益群体的问题。一种意见认为，原有的阶级、阶层都不存在了，代之以新的利益群体，马克思主义的阶级分析方法也不适用今天的情况了，应当引用西方资产阶级理论家的利益群体分析方法。另一种意见则无视在社会主义改革开放的新的历史条件下，现有阶级、阶层重新组合和分化，以及新的利益群体产生的现实，仍然坚持用老眼光来看待今天的新变化，仍然套用阶级斗争的方法，去分析、处理今天的利益群体及其群际矛盾。以上两种意见都失于偏颇，离开了历史唯物主义的基本原则，离开我国社会主义初级阶段的现实国情。应当在坚持马克思主义阶级理论和阶级分析方法科学原则的前提下，在承认工人阶级、农民阶级、知识分子阶层仍然是我国社会现阶段的主体阶级的前提下，运用马克思主义的利益理论和利益群体方法，科学划分社会主义初级阶段的利益群体，正确认识和处理好社会主义初级阶段人民内部不同利益群体之间的矛盾，调动各方面的积极性。可以说，在我国社会主义的初级阶段，剥削阶级和阶级剥削的社会整体现象已经不存在了，作为社会整体现象的阶级斗争也不再是社会的主要矛盾了，但阶级差别仍然存在，阶级斗争仍然存在；同时，由于社会经济、政治各方面的原因，又形成了许多新的利益群体。如何运用历史唯物主义关于阶级和阶级斗争的理论，运用历史唯物主义关于利益和利益分析的理论，正确分析和认识社会主义初级阶段的阶级、阶层和利益群体及其关系，正确处理好社会主义初级阶段的阶级、阶层和利益群体的关系及矛盾，是一个十分重大的现实课题。

总之，我们应当运用邓小平理论的立场、观点、方法，对这些问题进行认真的调查研究、分析论证，要有明确的认识、肯定的说明、正确的回答，要讲出有说服力的事实和道理。只有科学地说明这些问题，并且在实际工作中有效地解决这些问题，对这些问题既不要大惊小怪，看不到主流，又要切实重视这些问题，把一些苗头解决在萌芽状态，才能正确处理好新形势下的人民内部矛盾。

3. 人民内部矛盾的新特点

当前我国人民内部矛盾的新特点是：

第一，物质利益矛盾大量化。

过去，在旧的高度集中的计划经济体制下，人民内部的物质利益矛盾也是存在的，但被平均主义的分配方式、被过度紧张的以阶级斗争为纲的政治氛围所掩盖了。改革开放以来，特别是实行了允许一部分人、一部分地区先富起来的政策，在分配领域打破了平均主义的"大锅饭"，激发了多种利益主体的竞争力和活力，城市居民在收入分配方面逐步拉开了距离，使得人民之间的物质利益矛盾突出出来并日益增多。从根本原因上来说，社会主义初级阶段生产力落后，商品经济不发达，物质财富不丰富，用于满足人民需求的物质生活资料显得极为紧张，这样在分配领域内人们的需求关系就显得十分紧张，物质利益矛盾就显得十分突出。同时，再加上客观存在的多种经济成分、多样化的分配方式以及现行体制尚不完善，具体的配套政策和措施如社会保障制度、税收制度等尚不健全，这就致使人民内部的物质利益矛盾显得格外突出。一般来说，人民内部的物质利益矛盾大量地、经常地发生于分配领域，当前突出反映在群众收入水平的差距上。我国改革开放以来，社会分配格局发生了新的分化和组合。一方面，分配上的平均主义尚未完全打破，分配的合理格局尚未完全形成；另一方面，又出现了收入差距过大和分配不公、悬殊过大的现象。尽管群众的收入总体上增加了，但许多群众心理不平衡，引起群众新的不满情绪，加剧了群众之间在物质利益上的摩擦和矛盾。

第二，群际矛盾明显化。

在社会主义初级阶段，由于多种所有制形式、多种分配方式并存，人民群众在分配收入上又不同程度地拉开了档次，致使人民内部形成明确分野的多种利益群体。如在工人阶级内部形成国有企业工人群体、混合所有制企业工人群体、乡镇企业工人群体、外资企业工人群体、私营企业工人群体；同一工人群体内部又存在脑力劳动者群体和体力劳动者群体，经营者、管理者群体和物质生产者群体；在私营企业内部存在业主群体和雇员群体，还产生了外商经济的高级代理人和管理者群体与职工群体、个体工商业者群体和个体劳动者群体，等等。人民内部的利益群体呈多元化的格局，群体之间界限分明，群体利益要求明确，群际矛盾明朗化。

第三，干群矛盾突出化。

在我们党成为执政党的条件下，特别是改革开放和发展社会主义市场经济的新形势下，领导和群众的矛盾在内容上和表现形式上有许多新的特点。比如，少数领导干部的腐败行为，官僚主义的广泛存在，已经引起人民群众强烈不满，严重地影响了干群关系，激化了干群矛盾。现在看来，人民内部矛盾往往会集中地通过干群关系而表现出来，又集中表现为群众同干部中的官僚主义、腐败现象的矛盾。党群关系、干群关系成为人民群众议论的中心课题，成为人民内部矛盾汇集的一个焦点。

第四，思想政治矛盾多样化。

人民内部矛盾不仅大量存在于经济生活领域，而且还存在于政治生活领域、文化生活领域和精神生活领域等更为广泛的社会生活领域。社会主义市场经济体制改革同时提出了政治体制改革的任务，使政治生活的各种关系和矛盾多样化。比如，党政关系和矛盾、执政党同民主党派的关系和矛盾，中央政府同地方政府的关系和矛盾，党内的关系和矛盾，等等。

在我国社会主义发展的初级阶段，反映在思想领域的矛盾，表现为敌我和人民内部两种不同性质的思想矛盾。敌我性质的思想矛盾是对抗性的、阶级斗争性质的思想矛盾。人民内部的思想矛盾一般来说是非对抗性的矛盾，是我国社会目前阶段意识形态领域内的主要矛盾。人民内部的思想战线上的矛盾同时表现为两种类型的矛盾：一种是带有阶级斗争性质的人民内部的思想斗争和矛盾；另一种是不带有阶级斗争性质的人民内部的思想竞争和矛盾。后者又在我国社会目前阶段意识形态领域内人民内部思想矛盾中居主导地位。

在社会主义初级阶段，剥削阶级思想残余还会大量存在。封建主义的思想残余、资本主义的腐朽思想还会顽固地在思想领域内拼命地表现自己。因此，在社会主义发展的初级阶段，社会主义思想和剥削阶级的残余思想，尤其是同封建主义残余思想、资产阶级腐朽思想的矛盾还是很尖锐的。我国社会主义初级阶段人民内部思想矛盾的复杂性就在于，社会主义思想同旧社会剥削阶级残余思想的矛盾，渗透到人民内部的正确与错误、先进与落后、革新与保守、科学与迷信的思想矛盾中来，并占有很大的比重。这个特点决定了社会主义初级阶段思想领域内人民内部的是非问题，在许多方面还带有对抗的属性，带有阶级斗争的性质。如果我们处理不好，这些带有对抗属性、带有阶级斗争性质的思想是非矛盾，就会转化为思想领域内的敌我对抗性质的矛盾。

在我国社会主义现阶段，在思想战线上，大量地、经常地、反复地表现出来的是不带有阶级斗争性质的人民内部的思想矛盾，这类思想矛盾构成了我国社会现阶段意识形态领域内的主导性矛盾。人民内部在根本利益一致基础上的思想矛盾，表现为人民内部的正确与错误、新的与旧的、先进与落后、科学与迷信、革新与保守的矛盾，即表现为人民内部的思想是非矛盾。

当前，我国正处在深化改革开放、新旧体制加速转型的过渡时期，上层建筑和观念形态也经历着深刻的变化，从而使得人们的思想观念出现异常复杂的情况。特别是市场经济观念深入人心，会使人们的心理结构和交往方式发生深刻的变化，引起人们在思想观念、价值取向、生活方式上的冲突和矛盾。比如，利己主义、拜金主义和集体主义、社会主义思想、道德、价值观念的矛盾；享乐思想、腐朽落后思想同艰苦奋斗精神的矛盾，等等。还有，改革开放过程中会出现许多新的问题，会触动每一个人的利益神经，并且最终要从每个人的切身利益上反映出来，从而在人们的思想上、心理上、情绪上也容易造成某种程度的波动、失衡和冲突，使得人民内部的思想矛盾更加复杂。

第五，民族宗教矛盾复杂化。

一般来说，我国社会主义现阶段的民族、宗教矛盾属于人民内部矛盾。但是，近几年来，由于西方敌对势力对苏联、东欧推行"和平演变"战略得手后，把渗透、分裂、破坏、颠覆的重点转向中国，利用民族、宗教问题大做文章，同时国际上民族分裂、民族独立等极端民族主义思潮泛滥，内外民族分裂主义分子相互勾结，兴风作浪，加之我们在主观上对有些民族、宗教问题处理不当，工作上有失误，致使近些年来我国民族宗教问题错综复杂，两类不同性质的矛盾交叉在一起，各类突发事件屡屡发生，严重影响我国民族聚居地区和边疆少数民族地区的稳定。从我国近些年发生的民族宗教事件来看，绝大多数参与各类突发事件的群众矛盾都属于人民内部矛盾。

第六，经济矛盾尖锐化。

我国正在进行的社会主义市场经济体制的改革是一场深刻的革命。改革既然是一场革命，就必然在各个方面、各个层次上触及人们的利益，打破旧的平衡，引起人们利益关系的新变化和利益格局的新调整。在这个改革、调整的过程中，人民内部的各类经济矛盾必然会格外突出、尖锐，同时会产生新的经济矛盾。改革一方面繁荣了社会主义经济，另一方面又使人民内部的经济利益矛盾更加普遍和明显。如，中央和地方的经济利益关系，地方政府和企业的经济利益关系，不同所有制企业之间、同一种所有制的企业与企业之间的经济利益关系，企业与职工之间的经济利益关系，不同所有制企业、不同行业企业的职工之间，同一企业内部职工之间的经济利益关系，等等，都会有新的变化，形成新的经济利益矛盾格局。又如，以建立现代企业制度与增强企业活力为重点的城市经济体制改革，既增强了企业的积极性，使企业之间发生了广泛的横向经济联系，同时又使得社会主义的经济关系趋于复杂化，有可能促使企业更多地注重自身效益，使生产和分配领域内的经济利益矛盾更突出、更复杂。再如，由于发展市场经济，逐步培育了各类市场，利用市场机制进行经济调节，一方面搞活了社会主义经济；另一方面又使得社会主义的市场关系复杂化、矛盾多重化，如生产者、销售者和消费者互相之间的矛盾，统一市场与地区、行业分割的矛盾，合法经营与非法经营的矛盾，正当竞争和不正当竞争的矛盾，等等。还如，我国是在国民经济高速运行中推进经济体制改革的，在新旧体制转换过程中还要保持经济的高速增长，因此整个经济环境相对紧张，这就必然带来改革、发展与稳定的矛盾,生产与消费的矛盾,加快发展与提高效益的矛盾,东部沿海地区和中西部地区的差距和矛盾,等等。当然,总的来说,市场经济的改革会逐步使各方面的经济利益趋于合理化,但由于方方面面都有各自的经济利益追求,所以围绕着经济利益问题,各方面的经济矛盾也会显著化、突出化、复杂化和尖锐化。

第七,矛盾冲突激烈化。

在社会主义初级阶段,由于复杂的国际国内原因,人民内部存在着某些矛盾冲突、对抗和激化现象,弄不好甚至可能会引发政治冲突和社会动乱。对有些乱子处理不好,有可能还会转化为敌我矛盾。改革开放以来,人民内部的各类矛盾冲突、对抗激化现象逐渐增多。比如,一些群众会因为对收入、住房、工资、物价等各方面的福利待遇不满,而采取停工、罢课、集体上访、游行示威、冲击政府等直接形式的对抗;一些群众之间会因为财产纠纷、资产分配、土地使用、拆迁等问题,爆发激烈的纠纷和暴力冲突。如果对这类问题缺乏警惕,处理不当,就有可能酿成更大的社会动乱,影响社会主义的政治稳定。

搞改革、搞开放、搞建设,根本目的是为人民群众谋利益,当然首先要保证推进社会主义现代化建设的主体的工人、农民、知识分子的利益。但随着改革的深化,也会在相当广泛的方面,触及人民内部各个利益群体的利益,涉及各个地区、各个方面,涉及每一个人,由此就会使人民内部的各种矛盾扭结、碰撞、摩擦,形成错综复杂的矛盾局面。这就需要我们的干部审时度势,头脑清醒,认清新时期人民内部矛盾的新情况、新问题、新特点,牢牢掌握新时期人民内部矛盾的发展及变化规律,尽可能地化消极因素为积极因素。

二　新形势下人民内部矛盾的几个理论问题

在新的形势下，提高正确对待人民内部矛盾的政策观念和处理能力，必须结合新的实际，研究新时期人民内部矛盾的新情况、新问题、新特点，进一步丰富新时期人民内部矛盾理论。

1. 人民内部矛盾是我国社会现阶段人际关系上的主要矛盾

目前，在我国社会发展的现阶段仍然存在着两类不同性质的社会矛盾：一类是人民内部矛盾，一类是敌我矛盾。人民内部矛盾是在人民范围内发生的、根本利益一致基础上的、非对抗性的社会矛盾。敌我矛盾是人民和敌人这两大社会势力、社会因素之间，在根本利益对立基础上产生的对抗性、阶级性的社会矛盾。由于复杂的国内、国际因素，复杂的经济、政治、思想、文化等社会历史原因，在我国社会主义发展的初级阶段，在改革开放的新时期，两种不同性质的社会矛盾还将长期存在，甚至在某些特定条件下，敌我矛盾还有可能激化，存在着两类不同性质的矛盾交叉在一起的错综复杂的政治局面。尽管如此，在大量的社会矛盾中，突出地、大量地、经常地表现出来的仍然是人民内部矛盾，人民内部矛盾是我国社会现阶段人际关系上的主要矛盾。正确处理人民内部矛盾，是我国改革开放新形势下国家政治生活的主题。

第一，社会主义制度的性质，决定人民内部矛盾是我国社会主义现阶段人际关系上的主要矛盾。

在我国，社会主义制度确立以后，社会关系发生了根本变化，人民内部矛盾代替了阶级矛盾，成为社会主义国家内部人际关系上的主要矛盾。在阶级社会里，人际关系本质上表现为阶级关系，阶级矛盾、阶级斗争便成为阶级社会国家政治生活的主题，成为人际关系上的主要矛盾。社会主义制度确立之后，剥削制度作为一个完整的社会制度已经不存在了，剥削阶级作为一个完整的阶级也不存在了，社会主义国家内部的人际关系性质发生了根本的转变，国家政治生活的主题也发生了根本的变化，尽管阶级差别和阶级矛盾仍然在一个相当长的历史时期内存在，但阶级斗争已经不是国家政治生活的主题了，阶级矛盾已经不是人际关系上的主要矛盾了。由于目前我国正处于社会主义发展的初级阶段，社会生产力相对落后，物质财富和精神财富相对缺乏，还不能满足人民不断增长的物质文化需求；由于我国社会目前阶段还保留旧式分工的特点，还存在重大的阶级差别和社会差别；由于还存在以公有制为主体的多种经济成分；由于还存在以按劳分配为主体的多种分配形式；由于社会主义市场经济存在着种种矛盾；由于社会主义初级阶段上层建筑及其政治体制还不完善、不成熟，民主和法制还不健全；由于社会主义国家在政治上、思想上、文化上、道德上还带有旧社会的胎记，等等，致使在我国社会主义发展的初级阶段，在人民内部还不可避免地存在着大量的矛盾，这些矛盾构成了我国社会现阶段人际关系上的主要矛盾，正确处理这些矛盾便成为我国现阶段政治生活的主题。

第二，我国社会主义现阶段基本矛盾的性质和特点，决定人民内部矛盾在我国各类社会矛盾中居主要地位。

在现实社会中，生产力与生产关系、经济基础与上层建筑的社会基本矛盾一定要通过人与人之间的交往关系而表现出来，也就是说，社会基本矛盾一定要表现为人际矛盾。在阶级社会中，社会基本矛盾大量地、主要地通过人们之间的阶级关系表现出来，表现为占主要地位的阶级矛盾和阶级竞争。我国社会主义制度确立以后，生产关系基本适合生产力的发展，上层建筑基本适合经济基础的需要，当然在基本适合的前提下，生产关系还存在不适应生产力的方面和环节，上层建筑还存在不适合经济基础的方面和环节，这些不适合的方面和环节往往通过体制而表现出来。在我国社会现阶段，社会基本矛盾具体表现为：原有的生产关系的具体形式即经济体制存在不适合生产力发展的情况；原有的上层建筑的具体形式即政治体制存在不适合经济基础需要的情况。我国社会基本矛盾既相适应又相矛盾，基本相适应前提下存在一定的非对抗性矛盾的性质和特点，决定了在我国劳动人民内部不存在根本对立的利益矛盾和利益冲突，社会基本矛盾在人际关系上大量地、主要地表现为人民内部的矛盾关系。

第三，我国社会现阶段社会生产与社会需要的主要矛盾的性质和特点，决定在人际关系上大量地、经常地、主要地表现为人民内部矛盾。

现阶段我国所要解决的主要矛盾是：人民日益增长的物质文化需要同相对落后的社会生产之间的矛盾。在人与人的具体关系上，初级阶段的这个主要矛盾集中表现为人民内部在利益分配上的矛盾：一方面是相对落后的社会生产，生产出有限的社会物质和精神财富；另一方面又是不断增长的人民群众的物质文化需要。群众日益增长的物质文化需求面对着有限的、还不能满足人民需要的社会物质和精神产品，致使人民内部在消费品分配方面的矛盾格外突出。

第四，改革开放、建立社会主义市场经济体制的新变化，更使人民内部矛盾在我国社会人际关系上居主导地位。

在社会主义改革开放和发展经济的新形势下，在社会主义市场经济的形成过程中，新旧体制的转换，利益分配格局的变化，致使人民内部矛盾更加突出。改革开放一方面繁荣了经济，提高了人民生活水平；另一方面又使人民内部利益矛盾更加普遍和明显。经济成分、分配方式的多样化，使人民内部不同利益群体的收入差别拉大，加大了不同利益群体之间的差别和矛盾。社会主义市场经济的发展，使经济关系复杂化、分配格局多样化、矛盾多重化。经济领域的矛盾引发了政治领域、思想领域的矛盾。经济、政治、思想文化的变化，又使得人民内部的人际矛盾关系更为复杂化、多样化、突出化，成为新时期人际关系上的主导因素。

2. 利益矛盾、特别是不同利益群体之间的矛盾是人民内部各类矛盾的集中表现

毛泽东同志在《关于正确处理人民内部矛盾的问题》一文中，除了着重谈到人民内部在政治思想上的矛盾以及解决这些矛盾的办法以外，还特别谈到人民内部的利益矛盾，强调从生产和分配上来处理好人民内部的各种利益矛盾。但是由于当时历史条件的局限，在论述人民内部矛盾时，他对着重从经济根源上分析人民内部矛盾产生的社会原因重视不够。社会主义的改革实践证明，只有从经济根源上对人民内部矛盾进行深刻的、正确的分析，才能正确认识和处理人民内部矛盾问题。

人民内部矛盾是一个由许多矛盾构成的复杂系统；有工人阶级、农民阶级和其他群众之间的矛盾，各民族之间的矛盾，地方和地方之间、集体与集体之间的矛盾；工人阶级内部的矛盾，农民阶级内部的矛盾，知识分子内部的矛盾，个体劳动者内部的矛盾，私营经济经营者内部的矛盾；工人阶

级、农民阶级和其他劳动阶级同私营经济经营者之间的矛盾；执政党、人民政府同人民群众之间的矛盾，领导同群众之间的矛盾，上级同下级之间的矛盾，党与非党之间的矛盾，党内的各种矛盾；以及国家、集体、个人之间的利益矛盾，个人之间、各个利益群体之间的利益矛盾……这些矛盾分别在经济、政治、意识形态等领域表现出来，其中人民内部的物质利益矛盾，是一切人民内部矛盾产生的物质经济根源，是制约其他各类矛盾发展的主导性矛盾。在人民内部矛盾体系中，利益矛盾具有根源性、主导性、群体性、非对抗性的特点。

在我国社会主义初级阶段，第一，社会生产力相对落后是人民内部利益矛盾存在变化的物质原因，初级阶段生产力发展相对落后，造成人们生活资料相对匮乏，在分配问题上的各方关系会相对紧张。如果分配不合理，就会使分配领域人民内部的矛盾更加尖锐。第二，旧式分工、旧的社会差别是社会主义初级阶段人民内部利益矛盾存在变化的社会历史原因。第三，我国现阶段不同的经济成分与不同的分配方式，是人民内部利益矛盾存在变化的生产关系上的原因。社会主义初级阶段不同性质的经济成分、多样化的分配方式决定人民内部利益矛盾的复杂性。例如，在社会主义初级阶段，不仅有公有制的国有经济、集体经济成分、混合经济成分，还有个体经济和私营经济成分，这使得人民内部的利益矛盾就会表现为：公有制单位劳动群众同个体劳动者以及私有经济经营者、雇主之间的利益矛盾；私营企业雇主同雇员的利益矛盾；个体经济经营者、私有经济经营者同广大消费群众之间的利益矛盾。第四，社会主义市场经济是人民内部利益矛盾存在变化的经济原因。在社会主义初级阶段市场经济复杂的经济关系背后，在人民内部隐藏着各种错综复杂的经济利益矛盾。第五，我国社会现阶段不成熟、不完善的经济政治体制是人民内部利益矛盾存在变化的体制上的原因。社会主义初级阶段不成熟、不完善的经济基础具体体制，不完善、存在某种弊端的上层建筑具体体制，致使人民内部矛盾更为复杂、更为突出，有时还可能会表现为激烈的利益冲突。第六，带有旧社会痕迹的初级阶段的思想、文化、道德状况是人民内部利益矛盾存在变化的思想原因。初级阶段思想、文化、道德发展的相对落后，使得社会主义初级阶段本来就存在的人民内部利益矛盾更加突出。

所有这些深刻的历史、经济、政治、文化等社会原因，决定了在我国社会现阶段现时期各个利益主体之间，还存在个别、特殊利益之间的矛盾，还存在个别、特殊利益同集体利益、社会共同利益之间的矛盾。人民内部的利益矛盾是人民内部矛盾产生和发展变化的根源，它能够影响、导向其他各类矛盾的发展变化。

人民内部的利益矛盾和冲突具有横向和纵向两个基本形式。在横向方面，表现为个人之间，各个利益群体、阶层、阶级之间，甚至民族与民族之间的利益矛盾和冲突。在纵向方面，表现为个人、群体和国家三者之间的利益矛盾和冲突，而这三者的矛盾冲突又是通过劳动者个人同（国家或群体）企业的领导者和管理者，同国家机关的领导干部之间的矛盾关系表现出来，具体来说表现为领导同群众之间的利益矛盾和利益冲突。譬如，反映整体利益、长远利益的领导人员的决策和措施同群众中某些只顾眼前利益、过分追求个人利益的不良倾向之间的矛盾和冲突；领导中间不关心群众痛痒的官僚主义作风同群众的正当合理的利益要求之间的矛盾和冲突；个别领导的贪污腐败现象同人民群众维护自身利益斗争之间的矛盾和冲突，领导主观犯错误而带来的对群众利益的损害同人民群众的不满情绪的矛盾和冲突，国家机关领导者和企业领导者、中央同地方、上级同下级之间的矛盾和冲突。

人民内部的利益矛盾主要通过人民内部不同利益群体之间的群际矛盾而表现出来。在阶级社会中，利益群体集中表现为阶级性群体。在社会主义制度的国家，剥削阶级和被剥削阶级的阶级群体的对立已经被消灭了，但阶级群体之间还存在一定的差别，比如工人阶级同农民阶级之间，劳动群众同私营企业主阶层之间都有重大的利益差别。特别是在工人阶级、农民阶级内部，还因收入不同、经济地位不同，而存在一定差别的多种利益群体。不同利益群体之间的矛盾是人民内部矛盾的集中表现。

一般来说，人民内部利益矛盾是非对抗性的，但弄不好，也可能转化成对抗性矛盾。目前我国正处于新旧体制交替的改革新时期，为了适应我国生产力发展现状的要求，我们正在进行经济和政治体制改革。随着我国经济结构和政治结构的变化，原有的利益群体结构也发生了相应的变化，冲破了原来不合理的利益格局。我国目前的利益群体结构正处于一个急剧变化、重新组合的新时期，利益格局的变化必然决定利益群体组织和群体行为的多层次性和多样性。一定的利益意识必然导致一定的利益行为趋向，一定的利益趋向使存在一定差异的利益群体之间进一步产生群际间的摩擦、冲突和矛盾，甚至造成对抗性的矛盾，从而影响群际间利益关系分配的不平衡，形成复杂的群际关系和群际矛盾。譬如，工农产品差别引起的工农两大群体之间的利益矛盾，私营性质的所有制引起的私营企业中的雇主和雇员两个群体的利益矛盾，等等。在社会主义市场经济的转换和形成过程中，我国人民内部不同利益群体之间的利益矛盾显得格外突出和复杂。

3. 领导与群众的矛盾是新时期人民内部矛盾的重要表现

在整个人民内部矛盾中，一般情况下，领导和群众的矛盾是人民内部矛盾的一个重要表现，是人民内部矛盾存在、发展和变化的主线。这是因为：

第一，在国家政治生活当中，我们党是执政党，我们党的各级领导干部在政治、经济、文化等社会生活领域中处于领导者的地位。整个社会主义事业的成败与领导有关，一切问题和一切失误同领导的工作和责任也有关。领导者的工作对象就是广大人民群众，一方面，领导肩负着领导群众、教育群众、组织群众、动员群众的职责；另一方面，领导又必须依靠群众，服务于群众，接受群众的监督，不脱离群众。这样，领导和群众关系就构成了社会主义人际关系的主线，它们之间的矛盾就构成了人民内部矛盾的重要表现。

第二，社会主义国家最主要的一些社会矛盾，在许多情况下往往会通过人民群众同领导之间的矛盾关系而表现出来。例如，社会基本矛盾在领导与群众之间的关系上具体表现为，作为生产力要素的劳动群众同作为国家经济职能和政治职能的管理者、执行者的领导人员之间的矛盾；在社会主义初级阶段，相对落后的社会生产同人民群众不断提高的物质文化需要之间的矛盾，突出表现为社会消费品供应满足不了人们的需要，解决消费品短缺现象是各级领导不可推卸的责任，尤其是当经济出现严重困难，处于消费品奇缺的状态下，领导便成为一切社会矛盾的焦点，领导同群众的矛盾便成为一切社会矛盾的一个集中表现。有些矛盾虽然并不直接表现为领导与群众的矛盾，但这些矛盾经常需要由领导来处理，如果处理不当,便转而表现为领导与群众的矛盾。

一般来说,领导同群众的矛盾是非对抗性矛盾。但是,当领导重大决策失误损害人民群众的根本利益,当领导严重的官僚主义危害人民群众的正当利益要求,当领导中的变质分子侵吞人民财产,当群众提出不合理的要求,同时又受到坏人挑拨起来闹事时,如果领导处理不及时、不果断、不正确,就会使矛盾激化,出现对抗甚至有可能转变成对抗性矛盾。

领导和群众的矛盾其主导方面在于领导。刘少奇同志说过:"社会上一切不合理的现象,一切没有办好的事情,领导上都有责任。人民会来责问我们国家、党、经济机关的领导人,而我们对这些问题应该负责任。"① 在领导和群众的矛盾中,如果领导方面是错误的,群众方面是正确的,那么矛盾的主导方面毫无疑问是在于领导,在于领导是否能够改进自己的错误,求得群众的谅解。如果领导方面是正确的,群众方面是错误的;如果领导上没有官僚主义;问题也会容易解决。即使这种情况,一般来说,就领导的任务和职责来说,矛盾的主导方面也在于领导,在于领导对群众的说服教育工作,在于领导是否采取正确的处理措施。例如,当群众对分配问题提出不合理要求而闹事时,关键还在于领导及时对群众进行说服、教育和疏导工作。当然,我们也不能因此把群众中出现的一切矛盾和问题都归咎于领导,我们说领导处于矛盾的主导方面,是指领导的责任、领导的工作,不单就领导的是非问题而言。刘少奇同志还指出,人民内部矛盾大量地表现在人民群众同领导者之间的矛盾问题上,"更确切地

---

① 《刘少奇选集》下卷,中共中央党校出版社1985年版,第303页。

讲,是表现在领导上官僚主义与人民群众的矛盾这个问题上"。① 领导中的官僚主义、腐败现象和不正之风同群众的矛盾,构成了领导与群众矛盾的一个重要方面。我们党的根本宗旨是为人民谋利益。解决好领导同群众的矛盾,必须搞好党和政府的廉政建设,保证社会主义建设的主体力量——工人、农民、知识分子的利益,使全体人民生活水平普遍提高。

4. 人民内部矛盾的对抗和激化现象

从总体上看,人民内部矛盾是非对抗性矛盾,敌我矛盾是对抗性矛盾。但是如果混淆了两类不同性质的矛盾,失去警惕,处理不当,人民内部矛盾就有可能会激化或转化,出现严重的对抗现象和社会冲突。其原因在于:

第一,在人民内部还存在某些对抗性的矛盾。

在我国现实社会中,由于内部在经济上、政治上、思想上,还带有旧社会遗留下来的残余,外部还存在反社会主义势力的影响和破坏,这不仅会使社会主义存在一定数量的敌我矛盾,而且还会使人民内部存在某些个别的对抗性矛盾。比如,在经济上,从本质上来说,私有经济和公有经济是根本对立的两种经济成分,剥削和被剥削是根本对立的社会现象,但是在社会主义初级阶段,还要允许一定的私有经济存在,允许一定的剥削存在。于是,在一定条件下,本质上具有对抗性质的矛盾就采取了非对抗的存在形式。领导同群众的矛盾是非对抗性的矛盾,但领导中的严重的官僚主义和腐败现象同人民群众的矛盾,则是本质上具有对抗性质的矛盾。领导当中的一些官僚主义者虽然没有触犯社会主义法律,没有构成敌我矛盾,但在性质上却同人民群众构成了对抗性的

---

① 《刘少奇选集》下卷,中共中央党校出版社1985年版,第303页。

矛盾。在思想领域，社会主义的思想体系同封建主义、资本主义的思想体系是根本对立的意识形态，是属于对抗性的矛盾，但具体到分别带有这两种思想意识的人来说，他们之间的矛盾一般是属于人民内部矛盾。人民内部对抗性矛盾的存在是人民内部矛盾可能激化的必要原因。

第二，人民内部还存在一部分带有阶级斗争性质的矛盾。

由于国内因素和国际环境的影响，阶级斗争还在社会主义国家的一定范围内存在，这就不可能不影响和反映到人民内部，使得人民内部存在一部分具有阶级斗争因素的矛盾，即带有阶级斗争性质的矛盾。比如，人民内部的反对资产阶级自由化，反对资产阶级思想腐蚀，反对封建主义的斗争；人民群众同受剥削阶级思想影响，或受坏人诱骗、利用，而犯有轻微罪行的危害社会治安、影响社会秩序的一部分人之间的矛盾。这些矛盾显然带有阶级斗争性质，但仍然属于人民内部矛盾。带有阶级斗争性质的矛盾也是人民内部矛盾可能激化的深层原因。

第三，人民内部的非对抗性矛盾有可能转化成对抗性矛盾，人民内部不带有阶级斗争性质的矛盾，有可能转化为带有阶级斗争性质的矛盾，人民内部矛盾有可能转化成敌我矛盾。

矛盾是可以转化的。由于矛盾存在的主客观条件的变化，矛盾的性质有可能发生转化，而且这种转化是相互的。人民内部的非对抗性矛盾可能会转化成对抗性矛盾，对抗性矛盾可能会转化成非对抗性矛盾。人民内部不带阶级斗争性质的矛盾可能会转化成带阶级斗争性质的矛盾，带阶级斗争性质的矛盾可能会转化为不带阶级斗争性质的矛盾。人民内部矛盾可能会转化为敌我矛盾，敌我矛盾可能会转化为人民内部矛盾。譬如，如果矛盾处理失误，就有可能使本来是非对抗性的人民内部矛盾激化，转化成对抗性的人民内部矛盾。矛盾会发生转化是人民内部矛盾可能激化的重要原因。

第四，不同性质的矛盾错综复杂地交叉在一起，构成复杂的矛盾局面。

在我国社会复杂的现实生活中，一定范围内的阶级斗争同人民内部的非阶级斗争性质的矛盾；一定数量的敌我矛盾同大量表现出来的人民内部矛盾；不占主导地位的对抗性矛盾同占主导地位的非对抗性矛盾，并不是泾渭分明、清清楚楚地呈现在人们面前，而往往交织在一起，难分难解，构成错综复杂的社会矛盾局面。在社会主义初级阶段，这种复杂的社会矛盾现象尤为突出。例如，学生上街游行事件，一般来说，学生群体中的绝大部分人主观上是爱国的，属于人民内部矛盾，但究其事件的起因来讲却又十分复杂，有敌对势力从中破坏的原因，也有我们工作中的失误和缺点引起学生群体不满的因素……其中隐蔽起来的、蓄意煽动破坏的极少数坏人则属于敌我矛盾。这种错综复杂的矛盾局面是人民内部矛盾可能激化的客观原因。

第五，面对复杂的社会矛盾状况，领导者在主观认识和实际处理方面的失误，有可能导致矛盾激化。

面对复杂的国内外因素的综合作用，面对交错复杂的社会矛盾局面，如果我们丧失警惕，混淆矛盾，政策不当，处理不妥，解决不及时，人民内部的非对抗性矛盾有可能转化为对抗性矛盾，人民内部的一些矛盾就可能激化，以至产生对抗现象，甚至可能会转化为敌我矛盾。比如工人罢工、群众性的暴力冲突和流血事件，其中有些因生活消费品供应不足或涨价，开始只是引起群众的不满，但后来处理不当，使得矛盾积累激化，最后才导致成为对抗性的冲突。在对抗性冲突中，除个别少数坏人之外，大多数参与事件的人民群众，还是属于人民内部矛盾。失去警惕，混淆矛盾，政策不当，处理不妥，是人民内部矛盾可能激化的主观原因。

人民内部的矛盾对抗现象可以引起更广泛的社会冲突，这种社会冲突同社会主义初级阶段的阶级斗争、敌我矛盾交叉在一起，纠合在一起，再加上我们主观上处理失策，就会进一步激化、白热化，酿成社会动乱，严重破坏社会的正常秩序，危害社会主义的政治稳定。因此，必须对人民内部矛盾可能出现的对抗和激化现象有高度的警惕性。

三　解决新时期人民内部矛盾的基本方法

"不同质的矛盾，只有用不同质的办法才能解决。"[1] 解决人民内部矛盾，必须使用不同于解决敌我矛盾的办法。新形势下的人民内部矛盾，总的来说，还是在建设有中国特色社会主义这个共同目标下，人民根本利益一致基础上的非对抗性矛盾，尽管还存在一定的对抗性矛盾，有时呈现出复杂的情况，但只要工作做好了，还是能够解决的，关键在于我们的工作。

第一，主要用经济办法，来解决人民内部的得失矛盾。

利益矛盾就是得失矛盾。毛泽东同志在谈到人民内部利益矛盾时，强调"必须经常注意从生产问题和分配问题上处理上述矛盾"，[2] 提出要用经济方法处理人民内部利益矛盾的

---

[1] 《毛泽东选集》第1卷，人民出版社1991年版，第311页。
[2] 《毛泽东文集》第7卷，人民出版社1999年版，第221页。

思想。邓小平同志在 1979 年提出："我们必须按照统筹兼顾的原则来调节各种利益的相互关系。如果相反，违反集体利益而追求个人利益，违反整体利益而追求局部利益，违反长远利益而追求暂时利益，那末，结果势必两头都受损失。"①经济方法是解决人民内部利益（主要指物质、经济利益）矛盾的最主要、最基本的方法，"统筹兼顾、全面安排"是解决人民内部利益矛盾的经济方法的基本原则。

如何贯彻统筹兼顾全面安排的原则，用经济方法来解决人民内部的利益矛盾呢？首先，必须建立有利于协调人民内部利益矛盾的，适合社会主义市场经济的经济、政治体制。只有兼顾到各方面的利益需要，调整好人民内部的利益矛盾，才能调动起人民群众的积极性，而这一切又必须有一个适当的体制来保证它的贯彻和实施。目前我国正在进行社会主义改革，目的就是要建立社会主义的市场经济体制，运用市场经济的规律和机制的作用，通过经济政策和经济立法的实施，从制度上协调利益矛盾。其次，建立合理的分配体制，实施允许一部分人先富起来，最终走共同富裕道路的政策，协调好各方面的利益关系。社会主义市场经济体制是按照市场经济发展的规律进行消费品的分配。在社会主义初级阶段，存在着不同的利益群体，这些利益群体之间存在着重大的利益差别，这就要求我们建立适合市场经济的，适合不同利益群体的，以按劳分配为主的，按需分配、按生产要素分配等多种分配形式并存的分配体制，既要反对平均主义、允许一定的利益差别存在，让一部分人先富起来，又要反对分配悬殊过大，两极分化，以引导大家走共同富裕的道路。还有，采

---

① 《邓小平文选》第 2 卷，人民出版社 1994 年版，第 175—176 页。

取正确的经济政策、经济办法，通过经济手段来解决人民内部的利益矛盾。我国农村实行家庭联产承包责任制以后，之所以能够极大地调动起广大农民的积极性，就在于它通过正确的经济政策和经济措施，比较好地把个人、集体、国家三者利益结合起来。市场经济体制改革的重要环节，也是要通过正确的经济政策和经济措施，处理好国家、企业和职工三者的利益关系。如果我们能做到保证企业相对独立的经济利益，建立多种形式的经济责任制，保证职工合理的个人收益，那就可以调动企业和职工的积极性。再次，解决人民内部的利益矛盾，还需要进行必要的思想政治工作。必要的思想政治工作和正确的经济方法是相辅相成的。正确的经济方法是解决人民内部利益矛盾的前提和基础，必要的思想政治工作是解决人民内部利益矛盾必不可少的辅助条件。当然，用经济方法来解决好人民内部的利益矛盾，最根本的是发展生产力、发展经济，把蛋糕做大，只能从生产力发展上满足人民不断提高的物质文化需求，才能从根本上解决好人民内部的利益矛盾。

第二，必须用民主的方法，来解决人民内部是非矛盾。

人民内部在思想政治上的矛盾就是一个是与非的问题，即是非矛盾。毛泽东同志指出：凡属于思想性质的问题，凡属于人民内部争论的问题，只能用民主方法来解决，只能用讨论的方法、批评的方法、说服教育的方法来解决，而不能用强制的方法、压服的方法来解决。他还把民主的方法概括为一个公式，叫做"团结—批评—团结"。邓小平同志也说，在党内和人民内部的政治生活中，只能采取民主的手段，不能采取压制、打击的手段。民主的方法，不仅是解决人民内部思想是非问题的基本方法，而且是解决人民内部政治生活领域的矛盾的基本原则。民主的方法主要包括两个方面，一是建立民主法制的政体，通过健全的民主法制制度来解决矛盾；二是采取民主的、说服的、教育的手段和办法来解决矛盾。

第三，必须根据具体情况，采取多种具体的、综合的方法来解决人民内部各类矛盾。

在我国现阶段，人民内部矛盾并不是简单、孤立的矛盾，而是一个复杂的、与外部因素相互联系的，内部各类矛盾相互作用的矛盾系统。因此，在解决人民内部矛盾的时候，所采取的方法也不可能是单一的、永久不变的。必须根据矛盾的具体情况和变化，采取综合性的、多种多样的办法来解决。在这里，没有一成不变的公式，也没有包治百病的处方，不同性质的矛盾只能用不同的办法来解决。同一性质的矛盾因其表现不同，也必须用不同的方法，通过综合协调来解决。

各级领导机关、各级领导干部要敢于负责任，认认真真，兢兢业业，善于调查研究，针对新形势下人民内部矛盾的具体实际，做好各类矛盾的化解工作。现实生活中的各类人民内部矛盾是十分复杂的，各类矛盾也绝对不是孤立的，必须采取综合措施来解决。首先，必须大力加强思想政治工作，立足于理顺情绪，增进理解，调动积极因素。新形势下出现的各类矛盾，多属于利益分配上的矛盾，或者是思想认识上的问题，要多做说服、调解、协调、疏通工作，使矛盾的各方互谅互让，顾全大局，求同存异，切不可等矛盾成了堆，结了疙瘩，再动手去解决。其次，要注意工作方法，关心群众生活，少说空话、官话、套话、废话，少搞形式主义，为群众排忧解难，多办实事。还有，必须大力开展反腐倡廉斗争，努力克服官僚主义，这是理顺群众情绪，缓和、解决人民内部矛盾的一个极其重要的方面。今天，人民内部的各类矛盾相当复杂，必须认真对待，不得有丝毫的懈怠。要动员各方面的力量，采取综合的办法，共同做好工作，通过思想政治工作，通过深化改革，通过民主和法制化的途径，调整好人民内部矛盾，最大限度地调动起人民群众改革的热情和建设的积极性。

第四，深化改革，发展社会主义生产力，发展社会主义市场经济，建立社会主义民主和法制，是解决人民内部矛盾的根本性办法。

解决好新形势下人民内部矛盾，最根本的还是要靠进一步深化改革、发展社会主义生产力，发展社会主义市场经济，引导人民逐步走上共同富裕的道路。同时必须加强社会主义民主和法制建设，推进政治体制改革，从根本上建立协调人民内部各类矛盾的制度和机制。必须坚持社会主义精神文明建设，提高全体国民的素质，只有在这个基础上，才能按照统筹兼顾的原则，调节好方方面面的利益关系，建立起有效的利益调整机制，才能在利益协调过程中，把广大群众凝集在党的周围，真正把群众团结起来、调动起来。

补遗三　正视差距、重视差距，选择协调均衡发展战略，推进中西部的发展，逐步缩小地区差距[*]

改革开放以来，中国各地区均获得了难得的发展机遇，但在整体大发展的同时，不同地区之间，特别是东部地区与中西部地区之间也拉大了发展差距，使我国的经济社会发展面临着一些新的问题。科学地认识发展中的差距，选择协调均衡发展战略，积极推进中西部地区的发展，逐步缩小地区差距，对于进一步调动各地区、各民族人民的积极性和创造性，全面推进社会主义现代化建设，最终实现社会主义共同富裕，具有十分重要的战略意义。

一　差距是客观存在、不可避免的，甚至还有扩大的趋势

我国地区差距主要是指我国三大经济地带即东、中、西

---

[*] 这篇文章是作者参加1996年12月在香港召开的"中国经济改革与社会发展中的各地区间协调发展国际研讨会"时提交的论文，收进此论文时仅在数据资料上作了一些新的补充。

部地区的差距。根据"七五"计划，三大经济地带分别是：东部沿海地带，包括北京、天津、河北、辽宁、上海、江苏、浙江、福建、山东、广东（当时海南尚未建省）、广西；中部地带，包括山西、内蒙、吉林、黑龙江、安徽、江西、河南、湖北、湖南；西部地带，包括四川（当时重庆还不是直辖市）、贵州、云南、西藏、陕西、甘肃、青海、宁夏、新疆。我们可从经济发展水平、产业结构水平、固定资产投资水平、利用外资水平和收入水平等几个方面，历史地分析一下东部与中西部地区的差距。

1. 国民生产总值（GNP）的差距

1980年至1994年的15年间，GNP的年均增长速度，东、中、西部之比为19.88：16.20：15.78，差距明显拉大，东部地区高出中部地区3.68个百分点，高出西部地区4.10个百分点。1987年人均GNP东、中、西部分别为1492元、888元和715元，东、中、西部之比为1：0.62：0.50，三者之间虽有差距，但不甚悬殊；但到1993年，人均创造的GNP，东、中、西部分别为4580元、2075元和1408元，东、中、西部之比扩大为1：0.45：0.31，东部地区是中部地区的2.21倍，是西部地区的3.25倍。东、中、西部地区人口在全国的比重，近15年内几乎没有明显变化，但GNP在全国的比重却发生了较大变化。1980年为52.3：31.2：16.5，1993年则为60.1：26.8：13.1。1993年与1980年相比，东部地区的比重提高了7.9个百分点，中、西部地区则分别下降了4.4个和3.4个百分点。仅占国土总面积10.7%的东部地区创造的GNP，却为占国土总面积69.1%的西部地区的近5倍。到1998年年底，东、中、西部人均创造的GNP分别为9403元、5201元、4021元，东、中、西部GNP占全国的比重为58.1：27.9：14.0。

国民生产总值及人均国民生产总值增长的绝对差距在不断拉大。1979—1991年，国民生产总值绝对差距的变化是：沿海比内地扩大了1738亿元，相当于原差额的10.1倍；东部比中部扩大了4349亿元，相当于原差额的5.9倍；东部比西部扩大了6282亿元，相当于原差额的5.1倍。人均国民生产总值绝对差额的变化是：沿海比内地扩大768元，相当于原差额的4.4倍；东部比中部扩大了730元，相当于原差额的4.7倍；东部比西部扩大了826元，相当于原差额的4.9倍。

2. 国内生产总值（GDP）的差距

1993年的统计数字表明，西部9个省区人均GDP在2000元以下的低收入地区有6个，在2000元到3000元之间的中下等收入地区有3个。这9个省区除新疆外，人均GDP为1232元，仅占全国平均数2663元的46.2%。1994年，东部与中、西部地区人均GDP差距分别为1745元和2027元，预计到2000年将上升到2770元和3220元。云南国内生产总值在1979年至1994年的16年间，增长速度也比东部地区慢1.5%。

3. 工业增长速度和工业劳动生产率的差距

从1985年到1990年，我国东、中、西部地区工业增长速度之比为1∶1.05∶1，呈现出由东至西递减的趋势。1991年，全国平均水平的全员劳动生产率为33161元/人·年，其中，上海为58555元/人·年，最高，相当于平均水平的1.6倍。北京、天津、江苏、浙江、广东超过40000元/人·年。山西、江西、贵州、陕西、甘肃、青海等均在30000元/人·年以下。最低的内蒙古为21956元/人·年，相当于平均水平的66%。

4. 产业结构的差距

东部与西部在产业结构上的差距也是很明显的。1993年，第一产业（农业）仅占21.2%，第二产业占27%，第三产业占51.8%。1998年,第一、二、三产业的比重为18.4%、48.7%、32.9%。而在第二产业的增加值中,约有90%是由工业制造来提供的。因此,工业发展速度的快慢,对于整个经济的发展至关重要。东、中、西部地区工业生产增长速度存在显著差距。其中1985—1994年的10年中,年均增长速度比例为1.42:1.06:1,这就使东部地区的工业总值在全国的比重由1985年的46.3%提高到1993年的66.47%,西部地区则相应由12.75%降为11.33%。1998年,东、中、西部工业总产值的比重为67.0%、23.8%、9.2%,于是出现了第一产业的比重西高东低,第二、三产业的比重东高西低的现象。西部地区第一产业的比重高于东部地区12.8个百分点,第二、三产业的比重分别低于东部地区10.4个和2.4个百分点。东部与中、西部乡镇企业发展的差距也很明显:1993年全国乡镇企业产值达29023亿元,其中,东部地区占65.8%,西部地区仅占7.6%,东部地区是西部地区的9倍;1998年全国乡镇企业增加值为22186.5亿元,其中东部地区占60.4%,西部地区仅占8.6%。在乡镇企业的发展速度上,东、中、西部地区也很悬殊。从1990—1994年的5年来看,东部地区年均发展速度达48%,中部地区为29.2%,西部地区为16.5%。陕西省乡镇企业投资总额目前只占全国的0.7%,为江苏的4.5%、山东的5.4%。

5. 资本投资的差距

中西部地区在资本投资方面与东部地区的差距也越来越大。1982—1992年固定资产投资年均增长速度,东、中、西部分别为21.7%、16.10%、18.28%,全国在1992年的投资增量中,约有62.1%是由东部地区完成的。1998年,东、中、西部投资比重由上年的62.2%、23.1%、14.7%转变为

61.3%、22.4%、16.3%。青海省1985年人均投资额为420元，相当于全国水平的175.1%，1994年人均投资990元，相当于全国投资水平的72.5%，9年下降102.6%。1998年，青海省人均投资额2144.7元，相当于全国平均水平2248.6元的94%。全国最高的上海与最低的贵州相比，人均投资额差1994年高达21.2倍，上海人均8031元，贵州人均379元。至1998年，上海与贵州人均投资分别为13344元和759元。

6. 利用外资的差距

中西部与东部相比，在利用外资方面悬殊更大。仅仅广东外资利用率就高达26%。至1998年年底累计，全国共批准外商投资企业合同（章程）外资金额6084.25亿美元，实际使用外资金额3171.69亿美元。这些外资的近89%分布在东部地区，中西部地区只占约11%。至1994年年底累计，东部地区批准外商投资企业合同（章程）外资金额2626.82亿美元，是中西部地区336.44亿美元的7.8倍；东部地区实际使用外资金额331.65亿美元，约合2856亿元人民币，约占当年全国固定资产投资总额15926亿元人民币的17.9%，其中中西部地区占2.2%，中西部地区比东部地区低13个百分点。1998年外商在东、中、西部的投资比重分别为87.3%、9.7%和3%。

7. 收入水平的差距

东部与西部城乡居民收入上的差距也在不断扩大。1980年全国农民人均纯收入为191.33元，东、中、西部地区农民人均纯收入之比为1.39:1.11:1。1993年全国农民人均纯收入921元，其中东部地区人均纯收为1380元，中部地区为786元，西部地区为604元，东、中、西部地区之比为2.25:1.75:1，东部地区比西部地区高出776元。1998年东、中、西部农民人均纯收入的比例为1.94:1.35:1。城镇居民收入也存在着明显的差距。1993年,东、中、西部地区城镇居民的人均生活费收入分别为2878元、1886.8元和2045.1元,其差距由1992年的1:0.69:0.77,变为1:0.65:0.71。1998年城镇居民人均年收入最高为11021.49元,最低为2505.02元,相差4.4倍。另外,全国的贫困县,90%在中西部地区;全国的贫困人口中80%以上居住在西部地区,其中最贫困者绝大部分也在这里。全国人均年收入500元以下者,54%在西部地区。由于西部地区收入偏低,整个西部地区物价总水平向东部地区靠拢,物价涨幅较猛,已经出现了"低收入,高物价"的态势,使西部地区城乡居民收入水平相对下降。

以上各项指标表明,十几年来,历史上已经形成的东、中、西部的区域差距的存在是客观的,不仅没有缩小,还有所扩大。一般地说,相对差距扩大了,绝对差距也扩大了。东部和中、西部的差距主要表现在两个方面:一是经济发展的差距。改革开放以来,全国各地经济都有不同程度的发展,但发展进度大不相同。东部沿海地区高速发展,中部、特别是西部,尤其是中西部的贫困地区发展缓慢,差距越拉越大。比如,1998年上海与贵州相比,上海人均国民生产总值已是贵州的10.9倍,绝对差数超过22736元。二是居民收入水平上的差距。在居民收入上,东部与中西部差距较大。1998年东、中、西部人均全年收入分别为6574元、4492元、4754元,分别比上年增长4.7%、4%、6%,收入之比由上年的1.45:1:1.04上升到1.46:1:1.06。以收入差距悬殊的上海和贵州为例,农村居民家庭人均全年消费支出上海为4206.89元,贵州为1049.39元,城镇居民家庭人均全年消费性支出上海为6866.41元,贵州为3799.38元。我国目前80%以上的贫困人口集中在西部,全国90%的贫困县也集中在中西部地区。经济发展和居民收入上的差距，引起东部与中西部社会发展上的一系列差距。

在我国这样一个大国，在一定历史发展阶段上，各个地区发展不平衡是正常的，地区差距具有不可避免的性质。地区差距、首先是经济差距的形成和扩大，是由各种因素综合作用造成的，有自然地域性因素、历史性因素、体制性因素、政策性因素、人文人为性因素、生产力布局因素等。

第一，自然地域性因素。

自然地理条件和环境的差距是地区差距形成的基础。地区差距是在自然条件差别基础上，经济发展到一定阶段的产物。我国中西部许多地区自然条件十分恶劣，农业产量很低，人民是在十分恶劣的条件下从事生产和生活的。同时，市场有限、交通不便、信息不灵、通信落后，经济发展长期滞后。而市场经济引导资源流向，其第一位的条件就是要看资本要素的回报率。哪里回报率高，资金、人才、技术、生产资料就会往哪里流。改革开放以来，东部沿海地区在地域上的优势造成投资要素回报较高，生产要素从西部向东部流。例如，西部优势在资源，以原材料工业为主，以东部为市场，出卖初级产品，中西部的产品向东部运，运输线长，运费高，运费在商品价格的形成中占有很大的比例，造成商品生产者无利可图或获利较少。外资权衡利弊，不轻易贸然把资本投入到中西部。这种资本投入回报率上的差别，使东部与中西部的差距继续加大。

第二，历史性因素。

新中国成立以前，我国是一个半封建半殖民地的国家，少数民族大多数聚居在中西部地区，贫穷落后的地区也是中西部居多。长期以来，旧社会的封建主义、帝国主义、官僚资本主义对少数民族实行歧视、压榨的政策,对中西部的资源进行野蛮的掠夺,进一步加剧了中西部的贫穷落后。帝国主义为了掠夺高额利润,纷纷在东部沿海地区投资建厂,这就进一步促成了中西部落后的历史后果。

第三,政策性因素。

地区经济发展的程度与国家宏观经济政策是密切相关的。国家实行地区倾斜政策,向哪个方向倾斜,对地区经济发展影响很大。改革开放以来,国家率先对东部沿海地区实行了一系列特殊开放政策和措施,开放了十六个沿海城市,开办了一些特区、开发区、保税区。东部沿海地区利用地域优势,充分利用国家给予的优惠政策,较为灵活地运用市场机制,引进外资,优先发展回报率高的产业,形成了许多投资热点和发展热点,发展相当快。当然随着改革开放的深入,国家实行的特殊政策也由东向西逐渐倾斜。然而不可否认的是,东部沿海地区是国家改革开放政策的最初受惠者,而相比之下,中西部就显得发展缓慢一些、落后一些。

第四,体制性因素。

在旧的计划经济体制下,经济运行自身的原因和规律必然会直接导致地区差距的扩大。在计划经济体制下,中西部地区资源丰富,在水力、煤炭、石油、稀有金属、矿产资源等方面占有绝对优势,以原材料、能源、重工业等基础工业为主,以出卖初级产品为主。对于初级产品产业来说,原材料工业投入大,但价格却偏低,甚至国家在历史上有时采取无偿调拨的做法,势必造成价格的严重扭曲。改革开放以后,计划经济体制运行还在一定程度、一定范围内起作用,价格还没有完全理顺。东部沿海地区高附加值、高科技产业的加快发展,而使用的却是低廉的中西部原材料,这一进一出进一步造成了中西部双重价值的流失。

第五，人文人为性因素。

就东西部地区的人文情况，即人的素质、人的文化状况、受教育状况来看，差距也是比较大的。一般来说，东部沿海地区教育比较发达，人口素质比较高，对外来文化的接受程度较强，市场意识、竞争意识也较强。而中西部文化水平、教育水准就差一些，人的开放程度差一些，素质相对低一些。

第六，生产力布局因素。

由于历史的、体制的原因，按照国家产业垂直区域分工布局，加工主导型产业主要集中在沿海地区，资源开发型产业大部分布在西部地区。沿海地区"三资"企业、乡镇企业、非国有企业发展很快，而中西部地区"三资"企业少，乡镇企业、非国有企业也不发达。再加之长期以来，基础产品的价格与价值严重背离，资金回报率低、投入能力低，致使资金"一江春水向东流"，人才"孔雀东南飞"。

以上分析表明，我国东、中、西三个地区差距的存在有一定的不可避免性，甚至在一定时期有所扩大也在所难免。像我们这样的大国，地域差距很大，加上复杂的各种因素的综合作用，造成东部沿海地区经济发展快一些，而中西部地区慢一些，经济发展不平衡是正常的。改革开放以来，东部地区经济发展高速增长，进一步加大区域发展的不平衡，加大了地区差距。

二 地区经济差距不仅有消极后果，也还有一定的积极作用

根据我国生产力发展不平衡、地区差距客观存在的特殊

国情,邓小平同志提出了允许一部分人、一部分地区先富起来,先富带后富,最后走共同富裕道路的战略思想。根据邓小平同志的战略思想,我国提出了东部沿海地区发展战略,制定了改革开放的政策和措施,东部沿海地区发展很快。事实证明,这是符合地区经济发展不平衡差距客观存在的国情的。承认我国经济发展不平衡的规律,承认一定差距的存在,有利于调动多方面的积极性,调动一些有条件的地区先上快上,有利于我国经济的整体快速健康发展。

邓小平同志中国特色社会主义的理论,强调最终目的是达到共同富裕。但为了实现共同富裕,就要承认地区经济发展不平衡规律,承认差距的存在,允许和鼓励有条件的地方,如东部沿海地区,发展得更快、更好一些,这样做可以增强综合国力,以更好地带动、帮助、支持中西部落后地区。像我们这样人口众多、幅员广阔、经济技术落后、经济发展不平衡的国家,再好的政策也不会同时惠及每个地区。从战略上看,谁有条件,谁有机遇,谁有优势,谁就先上,这是一个大局。发展到一定时候,先上的要支持后上的,走共同富裕的道路,这也是一个大局。应该说,相对旧体制下"共同贫困",允许一部分人、一部分地区先富起来,这是一个巨大的进步。改革开放的实践证明,政策措施适当,先富起来的东部沿海地区的高速发展是不会妨碍中西部地区发展的。当然凡事要有先后,要有一定的度。不承认差距不行,但差距过大也不好。必须承认差距、正视差距、不回避差距,从全局出发,历史地、辩证地、发展地看待差距、重视差距。应该看到现在的地区差距是发展中的差距,是可以逐步缩小的差距。在发展过程中,地区发展差距的出现,甚至有时会暂时扩大,这是发展过程中难以避免的经济现象。在一定时期内承认差距是有一定积极意义的。

目前,有人讲地区差距往往夸大它的不利的、消极的一面,而没有看到这种差距的必然性,以及保持一定限度的差距的积极的、有利的方面。平心而论,同样的国家,其公民却仅仅由于生活在不同的地域而受到不同待遇,这当然意味着某种不公平、不公正。如果历史地、辩证地、全面地来看待地区差距的话,就可以承认,在整个国家资源有限,市场经济发育不成熟,地区经济、政治、文化发展不平衡的情况下,差距的存在有一定的必然性,在一定时期差距有所扩大也不一定是坏事。在今天,笼统地讲"消灭差距",不一定是明智的、合理的选择。

对待差距,有三种态度和解决办法。一是"差距有害"论,认为要尽快"消灭差距";二是"差距有益"论,认为差距越大越好,有多大差距就有多大动力;三是"合理差距"论,认为在一定阶段上把差距保持在一定的合理限度内,以发达地区带动落后地区,促进落后地区的发展,以达到逐步缩小差距,最后共同富裕的目的。

笼统地讲"消灭差距"是违背客观规律的。在目前情况下,差距是消灭不了的,谁想在一天早晨就消灭差距,谁就要受到规律的惩罚。"消灭差距"不能成为目的,目的是发展生产,提高人民生活水平。怎样"消灭差距"呢?一种办法是抽肥补瘦,取长补短。在"文化大革命"之前、之中搞的绝对平均主义、"一平二调",就是这种办法,其结果是非常有害的。再一种办法是正视差距,重视差距,采取适当政策和措施,以推动发达地区发展,带动落后地区发展,而不是用抑制发达地区发展的办法来逐步消灭差距。显然,第二种办法是可取的。

差距的存在是客观的,保持一定限度的合理差距是有利的。然而差距超过一定的限度,会影响社会稳定和发展,不利于各方面积极性的调动。把差距保持在一定合理的限度内,既不无限制地扩大,又不无原则地消除它,以积极态度,以支持中西部地区尽快发展起来的办法,来逐步缩小差距,最终达到共同富裕。

什么叫合理的限度?我看主要是三个方面的考虑:第一方面是在资源配置上、生产力布局上、价格调整上要尽可能地合理。譬如在资金的投入上,要尽可能地使东部与中西部大体保持合理的配置,在价格上要理顺旧体制下扭曲的价格。第二方面是在政策措施上要向中西部倾斜。第三方面是在群众收入上,国家要采取一些有力的措施,避免东部与中西部贫富悬殊过大。

但是,差距毕竟是差距,客观存在的区域差距同样表明人们在经济收入上的不平等,收入差距过于悬殊并不是我们所希望出现的结果。地区差距的存在和扩大必须有一个限度,不能任其扩大,差距过大必有消极的后果。其一,差距过大,经济收入差距过大,会引起落后地区群众不满,影响他们的积极性,影响社会生产力的发展,影响国家的稳定。其二,差距过大,使得共同富裕的社会主义目标难以实现。其三,差距过大,中西部人民收入低,不利于开拓扩大中西部市场,影响整个经济发展。其四,差距过大,影响对中西部基础工业的投入,影响中西部的发展,会使我国整个经济发展后乏无力。其五,差距过大,人、财、物就会向东部沿海地区流动,继续扩大差距,拉大不平衡。从我国的实际情况来看,中西部不发展,中国就难以稳定,东部沿海地区也难以持续高速发展。

三 促进中西部地区尽快发展，逐步缩小地区差距，最终走向共同富裕

东西部差距拉大的问题，是一个十分现实的问题，表面上看是一个经济问题，实际是政治问题，处理不好，会影响政治稳定的大局，必须重视差距问题。如果中西部不发展，就谈不上整个国家富强。但是不能用老办法即平调的办法、平均主义的办法来解决问题，也不能用抑制东部发展、放慢东部发展速度的办法来解决问题，不能用人为地拉平差距的办法来解决差距问题。对于差距问题又不能操之过急，搞硬性一刀齐、拉平、齐步走，当然也不能任其无限制地扩大。必须有效控制地区差距的过分拉大，尽可能地缩小不合理的差距。因此，在整个国家宏观经济发展战略问题上，应该选择允许一部分人、一部分地区先富起来，同时提倡地区经济均衡协调发展战略。通过国家宏观调控，东部支持中西部，当然主要靠中西部自身发展的路子，以开放促开发，以开发促发展，逐步缩小差距，达到共同富裕。

逐步缩小东西部差距，解决好分配不公，促进区域经济协调发展，是保持社会稳定的重要条件，是体现社会主义本质的重要方面。我国"九五"规划和 2010 年发展远景规划对缩小东西部差距提出了六条重要政策措施。之后提出了实施西部开发战略。十五届五中全会又通过了《中共中央关于制定国民经济和社会发展第十个五年计划的建议》，强调我国经济生活中的最主要矛盾是结构矛盾，提出要合理调整生产力布局，实施西部大开发战略，积极稳妥地推进城镇化，促进地区、城乡协调发展。这就需要我们包括中西部地区共同努

力，认真保证各项措施及时到位，最终完成共同富裕的远大目标。

1. 加强中央政府的宏观调控

中央政府应当通过宏观调控，在全社会范围内充当利益调节者的角色，对不合理的地区差距实行有效的宏观调节。首先，对于中西部地区要在政策上平等对待，甚至给予一些灵活性的政策支持。譬如，沿海地区不能再有减税让利的政策，而要实行按市场经济规律办事的政策；如果中西部不继续实行减免政策的话，就很难吸引人家去投资，应该在价格、运输、土地、信贷等方面实行一定的优惠政策。譬如实行原材料、能源方面的价格补贴，征收资源税、减免税，提供免息、低息或贴息贷款，等等。其次，通过财政转移支付制度、公共投资重点分配制度、政策性贷款，适当加强中央政府对中西部特别是中西部的贫困地区、少数民族地区、老革命根据地的财政支持和信贷支持。最后，加大对中西部扶持的力度。对中西部的支持，应当体现在资本的投入上。资本投入的渠道主要有四种：一是直接引进外资；二是争取联合国援助项目；三是争取东部的支持；四是中央直接投资。在这四个方面都要加大对中西部投入的力度。要设立中西部的开发基金。建立对中西部的多种财政支持和政策性补贴的措施。

2. 逐步调整不合理的生产力布局，理顺不公平的价格关系，为中西部发展提供一个公平的市场环境

中央要采取一些必要的措施，使东部地区的工业向国际市场发展，尽量不与中西部地区争原料、劳动力和市场，以利于西部工业的发展。要有计划地把中西部的能源、原材料等基础工业项目逐步改造成为深加工、高附加值的工业，改变中西部的生产力布局。要把中西部的初级产品价格逐步提

高，最终达到平均利润的水平，纠正不合理的产品比价，把中西部和东部的产品比价建立在平等的基础上。

3. 积极推进发达地区对中西部落后地区的支持与合作

国家要以行政的力量动员东部发达地区，提供必要的示范、扶持和帮助，动员东部地区在教育、人才、资金、技术、管理、项目等方面，挤出一定的人力、财力、物力支援中西部地区。鼓励东部发达地区的西进战略，搞一些对口支援的项目。当然更重要的是，以合作形式来动员东部地区对西部地区的支持，提倡东部同西部在互利互助的基础上搞优势互补、利益共享式的合作，如共同开发项目，合资经营等。

4. 加快中西部自身的经济发展

中西部的优势在资源，但是资源优势并不完全等于经济优势。中西部应当首先把开发重点放在市场需求旺盛、价格昂贵的资源上，如油、水、气、金、有色金属等，以积累资金。其次，要把能源工业的深加工工业抓上去，以求更高的效益。再次，以较快的速度改善交通、能源、通信等条件，加强基础设施建设，改善投资环境。最后，要利用一切机遇，积累发展资金，加大投入、夯实基础，以加快中西部的发展。

5. 进一步解放思想，更新观念，兴科教，加大改革力度

中西部地区经济落后，差距较大，原因是多方面的，其中一个重要原因是这些地方的干部群众思想解放还不够，改革开放力度还不够。特别是其中一部分干部群众的思想观念还没有从计划经济体制的束缚下解放出来，还存在许多保守、封闭的小农意识和小生产观念，思想方法和认识水平还跟不上社会主义市场经济发展的需要，等、靠、要思想依然严重，改革开放的步子不够大。因此，中西部地区还要进一步加大思想解放力度，紧紧抓住经济建设这个中心任务不放，千方

百计求发展,树立全方位开放意识,敞开大门,大胆引进资金、技术、人才和先进管理技术。通过思想解放,带动改革开放,解决制约发展的体制上的深层次矛盾,以改革开放带动发展,同时抓好教育,抓好科技,以教育为本,以科技来振兴经济,促进发展。

补遗四　正确处理人民内部矛盾，妥善协调各方利益关系，构建社会主义和谐社会[*]

围绕"构建社会主义和谐社会"的主题，就关于"妥善协调各方面利益关系，正确处理人民内部矛盾"问题讲三个问题。第一，提出问题。把当前我国社会人民内部矛盾，以及构建社会主义和谐社会实践中的一些突出的新情况、新问题充分地摆出来。第二，分析问题。从马克思主义哲学世界观和方法论的高度，对人民内部矛盾，以及构建社会主义和谐社会实践中的新动向、新特点、新情况加以理论上的分析。第三，解决问题。对当前人民内部矛盾，以及构建社会主义和谐社会实践中的突出、紧迫问题，提出解决的基本思路。

---

[*] 本文是作者2005年2月19—25日在中共中央党校举办的省部级主要领导干部"提高构建社会主义和谐社会的能力'专题研讨班'妥善协调各方面利益关系，正确处理人民内部矛盾"讲稿的基础上，又根据作者2005—2007年在中共中央党校进修一班A班、二班A班，以及在北京、上海、浙江、黑龙江、陕西等地，在一些部委、军队等单位讲演录音整理而成。收录在中共中央党校出版社2008年11月出版的《王伟光讲习录》一书中，这次做了必要的删减。

一 当前我国人民内部矛盾现实中，以及构建社会主义和谐社会实践中出现一些值得重视的新问题

关于当前我国人民内部矛盾及其他社会问题基本状况是，我国各种关系基本协调，政局基本稳定，社会基本和谐，但是，应当清醒地看到，在基本协调、基本稳定、基本和谐的情况下，人民内部的各类关系和矛盾出现了一些值得高度警惕的新问题，这些问题集中到一点就是，在经济持续增长、人民生活水平不断提高，群众普遍地、不同程度地得到实惠的情况下，人民内部的一些关系与矛盾趋于复杂和紧张，存在一些不安定的隐患和不和谐的因素，影响社会协调健康、稳定和谐的发展，影响社会主义和谐社会的建设。具体概括为九个问题：社会差别问题，贫富差距和社会贫困问题，社会成员分化和流动问题，社会就业问题，群体性事件问题，少数干部腐败和官僚主义问题，市场经济运行中的问题，政治、思想、文化相互激荡问题，民族宗教冲突问题，这九个问题既是人民内部矛盾趋于紧张与复杂、社会主义社会存在不和谐因素的表现，又是人民内部矛盾趋于复杂与紧张、社会主义社会存在不和谐因素的原因。

1. 社会差别问题

部分社会成员的收入分配差别，以及城乡差别、区域差别等社会差别呈持续拉大的趋势，是当前人民内部矛盾的深层表现，也是当前我国社会存在不和谐因素的深层原因。

第一，部分社会成员收入差别持续拉大。

从长远来看，实现财富增长的最大化和分配的公平化这

两个原则的结合，才构成社会和谐与进步的标志。

改革开放打破了平均主义、"大锅饭"，收入拉开了差距，激发了人的积极性，这是好事。有了差距，才有竞争；有了竞争，才有动力；有了动力，才能发展。消灭差距，搞"一平二调"，那是万万要不得的。当前在打破"大锅饭"的同时，又出现了部分社会成员收入差别持续拉大的问题，特别是城乡居民收入分配差别持续扩大。

1978年城乡居民收入分配差别是2.4721，1984年变为1.721，缩小了。为什么？因为农村实行了家庭联产承包责任制改革，农民增收了。但1984年以后，特别是从20世纪90年代以来，城乡收入分配差别逐步在拉大，2003年达到3.22:1。说明城乡居民收入分配差别在持续拉大。相当多的专家学者认为，考虑到福利、生产成本的支出、实物的估价等因素，城乡居民的实际差别要高于国家统计局的数字，达到5倍到6倍。

城乡居民收入分配差别拉大的主要原因是，与城镇居民收入增幅较快相比，农民增收缓慢，增收困难，甚至一些地区农民负担过重。从1997年到2003年，全国农民人均纯收入的增长，连续7年没有超过5%，2002年最高是4.8%，2000年最低只增长了2.1%，相当于同期城镇居民年均增幅的一半。2004年，由于党和政府采取了一系列措施，农民增收为6.8%，这是非常可喜的，是八年以来增幅最高的一年。但即使如此，农民收入增加额和实际增长速度仍然低于城镇居民，城镇居民收入2004年增长7.7%，说明城市增幅比农村要大，可见，城乡居民收入分配差别扩大趋势还没有完全扭转。

除城乡居民收入分配差别持续拉大之外，城镇居民、农村居民、不同地区居民、脑体劳动者、不同所有制企业职工、不同行业员工的收入分配差别都在持续拉大。

第二，区域差别、城乡差别、脑体差别、行业差别等社会差别也在拉大，明显体现在区域差别，特别是城乡差别上。

我们共产党人所追求的一个重要目标，就是要消灭三大差别，消灭城乡差别、消灭脑体差别、消灭工农差别。当然消灭三大差别，不是一下子能办得到的，需要一个相当长的历史时期。既然是我们共产党人为之奋斗、追求的目标，就应该积极创造条件，采取措施，向着缩小三大差别的方向努力，而不是将差别越搞越大。中央采取了一系列措施支持农村和落后地区发展，旨在缩小城乡和区域差别，虽然取得了很大进展，但城乡发展、区域发展不平衡的矛盾仍很突出，缩小发展差距，促进城乡、区域协调发展的任务还很艰巨。

首先是区域差别。1980年，我国东部地区在全国经济总量的比重是50%，中部是30%，西部是20%。2004年，东部的比重加大了，变成了58.5%，中西部的比重缩小了，中部变成了24.7%，西部变成了16.8%，区域发展差别不是在缩小，而是在拉大。东、中、西部人均GDP的差距也在扩大，东部与中部的差距1980年是1.5121，2002年是2.121；东部与西部的差距1980年是1.9121，2002年是2.6121。目前西部地区人口占全国人口的近30%，但人均GDP仅占东部的40%。

区域差别问题，说到底还是城乡差别问题。全国农村60%以上的贫困人口主要集中在西部，约2000万人还没有解决温饱问题，区域差别主要还是由城乡差别引起的。

其次是城乡差别。城乡差别主要体现在两个方面：一是城乡居民的收入差距以及经济总量差别在拉大。2002年，仅占全国人口25%的地级城市（不含辖县）实现的GDP占全国63%，而占全国人口60%以上的农村实现的农业增加值仅占全国GDP的15%。城市规模急剧扩张，房地产快速开发，使一些农民失去了赖以生存的生产资料。农村出现土地抛荒，地力衰竭，生态退化，劳动力素质下降的现象，财富迅速向城市集中。二是城乡二元结构矛盾越发明显。所谓"城乡二元结构"，就是在城乡发展过程中，存在不对称的组织形式和社会存在形式，也就是说，农村是相对落后的生产和生活方式，城市是不断发展的现代化的生产和生活方式，形成了鲜明的对比。我国城乡二元结构矛盾是比较突出的。农村居民在就业、社保、教育、卫生、文化、福利、环保等公共事业方面与城市居民差别日益明显，社会事业及其基础设施落后于城市。70%的教育投入和卫生投入投在城市。80%以上的农民没有低保保障和医疗保障。"文化大革命"结束前的合作医疗体制，90%以上农民可以得到医疗保障，但在改革中流失了。

部分社会成员收入分配差别，以及城乡差别、区域差别等社会差别程度不同地在拉大，已经成为影响发展的全局性的重大问题。合理协调分配、城乡、区域等社会差别，是正确处理人民内部矛盾、构建社会主义和谐社会的紧要问题。

2. 贫富差距和社会贫困问题

部分社会成员贫富差距趋于扩大，社会贫困凸显，是当前人民内部矛盾的突出表现，也是当前我国社会存在不和谐因素的突出原因。

社会公平是社会进步与和谐的重要标志。衡量一个社会进步与否，不仅仅有财富最大化的标准，还要有公平、平等、正义等标准。分配合理是社会公平的重要内容，贫富悬殊是最大的不公。在一定历史发展阶段，把贫富差距保持在合理范围，对一个国家的和谐发展至关重要。贫富差距太大，会导致两极分化，社会动荡，执政党会失去人心，丧失政权。所以，就一定历史阶段来说，没有贫富差距是不现实的，关键是要把贫富差距控制在一定限度内。衡量贫富差距是否合理，通常参考三个指标对比系统。

首先是基尼系数。根据国家统计局统计，我国的基尼系数1988年是0.341，在警戒线以内。2000年是0.417。中国人民大学、中国社会科学院等单位的专家学者估计，1997年达到0.455，2003年达到0.5以上，甚至有的说达到0.552。当然，这些统计数据仅作为参考。但是即使在2000年，也进入警戒线了。世界银行测算，我国近15年来贫富差距拉大的速度是比较快的，高于欧美发达国家。

其次是欧希玛指数，即五等分法。根据有关方面的抽样调查，我国1/5最穷的收入占全国总收入的4.27%，1/5最富的收入占全国总收入的50.13%，这说明我国的贫富差距也在向两个相反的方向移动。

最后是高收入层和低收入层对比的数据。据国家统计局统计，各抽样10%的最高收入户和10%的最低收入户进行比较，城镇1998年为3.9倍，到2000年，达到5.02倍；农村，1998年是4.8倍，到2000年，达到6.5倍。劳动和社会保障部2002年调查显示，我国占全国人口大多数的是低收入和中等偏下收入人群。全国城镇居民低收入户占31.79%，中等偏下收入户占32.36%，也就是说，64.15%的人是中等偏低收入以下水平。

贫富差距拉开的直接后果是两个问题：一是社会贫困问题突出。改革开放以来，我国贫困人口大幅度下降，贫困发生率从30%下降到3.1%。既然贫困人口总数在下降，为什么贫困问题突出呢？因为贫富差距拉开了，富者愈富，穷者愈穷，贫困人数不多，但使得贫困问题特别明显。与高收入层相对照的社会贫困层客观存在。我国城镇中仍有1200万人处于相对贫困中，人均年收入1059元。在农村，2003年按人均年纯收入882元的"低收入人口"标准，农村为5617万人，占农村人口比重6%。

二是社会公平问题凸显。中央党校调研组对学员的问卷调查显示：在学员心目中，2004年最为严重的三个问题依次是"收入差距"为第一，是43.9%；"社会治安"为第二，是24.3%；"腐败"为第三，是8.4%。对2005年的改革，72.9%的学员关注分配制度改革。可见，社会公平问题已经提上了议事日程，解决贫富差距和贫困问题，是正确处理人民内部矛盾，构建社会主义和谐社会的紧迫问题。

3. 社会成员分化和流动问题

阶级、阶层发生了分化，一些新的阶层和利益群体产生了，社会成员流动性加大，构成结构重组，呈多元化利益格局，利益关系更加复杂，是当前人民内部矛盾的重要表现，也是当前我国社会存在不和谐因素的重要原因。

因为所有制结构、分配方式、产业结构、就业结构都变化了，在主体阶级仍然存在的大前提下，阶级、阶层发生了新的组合、分化，一些新的阶层和利益群体出现了。

第一，工人阶级内部结构和组成发生深刻变化，作为领导阶级的工人阶级内部关系多样化。由于工人阶级的各个成员所处的所有制不同，分配方式不同，经济、政治、文化等社会待遇不同。不同地区、不同行业、不同企业、不同岗位的职工流动不断加大，在收入上拉开了差距，形成了一定差别，工人阶级内部分成不同状况的工人群体，工人阶级内部关系复杂了。特别是一部分直接从事物质生产的产业工人的生产和生活状况，很值得我们高度关注。

第二，农民阶级发生了新的分化和组合，农村居民内部关系复杂化。农民原来是实行集体劳动、按工分制分配的农业劳动者，现在成为实行土地个人承包的农业劳动者。同时，出现了一个新的庞大的农民工群体，估计有1亿人以上，充实到工人阶级队伍中。一方面，他们成为工人阶级的新鲜血液，是我国社会主义现代化建设的重要力量。现在的建筑、采掘、纺织等行业，80%的职工都是农民工。另一方面，他们又处于城市生活的下层，他们的生产生活状况应当引起我们极度重视。

第三，在非公有制经济，特别是私营经济中，形成拥有相当财富的高收入的企业主阶层，他们作为雇主和雇员的矛盾客观存在，经营管理人员与员工的矛盾客观存在。有的非公有制企业存在劳动条件、劳动保护差，拖欠克扣工资，随意加班，侮辱工友，雇佣童工等，业主同员工之间关系紧张。

第四，出现了民营科技企业的创业人员和技术人员、受聘于外资企业的管理技术人员、中介组织的从业人员、自由职业者等新的社会阶层。一般来说，这些社会阶层大多属于中等以上收入层。他们是社会主义的建设者，同工人、农民、知识分子、干部、解放军指战员也有一定的差别和矛盾。

毛泽东同志在《中国社会各阶级的分析》一文中指出："谁是我们的敌人，谁是我们的朋友，这是革命的首要问题。"我们党关于中国革命的正确的政治路线，首先是建立在对中国社会各阶级及其关系的科学分析基础上的。《毛泽东选集》

的第一篇,开宗明义地解决了革命的首要问题。今天,在社会主义建设时期、社会主义改革开放时期,科学地分析我国当前社会成员构成结构,正确认识阶级、阶层和利益群体的新变化、新分化、新组合,坚持工人阶级领导地位,巩固工农联盟,团结一切可以团结的力量,正确处理各阶级、阶层和利益群体之间的关系,是正确处理人民内部矛盾、构建社会主义和谐社会的首要问题。

4. 社会就业问题

就业形势严峻,劳动力供求矛盾紧张,是当前人民内部矛盾的直接表现,也是当前我国社会存在不和谐因素的直接原因。

第一,就业压力增大。我国13亿人口,年龄15—64岁的劳动力是9.09亿,超过发达国家总劳动力3亿以上。"十五"期间,每年新增劳动力1000万,下岗失业人员还有1300多万人,总的有2300多万人需要就业,压力很大。复员退伍军人、大中专毕业生、残疾人等就业安置问题也很突出,特别是大中专毕业生,2004年,全国280万高校毕业生,到9月份就业率达73%,仍有74万大学生找不到合适的工作。劳动力供大于求的局面短期内难以改变。

第二,失业问题比较严重。城市登记失业率2003年为4.3%,2004年预计为4.7%,经过努力,实现4.2%,比预计降低了0.5%。2005年预计控制在4.6%。登记失业率和城市实际失业率是有一定实际差别的。民政部《2001年社会保障白皮书》披露,1993年城市实际失业率是5%,1998年是8%—9%,2000年接近10%。一些专家学者估计,目前已达10%左右。中国人民大学一位教授做的德尔菲失业风险调查认为,7.03%标志着我国已经进入失业警戒线,9.73%标志着我国进入社会发展风险期。从就业角度来看，我国也正处于社会发展的风险期。

第三，农村富余劳动力转移困难。我国农村青壮劳动力4.9亿。现有耕地只能容纳1亿左右的劳动力，乡镇企业可以安排1.3亿左右，到城市打工1亿左右，还有1.5亿左右的农村劳动力需要安置。到2030年，我国计划占用耕地将超过5450万亩，意味着将有1亿多农村劳动力需要转移。

就业压力对执政党来讲，是个巨大的考验。降低失业率，提高就业率，是正确处理人民内部矛盾、构建社会主义和谐社会的紧迫问题。

5. 群体性事件问题

近些年突发的群体性事件，是当前人民内部矛盾的集中表现，也是当前我国社会存在不和谐因素的根本原因。

当前群体性事件有五个特点：

一是群众信访和上访大幅上升。目前我国正处在信访上访的高发期。信访上访增多警示社会矛盾日益积累。全国信访上访总量逐年增加，其中群体上访的比例大幅上升。信访上访升级也是一个特点。近几年，越级上访（省、中央）数量上升很快，县级反而下降，矛盾焦点向中央机关聚集。

二是群体性事件数量增多，规模扩大。群体性事件呈高发态势，数量不断上升，规模不断扩大。1994年至2003年的10年间，群体性事件数量急剧上升，参与群体性事件的人数也大幅增加。有的城市有时同一天发生多起规模较大的群体性事件。群体性事件的规模从1998年起逐年扩大，百人以上的群体性事件由一千多起增加到几千起，聚集人数最多时达万人以上。

三是参与主体趋于多元化，组织化倾向趋于提高，行为方式趋于激烈。2001年参与的256.4万人中，第一位的是工人，占37.7%；第二位的是农民，占28.2%；第三位的是城镇居民，占11.8%；第四位的是离退休人员，占8.2%；第五位的是个体户，占3.9%。工农群众是主体。组织化倾向趋于提高，行为方式趋于激烈。参与人员趋于复杂广泛，扩大到多行业、多系统、多地区，城乡均有。有些群体性事件形成了自发组织，出现了幕后指挥和挑头人物，呈现跨区域串联和联动特点。聚众堵公路、卧轨、拦火车等阻塞交通的群体性事件不断增加，2000年占群体性事件的6.3%，2001年占6.6%。暴力抗法、武装械斗时有发生，人员伤亡时有发生。冲击党政机关事件逐年递增。

　　四是引起原因大多是物质经济利益问题。居第一位的是生活待遇问题。属于政治性问题的不多，物质利益诉求是主要的。参与群体性事件的，大多数是普通群众，有老工人、老教师、老战士、老干部，其他为教师、学生、复转军人、公务人员等。以2001年为例，因工资、福利、社保问题的，占28.1%；因企业改制、破产待遇下降的，占19.5%；因征地拆迁的，占13.5%；因民间纠纷的，占45%。

　　五是引发、激化群体性事件的政治性因素增多。境内外敌对势力同"民运"、"法轮功"、"东突"、"藏独"、"疆独"、"台独"等敌对势力进一步勾结合流，利用、策划、挑动群体性事件，插手群体性事件，借机搞什么"工运"、"农运"，是引发、激化群体性事件的政治因素，这必须引起我们高度重视。

　　群体性事件在增加，势头在发展，可资境内外敌对势力利用的机会在增多，对稳定和谐的危害在加重，成为影响社会稳定和谐的隐患。积极预防、妥善处理群体性事件，是正确处理人民内部矛盾、构建社会主义和谐社会的严峻问题。

除以上五个问题外，还有少数领导干部的腐败和官僚主义问题，市场经济运行中的问题，政治、思想、文化相互激荡问题，民族宗教冲突问题等方面的问题，既引起复杂紧张的人民内部矛盾，也是当前人民内部矛盾的诸多表现。正确处理领导与群众的关系，处理经济运行中的诸多矛盾，处理政治、思想、文化、民族、宗教冲突，也是正确处理人民内部矛盾、构建社会主义和谐社会的一系列重大问题。

二　从马克思主义理论的高度，科学认识人民内部矛盾和构建社会主义和谐社会问题

为什么强调构建社会主义和谐社会？因为我们面对着错综复杂的人民内部矛盾和诸多社会矛盾，需要我们解决，需要我们协调。正因为有矛盾，才要和谐，正因为要和谐，才要协调矛盾。构建社会主义和谐社会，关键是有效地协调各方利益关系，化解人民内部矛盾，才能赢得全社会的稳定与和谐。怎样才能协调人民内部矛盾、构建社会主义和谐社会呢？从理论上把握其发展变化的规律，是十分必要的。

1. 正确处理人民内部矛盾，是构建社会主义和谐社会、建设中国特色社会主义的必然要求

我们知道，现实世界是充满矛盾的，充满辩证法的，矛盾和辩证法就是一切事物，包括人类社会的客观存在，包括人类社会的本来面貌。马克思主义的辩证唯物主义世界观和方法论，科学地反映了客观世界的规律和本来面貌。面对今天错综复杂的矛盾局面和局势，我们一定要学会运用马克思主义的辩证唯物主义世界观和方法论，观察分析处理人民内部矛盾和诸多社会矛盾。辩证唯物主义世界观和方法论的核

心和实质是什么呢？列宁说："对立统一规律是辩证法的核心和实质。"对立统一规律，也就是矛盾规律，是宇宙间的根本规律，对立统一观点，即矛盾观点，是马克思主义辩证唯物主义的基本观点。什么叫对立呢？对立就是矛盾；什么叫统一？统一就是和谐。对立统一，就是在矛盾的化解中求得社会的和谐。我们运用对立统一的观点来观察世界，就叫世界观，运用对立统一的观点来解决现实矛盾，就叫方法论。毛泽东同志是正确灵活运用马克思主义辩证唯物主义世界观和方法论的典范。毛泽东同志有两部重要的著作，一部叫《矛盾论》，是在战争年代写的。在中国革命和战争的关键时刻，他运用辩证唯物主义的世界观和方法论，分析了中国社会的矛盾，得出了中国革命的正确的战略和策略，巧妙地处理了中国革命的矛盾和问题，赢得了人民战争的胜利，建立了新中国的政权。《矛盾论》是马克思主义辩证唯物主义的光辉的经典著作。在和平建设时期，毛泽东同志又写了一部《关于正确处理人民内部矛盾的问题》，是在社会主义建设时期用对立统一观点观察和分析问题，解决人民内部矛盾的理论指南。今天构建和谐社会，一定要深刻理解这两部著作的精神，学会运用马克思主义辩证唯物主义的世界观和方法论解决现实矛盾和问题。在这两部著作中，毛主席把对立统一观点概括为三个重要的观点：第一，矛盾无处不在，无时不有；第二，矛盾是事物存在的普遍规律和根本法则，是一切事物发展的内在源泉和动力；第三，要运用对立统一的观点，即矛盾的观点看待和处理人民内部矛盾和诸多社会矛盾。用这三个观点来看待我们今天的社会，不存在有还是没有矛盾的问题，也不存在好矛盾和坏矛盾的问题，因为矛盾的存在是客观的、始终的，是不以人的意志为转移的。无所谓有矛盾无矛盾，也无所谓好矛盾坏矛盾。矛盾不解决是坏事，矛盾解决了是好事。旧矛盾解决了，新矛盾又产生了，事物就是在不断地解决矛盾中发展的。所谓和谐社会，不是否定矛盾，而是强调社会在解决矛盾的过程中求得统一、求得和谐、求得前进。在妥善处理各类矛盾，构建和谐社会的问题上，中外社会主义国家和其他一些国家，有着深刻的经验教训值得我们记取。

第一，苏联斯大林时期的经验教训表明：正确区别和处理两类不同性质的矛盾，是构建社会主义和谐社会的前提。苏联是在1936年宣布进入社会主义的，承认不承认社会主义国家内部存在矛盾，存在什么性质的矛盾，怎样区别和处理矛盾，是摆在当时苏联共产党人面前的重大的现实和理论问题。但是，当时在苏联存在两种根本对立的错误观点：一是根本不承认社会主义国家内部有矛盾，不承认人民内部有矛盾；二是把矛盾扩大化，把一切矛盾都夸大为敌我矛盾和阶级斗争，搞阶级斗争扩大化。斯大林有两个著名观点，一个叫做苏联的"生产关系同生产力状况完全适合"，我们把它概括为"完全适合"论，既然完全适应，就不改革了，使得苏联经济政治体制趋于僵化；另一个斯大林提出苏联各族人民"道义上和政治上的一致"是社会主义的发展动力的论点，一致成了动力了，矛盾没有了。"完全适合"论和"一致动力"论是违反对立统一规律的形而上学观点。理论上不承认苏联国内有矛盾，又怎样解释苏联大量的现实矛盾呢？斯大林在理论上不得不把苏联国内的各类矛盾都说成是外部原因造成的敌我矛盾和阶级斗争，提出著名的"左"的观点：社会主义进展越大，剥削阶级残余进行斗争就越尖锐；阶级斗争一端在苏联，另一端则在资产阶级国家。把国内的矛盾统统说成是阶级斗争性质的敌我矛盾，把产生矛盾的原因归结为外部原因，归结为资本主义包围，归结为敌对阶级作用。他从不承认矛盾，走到另一个极端，就是矛盾扩大化。结果是混淆了两类不同性质的矛盾。既然矛盾是阶级斗争性质的，斯大林就采取了极端的肉体消灭的办法来处理。1936—1939年，斯大林发动了"大清洗"运动，当然不可否认，被肃反的人中是有一些间谍特务，但是，相当数量的人是党内持不同意见的同志和人民内部矛盾。这严重破坏了社会主义民主和法制，逐步形成了苏联僵化的经济政治体制，是苏联解体的一个深层原因。

第二，我国的经验教训表明：正确认识和处理人民内部矛盾，是构建社会主义和谐社会的主题。我国是在1956年完成社会主义"三大改造"的，在社会主义制度下，人民内部有没有矛盾，怎样认识和处理这些矛盾，也就成为我国社会的一个全局性问题。特别是当时苏东和国际上发生的问题，也促使我们党对人民内部矛盾进行研究和思考。1956年苏共二十大批判斯大林以后，在国际共产主义运动中引起极大的思想混乱和激烈动荡，在波兰和匈牙利爆发了全国性的动乱。1956年冬到1957年春，苏东动荡波及我国，引起一些思想混乱，加之我国新制度刚刚建立，新的矛盾不断产生，问题不少，像分配、生活待遇、住房、物价、学生升学、就业以及国家机关中的官僚主义问题，等等，引起了群众一定程度的不满，发生了一系列群体性事件，大约有一万多名工人罢工，一万多名学生罢课。这些新情况引起了毛泽东同志和我们党的高度重视，总结经验、吸取教训、正确处理人民内部矛盾，鲜明地提到全党面前。1957年2月，毛泽东同志发表了《关于正确处理人民内部矛盾的问题》，标志着人民内部矛盾理论的形成。这是创造性的马克思主义理论。然而，毛泽东同志和我们党却在后来的实践中逐渐偏离了正确的理论。1957年犯了"反右"斗争扩大化的错误,1959年错误地开展了所谓"反右倾"斗争,到20世纪60年代在"左"的路线指导下进行了社会主义教育运动,一直到十年"文化大革命",严重混淆两类不同性质的矛盾,一步一步走向阶级斗争扩大化的泥坑,造成全国性内乱,国家经济到了崩溃的边缘。十一届三中全会拨乱反正,以邓小平同志为核心的党中央果断地停止了以阶级斗争为纲的错误路线,恢复和发展了人民内部矛盾理论,走上了稳定、和谐、发展的中国特色社会主义道路。

第三,处于社会发展风险期的一些国家的经验教训表明:高度重视协调各类社会矛盾,保持社会的相对和谐与稳定,至关重要。从各国现代化进程来看,当一个国家处于农业国至工业国的发展过程中时,增长与问题、发展与矛盾往往就会交织在一起,成为社会结构深刻变动、社会矛盾最易激化的高风险期。发展必然带来利益格局的变化,一些人利益满足了,一些人利益受损了,矛盾加剧;经济高速增长,同时衍生一些社会问题,如分配不公,贫富悬殊,矛盾激化,再遇到经济滑坡、金融风险等突发情况,就会发生社会动乱,影响政局稳定。被称之为"拉美陷阱"或"拉美病"的"拉美化"现象就是例证,其含义主要是指拉美国家在经济增长过程中因贫困化和两极分化导致的社会动荡。20世纪80年代起,拉美各国相继推行新自由主义改革,短期内和局部上取得了经济增长的一些成效,如阿根廷在1991年与1992年,分别实现10.6%和9.6%的高增长。2001年巴西人均GDP是2957美元,委内瑞拉是4877美元,墨西哥是6200美元,阿根廷是7416美元,阿根廷因经济危机,2002年又跌至2912美元。拉美一些国家在强调经济增长时忽视了社会公正,失业率持续攀升,2002年拉美地区失业率高达9.6%。贫富悬殊，2004年拉美贫困人口已达2.27亿，百万富翁增长率却居全球之首。以巴西为例，收入最高的10%居民拥有全国财富的40%，收入最低的10%拥有财富却不足3%。两极分化的结果是，社会出现动荡，群众抗争运动此起彼伏，如墨西哥的萨帕塔农民起义，巴西的无地农民运动，阿根廷的拦路者运动、敲锅运动，秘鲁、危地马拉、玻利维亚等国的反私有化运动，等等。这里尤其值得一提的是墨西哥革命制度党，该党从1929年到2000年连续执政71年，使墨西哥从一个封闭的农业国，发展为一个对外开放的工业化国家，2000年国民生产总值达到6700亿美元，在世界上排名第13位，经济增长率达到7%。20世纪80年代，长期执政的墨西哥革命制度党用西方的"新自由主义"取代"革命民族主义"，全面推行私有化，开放国内市场。在社会政策上，削减教育、医疗和保险等公共开支，以推进经济增长。但由于没有妥善处理好转轨过程中的社会矛盾，很多中小企业破产，大量工人失业，大批农民失地，普通民众生活水平大幅度下降，贫富分化日趋严重。可以说是一方面在积累亿万富翁，另一方面又在积累贫困。全国9700万人口，其中贫困人口达到4600万，约占总人口的45%，赤贫为2400万。墨西哥300个家族拥有全国50%的财富。中下层民众对革命制度党不满，严重动摇了革命制度党的执政基础。1994年初，墨南部贫苦山区的印第安农民揭竿而起，爆发了该党执政以来规模最大的农民武装起义。2000年大选中该党丧失了长达71年的执政地位。

总而言之，一定要高度重视正确处理人民内部矛盾，对于构建社会主义和谐社会的极端重要性。由于复杂的国内国际因素，两种不同性质的矛盾在我国长期存在，一定范围的阶级斗争在特定条件下还有可能激化，但突出地、大量地、经常地表现出来的是人民内部矛盾。人民内部矛盾是我国社会现阶段人际关系上的主要矛盾,是政治生活的主题。正反经验表明,坚持正确处理人民内部矛盾的主题,抛弃以阶级斗争为纲的错误做法,始终把发展作为执政兴国的第一要务,社会就和谐,事业就发展;否则,社会就动荡,现代化建设事业就受挫折。

2. 妥善协调各方利益关系,是正确处理人民内部矛盾,构建社会主义和谐社会的关键

毛泽东同志除了着重阐述人民内部在政治思想上的矛盾之外,还论及人民内部的利益矛盾,强调从分配上处理好利益矛盾,主张要从经济利益上对人民内部矛盾进行分析,加以协调。从物质经济利益上协调好人民内部矛盾,就能为社会主义和谐社会奠定坚实的物质条件。

有利益分配上的差别,就会有竞争、有矛盾,利益差别就是利益矛盾。从哲学上看,利益矛盾无所谓好坏,是客观存在的。处理好了是好事,处理不好是坏事。把利益竞争和矛盾控制在一定程度,是社会发展的推动力,协调得不好,就可能是破坏力。社会革命、社会变革,归根结底就是调整利益矛盾。人民内部矛盾,说到底是人民内部利益矛盾。

人民内部矛盾是一个由许多矛盾构成的多层次、多领域、多类型的纵横交错的复杂系统。横向的有:工人阶级、农民阶级和其他社会阶层、利益群体之间的矛盾;各民族之间的矛盾;执政党与他党、非党的矛盾,党内矛盾;地方之间、企业之间、群体之间的矛盾;工人阶级内部的矛盾,农民阶级内部的矛盾,知识分子内部的矛盾,非公有经济经营者内部的矛盾;市场经济的生产者之间、经营者之间、销售者之间、消费者之间的矛盾;工人阶级、农民阶级同非公有制经

营者之间的矛盾,等等。纵向的有:执政党、政府同人民群众之间的矛盾;领导者同群众之间的矛盾;上级同下级之间的矛盾;国家、集体(企业、地方、单位)、个人之间的矛盾;市场经济的生产者、经营者、销售者、消费者之间的矛盾,等等。这些矛盾分别在经济、政治、意识形态等领域表现出来,其总根源是人民内部的利益矛盾。

人民内部利益矛盾有五个特点:第一个特点是根源性。人民内部的利益矛盾是一切人民内部矛盾产生、发展和变化的总根源,是根本原因。一切矛盾都可以在利益这个问题上找到它的发生根源。第二个特点是主导性。利益矛盾制约、影响着人民内部其他各类矛盾,是起主导作用的矛盾。第三个特点是群体性。人民内部不同阶级、阶层、利益群体的利益要求,往往是以利益共同体的形式表现出来,人民内部利益矛盾具有群体性。第四个特点是非对抗性。人民内部利益矛盾是非对抗性的。第五个特点是转化性。也就是说,在一定条件下,人民内部非对抗性利益矛盾可以转化成对抗性利益矛盾。

在不同的历史条件下,处理不同性质的利益矛盾,所采用的方法是不一样的。在革命战争年代,解决中国革命问题的办法,就是拿起枪杆子推翻"三座大山"。在今天社会主义条件下,在人民内部不同社会成员之间,在个体利益、群体利益之间,在个人利益、集体利益和国家利益之间,在眼前利益和长远利益之间,在局部利益和整体利益之间,在暂时利益与根本利益之间,存在着复杂的矛盾。受相对滞后的社会生产和社会发展的制约,不断提高并趋多样化的群众的物质文化利益要求难以得到完全满足,利益矛盾关系日趋复杂,统筹兼顾各方利益关系,协调解决各种利益矛盾的难度加大。但是,人民内部利益矛盾是非对抗性的,解决这些矛盾,只能经过社会主义制度本身的自我完善和自我改革，只能用利益协调、统筹兼顾的办法来解决。所以，妥善协调人民内部利益矛盾关系，是构建社会主义和谐社会的关键环节。一定要学会用利益协调的办法来解决人民内部利益矛盾。

3. 领导与群众的矛盾是人民内部矛盾的重要方面，领导与群众的关系协调是构建社会主义和谐社会的重要条件

人民内部矛盾是多种多样的，其中，领导和群众的矛盾是人民内部矛盾的焦点所在。刘少奇同志说："社会上一切不合理的现象，一切没有办好的事情，领导上都有责任，人民会来责问我们国家、党、政府、经济机关的领导人，而我们对这些问题应该负责任。"因为我们党是执政党，党的各级领导干部在经济、政治、文化等社会生活领域中处于领导者的地位。从一定意义上说，社会主义事业的成败，出现问题和工作失误或多或少都同领导的工作和责任有一定的关系。

领导和群众的矛盾，主导方面在于领导。在领导和群众的矛盾中，如果领导方面是错误的，群众方面是正确的，那么矛盾的主导方面毫无疑问是在于领导，比如领导中间的腐败和官僚主义，领导应当改正自己的错误，坚决开展反腐败和官僚主义的斗争，赢得群众的拥护。如果领导方面是正确的，群众方面是错误的，矛盾的主导方面也在于领导。为什么呢？因为领导应对群众做说服教育工作，领导应采取正确的处理措施。当然，也不能把一切错误和问题都归咎于领导，说领导处于矛盾的主导方面，是指领导的责任、领导的工作，不是就领导的是非而言。当前，领导与群众的矛盾特别突出地表现在个别领导干部的腐败和官僚主义上。

4. 人民内部矛盾的对抗、激化与构建社会主义和谐社会

（1）人民内部矛盾虽然是非对抗性的，但有可能发生对

抗和激化现象，对这个问题，应当引起我们的高度警惕。

首先，从历史和现实来看，人民内部不仅存在矛盾，矛盾还有可能对抗化和激化，甚至出现动乱。

关于人民内部矛盾的对抗与激化，人们经历了一个很长的认识过程。列宁认为，在社会主义条件下，"对抗消灭了，矛盾还存在"。也就是说，在社会主义条件下，矛盾有，但是没有对抗了。斯大林不承认人民内部有矛盾，认为如果有，就是外部带来的，就是阶级斗争，敌我矛盾。当然到了晚年，他也隐隐约约地感到，在苏联内部是有矛盾的，这反映在他晚年于1953年写的《苏联社会主义经济问题》这本书中，但是他还来不及认识这个问题，就去世了。毛泽东同志于1957年总结苏联的教训，总结中国当时的状况，提出了人民内部矛盾的正确理论。对人民内部矛盾理论，当时僵化的苏联理论界是不接受的，横加批判，认为是反马克思主义的，认为在社会主义人民内部怎么能有矛盾呢？直到20世纪六七十年代，苏东社会内部矛盾激化，苏东理论界才开始讨论社会主义内部矛盾及其对抗、激化、动乱和危机等问题，认为不仅在资本主义国家能出现矛盾对抗，在社会主义国家也有可能出现矛盾对抗。"六四"风波和苏东剧变之后，我国理论界对这个问题持比较一致的看法，认为人民内部矛盾有可能发生对抗，而且也可能激化，造成重大的社会动荡。

社会主义国家几十年的发展历史严肃地告诉我们，不仅存在着各种人民内部矛盾，而且人民内部矛盾还有可能发生对抗和激化，发生群体性事件，甚至形成严重的社会动荡。譬如，苏联国内长期积累起来的矛盾逐步激化，在赫鲁晓夫执政期间，1956年8月，格鲁吉亚第比利斯地区爆发大规模群众游行。1959年、1962年，都发生过较大规模的工人群众罢工示威游行事件，当局出动了军队加以镇压，死伤了许多人。据南斯拉夫学者的不完全统计，从1958年到1969年8月，南斯拉夫共发生了1906次工人罢工事件。1953年夏，民主德国几万名工人上街，要求改善生活条件，实行重大政治改革，工人们与政府发生了暴力冲突。1956年夏，波兰波兹南地区发生了大规模的工人骚乱，工人群众同军队发生了冲突，造成了严重的流血事件，波兹南骚乱导致了同年秋季的政治危机，使波兰最高领导层发生了重大变化。1956年秋，匈牙利爆发了震动整个社会主义阵营的匈牙利事件，20世纪60年代末，波兰又发生了多次社会危机。1968年8月，发生大学生罢课，国内发生了较大范围的骚乱。11年后，著名工业城市格丁尼亚和什切青发生了大规模的工人骚乱，再次出现了流血事件，深刻的危机导致波兰党和政府最高领导易人。20世纪70年代中期，波兰再次发生了几次大的工人罢工。80年代初，波兰又爆发了波及全国的团结工会运动，致使整个波兰处于严重的动荡状态。1968年的捷克斯洛伐克"布拉格之春"事件，震惊了世界。在我国，史无前例的"文化大革命"使社会主义发展陷入了极度危机的境地。1989年"六四"政治风波实质上也是各类矛盾激化的结果。由于前苏东各国内部矛盾的积累，又得不到解决，致使各类矛盾逐步激化，再加上国际因素的影响和作用，最终酿成了苏东剧变。

其次，从理论上说，从马克思主义对立统一观点来看，人民内部矛盾存在对抗和激化，对社会主义和谐社会构成严重的影响。

什么叫对抗？毛泽东同志指出："对抗是矛盾斗争的一种形式。"对抗并不表明矛盾的性质，只表明矛盾的一种解决形式。毛泽东同志举炸弹为例，炸弹在没有爆炸的时候，矛盾的对立双方处于一个统一体之中，当击火装置被击着的时候，炸弹爆炸了，炸弹爆炸就是矛盾采取了外部对抗的解决形式。矛盾的对抗现象与对抗性矛盾不是一回事。对抗不是反映矛盾的性质，而只是反映矛盾的一种解决形式。什么是对抗性矛盾？什么是矛盾的对抗形式？应当把矛盾的对抗性质和矛盾的对抗形式作必要的区别。对抗是矛盾双方采取外部冲突的形式来解决矛盾的方式。矛盾的对抗性质，是指矛盾由于其双方在本质上根本对立具有的对抗性质。矛盾的对抗形式，是指由矛盾的对抗性质或者其所处的具体条件所决定的矛盾双方采取的外部冲突的解决形式。如果矛盾双方具有本质上根本对立的对抗关系，而又在最后不得不采取外部冲突的斗争形式，就是对抗性矛盾。比如，中华民族同日本帝国主义的矛盾，只有靠中国人民拿起枪杆子把日本侵略者赶出去，这就是对抗性矛盾。什么叫矛盾的对抗形式呢？就是说，矛盾双方在本质上并不具有根本对立的性质，只是在一定条件下，矛盾双方采取了对抗的解决形式。非对抗性质的矛盾，有可能产生对抗的解决形式。人民内部矛盾不是对抗性矛盾，并不等于就不可能出现对抗现象，在一定条件下，人民内部矛盾也可能会出现外部对抗的解决形式。

（2）人民内部矛盾对抗和激化的原因。

人民内部矛盾对抗和激化的原因，分别是：

第一，必然原因。人民内部还存在某些对抗性的矛盾，可能会产生矛盾对抗现象，由于旧社会遗留的残余因素，敌对势力的影响和破坏，不仅会使我国存在一定数量的敌我矛盾，而且还会使人民内部产生某些矛盾对抗现象，存在某些对抗性矛盾。矛盾对抗现象和对抗性矛盾的存在是人民内部矛盾可能激化的必然原因。

第二,必要原因。人民内部还存在一部分带有阶级斗争性质的矛盾。阶级斗争还在一定范围内存在,这不可能不影响和反映到人民内部,使人民内部存在一部分带有阶级斗争性质的矛盾,这是人民内部矛盾可能激化的必要原因。

第三,重要原因。人民内部的非对抗性矛盾有可能转化成对抗性矛盾,不带有阶级斗争性质的矛盾有可能转化为带有阶级斗争性质的矛盾,人民内部矛盾有可能转化成敌我矛盾。矛盾转化是人民内部矛盾可能激化的重要原因。

第四,客观原因。不同性质的矛盾交叉在一起,构成复杂的矛盾局面。一定范围内的阶级斗争同人民内部的非阶级斗争性质的矛盾;一定数量的敌我矛盾同大量表现出来的人民内部矛盾;不占主导地位的对抗性矛盾同占主导地位的非对抗性矛盾,往往交织在一起,难分难解。错综复杂的矛盾局面,是人民内部矛盾可能激化的客观原因。

第五,主观原因。面对复杂的社会矛盾状况,领导者在主观认识和实际处理方面的失误,有可能导致矛盾激化。这是矛盾可能激化的主观原因。

矛盾对抗和激化表现为社会冲突,我国发生的社会冲突绝大部分是人民内部的矛盾冲突。人民内部矛盾冲突往往发端于经济领域,又有可能由经济利益冲突发展为思想政治冲突,由个别冲突发展为局部性、地区性冲突,乃至全国性冲突。如果人民内部矛盾冲突同阶级斗争、敌我矛盾纠缠在一起,处理失误,就有可能进一步转化,酿成社会动乱。

(3)正确认识和处理群体性事件问题。

毛泽东同志在《关于正确处理人民内部矛盾的问题》报告中,专门论述了群体性事件问题,当时他把群体性事件称为"少数人闹事"。毛泽东同志说:"在我们的社会中,群众闹事是坏事，是我们不赞成的。但这种事情发生以后，可以促使我们接受教训，克服官僚主义，教育干部群众。"他对群体性事件的原因和处理原则作了全面的科学的论述。

群体性事件，是指由人民内部矛盾引发的严重影响、干扰乃至破坏正常社会秩序的事件。既然群体性事件是人民内部矛盾，那么对群体性事件首先要给予严格的界定，要严格区别多数参与群众和少数坏人，多数参与者是群众，只有极少数是坏人。

群体性事件发生的直接原因，往往是由于出现比较严重的社会问题，或某些政策和措施损害群众切身利益，或群众生活水平相对下降，或群众一些物质上的和其他方面的要求得不到满足。出现群体性事件的另一个值得注意的原因，是领导上的官僚主义和腐败行为。由于某些领导的官僚主义态度，使得本来应当解决的群众的合理要求长期得不到解决，或者由于对一些群众不合理的要求，没有采取有效的措施及时地去做工作，使得本来可以解决的矛盾激化。群体性事件发生的又一个原因，是缺乏对落后群众的思想教育。有些群众往往注意当前的、局部的个人利益，甚至提出不切实际或不合理的要求，而思想工作又跟不上，使群众中的偏激情绪和错误思想占了上风，致使群众以不适当的方式向党和政府发泄不满。群体性事件发生还有一个原因，就是当群众产生不满情绪酝酿出事的过程中，有国际反动势力和国内少数坏人插手进来，传播敌对思想和错误主张，挑拨离间、散布谣言、制造事端。防止坏人破坏的关键，也在于领导的工作，在于是否能够把群众背后的少数坏人揭发出来。国内复杂的民族关系和宗教生活中的不安定因素，也是群体性事件发生的一个重要原因。群体性事件或多或少总是与经济政治体制上的弊端有关,与群众的要求缺乏畅通有效的合法诉求和合理解决途径有关。在改革进程中,由于新旧体制交替,利益分配结构调整,使社会矛盾相对集中地表现出来。如果出现方针政策措施不当,也会导致矛盾激化,是造成群体性事件的体制和政策原因。群体性事件总体上属于人民内部矛盾,但群众要求的合理性同反映形式的违法性相交织,现实问题同历史遗留问题相交织,同时还有一些群众提出不合理要求,少数人违法犯罪,以及敌对分子插手利用的问题,处置的政策性很强。处置不当是群体性事件发生的主观原因。

妥善处置群体性事件,一定要采取正确的处理原则和办法。坏事可以变成好事。事件发生后,必须认真总结经验教训,坚决克服官僚主义,不能"草率收兵",要保持足够的冷静,绝不能掉以轻心。要分清不同性质的矛盾,反对两种错误倾向:一是不问青红皂白,把一切错误归咎于群众,助长领导的官僚主义;二是看不到群众的错误倾向,对少数坏人失去警惕。要做好工作,依法办事,满足群众提出的可以解决的合理的要求,恰当地处理好各种问题。要把参与的群众引导到正确轨道上来,对少数触犯刑律的给予必要的制裁。要以事件作为改善工作、教育干部和群众的特殊手段,采取各种措施消除不安定因素。从长远看,要从体制上建立健全切实接纳群众诉求并及时给予解决或回应的畅通有效的机制。

三 正确处理人民内部矛盾,构建社会主义和谐社会的基本思路

构建社会主义和谐社会,关键是正确协调好人民内部利益关系,正确处理好人民内部矛盾。毛泽东同志认为,正确

处理人民内部矛盾"是一门科学，值得好好研究"。什么叫科学？科学是对客观规律的正确的理性认识。对我国人民内部矛盾规律的正确理论认识，也是一门科学。同志们一定要把人民内部矛盾当作一门科学来研究，一定要采取正确的原则和方法，妥善协调各方利益关系，正确处理人民内部矛盾，才能切实构建社会主义和谐社会。

1. 正确区分不同性质的矛盾，用不同质的方法解决不同质的矛盾，是正确处理人民内部矛盾，构建社会主义和谐社会的基本原则

正确区分两类不同性质的矛盾，是正确处理人民内部矛盾的前提。毛泽东同志说，"不同质的矛盾，只有用不同质的方法才能解决"。从总体上说，人民内部矛盾是根本利益一致的非对抗性矛盾，不能用处理敌我矛盾的办法来处理人民内部矛盾。

第一，主要用经济的方法解决人民内部的得失矛盾。得失矛盾就是利益矛盾，得到一些，失掉一些，就是利益问题，就会产生利益矛盾。对得失矛盾，主要用经济方法来解决，叫做统筹兼顾，综合平衡，即利益协调的办法。毛泽东同志提出主要用经济方法处理得失矛盾的原则。邓小平同志提出按照统筹兼顾的原则调节得失矛盾的思想。运用经济方法，"统筹兼顾、全面安排"是解决人民内部得失矛盾的主要方法。

第二，主要用民主的方法解决人民内部的是非矛盾。是非矛盾就是人民内部在思想、政治、文化上的矛盾。毛泽东同志认为，凡属于思想性质的问题，凡属人民内部争论的问题，不能用强制的、压服的方法来解决，只能用民主的、讨论的、批评的、说服教育的方法来解决，在今天，还要加

上法制的办法来解决。毛泽东同志把民主的方法概括为"团结—批评—团结"公式。邓小平同志指出，在党内和人民内部政治生活中，只能采取民主的手段，不能采取强迫命令、压制打击的手段。民主的方法主要包括：一是法制的方法，二是思想教育的方法。

第三，采取综合的方法解决人民内部各类矛盾。解决人民内部矛盾，要根据具体情况，采取综合性的、多种多样的方法。因为，有些矛盾很难说是纯得失性质的，还是纯是非性质的，往往是得失与是非搅和在一起的。所以，必须具体分析矛盾的实际情况，用综合性的办法，来化解人民内部矛盾。比如，两口子离婚，很难说是感情问题，还是经济问题，还是什么问题，必须用综合的办法来解决。总之，多种多样的办法相结合，才能解决好错综复杂的人民内部矛盾。要针对矛盾的具体实际，动员各方力量，注意工作方法，立足于协调关系、理顺情绪，增进理解，调动积极因素。把人民调解、司法调解、行政调解结合起来，并建立人民内部矛盾经常化、制度化的调处机制。依法及时处置群众的合理诉求，努力消除不和谐因素，从源头上解决矛盾，尽可能地把矛盾和隐患化解在基层，消灭在萌芽状态。

第四，根本方法是深化改革，发展生产力，健全社会主义民主法制。建设社会主义物质文明、精神文明、政治文明，为解决人民内部矛盾奠定物质、精神和制度保障。

2. 把人民的根本利益作为党和国家机关一切工作的出发点和落脚点，是正确处理人民内部矛盾，构建社会主义和谐社会的总的方针

正确处理人民内部矛盾，必须始终保持同群众的血肉联系，坚持群众路线，把人民的根本利益作为制定路线、政策，

采取各种措施的根本出发点和最终落脚点。重视和维护人民群众最现实、最关心、最直接的利益，正确反映和兼顾各方群众的利益要求，坚决纠正损害群众利益的行为，抓紧解决群众生产生活中的突出问题和困难。

当前要着重解决分配差别、区域差别、城乡差别、就业、贫困、"三农"、少数干部腐败等突出问题。要针对企业改制、城市拆迁、农村征地、司法不公等，抓紧制定相关法律，加以解决。

3. 正确处理效率与公平的关系，在坚持效率的前提下，注意维护和实现社会公平，是目前正确处理人民内部矛盾，构建社会主义和谐社会的突出任务

邓小平同志在提出让一部分人、一部分地区先富起来的同时，极为重视贫富差距过大和分配不公的问题，20世纪90年代初，就设想在20世纪末达到初步小康水平的时候，要利用各种手段、各种方法、各种方案突出地提出和解决这个问题。早在1993年他就指出："少部分人获得那么多财富，大多数人没有，这样发展下去总有一天会出问题。分配不公，会导致两极分化，到一定时候问题就会出来。这个问题要解决。过去我们讲先发展起来。现在看，发展起来以后的问题不比不发展时少。"① "要利用各种手段、各种方法、各种方案来解决这些问题。"② "什么时候突出地提出和解决这个问题，在什么基础上提出和解决这个问题，要研究。可以设想，在本世纪末达到小康水平的时候，就要突出地提出和解决这个

---

① 《邓小平年谱》，中央文献出版社2004年版，第1364页。
② 同上。

问题。"① 现在是突出地提出和解决这个问题的时候了。

（1）关于效率与公平的关系，资本主义在发展市场经济的长期过程中积累了值得我们借鉴的经验教训。

当然，资本主义制度不可能从根本上解决好效率与公平的关系，即使一段时期内能够处理好，但也不能根本克服最终导致资本主义必然灭亡的内在矛盾。

如何认识效率和公平问题？要从市场经济的特性来认识。市场经济有两重性，是一把双刃剑：积极的一面，能较大限度地优化资源配置，调动人的积极性，实现效率；消极的一面，能带来分配不公，两极分化，带来其他一系列社会问题。同志们读世界资本主义发展史可以知道，在资本主义几百年发展市场经济的过程中，它既尝到了市场经济的甜头，也充分尝到了两极分化、矛盾激化引起社会动荡的苦头。较大的有四次：第一次是资本主义自由竞争时期。重视效率，重视经济增长，但忽视了公平分配，导致工人阶级和资产阶级两极分化，工人工资下降，绝对贫困，阶级矛盾和斗争愈演愈烈。造成自1825年开始，每隔10年爆发一次经济危机。1873年爆发了资本主义空前激烈的世界性危机，持续了五年。危机往往伴随着革命，爆发了1871年的巴黎公社革命和风起云涌的工人运动。第二次是第一次世界大战前后时期。资本主义通过第一次世界大战，通过帝国主义国与国之间的战争转移国内矛盾。企图用垄断来克服自由竞争资本主义的内在矛盾，发展到了垄断资本主义，即帝国主义。垄断进一步加剧了两极分化和阶级矛盾，爆发了俄国十月革命。第三次是1929—1933年的资本主义世界性的总经济危机时期。这次危

---

① 《邓小平文选》第3卷，人民出版社1993年版，第374页。

机对资本主义造成致命打击，阶级对立和矛盾相当激化，国内矛盾转移到国外，爆发了第二次世界大战，结果出现了一系列社会主义阵营。第四次是第二次世界大战以后的资本主义国家垄断时期。资本主义内在矛盾进一步激化，两极急剧分化，陷入了空前的社会危机，20世纪五六十年代，资本主义国家的工人运动风起云涌。一些有远见的资产阶级政治家，着手对资本主义内在矛盾进行调和，对资本主义制度进行改良，关注公平，用高额利润的一部分，采取高额累进税、遗产继承税等措施进行再次分配，建立健全社会保障体制，缓和阶级矛盾，形成庞大的中等收入阶层，构建橄榄型社会结构，资本主义进入相对稳定的发展阶段。可以看出，资本主义在发展历程中，推进了经济的迅速增长，但前期过分偏重效率，忽视公平，两极分化，矛盾激化，社会激烈震荡，初期的工人运动，第一次世界大战、第二次世界大战，以及战后的大规模工人运动，几乎颠覆资本主义制度。所以，马克思讲，资本主义在发展的同时，也生产了自己的掘墓人。《资本论》就是对自由竞争阶段资本主义社会内部矛盾的集中反映。资本主义经过第一次世界大战、第二次世界大战，以及战后的工人运动，才认识到必须处理好社会公平问题，在注重效率的同时，关注公平，用高额利润的一部分来解决二次分配，建立高额累进税、遗产继承税，采取一系列社会保障措施，培育相对庞大的中等收入阶层，缓和阶级矛盾，使资本主义进入了相对稳定的发展时期。当然，公平问题解决到一定程度，效率问题又重新提出来了，当前西方国家的"高福利"政策又引出了效率问题。瑞典是典型的福利型国家，实行"三高"政策，就是"高税收、高工资、高福利"，是"从摇篮到坟墓，一生都有保障"的"高福利"国家，现在，也出现社会发展动力不足、政府财政负担过重的现实问题。

（2）效率与公平的关系是具体的、历史的、相对的。

在不同的历史条件下，效率与公平的具体内容是不同的。在这个国家公平，到另一个国家可能就不公平，这个时期公平，到另一个时期可能就不公平。每一个阶段都有突出问题，老问题解决了，新问题又出现了。效率与公平虽然存在矛盾，但在一定条件下又可以统一。一定的收入差别是实现效率的必要代价，有时为了追求效率还不得不牺牲一些公平，但到一定程度，又要回过头来解决公平，过分不公终将损害效率。在社会主义条件下，效率与公平的矛盾是可以协调的，实现效率与公平的统一，是社会主义发展的内在需要。注重效率，努力争取用较少的投入最大限度地发展生产，符合人民的根本利益，是实现公平的前提和基础。有了效率，经济持续稳定增长，才有高水平的公平。不公平也制约和影响效率，只有实现公平，才有利于争取更大效率。

（3）"效率优先，兼顾公平"是重要的一般原则，在不同时期，对其理解和运用，要从实际出发，追求效率与公平的最优结合。

就我国的实际来说，改革之初，首要问题是发展经济，实现效率，解决温饱，把蛋糕做大，当然也不能忽视公平，但发展到一定阶段，公平问题突出了，就要集中解决公平问题。平均主义是一种不公平，差距过大也是一种不公平，当前平均主义与差距过大同时存在，在一定程度上、一定范围内，部分社会成员收入差距过大突出了。发展是硬道理，发展需要效率，但为了保持健康持续发展，必须在实现效率、推进经济增长的前提下，实现承认一定差距的相对公平。实现和维护公平，不仅仅是财富分配等经济问题，是个全方位的问题，涉及政治、经济，涉及公民权利、社会地位、民主施政、自由平等、公共服务、司法公正等政治、文化和社会内容。所以，公平是个大概念，不仅仅是个收入问题。当前应该集中解决收入分配问题。应该说，在社会主义初级阶段，我国大公平已经具备一定条件。什么叫大公平？就是以公有制为主体的所有制制度所决定的，以按劳分配为主体，按要素分配等多种分配形式并存的分配制度所决定的，人民当家作主的政治制度所决定的社会制度公平，是在人民群众的根本利益一致基础上的基本公平。在大公平的前提下，要在促进效率的前提下，把维护和实现公平放到更加突出的地位，从社会全方位出发长远地考虑公平问题，依法逐步建立以权利公平、机会公平、规则公平、分配公平为主要内容的社会公平保障体系，从制度、政策、法律上营造公平的社会环境。讲公平必然涉及分配，这就要在坚持效率前提下，高度重视分配公平对推进社会全面进步的作用。要关注收入分配的公平问题，合理的收入分配制度的建立问题。

（4）当前收入分配上的主要问题是，非常态收入突出，保障性收入不到位。

具体来说，第一句话，在初次分配领域，非常态收入突出，造成初次分配不公平。初次分配注重效率，一定要落实按劳分配、按要素分配原则。落实按劳分配，就能较大限度地调动人的积极性，真正实现激励性的收入分配。落实按要素分配，就能够让一切劳动、知识、技术、管理和资本的活力竞相迸发。目前我国由于市场秩序不规范，起跑线不一样，在初次分配中，垄断收入和非常态收入比较突出，所谓"垄断收入"，就是有些行业没有完全进入市场，形成垄断收入，造成了不合理收入差距。再一个是黑色收入、腐败收入和灰色收入，比如说走私贩私，钻各种政策空子，特别是贪污所得的收入，造成很大的收入差距，老百姓十分不满。真正实现按劳分配、按要素分配，才能切实保证效率。

第二句话，在再次分配领域中，社会保障性收入不到位，没有建立长效机制。根本性解决办法是要建立制度化、长效化的社会保障体制。

（5）解决收入分配问题的出路是，在坚持效率，放手让一切劳动、知识、技术、管理和资本的活力竞相迸发的同时，努力注重和兼顾公平，理顺分配关系，规范分配秩序，既要着重解决初次分配非正常收入造成的差距，还要着重解决再分配的社会公平保障，建立公正的收入分配体制。

第一，保证社会成员机会平等，解决好初次分配合理。初次分配拉开差距，一般来说是正常的，有利于效率提高。问题在于由于不合理、不平等的竞争条件，如市场垄断、贪污腐败、制假售假、走私贩私、偷税漏税等造成大量非正常收入，导致初次分配有些收入差距拉大的不合理。这就需要解决初次分配机会条件不均等所带来的不公平。坚持公有制为主的经济制度，保证生产条件和经济关系平等，逐步规范市场经济秩序，保证市场竞争平等，才能保证初次分配的条件和机会公平。在初次分配中，要建立健全市场机制，辅以必要的行政手段，以效率为前提，贯彻按劳和按生产要素分配原则，使激励性和效率性收入分配确实到位，控制垄断收入，取缔非法收入，实现合理的初次分配。

第二，保证保障性收入分配到位，解决好再次分配公平。初次分配通过市场机制实现效率，会带来收入差距拉大，这就需要政府通过再次分配加以调整。目前再次分配体制不健全，保障性收入分配不到位，低收入层与高收入层的差距日益拉大。需要以公平为原则,加大政府调控力度,通过经济政策、经济立法,运用税收、金融、行政等调节干预手段,合理调整国民收入分配格局,采取切实措施保证低收入居民的保障性收入,解决城乡之间、区域之间和部分成员之间收入差距拉大的问题。例如,进行税赋改革,加大对各类收入的税收调节;加大转移支付力度,增加公共开支,统筹城乡、区域发展,着力解决城乡二元结构问题,工业反哺农业,城市支持农村,支持落后地区和农村发展,提高落后地区居民和农村居民的收入水平;着力解决城乡居民贫困层的生活困难,严格执行最低工资制度,采取提高低收入者收入、扩大中等收入者数量的办法逐步缩小贫富差距。

第三,建立健全社会保障制度,解决好保障性分配问题。政府要建立健全以社会保险、社会救助、社会福利、社会慈善为主要内容的社会保障体系,向低收入层倾斜,确保低收入层的最低生活保障,突出解决失业、医疗、养老保障,加大社会救助和社会福利投入,保证保障性收入分配到位。

4. 形成相对均衡的利益分配格局,合理的社会成员构成结构,构建有利于社会和谐稳定发展的经济—政治体制,是正确处理人民内部矛盾,构建社会主义和谐社会的长效机制

在我国社会主义初级阶段条件下,和谐社会要有两个层次合理的社会结构:一是相对均衡的利益分配结构。有两种利益格局是不利于社会稳定和谐发展的。一种是平均主义的利益格局,另一种是贫富悬殊的利益格局。要构建既有一定差别,又保持一定公平的相对均衡的利益分配结构。

首先,保证社会成员利益竞争的条件和机会平等。既要关注公平的结果,也要关注公平的起点、条件、环境和过程。要建立良好的市场经济秩序和分配秩序,保证竞争机会均等,

彻底实施义务教育,实施农民和城市失业人员免费技能培训,为一切社会成员提供平等的竞争起跑线和公正的竞争环境。其次,保证社会成员利益分配相对均衡。要建立与市场经济体制相适应,以按劳分配为主体多种分配方式并存,激励性、效率性、保障性收入分配有机结合,社会保障制度健全的利益分配格局,保证社会成员利益相对均衡。

其次,形成与相对均衡的利益分配结构相一致的、合理的社会成员构成结构。形象地比喻,两极分化的社会成员构成结构,称之为"葫芦型"的社会成员构成结构。这种结构,两极分化,穷人很多,富人很富,唯独中间收入的人少,社会不稳定,容易出问题。与此相反,还有一种社会成员结构,中等收入的人居多数,穷人和富人都不多,称之为"橄榄型"社会成员构成结构。这种结构有利于社会的稳定、和谐发展。所以,要提高低收入者收入水平,扩大中等收入者比重,形成中等收入层为大多数的"橄榄型"社会成员构成结构,把社会分化、社会差别控制在适度的范围,使各个社会成员都能享受到改革和发展的成果。

与合理的利益结构和社会结构相适应,要构建有利于协调各方利益关系,有利于调动各方积极性,有利于社会和谐稳定发展的社会主义初级阶段的经济政治体制,从制度上、体制上保证合理的结构保持长期稳定。

5. 提高领导干部正确处理人民内部矛盾,构建和谐社会,实现社会协调发展和全面进步的能力,是正确处理人民内部矛盾,构建社会主义和谐社会的关键环节

在我国,共产党是执政党,党和党的领导干部在国家政治生活中的作用是至关重要的,这就向党和党的领导干部提出了执政能力建设的问题。正确处理人民内部矛盾,构建和

谐社会，实现社会协调发展和全面进步的能力，是执政能力的重要组成部分。领导干部要提高这方面的执政能力。要加强调查研究，深入探索新的历史条件下人民内部矛盾的规律与特点，努力探索正确处理人民内部矛盾的新思路、新方法，为防范、应对、化解各类矛盾提供理论和对策支持；要科学分析各阶级、阶层、利益群体的发展变化，充分把握各阶级、阶层和利益群体分化与组合的原因、条件以及他们的利益关系与利益要求，以便制定协调各类矛盾的有效对策；要学会在市场经济条件下进行社会管理，建立健全社会协商对话制度，完善信访体制和机制，建立一套反应灵敏、指挥得力、协调有序、运转高效的应对突发事件的预警机制和处理机制；要积极研究和掌握新时期群众工作的规律特点，把解决群众关心的热点和难点问题作为群众工作的重点，善于处理与群众利益密切相关的复杂棘手问题。

补遗五　运用马克思主义立场、观点和方法，科学认识美国金融危机的本质和原因[*]
——重读《资本论》和《帝国主义论》

2007年8月，美国次贷危机突然爆发，导致美国陷入自20世纪30年代大萧条以来最为严重的金融危机。继而美国金融风暴席卷全球，全世界正面临自20世纪30年代大萧条以来最严重的金融危机。这场全球性的金融危机已经引发了不同程度的世界性经济社会危机，目前还没有见底，今后发展会出现什么样的情况还需要进一步观察。

当前，摆在我们面前的一项重要任务就是重读《资本论》和《帝国主义论》，运用马克思主义立场、观点和方法，科学揭示这场危机的深刻本质和根本成因，提出根本性的有效规避和防范措施，建立制度保障和长效机制，保证中国特色社会主义健康稳定发展。

---

[*] 本文发表于《马克思主义研究》2009年第2期。本文得到多位中央领导批文。

一　必须联系资本主义制度本质，认清金融危机的实质和原因

关于美国次贷危机引发的全球性金融危机及经济危机产生的原因，及其对我国造成的影响和解救的措施，发表的见解已经很多了，其中不乏真知灼见。有的认为，美国居民消费严重超过居民收入，无节制的负债，无管制的市场，无限制的衍生金融工具，无限制的投机，无限制的高额利润和高收入是爆发金融危机的重要原因。有的认为，美国的消费模式、金融监管政策、金融机构的运作方式，美国和世界的经济结构等因素，是金融危机的基本成因。有的认为，房地产泡沫是金融危机的源头祸水，金融衍生品过多掩盖了巨大风险，金融监管机制滞后造成"金融创新"犹如脱缰之马，是金融危机爆发的真正原因。也有的认为，金融危机是某些金融大亨道德缺损所致。还有的认为，金融危机本质上是美国新自由主义市场经济治理思想和运行模式的严重危机。当然也有从资本主义弊病、资本的逐利本性和金融资本的贪婪性来分析金融危机的成因，在一定程度上涉及资本主义根本制度问题。但是总的来看，目前形成的最普遍的解释许多还停留在现象层面、非本质层面上，即技术操作层面、治理理念和运行模式、管理体制层面上，如什么超前过度消费、房地产泡沫、金融衍生品泛滥、金融创新过度、金融监管不严、新自由主义思想作祟，等等。运用马克思主义的立场、观点和方法，从本质上、从制度层面科学揭示危机的产生原因，预测危机的发展趋势，提出防范解救的措施，尚远远不够。

面对危机，世界各国共产党人纷纷以马克思主义为指导，

分析形势、揭露危机的本质和根源,制定危机条件下的各国共产党人的行动纲领,展示共产党人的看法和力量。根据中国社会科学院马克思主义研究院于海青博士提供的资料,①欧美一些资本主义国家的共产党人对于危机的成因、根源与实质的分析,更深入到资本主义的制度本质,很值得我们深思。

对于这场非常严重的危机,资本主义国家政府大多将其归咎为"金融市场上的投机活动失控"、"不良竞争"或"借贷过度"所致,并希望通过政府救市,"规范"资本主义现行体制、机制,以达到解决危机、恢复繁荣的目的。而与之大相径庭的是,欧美一些资本主义国家的共产党人既看到了监管缺位、金融政策不当、金融发展失衡等酿成这场危机的直接原因,又反对将这场金融危机简单归结为金融生态出了问题,他们普遍认为危机的产生有其深刻的制度根源,危机标志着新自由主义的破产,是资本主义固有矛盾发展的必然结果。

法国共产党认为,世界经济危机源于金融机构过度的贪欲。这场金融危机归根结底是资本主义制度的危机。它不是从天而降的,不仅仅是资本主义的一次"失控",而是资本主义的制度缺陷和唯利是图的本质造成的不可避免的结果。冲击全球的危机并非紧紧限于金融或经济领域,它同时也揭示了政治上的危机、资本主义生产方式的危机。从深层看,金融危机本质上是一场制度危机。美国共产党认为,金融化是新自由主义资本积累和治理模式的产物,它旨在恢复美国资本主义的发展势头及其在国内和国际事务中的主导地位。同

---

① 参见于海青《欧美发达国家共产党论当前金融危机》,《世界社会主义研究动态》2008 年第 50 期。

时，它也是美国资本主义的弱点和矛盾发展的结果，使美国和世界经济陷入新的断层。德国共产党认为，这场金融危机具有全球性影响，它使得全球经济陷入衰退，并越来越影响到实体经济部门。危机产生的原因不是银行家的失误，也不是国家对银行监管失利。前者只是利用了这一体系本身的漏洞，造成投机行为的泛滥。投机一直是资本主义经济的构成要素。但在新的垄断资本主义发展阶段，它已经成为一个决定性因素，渗入经济政治生活的方方面面。英国共产党认为，不能把当前经济和金融危机主要归结为"次贷"危机的结果。强调根本在于为了服务于大企业及其市场体系的利益，包括公共部门在内的英国几乎所有的经济部门都被置于金融资本的控制之下。葡萄牙共产党认为，不应该把这场危机仅仅解释为"次贷"泡沫的破灭，当前的危机也是世界经济愈益金融化、大资本投机行为的结果。这场危机表明"非干预主义国家"、"市场之看不见的手"、"可调节的市场"等新自由主义教条是错误的。资本主义再次展示了它的本性及其固有的深刻矛盾。资本主义体系非但没有解决人类社会面临的问题，反而使不平等、非正义和贫困进一步恶化。希腊共产党认为，危机现象是资本主义不可避免的经济命运，任何管理性政策都不可能解决其固有的腐朽性。金融危机再次表明资本主义不可能避免周期性危机的爆发，也再次证明了社会主义替代资本主义的必然性。

看来，仅仅局限于从金融和金融危机现象本身来看待这场危机，不联系私有制条件下商品和商品交换的二重性内在矛盾，不联系金融资本逐利本性，不联系资本主义制度本质，难以回答像美国这样所谓"完美"的市场制度为什么没能防止金融危机的爆发，难以看清危机的实质和深层原因，难以认清资本主义制度是造成危机的根本原因。

对于我国这种实行市场经济的社会主义制度国家来说，如果不更深一步地从根本制度上认识这场危机的成因、本质，就无法从根本上找到规避、防范、克服危机的办法和措施。不看到本质，不在病根上下药，只能治标，难以治本，很难建立防范危机于未然的制度性、长效性的规避防范体系。因而认清这场危机的本质，对于我国如何建立社会主义市场经济体系，如何建立规避、防范、克服危机的制度保障和长效机制，无疑具有深远的现实意义。

二　商品内在二重性矛盾潜伏危机产生的可能性，资本主义私人占有制度使危机爆发成为必然现实

马克思从商品入手分析资本主义，是有科学道理的。商品是市场经济中最基本的细胞，商品是市场经济中最普遍的存在，商品交换关系是市场经济中最基本的关系。商品和商品交换所内含的内在矛盾体现并蕴涵了市场经济和市场经济占主导地位的社会形态的基本矛盾。认识市场经济和市场经济占主导地位的社会矛盾和社会特性，就要从商品及商品交换的内在矛盾和本质关系分析入手。商品与商品交换是伴随着社会分工与私有制的产生而逐渐发展起来的，资本主义市场经济是私有制条件下商品生产发展到一定程度的产物。因为商品与商品交换发展起来而成为占主导的经济形态，形成全球化的市场体系，属于资本家私人占有制为制度特征的资本主义市场经济。

马克思首先揭示了一般商品的二重性内在矛盾，认为商

品是使用价值和价值的统一体，使用价值和价值既统一又矛盾，统一是指二者互相依赖、互为条件，矛盾是指二者互相排斥、互相背离，甚至互相对立。使用价值和价值的矛盾是由生产商品的劳动二重性即具体劳动和抽象劳动的矛盾所决定的。商品的使用价值是由具体劳动决定的，然而要把商品放到市场上交换，就必须让生产商品使用价值的具体劳动转变为可以比较的抽象的一般劳动，这就是体现在商品中的一般人类劳动的凝结。这种一般劳动可以抽象为定量化的社会必要劳动时间，商品价值就是由商品生产者的这种抽象劳动凝结而成的。

商品既然具有使用价值和价值两重属性，它就必然有两重形态，即使用价值形态和价值形态。使用价值形态就是一个一个的具体商品，价值形态则表现为商品交换的一般等价物。

商品交换开始是直接交换，买与卖是统一的，交换是在同一时间、同一地点完成。随着商品经济的发展，商品交换发展为商品流通，买与卖不同时进行，买与卖在时间和空间上分离了。一些人卖而不买，另一些人买而不卖。商品的使用价值和价值愈益分离。商品的价值形态由一般等价物，比如黄金，逐步发展成为货币，比如金币；货币又逐步发展为纸币，比如美元；最后发展成为无形的虚拟货币，比如证券、银行信用卡。随着商品经济的发展，货币不仅作为流通手段，而且具有贮藏手段、支付手段功能，货币不在买卖中出现，可以延期支付。货币慢慢演变成观念形态的东西，离现实的商品交换越来越远。商品交换价值愈来愈独立存在，使用价值与价值的分离表现为货币的独立，又进一步表现为纸币的独立，某种货币符号的独立。这种分离，使得纸币可以滥印发行，证券可以独立运行，逐渐演变成虚拟市场、虚拟经济（建立在虚拟价值符号基础上的虚拟经济）。货币成为商品流通的重要手段，已经包含了发生经济危机的可能性；货币成为货币流通的手段，使危机更具可能性。在商品流通中，货币与商品分离了。在货币流通中，纸币、符号与商品一般等价物，与货币代表的价值分离了。货币流通与商品流通在时间上和空间上也分离了，这就进一步加重了危机的可能性。

马克思具体分析了资本主义私有制条件下商品的内在二重性矛盾的不可克服性。在私有制条件下，具体劳动和抽象劳动这对矛盾表现为私人劳动和社会劳动的矛盾，构成了商品生产的基本矛盾。由于商品生产是私人生产，商品是私有的，这就会使价值与使用价值、商品与货币、具体劳动和抽象劳动的分离和对立具有不可调和的对抗性质，造成周期性的经济危机的恶性循环。商品所内含的劳动二重性矛盾决定了价值和使用价值的二重性矛盾的进一步演变，表现为商品与货币的对立形式，进一步表现为实体经济与虚拟经济的对立形式。私有制使商品的内在二重性矛盾，在一定条件下，越来越激化，越来越背离，具有深刻的对抗性和不可克服性。在资本主义长达几百年的历史中，货币越来越背离商品，虚拟经济越来越背离实体经济，这就构成了金融泡沫、金融危机乃至全面经济危机的内在成因。

在资本主义私有制条件下，货币转化为资本家手中的资本。任何一个资本家，在开始他的剥削行为时，必须掌握一定的货币。要把货币转化为资本，货币持有者必须在市场上能够买到自由劳动者的劳动力，劳动力与生产资料结合便产生增值的价值，资本流通所带来的增值部分，就是资本家剥削工人的剩余价值。资本实质上是能够带来剩余价值的价值。

资本主义生产的唯一动机和直接目的,就是攫取更多的剩余价值,资本家是人格化的资本。资本有二重性,一方面追求利润的最大化,具有逐利性和贪婪性;另一方面又推动了经济发展,具有对生产强有力的拉动性。

资本在资本主义生产过程中,形成了三种资本形态:货币资本、生产资本和商品资本。它们是一致的,同时也是不断分离和矛盾对立的。随着货币资本的发展,逐渐独立,形成借贷资本、银行资本、股份资本和信用制度,形成借贷资本市场,有了股票、公司债券、国家公债、不动产抵押债券等有价债券,为所有者带来一定的定期收入,给人们一种钱能生出钱的错觉。在货币流通过程中形成赊购赊销,形成错综复杂的债务连锁关系。随着纸币化、证券化和信用制度的发展,逐步形成了虚拟资本和虚拟市场。虚拟资本同实体资本分离,而且虚拟资本的质和量也是背离的,也就是说虚拟资本的数量和实体资本的数量也是背离的。据专家统计,美国虚拟经济资本的虚假财富高达400万亿美元,大大超过了美国实体经济资本的30多倍。随着资本的发展、垄断资本的形成、金融资本和金融寡头的产生,"它再生产出了一种新的金融贵族,一种新的寄生虫,——发起人、创业人和徒有其名的董事;并在创立公司、发行股票和进行股票交易方面再生产出了一整套投机和欺诈活动"。[①] 资本主义私有制是形成金融危机的深层制度原因,金融资本的独立性、逐利性和贪婪性是形成金融危机的直接原因。

资本主义进入大机器工业时期,从19世纪开始,每隔若干年就要经历一次经济危机,严重的经济危机导致全面的社

[①] 《马克思恩格斯全集》第25卷,人民出版社1974年版,第496页。

会危机。经济危机是私有制条件下商品内在二重性矛盾不可克服的外部表现。

资本主义危机产生的根本原因在于私有化制度，一方面生产力发展到高度社会化，资本也高度社会化，而另一方面生产资料和成果愈来愈为一小撮垄断寡头所有，这种生产的社会性同生产资料私有性的资本主义基本矛盾，使商品经济内含的危机可能性转变成危机必然性。由此看来，经济危机是资本主义经济制度本身所造成的，是资本主义生产方式内在矛盾的产物。要消灭危机，就必须消灭资本主义制度。商品内在二重性矛盾只构成产生危机的可能，而资本主义私有制度使危机的产生成为现实。

三　美国金融危机是资本主义制度性危机，最终是无法克服的，市场经济与社会主义制度相结合，使防范规避危机成为可能

美国"次贷危机"不可遏制地蔓延为全球性经济危机，向世界再次证明马克思关于资本主义周期性经济危机和资本主义生产方式必然灭亡理论的真理性。马克思认为，资本主义周期性经济危机不可避免，"危机最初不是在和直接消费有关的零售商业中暴露和爆发的，而是在批发商业和向它提供社会货币资本的银行中暴露和爆发的"。[①] 只要不改变资本主义的私人占有制，商品的内在矛盾、资本主义内部固有的矛盾，就无法从根本上得到化解，其必然表现为周期性的世界性的经济危机。

[①] 《马克思恩格斯全集》第25卷，人民出版社1974年版，第340页。

补遗五 运用马克思主义方法,科学认识美国金融危机的本质和原因

资本主义危机具有周期性,每隔一段时间重复一次,是一种周期性出现的现象。1825年,英国第一次爆发经济危机;1836年,英国又发生了经济危机,并波及美国。1847—1848年,经济危机席卷英国、美国和欧洲大陆。然后,1857年、1866年、1873年、1882年、1890年,每隔几年都要爆发一次世界性经济危机,以1873年危机最为深刻,大大加强了资本和生产的集中,促进垄断组织的形成和发展,向垄断资本主义过渡。

20世纪初叶,1900—1903年和1907年爆发了经济危机。资本主义世界又经历了1920—1921年、1929—1933年和1937—1938年三次危机。1929—1933年危机是最深刻、最严重的一次。这次危机持续四年之久,整个资本主义世界工业产量下降44%,贸易总额下降66%。1933年失业人口达3000万人。

第二次世界大战后,资本主义危机依然不断爆发。美国于1948年、1953年、1957年、1960年、1969年、1973年、1980年、1990年和2007年先后爆发九次经济危机。1957—1958年、1973—1975年、1980—1982年、2007年危机波及加拿大、日本和西欧主要国家,成为战后四次世界性危机。

周期性的经济危机,在资本主义发展过程中不断出现,形成资本主义在危机—缓解—危机中颠簸起伏的发展历程,资本主义的一时繁荣,只不过是新的经济危机到来之前的预兆,资本主义会在周期性阵发的经济危机中逐步走向灭亡。在高涨时期,资产阶级大肆宣扬资本主义的"永久繁荣"、"千年王国",而等危机到来,"永久繁荣"神话又像肥皂泡一样破灭。经济危机是资本主义制度对抗性矛盾的定期爆发,清楚无误地表明资本主义生产方式的历史局限性,必然爆发

的危机深刻暴露了资本主义对抗性矛盾还会进一步加深，有时还会更尖锐、更激化。

美国金融危机引发的全球性危机是当今时代进入 21 世纪以来具有重大历史意义的事件。它既是一场严重的金融危机，又是一场深度的经济危机、思想危机、社会危机和资本主义制度危机，是资本主义的全面危机。危机伴随社会的深刻变化。历史上，资本主义几次带有全球性的危机，都曾引起时代和世界格局的重大变化。从长期来看，美国金融危机的结局将使世界经济进入一个大调整、大动荡时期。这次危机具有颠覆性、全面性、深度性和长期性的负面效应，将给世界经济社会发展带来重大和持续的长时间的破坏性影响。全球经济全面衰退的过程已经开始，世界局势乃至格局将发生重大变化，世界发展进程和历史也将会发生重大转折。

1. 美国金融危机及其引发的波及全球的危机是资本主义的全面危机

这次发生的美国金融危机自金融领域爆发、集中于金融领域，对金融体系的破坏性最大，但又不限于金融领域，由金融向非金融领域蔓延，由虚拟经济向实体经济蔓延，由经济领域向社会领域蔓延，由技术操作层面向理念、模式、体制层面，再向制度层面蔓延，这场危机渗透、影响到全球资本主义的各个领域、各个层面、各个方面。

2. 美国金融危机及其引发的波及全球的危机是资本主义的全球性危机

资本主义全球化，就是资本主义生产关系的全球化，资本主义全球化危机是资本主义危机的全球化。这次危机自美国爆发，但又迅速波及西方国家、发展中国家，乃至波及全球。这次危机是美国闯祸，全世界买单，一起遭殃，这就是全球化的负面效应。美国金融垄断资产阶级，是向全世界转嫁危机的好手，在这场危机中，它们向资本主义其他国家以及与资本主义发展联系紧密的发展中国家转嫁危机，引起全球性的恐慌与危机。

3. 美国金融危机及其引发的波及全球的危机是资本主义的制度性危机

美国金融危机并不是美国的专利，而是典型的资本主义性质的制度危机。社会生产力的高度全球化、社会化与国际金融高度垄断于美国华尔街一小撮金融寡头，如此私有化程度的矛盾是当代资本主义基本矛盾的表现，世界创造财富之多并高度集中与财富两极急剧分化不断加剧。从根本上说，这场危机是资本主义制度不可克服的内在矛盾演变而成的，是其内在矛盾激化的外部表现，是其内在矛盾不可克服的外部表现，是资本主义制度必然灭亡趋势的阶段性反映。这场危机告诉我们，资本主义基本矛盾不仅没有克服，而且以新的更尖锐的形式表现出来了。有人把美国金融危机归结为新自由主义治理理念和模式的失败，反证有管制的资本主义治理理念和模式的合理性。但是这种说法，也只是体制层面的说法，并没有涉及制度层面。实质上，无论自由主义，还是保守主义，都是治理资本主义市场经济的具体药方，只能缓解而不能从根本上挽救资本主义的制度危机。这场危机再次证明资本主义内在矛盾决定了资本主义不可能从根本上战胜危机，只能暂时缓解危机。

4. 美国金融危机及其引发的波及全球的危机是资本主义的意识形态危机

这场危机使人们重新思考资本主义制度的弊病，重新审视资本主义意识形态的虚伪性和反科学性。这场危机表面看是新自由主义等资产阶级思潮的危机，实质却是资本主义核心价值观、普世价值观、人权观、民主观的意识形态危机。新自由主义就意识形态层面来说，实际上是代表超级金融垄断资产阶级利益的一种意识形态，完全适应超级金融垄断资产阶级操纵金融市场剥夺全世界的需要。在这场危机中，资本主义国家的有识者开始对新自由主义反思，同时对资本主义制度也开始有所反思。由于社会主义中国改革成功，公有制市场经济试验成功，更加使顽固坚持资本主义制度的那些人加紧推行西方意识形态，加大对我国的西化、分化和私有化的力度。这恰恰又从反面说明资本主义意识形态的危机。

5. 美国金融危机反证中国特色社会主义市场经济的成功

中国人民创立了中国特色的社会主义市场经济，市场经济在人类历史上第一次实现了与公有制制度结合起来的形式，即社会主义市场经济。而在此之前，市场经济只与私有制制度相结合。社会主义和资本主义的本质区别是生产资料占有方式的不同，社会主义市场经济与资本主义市场经济的本质区别也是生产资料占有方式的不同。资本主义生产资料私有制决定了商品经济二重矛盾引发的危机最终是不可救药的，而社会主义市场经济决定了商品二重性矛盾可能会产生危机，社会主义生产资料公有制决定了危机又是可以规避、可以防范的。社会主义市场经济具有市场经济的特性，商品内在矛盾是不可改变的，改变的只是它的不可克服性。在社会主义市场经济条件下，警惕性不高，防范措施不力，可能会演变出危机。要清醒认识资本特别是金融资本的逐利性，防止资本和金融资本的无序化、极端化。在公有制条件下，资本逐利性是可以调节和控制的，但私有制条件下，资本逐利性变成贪婪性，暂时可以管制并缓解，最终是无法管制的。

四 资本主义与自由主义是两个层面的问题，一个是制度层面、本质层面，一个是体制层面、技术操作层面

波及全球的美国金融危机，使人们对新自由主义的市场经济治理理念和运行模式，进而对资本主义制度有了清醒的认识，对那些迷信自由主义、迷信资本主义的人，不啻是一剂良药。然而迷信新自由主义和迷信资本主义又是两个层面的问题。迷信新自由主义是对资本主义运用何种理念、采取何种模式治理市场经济的迷信，迷信资本主义则是对根本制度的迷信。当然，这两个迷信又是一致的，对新自由主义的迷信实质上就是对资本主义制度的迷信，对资本主义制度的迷信又会影响对新自由主义的迷信。

资本主义与自由主义是两个层面的问题，既一致，又有区别。一个是制度层面、本质层面、根本性层面的问题；一个是体制层面、表现层面、技术操作层面的问题。

所谓新自由主义，秉承了亚当·斯密的自由竞争理论，以复兴古典自由主义理想、尽量减少政府对经济社会的干预为主要经济政策目标的思潮。这种新自由主义又被称之为市场原教旨主义或资本原教旨主义，或"完全不干预主义"。新自由主义的代表理念体现为形成于20世纪80年代末90年代初的"华盛顿共识"，因70年代凯恩斯主义无法应付滞胀问题而兴起，在里根、撒切尔时代勃兴，因此，又称其为"里根主义"。新自由主义的特点，是高度崇拜资本主义自由市场力量，认为资本主义条件下的市场是高效率的，甚至是万能的。经济运行中的所有问题，都可以由市场自行调节和解决。

主张彻底的私有化，反对国有化，放松政府管制，主张进一步开放国际国内市场，实行贸易自由化、利率市场化，将各个国家的经济纳入由世界银行、国际货币基金组织和世界贸易组织主导的经济全球化体系当中。新自由主义极力鼓励以超级大国为主导的全球一体化，着力强调要推行以超级大国为主导的全球经济、政治、文化一体化，即全球资本主义化。新自由主义本质上是反对社会主义制度。

新自由主义倡导者认为新自由主义就是灵丹妙药，能够包治百病，认为市场经济这只"看不见的手"能够解决所有问题，因此，大力推崇自由市场经济治理理念和运作模式，实践证明是错误的。就治理理念和模式来说，在市场经济活动中必须发挥"两只手"的作用，不能只用"看不见的手"，而放弃"看得见的手"。当然，运用到什么程度，这需要科学把握。如果放任"看不见的手"自由发展，必然放大市场经济的消极面，发展到一个程度，就会导致危机爆发。因此，还得用"看得见的手"加以调控，才能克服其固有的缺陷，促进市场经济的健康发展。

新自由主义一方面作为当代资本主义的主流意识形态，是金融垄断和国际垄断集团的核心理念和价值观念，必须坚决批判反对；另一方面又是如何治理资本主义市场经济的理念，按照这种理念形成的运行模式，是体制、技术操作层面上的问题。自由主义作为治理市场经济的理念和操作方法，对市场运作有一定的积极作用。如何管理社会主义市场经济，我们可以批判地借鉴新自由主义一些有价值的认识和做法。从这个意义上来说，新自由主义又是技术操作层面、体制层面上的问题，而与资本主义根本制度有所区别。资本主义制度是本质、根本，同一制度可以运用不同的治理理念、不同的体制、不同的模式、不同的操作方法。制度决定体制，体制是服务于制度的。但二者又可以分开，同一体制可以服务于不同的制度，同一制度又可以有不同的体制。资本主义在发展过程中，创造过不同的体制、模式，但始终没有改变其制度和本质。

一定的社会形态必定要有特定的经济、政治、文化等社会制度，一定的社会制度也必然具有一定的经济、政治、文化等社会体制。社会制度就是一定社会形态的主要内容和本质标志，是一定社会的经济、政治、法律、文化等制度的总称，包括政治制度、经济制度、文化制度、教育制度、法律制度，等等，是指社会的根本制度和基本制度。经济制度属于经济基础领域的制度，政治、文化、教育、法律等方面的制度都属于上层建筑领域的制度。一定社会制度的主要成分是该社会的经济制度和政治制度。社会经济制度是一定社会生产关系的总和，它构成了该社会的经济基础，其中最主要的是生产资料所有制，社会经济制度标志着该社会经济形态的基本性质。社会政治制度是"经济基础的上层建筑"，[1] 主要是指政治的上层建筑，其核心问题是国家政权问题，也就是国体问题，即由谁掌权、对谁专政的问题，它标志着一个国家的基本性质。经济制度和政治制度从根本上标志着一个社会形态的基本性质和主要特征。社会主义的经济制度和政治制度是社会主义社会形态的根本标志。社会主义制度主要是指经济制度和政治制度。社会制度一旦确定就要保持相对稳定，以便造成一个相对安定的社会环境来发展生产。当然任何一个社会制度，其发展过程都有一个逐步完善的过程。

---

[1]《列宁选集》第2卷，人民出版社1995年版，第443页。

只有当生产关系再也容纳不下生产力发展时,社会制度的变革才会到来。

所谓社会体制指的是在一定社会制度的基础上所建立起来的生产关系、上层建筑的"具体的形式",即社会制度在一定时期内的具体表现,社会体制又称"具体制度"。与一定的经济制度相一致的经济体制,是一定经济关系具体的结构和形式。与一定政治制度相适应的是政治体制,政治体制是指政治制度的具体结构和形式,即政体问题,也就是一个国家采取什么样的形式来实施国家权力的问题。社会主义的经济制度和政治制度确立之后,工人阶级政党和人民面临的主要任务是建立与社会主义制度相一致的适合生产力发展的社会体制。

社会制度与体制之间构成一定的相互依赖、相互矛盾的辩证关系。制度与体制是对立统一、相辅相成的关系,制度决定体制。一定的社会制度决定一定的社会体制,社会体制的形成要受社会制度的制约。一定的社会制度决定一定的社会体制,构成一定的社会模式。相对制度来说,体制表现出一定的独立性和反作用力。好的体制可以延续制度,不好的体制可能让制度发挥不了作用。体制可以巩固制度,也可以破坏制度。在既定制度下,可以选择多种体制,可以随着形势的发展改变现有体制;同一种制度也可以有多种体制模式并存;新的体制还可以吸收旧制度下的体制所具有的某些形式和功能。资本主义政治制度和经济制度同社会化生产之间本质上是对立的,这种对立性矛盾具体通过资本主义的政治体制和经济体制同社会化生产之间的矛盾表现出来,但是资本主义的社会体制同资本主义社会制度也有一定的背离,它在一定条件下也有促进资本主义生产发展的方面。同样,社会主义根本制度是适应生产力发展的,但社会主义社会体制

补遗五 运用马克思主义方法,科学认识美国金融危机的本质和原因

也可能同社会主义制度有一定的背离,它在一定条件下也可能阻碍社会主义生产力的发展。

资本主义自问世以来,已经有几百年的发展历程。经过了自由资本主义、垄断资本主义,当前进入了现代资本主义阶段,替代个人垄断,出现国家垄断、国际垄断、国际金融垄断等垄断形式,这些垄断形式都是现代资本主义特征的表现。当然如何概括现代资本主义,说法不一。有人认为它还是处于列宁所概括的垄断资本主义阶段,有人认为它已经开始了一个新的阶段。

关于自由资本主义的特征,马克思、恩格斯作了深刻的剖析,同时又从自由竞争资本主义特征上升到对资本主义一般特征的认识,得出了资本主义必然灭亡的客观趋势的判断。马克思、恩格斯认为,自由资本主义制度的内在矛盾,是不可克服的,一次次的爆发危机,最终会引发革命,导致资本主义丧钟的敲响。19世纪末20世纪初,随着资本主义生产的发展,自由竞争让位于垄断,垄断代替了竞争,占主导和支配地位,但并没有克服资本主义的固有矛盾,仍然没有使资本主义制度摆脱必然灭亡的历史结局。列宁运用马克思主义的方法,对垄断资本主义作了科学分析,揭示了垄断并没有改变资本主义固有的内在矛盾,而是加剧了该矛盾的发展,作出了帝国主义是资本主义的最高阶段,是垄断的、腐朽的、垂死的资本主义的重要结论。尽管列宁对全球垄断资产阶级走向灭亡的时间估计短了,但对垄断资产阶级的总特征和总趋势的判断是正确的。列宁说:"过程的复杂性和事物本质的被掩盖可以推迟死亡,但不能逃避死亡。"[①] 后来的发展完全

---

① 《列宁全集》第54卷,人民出版社1990年版,第483页。

证实了列宁观点的正确性。第一次世界大战、第二次世界大战的爆发，是资本主义内部矛盾激化的结果。战后资本主义基本矛盾进一步激化。社会主义的兴起、资本主义的内外交困、经济危机和社会危机的周期性爆发、当代资本主义的发展状况，深刻说明马克思、列宁的判断是正确的。从制度层面上来说，资本主义已从早期具有革命进步性的上升期，转入危机起伏期、相对缓和发展期，其基本的趋势是必然要走向灭亡的。

第二次世界大战后，资本主义在发展困境中。资本主义通过体制改良，加之高科技和全球化的发展进入相对稳定的和平发展、快速发展阶段。与此同时，由于社会主义各国在指导思想上犯了不少错误，在发展过程中选择了高度集中的计划经济体制，加之复杂的主客观原因所致，逐步放慢了发展速度，一些国家愈益陷入了发展困境。特别是到了20世纪八九十年代，苏东社会主义国家解体和改变性质，社会主义处于发展的低潮期。有人把此事件看做是社会主义制度的失败，资本主义制度的胜利。实际上，苏东剧变并不意味社会主义制度的失败，只是说明苏东所采取的社会主义具体模式和所走的具体道路是走不通的，高度集中的计划经济体制在当前是不合适的。美国等资本主义国家的进一步发展，只是说明西方发达资本主义国家采取的资本主义改良政策和具体模式，暂时缓解了资本主义的内在矛盾。就资本主义历史发展趋势来说，它是必然要灭亡的。但短时间内还不会灭亡，是因为：一是从制度角度看，相对于资本主义的发展来说，它的现行制度还有容纳生产力发展的空间和余地；二是从体制角度看，资本主义现行体制还有许多优势，可以保障其制度继续存在，并促进生产力发展，延续资本主义生命力。当这两个条件不存在时，资本主义就会寿终正寝。

资本主义私有制是必然要灭亡的，但与私有制相适应的市场经济体制是有优势的。资本主义是靠市场体制的优越性，在短短几百年时间里创造了人类社会几千年所无法比拟的发展奇迹。然而，市场经济是一把双刃剑，有积极的一面，也有消极的一面。在如何发挥市场经济作用，即在如何对待和治理市场经济，如何克服市场经济消极面问题上，资本主义在发展过程中形成两种治理理念：一种是对市场实行国家的有效管制，可以称之为有管制的市场经济理念，如凯恩斯主义或称之为保守主义；再一种是对市场经济完全放任，可以称之为完全放任的治理理念，即自由主义。这两种治理理念和在实践中形成的两种不同的市场运行模式和体制，在资本主义发展进程中交替出现，哪种理念和模式更有利于其制度时就被采用，当它不利于其制度时就被抛弃。

在资本主义发展的自由竞争阶段，主要治理理念是自由主义，完全靠市场，实行无管制的自由市场政策。第二次世界大战之后，根据需要资本主义实行了有管制的市场治理理念，如凯恩斯主义，加大了宏观调控力度，使资本主义渡过难关，有了一个回光返照的发展时期。当苏东剧变时，有人错误地把苏东解体归结于社会主义制度的垮台，归结于资本主义制度的胜利，归结为计划经济体制的失败。进而认为有管制的市场经济治理理念也不行，只有自由主义治理理念才行，以新自由主义的资本主义取代国家管制的资本主义，这就是里根主义、撒切尔主义出台的背景。自由主义思潮的本质是推崇资本主义制度，推崇完全私有化的市场经济体制。在这一点上，它与保守主义是一致的，都是以维护资本主义制度为其目的，只不过手段不同而已。当今发生的这场危机的直接原因来自于新自由主义的自由放任政策，但深层原因是资本主义制度的固有矛盾，不能把危机仅仅归结于技术与管理操作层面，应从制度层面上找深刻原因。这次危机说明自由主义治理理念和模式的破产，更说明资本主义制度的必然灭亡性。

与西方资本主义推崇自由主义、推崇资本主义制度的思潮相适应，国内也有人推崇自由主义，崇尚完全放任的市场经济治理理念和模式，崇尚完全私有化，主张放弃国家调控的市场经济。更有甚者认为社会主义制度与市场经济无法结合，主张实行彻底的资本主义制度。事实上，自新自由主义推行以来，给人类带来了一波又一波的灾难。拉美一些国家20世纪90年代以来实行新自由主义的"华盛顿共识"，搞自由化、私有制，放松金融管制，造成了大倒退，出了大乱子，实际上新自由主义理念破产的效应在拉美诸国早已表现出来了。

五 应对金融风险，既要治标，更要治本，既要从操作层面、体制层面采取措施，更要从制度层面全面采取防范规避措施

马克思关于资本主义基本矛盾和制度本质的分析思路和基本观点，为我们解析这场美国金融危机及其引发的全球性危机，以及思考如何有效规避防范危机，提供了重要启示。

1. 要从私有制条件下商品及商品交换的内在矛盾出发，来认识资本主义制度不可克服的内在矛盾，进而认识这场危机的内在原因及其制度本质

资本主义制度不可克服的内在矛盾潜伏在商品和商品交换的内在矛盾中，资本主义生产资料的私人占有性决定了商

品和商品交换的内在矛盾具有对抗性和不可克服性,这种内在矛盾的对抗性和不可克服性是资本主义周期性经济危机爆发的根本原因,造成资本主义制度由盛到衰、必然灭亡的趋势。科学解释这场危机的本质、原因,必须从制度层面上认识。这场危机是资本主义制度不可克服的内在矛盾演变的集中反映。美国资本主义不可克服的内在矛盾,是私有制商品生产内在矛盾的体现。美国金融危机说明资本主义是必然要灭亡的,但从现阶段来说,美国金融危机又是可以缓解的,可以渡过的,但资本主义正是在一波又一波的金融危机和各种危机中走向灭亡的。

2. 要从制度层面上、从本质层面上,认识社会主义市场经济与资本主义市场经济的一致与差别,科学解析社会主义市场经济发生危机的可能性和有效规避防范风险的可行性

马克思对商品和商品交换内在矛盾,从而对市场经济内在矛盾的科学分析,适用于任何形式的市场经济,无论是资本主义市场经济,还是社会主义市场经济,概莫能外。然而同样的市场经济与不同的生产资料占有方式,即与不同的社会制度相结合,具有不同的性质和特点,会产生不同的结果。资本主义市场经济的私有制本质决定了经济危机的最终不可避免性,社会主义市场经济的公有制本质决定了经济危机的可规避性、可防范性。社会主义与资本主义的本质区别就是对生产资料的占有方式不同,社会主义市场经济与资本主义市场经济的本质区别就在于与市场经济结合的生产资料占有方式不同,这种占有方式的不同决定了社会主义制度与资本主义制度的本质不同,从而决定了社会主义市场经济与资本主义市场经济的本质不同。我国的社会主义市场经济是与公有制制度相联系的市场经济,它既有一般商品生产的特性,

又有一般商品生产所具有的内在矛盾，因而它也有一般市场经济内在矛盾引发的金融危机和经济危机爆发的可能性。如果对发生危机的可能趋势不重视，不采取措施加以规避和防范，也会影响社会主义经济的健康发展。但另一方面，它又具有与资本主义市场经济不同的本质特性，与公有制制度相联系，采取有效措施，是可以规避和防范一般商品经济的内在矛盾可能引发的金融危机和经济危机的。

3. 必须充分认识市场经济和资本的两面性，发挥社会主义制度的优越性，规避市场经济和资本的消极面

市场经济具有两面性：积极的一面是能够最有效地配置资源，最大限度地调动各方面的积极性，推动经济的发展；消极的一面是它的发展具有很大的盲目性，在企业追求利润最大化的情况下，容易造成生产相对过剩，从而引发经济危机。在资本主义私有制条件下，市场经济一方面发挥其强大的推动经济发展的拉力作用，在资本主义几百年的发展历程中创造了巨大的发展成就。但是，资本主义的私人占有性又使市场经济的消极面不断膨胀，不断背离积极面，使商品和商品交换固有的内在矛盾不断激化，引发一波又一波的经济危机。市场经济所孕育出来的资本也具有与生俱来的两面性，一方面资本逐利性对调节市场、配置资源、调动积极性、推动经济发展具有积极作用；而另一方面，资本的逐利性又会导致经济失衡，两极分化，造成严重的危机，对经济社会发展产生消极影响。在资本主义私有制条件下，资本的贪婪本性是无法最终受到遏制的。马克思认为，在资本主义生产方式中，"生产剩余价值或赚钱，是这个生产方式的绝对规律"。①

----
① 《马克思恩格斯全集》第23卷，人民出版社1972年版，第679页。

补遗五 运用马克思主义方法,科学认识美国金融危机的本质和原因 533

资本是带来剩余价值的价值,资本绝不会放弃对剩余价值的追求,其本性是逐利的。"一旦有适当的利润,资本就胆大起来。如果有10%的利润,它就保证到处被使用;有20%的利润,它就活跃起来;有50%的利润,它就铤而走险;为了100%的利润,它就敢践踏一切人间法律;有300%的利润,它就敢犯任何罪行,甚至冒绞首的危险。"① 在资本主义发展史上,资本的这种逐利贪婪本性暴露无遗。从原始积累,到殖民剥夺,再到战争掠夺,"资本来到世间,从头到脚,每个毛孔都滴着血和肮脏的东西"。② 就当今世界发达资本主义各国来说,没有一个是靠民主制度发达起来的,都是靠剥削本国和他国工人阶级和劳动人民的剩余价值,用明火执仗的殖民剥夺和战争掠夺完成了原始积累,用劳动人民的汗水和鲜血筑起了资本主义的"繁荣国度"。当然,几百年过去了,资本明火执仗的剥削和掠夺方式已难以为继了,发展到国际金融垄断阶段的资本主义,改变了攫取剩余价值的方式,转换了剥削手法,借助金融创新,垄断金融市场,操控全球经济,把他国的财富通过金融创新转移到自己手中,从而维持自己的繁荣。美元帝国的确立就是一个明证。正是金融资本的投机贪婪,直接造成了今天的金融危机。

社会主义制度和资本主义制度的一个本质区别就是对资本的占有方式不同。社会主义市场经济与资本主义市场经济一个本质区别也是对资本的占有方式不同。在资本主义条件下,高度集中的私有制在当前突出表现为国际性金融资本的高度垄断,其加重了资本的贪婪性和毫无顾忌的投机运作,

---

① 《马克思恩格斯全集》第23卷,人民出版社1972年版,第829页。
② 同上。

决定了资本的贪婪和逐利本性的不可遏制性与高效运行的速度。当然，一旦资本的贪婪性发展到危害资本主义制度本身的程度，资产阶级内部就会产生一定要控制这种贪婪性的理念和操作，否则资本主义制度就要被毁灭。这就产生了对市场和资本加以管制的治理理念和模式，这就是保守主义，即有管制的市场经济治理理念，如凯恩斯国家干涉主义。而一旦情况好转，又会产生对市场和资本放任自流的治理理念和模式，这就是自由主义。在资本主义发展史上，由于危机—缓解—危机的交替运行，就形成了有管制的或放任自流的两种市场经济治理理念的交替使用。就目前而言，两种治理理念交替使用，尚能维持资本主义的发展，但固有弊病的存在最终会导致资本主义制度灭亡。

4. 我国应对金融风险，既要治标，又要治本，既要从体制层面上防范，又要从制度层面上加强防范

世界各国救市的力度越来越大，但救市的效果并不明显，这说明救市措施只治标不治本，危机只能缓解而不能化解，说明治标的同时必须治本的必要性。只注意体制层面上的防范，而忽视制度层面上的防范，是无法避免金融危机进而经济危机爆发的。

要对资本主义两面性有清醒的认识，既要看到它创造文明的先进性、某些体制机制的合理性，也要看到其制度固有的弊病、最终灭亡性。资本主义目前出现的金融危机乃至经济危机，说明公有制是有其优越性的，但搞纯之又纯的公有制是不符合目前社会主义各国生产力发展的实际情况的；搞以公有制为主体的社会主义市场经济是对的，但搞高度集中的计划经济是不符合目前社会主义发展规律的；实行市场经济必须发挥社会主义制度的优势，实行有宏观调控的市场

经济，而不是搞自由放任的市场经济治理模式。在社会主义发展进程中，实行公有制与市场经济相结合，才能让社会主义制度的优越性发挥出来。但搞社会主义市场经济，又不能完全放任市场，而要加强国家宏观调控，建立有宏观调控的市场经济。调控的市场经济，恰恰是社会主义公有制的制度优势所在。

总之，要从三个方面入手解决对金融危机的规避和防范：一是从制度方面，坚定不移地坚持社会主义公有制为主体的经济制度和人民当家作主的政治制度，从制度层面防范和规避金融风险，对私营经济、市场经济、虚拟经济建立规范管理的根本措施。二是从体制方面，坚定不移地建立健全完善的社会主义市场经济体制，以及与其相关的信用体制，从体制上加以防范。三是从对市场的调控管制方面，建立有效的监管、调控、防范措施，特别是对金融业、垄断行业要建立有效的管制体系。目前，我国政府对危机的防范解救措施，从操作层面来看，做到了稳、快、有效，但还需要从制度层面、体制层面研究制定一些全面性的、战略性的、超前性的措施和办法。